U0145948

中華文明史

第四卷

主　　编　　袁行霈　严文明

本卷主编　　张传玺　楼宇烈

本卷副主编　刘勇强

北京大学出版社
PEKING UNIVERSITY PRESS

彩图1　清徐扬绘《姑苏繁华图卷》(局部)，辽宁省博物馆藏

彩图2　清人图绘传统店铺

彩图3 东林书院依庸堂

彩图4 湖北蕲春李时珍与其父李月池墓

彩图5 清宫廷画家绘努尔哈赤像

正黄旗军旗　　镶黄旗军旗　　正红旗军旗　　镶红旗军旗

正白旗军旗　　镶白旗军旗　　正蓝旗军旗　　镶蓝旗军旗

彩图6 清八旗军旗

彩图7　西藏拉萨布达拉宫壁画　五世达赖喇嘛觐见顺治帝图

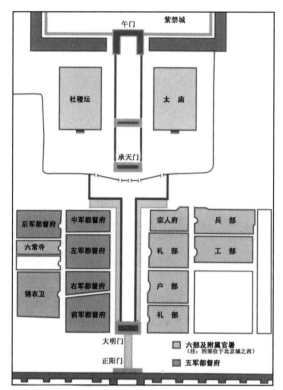

彩图8　明北京城主要中央机构分布图

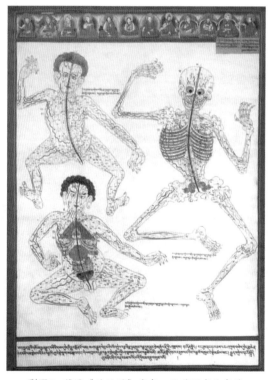

彩图9　藏医《脉络图》唐卡，西藏罗布林卡藏

彩图10　南怀仁特为康熙帝制作的演示性仪器浑天仪，故宫博物院藏

彩图11　清乾隆年制外销景泰蓝瓷瓶，法国巴黎吉美博物馆藏

彩图12 清宫廷画家绘 雍正帝祭先农坛图(局部)，故宫博物院藏

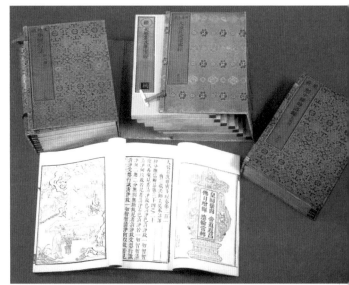

彩图13　明万历至清康熙刻本《嘉兴藏》

彩图14　天津杨柳青年画《士农工商》

彩图15　清宫廷画家绘　雍正帝临雍讲学图(局部)，故宫博物院藏

彩图16 清喻兰绘《侍女清娱图册·阅书》

彩图17　清中期制广州十三行牙雕插屏，故宫博物院藏

彩图18　清末苏州年画　上海火车站

目　　录

绪　论 ……………………………………………………………… （1）

第一节　传统农业文明发展的新规模、新因素 ……………… （1）
　　　　社会经济的发展　人口的激增　农业经济的新因素
　　　　手工业的发达和近代工业的发生　商业经济的发展
　　　　区域经济文化日趋重要　多民族国家的进一步巩固发
　　　　展　近代疆域的奠定

第二节　新思想观念的出现与传统学术文化、
　　　　文学艺术的新成就 ………………………………… （4）
　　　　个性解放的呼声　民主思潮的曲折发展　工商皆本观
　　　　念的出现　师夷之长技　物竞天择适者生存　传统学
　　　　术的发展与古代文献的集大成　小说戏曲等文学艺术
　　　　的伟大成就

第三节　历史的反思与迈向近代文明 ………………………… （10）
　　　　中西文明的相遇与交流　传统文明的反思与批判　国
　　　　力的衰弱与传统文明的缺陷　文明转型期中的自傲与
　　　　自卑　走向世界走向近代工业文明

第一章　社会经济的发展 ………………………………………… （15）

第一节　人口增长与移民开发 ………………………………… （15）
　　　　人口规模达 4 亿　移民潮流的新方向　耕地的增加

第二节　美洲作物的传入与推广 ……………………………… （19）
　　　　玉米　甘薯　马铃薯

第三节　农业精耕细作的深化 ………………………………… （21）
　　　　轮作复种　作物品种的培育　施肥技术

第四节　棉花种植与松江棉纺织业 ……………………………………（25）
　　　　棉布的普及　纺织业的繁盛

第五节　江南市镇与客帮商人 ……………………………………………（30）
　　　　江南市镇的发达　商帮与商业网络

第六节　白银、铜钱与金融业 ……………………………………………（36）
　　　　白银成为主要通货　银、钱兼用　票号

第二章　早期启蒙思潮与政治文明中的新因素 …………………………（45）

第一节　早期启蒙思潮的兴起与泰州学派 ………………………………（45）
　　　　程朱理学的官学化　现实呼唤启蒙　阳明心学的意义
　　　　王艮与泰州学派　异端李贽　个性解放　狂狷精神

第二节　党社运动与市民抗争 ……………………………………………（54）
　　　　东林书院与东林派　顾宪成与士大夫群体　顺应时代
　　　　的政治主张　反对矿监税使　东林党与各地民变　复
　　　　社的三次大会　复社的新型政治

第三节　启蒙思想的深化与学术思想的嬗变 ……………………………（63）
　　　　《明夷待访录》　工商皆本论　批判八股取士　"清
　　　　议"　清学开山　科学理性精神　历史进化论　依人
　　　　建极　经世致用之学

第三章　在总结中发展的传统科学技术 …………………………………（78）

第一节　科学思想、方法及手段 …………………………………………（78）
　　　　科学家的世界观和自然观　亲身实践、"穷究试验"
　　　　对数学和量化分析的重视　珠算的发展与普及

第二节　总结与开创——几部重要的科技著作 …………………………（85）
　　　　医药渊海:《本草纲目》　寂寞的音律:《乐律全书》　农
　　　　学总结:《农政全书》　实地考察:《徐霞客游记》　技术
　　　　百科:《天工开物》　清前期的天算之学　为科学家立
　　　　传:《畴人传》

第三节　手工业生产技术的提高 …………………………………………（93）
　　　　丝织与棉纺织　瓷器与珐琅器　采矿与冶金　制盐与制糖

第四章 多民族国家的巩固和发展 ·················· （105）

　第一节　国家秩序的重建和近代疆域的奠定 ·················· （105）

　　满族的先世　努尔哈赤建立后金　皇太极建立清朝
　　满族社会制度与文化　清朝统治的确立　平定三藩与
　　统一台湾　与准噶尔部的长期战争　"平回"之役与版
　　图的奠定　全国规模地图、地志的纂修

　第二节　民族宗教事务的管理 ·················· （113）

　　理藩院与驻边大吏　立法约束与怀柔笼络　对蒙古族
　　的治理　对西藏的管辖　对新疆维吾尔族的治理　东
　　北地区的管理　西南民族的改土归流

　第三节　对外关系 ·················· （121）

　　藩属与朝贡体制　抗击外国侵略　闭关政策与涉外法
　　规　国际交往中的隔阂与摩擦

第五章 政治发展与国计民生 ·················· （129）

　第一节　皇权专制与行政法制化的加强 ·················· （129）

　　内阁的形成　军机处的设置　"三司"分治　督抚制度
　　的建立　律法体系法典化

　第二节　赋役制度变革与人民自由度的提高 ·················· （141）

　　一条鞭法　摊丁入地

　第三节　漕运与黄河的治理业绩 ·················· （149）

　　漕粮的运输　借黄济运与河工

　第四节　灾荒与政府的赈济措施 ·················· （155）

　　国家的仓储　社仓　义仓

第六章 清代前、中期的文化意识与业绩 ·················· （168）

　第一节　集大成的文化意识与文化建设 ·················· （168）

　　集大成的文化意识　搜求典籍、编纂图书　《古今图书
　　集成》《四库全书》　公私藏书

　第二节　考据：思想与学术的消长 ·················· （173）

　　考据学的产生　以小学为先导和枢纽　考据学的特点

　　　　汉宋之争　新的思维与方法　考据学的局限

　　第三节　清代学术的知识谱系 ······················ （182）
　　　　经学的成就　小学各门学术的独立　文字学　音韵学
　　　　训诂学　校勘学　目录学　史学与"六经皆史"　地
　　　　方志　乾嘉考据学的衰落

　　第四节　少数民族的文化发展 ······················ （190）
　　　　各民族对自身历史、文化的体认　三大英雄史诗　少数
　　　　民族作家、文学　少数民族医学　各民族文化的交融

第七章　西学东渐与中华文明的外播 ····················· （202）

　　第一节　明末耶稣会士的入华与西学东渐 ············ （202）
　　　　利玛窦的核心地位　从西僧到西儒　学术传教　科学
　　　　与宗教

　　第二节　明末士大夫对西学的接受和拒斥 ············ （206）
　　　　拟同的接受方式　神圣道德与意义的输入　西方科学
　　　　与实学　"会通以求超胜"　拒斥者的回应

　　第三节　清初传教士在华的传教活动与
　　　　西学东渐 ···································· （213）
　　　　汤若望的短暂"辉煌"　从巅峰跌入深渊：历狱　南怀仁与
　　　　天主教在华的"黄金时期"　礼仪之争与西学东渐的式微

　　第四节　清初士人与西学的流播 ···················· （219）
　　　　康熙皇帝的示范作用　理学名臣的回应　历算名家的中
　　　　西会通　启蒙学者对西学的吸收　西学中源说的流行

　　第五节　中学西渐 ································ （227）
　　　　中欧贸易与罗柯柯风格　法国启蒙思想家与中国文化
　　　　德国启蒙思想家与中国文化　文化交流中的误读及
　　　　其意义

第八章　宗教信仰：观念与实践 ······················ （237）

　　第一节　国家宗教祭祀的完备 ······················ （237）
　　　　国家宗教祭祀　大、中、小三祀　满族祭祀　祭祀先

农、先蚕 祭孔及对儒家学派的礼敬 坛庙建筑

第二节 传统宗教的多元发展与融合·············（243）
传统宗教的多元发展 明末佛教四大师 三教合一
大藏经刊刻 宗喀巴与格鲁派 道教盛衰 伊斯兰教
经堂教育 汉文译著 清初四大家

第三节 香烟缭绕:民间宗教与民间信仰·············（252）
民间宗教与社会 罗教 形形色色的民间信仰 行
业神

第九章 文艺创作的新走向·············（262）

第一节 通俗文学的迭兴与变奏·············（262）
尊情·崇俗·尚真·求趣 《西游记》的文化内涵
《金瓶梅》和三言二拍中的世态人情 古今世界一大笑
府 小说家的寒儒意识与才子心态 情与理的冲突与
折衷 《聊斋志异》:花妖狐魅的精神天地 《儒林外
史》:文人命运的自我反思 武侠小说的源流 花部与
雅部 小说界革命

第二节 独抒性灵与赋到沧桑·············（273）
复古与革新:文学观念的变化 徐渭:心灵的挣扎
《童心说》 小品文的天地 性灵的世界:从袁宏道到
袁枚 时事忧患与历史兴亡 诗词的中兴与诗学发展
一剑一箫:诗坛殿军的独特意象

第三节 版画世界与翰墨丹青·············（280）
版画世界 陈洪绶的贡献 董其昌的南北宗论 "四
王" 八大山人 石涛 郑板桥和扬州八怪 《芥子园
画传》

第四节 《红楼梦》:一部小说折射的文化史·············（288）
忆语体文学的流行和曹雪芹的怀旧气质 神话思维与
写实主张 大观园的象征意义 "大旨写情"的精神内
涵 性别:现实体验与历史观照的一个切入点 理想

与现实的矛盾　末世感与"美人黄土"的悲剧意识　叙
事与抒情

第十章　社会生活的因循与躁动 ……………………………（301）

第一节　礼教背景下的宗法家族生活 …………………（301）
祠堂、族田与宗谱纂修　族规家训与族人的生活　社
会伦理的背离倾向

第二节　商人精神与社会风尚 …………………………（310）
社会观念的更张　商贾与世风　社会文化的繁荣

第三节　文人士大夫的清雅生活 ………………………（321）
遂情达欲的人生理念　张扬个性的生活方式　清雅的
生活情趣　文人雅集

第十一章　学校教育与社会教育 ………………………………（339）

第一节　完备的学校与书院之兴衰 ……………………（339）
学校制度的完备　国子监　地方儒学　社学与义学
阳明心学与书院讲学　四次禁毁书院　经史书院　满
族学校　康熙与算学教育

第二节　蒙学教育及其人文意蕴 ………………………（349）
社学、义学、私塾　识字与写字　讲书、诵读、背诵　属
对　行为化的道德教育　启蒙思想与蒙学教育　中国
传统文化基础

第三节　融合在社会生活中的教育 ……………………（358）
女性教育与传统美德　明清才女　官箴书　"清"
"慎""勤"　官箴书与政治文化　士大夫与乡约　讲
约会　善书　袁黄与《了凡四训》　立命说

第十二章　中心城市的建设与区域差异的凸显 ………………（370）

第一节　明清两朝首都的规划与管理 …………………（371）
"天人合一"理念的物化过程　传统与实用的结合　四
合院　空间分割与管理机构　都城的日常运转　商业
区　户籍与治安

第二节　沿海城市的发展与辐射作用 ……………………………（384）

海禁与开埠　从卫所到都市　沿海城市的辐射作用

第三节　沿海城市发展的区域差异 …………………………………（389）

东北地区沿海港口城市的起落：营口与大连　华北地
区沿海城市的代表：天津、青岛和烟台　东南沿海的河
口型港口城市：杭州、宁波、福州、泉州、漳州、厦门　上
海与广州的比较

第十三章　变革图强：近代文明的催生 …………………………………（404）

第一节　师夷、制器、自强…………………………………………（405）

鸦片战争的惨败　"器不如人"　近代机器工业的出现
兵工文化起步的特殊现象　近代民用工业与民族资
本主义的初步发展　传统社会的解构与"商界"的鼎兴
新自由职业社群　都市人消费结构和习惯的变迁
近代城市化的浪潮　甲午战败的深刻影响

第二节　西学、启蒙、救亡…………………………………………（417）

西学的冲击　睁眼看世界的先驱　基督教与太平天国
中体西用的洋务观　救亡与启蒙的双重使命　饱学
之士与无知之人的转瞬变幻　戊戌思潮　近代型文教
事业的源头　文化传播的新载体　学科谱系的重新排定

第三节　制度、立宪、共和…………………………………………（436）

宪政体系引进的不同步　再造新军　由解协饷制到近
代财政体制的初建废科举的时代意义　从"诸法合体"
到司法独立　近代官僚制度的建构　辛亥革命与共
和国

彩图目录 …………………………………………………………………（456）

插图目录 …………………………………………………………………（457）

后　记 ……………………………………………………………………（462）

绪　　论

从明代中叶至清末(16世纪至20世纪初),是我国传统农业文明的最后发展阶段。在这一阶段中,我国传统农业文明在许多方面取得了超越前代的辉煌成就,同时在其内部也生长出了某些新的经济因素和新的思想观念。但相比西方由农业文明向工业文明转型的时期,我国的农业文明明显地呈现出发展滞后的状态。

从19世纪中叶起,西方列强依仗其工业文明发展取得的经济、军事实力,频频对我国发动侵略战争,企图把我国变为西方列强的殖民地。面对强大的西方工业文明整体实力的攻击,以固有的农业文明为基础的我国是很难抵御的,再加上清王朝政治的腐朽、制度的僵化与观念的陈旧等原因,1840年鸦片战争后,特别是1894年中日甲午战争后,国家已处于生死存亡的关头。为了救亡图存,为了富国强兵,在西方列强的军事进攻下和西方文明的刺激下,一些有识之士进行了历史的反思和批判,在变法维新,特别是民主革命的推动下,中华文明开始进入了转型期,迈步走向世界,走向近代工业文明。

第一节　传统农业文明发展的新规模、新因素

社会经济的发展　人口的激增　农业经济的新因素　手工业的发达和近代工业的发生　商业经济的发展　区域经济文化日趋重要　多民族国家的进一步巩固发展　近代疆域的奠定

宋代的社会经济和科学技术一度非常繁荣,曾居于世界领先的地位。但

此后由于战乱等原因,社会经济自然增长的过程受到阻遏。元代大约一百年间,社会经济始终未能恢复到宋代的水平。明朝建立后,随着较为稳定的社会环境的形成,到明代中后期,整个社会经济发展的水平超过了宋代。明末清初,由于战乱的原因,社会经济又有所倒退。但是到清康熙、雍正、乾隆、嘉庆时期,整个社会经济又得到了空前的发展,无论在农业、手工业、商业的开拓上,还是在社会财富的积累上,都达到了我国农业文明发展的巅峰。

同一时期,我国的人口也有了急剧的增加。据明代官方的统计,明初全国人口有 6000 万左右,到明末没有多大的变化。不过,按当时的实际情况看,有的学者估计到明末全国的人口已超过 1 亿,达到 1.3 亿到 1.5 亿。到了清代中期,人口迅速增长。据记载,乾隆六年(1741)全国人口为 1.5 亿左右,而至乾隆五十五年(1790)便增加到了 3 亿,五十年间翻了一番。而至鸦片战争前,道光十八年(1838)全国人口数已达到了 4 亿多[1]。人口的增长一方面与国土疆域的扩大有关,而更重要的是与当时清政府实行的赋税制度密切相关。当时推行"摊丁入田"的制度,规定增丁不加赋,对人口增长起了重要的作用。人口的增长也是社会经济迅速发展的反映。

这一时期农业经济的发展,一方面表现为耕地的大量拓展,生产技术的不断提高,番薯、玉米等高产作物的引进等,这使农作物的单位面积产量和总产量都有大幅度的提高。另一方面更重要的是,农业生产中出现了某些新的因素,特别是农业生产经营方式的多样化。这一时期出现了一批"经营地主",他们不仅出租土地,还采用招募雇工,自己直接经营的方式。同时也出现了一批向地主租赁土地后,再雇工经营的"佃富农"。到清代,地主自己经营的方式有所减少,而"佃富农"经营方式则有较大的发展。农业经营方式中土地所有权与土地使用权分离的新因素的出现,反映了商品经济的发达,农业生产中经济作物比重的增加,以及农业生产商品化程度的提高。

在手工业方面,这一时期也有极大的发展,其中特别是纺织、矿冶、陶瓷、造船、造纸、印刷等行业发展规模最大、程度最高。而就经营形式而言,从明代后期开始,建立在契约关系上的雇佣关系大量出现。到了清代,这种雇佣制进一步的发展,出现了大量临时待雇的机工,成为这种雇佣制的保证。在清代随着商业资本的壮大,由商人来支配生产的事例也屡见记载,不少机户的生产与一些大包买商的资金和销售有着密切的关系。这些情况说明,由明中期到清代前期的手工业生产方式中已萌发了某些资本主义的生产关系,而其产品则已具有相当程度的商品因素。鸦片战争以后,随着洋务运动的进展,以制造军工用品为主的机械、造船、矿业、铁路等近代工业开始发展起来。

由明中期到清代,在全国范围出现了一大批以商品经济活动为主的商业城镇。大约到清中期,华北的北京,西北的西安,长江上游的重庆、中游的武汉、下游的上海,以及东南沿海的福州,岭南的广州等一批主要的商业都市已经十分发达。此外,江南地区更有大量的中小市镇,随着商品经济的发展,迅速发展起来(彩图1)。这些商业市镇的出现,已经不再是仅仅为了满足一个小地区的交换需要,而是面向外地,甚至全国,经营也不限于零售,而更主要的是批发。这些城镇的发展,在区域经济中发挥着重要的作用,有些甚至对全国经济发展都有着重要的影响。同时,我们也可以看到,有些以商业经营为主体的城镇,已出现了某种都市化的发展趋势。

这一时期的商品经济,不仅在国内相当发达,海外贸易也有相当程度的进展。明前期,政府是这些贸易的主体,而到明中期以后,自由的民间贸易迅速发展,且逐步占据了主导地位。有学者认为,从明中期一直到清中期即19世纪前,我国社会经济整体水平仍处于世界领先的地位,而且是亚洲乃至世界贸易的主要中心之一[2]。同时,为了适应国内外商

图 0-1　清康熙帝册封五世班禅谕旨,西藏自治区档案馆藏

品贸易的发展,明中期以后货币制度也发生了重大变化,通行千余年的以铜钱纸钞为主的货币制度,逐渐为以白银为主的货币制度所取代。这种货币制度的改变,反过来又大大地促进了国内外商品贸易的发展。

除了社会经济方面取得的成果外,在政治方面最值得注意的就是多元一体的多民族国家的进一步巩固发展,以及近代国家疆域的基本奠定。此前我国经过多次的民族大融合,已经形成了多民族和睦共居的局面。清朝在进一步巩固和发展多民族国家方面,做出了许多努力和贡献。经过康熙、乾隆时期的"平三藩""收复台湾""抗沙俄""定准噶尔"以及经营西藏等事件(图0-1),清朝版图基本奠定,这也是我国现代国家疆域的基础和依据。与此同时,清政府还推行了一系列相应的维护民族关系的政策,使我国统一的多民族国家的体制得到了巩固,社会维持了近二百年的稳定局面。这在中华文明史上是一件了不起的事情。康熙后期绘制的《皇舆全览图》和乾隆平准之后补修的《乾隆内府舆图》,是我国古代水平最高的实测地图。而从康熙到嘉庆前后三次修订的《大清一统志》,详细地记述了我国的疆域、各省分野、建制沿革、地理形势、风俗古迹等,内容丰富翔实,是我国古代最完善的一部全国地理志。

第二节　新思想观念的出现与传统学术
文化、文学艺术的新成就

个性解放的呼声　民主思潮的曲折发展　工商皆本观念的出现　师夷之长技　物竞天择适者生存　传统学术的发展与古代文献的集大成　小说戏曲等文学艺术的伟大成就

在这一时期里,国人的思想观念有两次比较大的变化:一次发生在明末清初王朝易代的前后;一次发生在清末鸦片战争之后,西方列强企图把我国变为西方殖民地的时候。

前一次思想观念的变化,表面上似乎是由于满族政权取代汉族政权引起的,因此也常常被描述为带有强烈民族意识因素的事件。明末清初的一些学者曾以"天崩地解"一词来形容那个时代,表面上也是在感慨汉族正统王朝的灭亡。其实,事情并不那么简单。我们只要考察一下这一时期出现的一些主要的新思想新观念就清楚了。

首先是在"尊情"思潮下个性解放的呼声越来越强烈,这是对长期以来占统治地位的宋明理学的一种反抗。从阳明学后学中发展出一批要求冲破"天理"(三纲五常)教条束缚,尊崇自然合理的人性情欲的思想家。其中以阳明弟子王艮开创的泰州学派影响最大。这一学派中的颜钧、何心隐、罗汝芳、李贽等又是最有影响者。他们以人之"赤子之心"(罗汝芳)和"童心"(李贽)来诠释"良知",肯定人性中正常情欲的合理性。深受罗汝芳影响的伟大戏剧家汤显祖,写出了《牡丹亭》传奇(图0-2),专门彰显一个"情"字,甚至提出了这样尖锐的质问:"第云理之所必无,安知情之所必有邪!"〔3〕其影响远及曹雪芹的《红楼梦》,乃至龚自珍的"尊情"论。明末清初个性解放的呼声正是在这种尊情、复童心、致良知的思想中揭示出来的。这种个性解放的呼声,是对传统礼教的猛烈冲击,具有一般启蒙思潮的特征。诚如著名思想家黄宗羲所说:"泰州(王艮)之后,其人多能以赤手搏龙蛇,传至颜山农、何心隐一派,遂复非名教所能羁络矣。……诸公掀翻天地,前不见古人,后不见来者。"〔4〕这一启蒙思潮也得到了清末改革家的普遍认同。

图0-2 梅兰芳、言慧珠表演京剧《牡丹亭》剧照

其次是民主意识的萌生,这是对明代政治极端专制的抗议。明中期以后,朝廷阉党专权,皇帝独裁,特务横行,政治极为黑暗、腐败。许多直言谏官因犯颜皇帝而受"廷杖",被当廷活活打死。许多有见识、有抱负、有责任感的知识分子,因结社批评朝政而受到残酷迫害。以东林书院、复社诸子等为代表的一批思想家,如顾宪成、高攀龙、张溥、黄道周、刘宗周、黄宗羲等在当时都有很大的社会影响。他们从对专制政治的批判开始,进而对君主制度也提出了批评。黄宗羲《明夷待访录》还借表扬三代治世的清明政治,呼吁提倡普通士人的参政、议政,尊重人的自然权利等,乃至提出要"以天下为主,君为客"[5],立"天下之法",废"一家之法"[6]等口号。由此,在近代民主革命时期,黄宗羲的《明夷待访录》被许多人称为 17 世纪中国的"民权宣言"。

再次是"工商皆本"观念的出现,这是明末清初手工业、商业繁荣发展的产物。我国传统的观念是"重农抑商","以农为本,以商为末"。在工商主要是为了满足和补充以农业生产为主的一家一户自给自足生活需要时,传统的"以农为本,以商为末"观念是完全可以接受的。但到了明中期以后,手工业、商业的发展,特别是南方沿海地区手工业、商业的发展,早已不仅仅是为了满足自给自足生活的需要了,而已成为主要是商品生产和贸易交换的经济活动了,并且出现了拥有相当数量和实力的手工业业主、工人和商贾集团,他们的存在和对社会经济生活的影响,理应给予新的定位。正是在这种情况下,一些有见识的思想家提出了"四民平等""工商皆本"的观念。如黄宗羲就说:"世儒不察,以工商为末,妄议抑之。夫工固圣王之所欲来,商又使其愿出于途者,盖皆本也。"[7]明末"工商皆本"的思想已经成为相当普遍的观念,猛烈地冲击着传统的农本思想。而随着这一观念的传播,不仅手工业主和商贾的社会地位有了很大的提高,社会的风尚也发生了明显的变化。

后一次思想观念的变化,与外来的压力有相当的关系。16 世纪以来,一直到 18 世纪中,就我国自身传统农业文明的发展来讲,无疑是有辉煌成就的。如果与当时西方世界由农业文明大踏步向工业文明转型的局面相比较,那就显得滞后和封闭保守了。鸦片战争的炮火惊醒了固步自封的中国,动摇了中华帝国老大的观念,中国人开始睁眼观看世界。魏源提出了"师夷之长技"的口号[8],这在当时是一个了不起的观念变革。在具体行动上出现了洋务运动,开始学习西方的器物文明,兴办工商实业。甲午战争失败后,在政治方面动摇了传统的君主专制理念,人们开始接受民主、立宪、共和等理念,出现变法维新,乃至民主革命。同时对温文尔雅的传统礼仪观念也提出了质疑,而达尔文"物竞天择,适者生存"的进化论观念,一时风靡神州大地。人们认识到了当今世界是一个"弱肉强食"的时代,落后就要挨打。因此救亡图存、奋发图强、开发民智、实业救国等也就成了时代的主题。

这一时期除了社会经济的巨大发展、思想观念的重大变化外,在学术文化和文学艺术等方面,也有大量足以让人自豪、并当载入中华文明史册的辉煌成就。

清代汉学所取得的成就是有目共睹的,它对传统文化原典进行了全面系统的整理、考订、诠释,在经史子集等方面,都有不少突破性的成果和总结性的成就。如阎若璩的《古文尚书疏证》一书,以详尽、有力的证据断定了千余年来聚讼不定的《古文尚书》的伪作性质[9]。以往人们对清代考据学的发达和成就,往往从它是清初"文字狱"导致的消极后果方面来评价。其实,清代考据学的发达和成就绝不能如此简单地去看待。通过考辨、诠释来检讨、批判前人思想、学术的得失,发明原典大义,阐述创意,正是我国传统文化传承、发展的基本道路和方法。我们只要简单举一个例子就清楚了。如著名考据学者戴震的《孟子字义疏证》一书,形式上是对《孟子》书中的主要名词进行诠释,而实际上则是对宋明理学作了深层次的检讨和批判,甚至于"考据"出了"酷吏以法杀人,后儒以理杀人"的道理[10],喊出了"人死于法犹有怜之者,死于理其谁怜之"[11]的悲壮呼声。在清代考据学传统中,更值得注意的是它的方法,特别是其所强调的"实事求是"精神,注重具体分析的方法,讲求言必有据,无征不信的态度等,都有与近代科学方法相通之处,为由传统学术研究向近代学术研究转化,提供了沟通的桥梁。

在传统文化典籍的汇集、继承方面,明清两代的成绩也是十分卓著的。明中期后,我国的印刷技术取得了突飞猛进的进步与发展,印刷业空前繁荣,传统典籍的印刷传播影响深远。清代民间刻书更是兴盛。由著名学者主持编刻的各类"丛书",有的以珍善版本著称,有的以校勘精审名世,有的以辑佚补阙为特色。诸如此类,无论在品种上、规模上、质量上,都是前代无法与之相比的。至于清代官方主持编修的浩大文化工程,更是前所未有的。其中犹以《古今图书集成》和《四库全书》的编修最为壮观。康熙、雍正年间编纂的巨型类书《古今图书集成》,共 1 万卷,分 6 编、32 典、6117 部(旧说 6109 部),约 1.6 亿字(图 0-3)。该书"凡在六合之内,巨细毕举"[12],是当时世界上最大的一部百科类书。而在乾隆时期编纂完成的《四库全书》,其规模更为巨大。全书收书 3500 余种、7.9 万余卷,约 9.9 亿字,几乎囊括了清中叶以前传世的所有重要文献典籍。尽管《四库全书》在选书、选版本和编辑加工、抄录誊写等方面都存在着许多不尽如人意之处,但这些缺陷掩盖不了它在收集、整理、保存、传承文献典籍方面的巨大功绩。而且至今它还是举世公认的世界上最大的一部百科全书式的丛书。

一般认为,我国的科学技术到 16 世纪以后,越来越落后于世界,似乎没有什么科学技术成就和著作值得称道。其实,情况并非如此简单。如果与当时西方正在逐步建立起来的,以理性思辨为基础的理论科学体系与实证科学方法相比,中国的科学基本上还停留在经验观察、实算实用的阶段。但就中华传

图 0-3　清雍正四年内府铜活字印本《钦定古今图书集成》,故宫博物院藏

统文明中的科学思维和成就看来,应当说还是达到了它自身发展的最高水平和成就。这一时期涌现出了一批著名的科学家,有些即使排到世界著名科学家行列中去,也是毫不逊色的。他们的传世著作,都是在各自领域中高水平的、最具代表性的科学著作。如李时珍的《本草纲目》,徐光启的《农政全书》,朱载堉的《乐律全书》,宋应星的《天工开物》,徐霞客的《徐霞客游记》等。此外,清代在天文历法、算术、医学等方面也有不少在中国科学技术史上占有重要地位的科学家和科学著作。

这一时期在文学艺术方面也取得了相当辉煌的成就。首先是人们熟知的明清小说,它与汉赋、唐诗、宋词、元曲一样,成为中国文学史上一个时代的文学标志。相对于赋诗词曲来讲,白话小说是一种通俗的文学形式,它适应了这一时期商业城镇的发展和广大新兴市民阶层精神生活的需要。各种体裁和题材的优秀小说作品,不胜枚举。诸如《西游记》《金瓶梅》、"三言二拍"、《红楼梦》《儒林外史》等等,从各个方面细腻生动、广泛深刻地揭示了社会各阶层、各色人等的生活、思想、感情,以及家庭、家族、社会、国家的治乱兴衰。在尊情、崇俗、尚真、求趣的创作理念下,写尽了人情、世情、性情,给中华文明增添了一道亮丽的光彩。

其实,明中期到清代的文学绝不只有小说这一道亮丽光彩,诗、词、曲和戏曲的成就也是很大的。就拿戏曲来讲,明中期以来发展起来的南戏传奇,其文学成就不下于元杂剧,而作品之繁盛,则有过之而无不及。汤显祖的以《牡丹亭》为代表的"临川四梦"、洪昇的《长生殿》、孔尚任的《桃花扇》等等,都是文学史上不朽的名作。更值得提出的是明南戏传奇作品并非仅仅是案头的文学作品,它还是舞台演出的剧本。特别是明中叶寓居江苏昆山的魏良辅,经十年足不下楼的琢磨,终于创作了"出乎三腔(指当时流行于江南一带的"弋阳腔""余姚腔""海盐腔")之上,听之最足荡人"[13]的"水磨调"即"昆山腔"。在它被用于戏曲唱腔以后,中国的戏剧艺术进入了一个崭新的时代。昆曲戏剧艺术经过几百年无数位剧作家、音乐家、演员和戏剧理论家的努力,形成了一套完整的编剧、歌唱、表演等理论。昆曲丰富的剧本、曲谱、身段等,成为我国传统戏曲艺术的宝贵遗产。正由于此,昆曲在2001年5月18日经联合国教科文组织全票通过列为世界"人类口述和非物质文化遗产代表作"之一。

第三节　历史的反思与迈向近代文明

中西文明的相遇与交流　传统文明的反思与批判　国力的衰弱与传统文明的缺陷　文明转型期中的自傲与自卑　走向世界走向近代工业文明

对于外来文明,中华文明具有强大的接纳力和融合力。汉唐时代,众多的外来文明落脚中华大地,融入中华文明,以至于今人都已说不清哪些是本土的,哪些是外来的。其中尤其是由印度传来的佛教文化,经过长时间的冲突和融通的过程,不仅成为中华文明的一个有机组成部分,而且发展成为与中华本土的儒、道两家鼎足而立的中华主体文化之一。从明中叶至清末,中西文明有两次大规模的接触和交流,特别是后一次的接触,引发和加速了中华文明由传统农业文明向近代工业文明的转型。

16 世纪末,在欧洲受基督教新教改革冲击的天主教,急需寻找欧洲之外的传教场所,于是一批天主教耶稣会士来到了中国。他们除了传播西方基督教宗教文化外,也带来了当时西方的一些哲学、科学知识和器物文明。在这次中西文明的相遇和交流中,发生过许多冲突,主要是在传统礼仪与宗教观念方面的冲突。如天主教独尊上帝,与中国儒家尊天敬祖的传统之间的冲突,与佛教因果业报、生死轮回观念的冲突等等。而在其他方面,双方则进行了比较平等的对话和交流。耶稣会士传递了大量的中华文化信息给欧洲,包括把不少的儒、道经典翻译介绍回去。这一交流,曾一度引起欧洲的中国热,也曾影响了一批欧洲启蒙时期的思想家和改革家,他们憧憬中华文明,把中国视为人文道德的理想国。通过耶稣会士的传译和介绍,天主教宗教文化在中国产生了一定的影响,一批士大夫皈依了天主教。同时,由传教士们介绍过来的西方天文历法直接影响了当时我国历法的制定。欧几里得《几何原本》的译出,使中国人第一次认识了与传统实测实算方法不同的、建构在理论推理基础上的数学体系,以及形式逻辑体系。它对明末清初数学的发展曾发生过不小的影响,对明末虚玄不实的学风也带来了一定的冲击。遗憾的是,最终由于双方都坚持

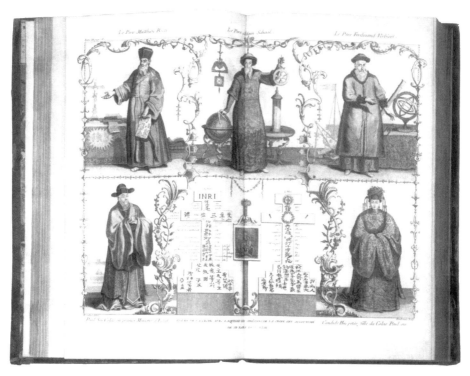

图 0-4　线刻插图,图上从左到右分别为利玛窦、汤若望、南怀仁像,图下为徐光启及其孙女,法国吉美博物馆藏

各自的宗教理念和礼仪,不能融通,结果这次平等的中西文明的对话和交流,也就无疾而终了(图 0-4)。

后一次的中西文明相遇是从 19 世纪中叶开始的,最初也是由基督教宗教文化的传播开始的。随着西方列强军事、经济、政治方面的扩张,西方的器物文明、制度文明、精神文明等各层面的文明都逐步传入我国,并与我国传统文明发生激烈的冲撞和交流。在这次文明相遇中,中西文明的差异,已不单纯是文明类型上的差异了,而是加进了不同社会发展阶段文明形态之间的时代性差异。而且,面对强势的西方文明的冲击,当时我国面临生死存亡的抉择,因而在一般人的感受中,最深刻、最直接的是这两种文明的时代性差异,而对这两种文明类型上的差异,则顾不上细思深想了。在洋务运动时期,由于主要还只是引进西方器物文明,尚未触及制度文明和精神文明层面,因此“中学为体,西学为用"的理念,尚有一定的市场。然而当触及制度文明和精神文明层面的问题时,没有西学之体,何来西学之用的问题就被尖锐地提出来。所以,从戊戌变法到辛亥革命,人们已经从"西学为用"层面,进入到吸收"西学"之体,以改造"中学"之体的阶段,并以此来改造国家的政治体制,社会的经济关系、家庭的伦理价值、个人的生活观念等等。

1894 年中日甲午战争中,中方的失败,同时也就宣告了洋务运动的失败。这表明了仅以"西学为用",引进一些西方的器物文明,是救不了中国的。在中西体用之争中,人们通过中西文明时代差异的比较,进而对传统文明的制度层面和精神层面进行了深刻的反思乃至激烈的批判。在维新变法的仁人志士中,康有为高唱托古改制,借孔子儒家之名,行君主立宪之实;严复通过大量介绍西学名著,鼓吹进化论,以启迪民智;谭嗣同以独特的洞察力,反思传统文明,出语惊人:"二千年来之政,秦政也,皆大盗也;二千年来之学,荀学也,皆乡愿也。"[14] 从一个独特的视角深刻地揭示了传统文明的弊端。所谓"秦政"就是君主专制制度,所谓"荀学"就是宗法等级制度。于是,谭嗣同发出了"冲决网罗"的呼声。一时间,打破君主专制、宗法等级的旧制度,以及与此相关联的旧观念,学习西方立宪制、民主制的政治制度,建立共和国,以及提倡平等、自由等新观念,已成为不可逆转的时代前进方向。

人们常常喜欢把戊戌变法的失败与日本明治维新的成功作比较研究,而且试图从中日传统文化的差异中,特别是从中日儒学文化的差异中去寻找其失败和成功的原因。其实,中国戊戌变法的失败与日本明治维新的成功,原因是错综复杂的,绝不是用单纯的传统文化的差异,特别是所谓儒学文化的差异就能够解释的。其中,固然有传统文化的原因,但也不能忽视政治、经济方面的原因,更不能脱离当时国内外各种具体的因素。就当时的世界形势来看,有一点是很清楚的:西方列强的注意力都集中在瓜分中国这块大肥肉上,而日本岛国之地,不是他们争夺的目标。仅就这一国际环境的差异,对两国变法维新成败的影响,就大大超过那些所谓传统、儒学差异的影响。

中国在鸦片战争之后,国力急速衰弱,至戊戌变法和辛亥革命时期,更是面临亡国之忧。孙中山先生领导的辛亥革命,推翻了延续两千多年的封建王朝制度,建立了民主共和国。国虽免遭灭亡,然犹不免沦为半殖民地的命运,国力也长期未能增强。对于这一现象,人们也常常把它与传统文明联系在一起,归咎于中国传统文明中缺乏现代科学因素。毫无疑问,在传统文明"重道轻器"的观念指导下,科技的发展一定程度上受到阻碍。中国人的理论思维才华,主要投放到研究社会人际关系的形而上理论——天道性命方面去了。在科学技术方面则长期满足于经验实算的层次,而未能把理论推演的思维才华运用到科学技术方面去。这种情况到西方近代实证科学发展起来以后,其不足之处就更为明显和突出了。然而应当看到,国力的衰弱与传统文明内在缺陷的联系,既不是绝对的,也不是唯一的。

这一时期的中西文明交流,由于西方文明明显处于强势地位,又有西方列强军事、政治、经济的强大压力,与16世纪那次相比,显然是不平等的。而且,开始时在弱势一方的中国,还带有一定的被动性。因此,当国人在国家民族面临生死存亡的关头,面对文明的抉择和转型时,无论在认识上,还是在情感上,都经历了一个复杂、痛苦的矛盾、斗争过程。有的人依然陶醉于泱泱礼仪之邦的传统文明之中,孤芳自赏,傲视西方文明,而其甚者乃至认为许多西方文明中国古已有之,耻于学习。有的人则钦羡于西方文明的强势,妄自菲薄,鄙视传统文明,而其甚者则欲尽弃传统文明,全盘西化。其实,在世界文明的冲突

图 0-5 直隶高等工业学堂上课场景旧照

和交流中,任何自傲和自卑,都是无补于事的。在现实历史的发展进程中,传统文明绝不会因某些人的激赏自傲而原封不动地保留下来,也不会因某些人的鄙视自卑而割断其血肉联系。

然而,一旦中国人民觉悟到了世界文明发展的大趋势,意识到了自己的落后,开始时的被动,就转化成了主动。开始时那种自傲或自卑的彷徨、痛苦,也就转变成了自觉继承优秀传统文明和积极吸收世界一切优秀文明的博大胸怀。正是在这样的观念和实践的转变中,中华文明经过百年艰苦卓绝的奋斗,实现了向近代工业文明的转型,走向了世界,走上了与世界文明同步前进的道路(图0-5)。

注 释

〔1〕 参见本卷第一章第一节及注释〔1〕至〔3〕。

〔2〕 参见〔德〕贡德·弗兰克:《白银资本——重视经济全球化中的东方》,刘北成译,中央编译出版社,2000年。

〔3〕 汤显祖:《牡丹亭题词》,《汤显祖全集》第二册,北京古籍出版社,1999年,第1153页。

〔4〕 《明儒学案》卷三二《泰州学案》,中华书局,1985年,第730页。

〔5〕 《明夷待访录》,中华书局,1981年,第2页。

〔6〕 同上书,第6页。

〔7〕 同上书,第41页。

〔8〕 魏源:《海国图志叙》,《魏源集》上册,中华书局,1976年,第207页。

〔9〕 《四库全书总目》之《古文尚书疏证》条提要称:"至若璩乃引经据古,一一陈其矛盾之故,古文之伪乃大明。"

〔10〕 《与某书》,《戴震全集》第一册,清华大学出版社,1991年,第212页。

〔11〕 《孟子字义疏证》卷上《理》,《戴震全集》第一册,第161页。

〔12〕 陈梦雷:《松鹤山房文集》卷二《进汇编启》,续修四库全书集部影印康熙铜活字本,第1416册,第38页。

〔13〕 徐渭:《南词叙录》,《中国古典戏曲论著集成》第三册,中国戏曲出版社,1959年,第242页。

〔14〕 谭嗣同:《仁学》,《谭嗣同全集》下册,中华书局,1990年,第337页。

第一章 社会经济的发展

经过明朝前期一百余年的发展,到 16 世纪,社会经济呈现出迅速发展的趋势。自宋代以来社会经济发展较为迅速的长江下游地区,依然保持着旺盛的发展势头,农业的精耕细作程度进一步深化,棉花种植与棉纺织业兴旺发达,中小市镇星罗棋布。来自全国各地的商人云集于此,他们经营粮食、棉布和典当等生意,也刺激了这一地区经济的进一步繁荣。在这一区域内,平原湖区和附近的丘陵地带,一直是生产开发的中心,边远山区也在此时得到大规模开发。与此同时,江南区域经济的发展,还带动了长江中上游地区和岭南地区社会经济的增长和发展。四川、云南、贵州等地,因为移民开发,焕发出勃勃生机;岭南地区,一方面因为南下移民的开发,另一方面因为西方贸易力量的介入,大大提升了其在全国的社会经济地位。从 16 世纪到 19 世纪,长江流域的开发是全国社会经济增长与发展的重心所在。长江,这条古老的母亲河,不仅是明清两朝政治、经济、文化的支柱,且越来越受到世界范围的注意,近代化的工业和商业,便是在这条母亲河的周围生长和发展起来的。

第一节 人口增长与移民开发

人口规模达 4 亿　移民潮流的新方向　耕地的增加

在 16 世纪末,即明朝万历二十八年(1600),中国人口大约已达 1.5 亿[1]。在 17 世纪前期,也就是明清之际,由于饥荒、瘟疫和战争,人口数量有所下降,但到 17 世纪末期,由于社会稳定、生产发展,人口开始迅速增长。18 世纪是中国人口急剧增长的时期,据何炳棣的研究,"假定康熙三十九年(1700)或稍后中国人口为 1.5 亿左右,那么乾隆四十四年(1779),可能已增加到 2.75 亿,五十九年(1794)为 3.13 亿"[2]。中国人口不止翻了一番。而到道光三十年(1850),官方统计的人口数就已达 4.3 亿[3]。一般认为,这是中国 20 世纪之前人口数的最高纪录。在清朝最后的 60 年间,由于太平天国起义所引发的长达 14 年的战争和自然灾害所带来的饥荒,人口有所减少,但到清朝的最后年代(宣统三年,1911),人口数又达到了大约 4 亿的规模[4]。

在大约 4 个世纪的时间里,中国人口至少翻了两番,这是中国历史上从未出现的事情。在 16 世纪之前,人口规模的顶峰,是在 12 世纪初的北宋末期,全中国的人口估计突破了 1 亿[5]。这也是中国人口史上的一个里程碑。在 16 世纪以前的很长时间里,中国人口大体在 5000 万至 1 亿之间波动。在 14 世纪末的明代初期,人口估计在 6500 万的规模[6]。然而,经过一百年的休养生息,中国人口的增长,不仅再度突破 1 亿大关,而且朝着连续翻番的方向发展,以至于到 18 世纪末,有人撰文讨论人口剧增所带来的社会经济问题[7]。

人口的急剧增长,既是社会、经济、政治、思想、文化诸方面的综合性的结果,同时也必然地反过来对这些方面产生深刻的影响。从一个基本的层面看,人同时是生产者和消费者。人口的急剧增长,意味着经济的巨大增长。在明清时代,人们为了生存与发展,为了获得生活资料,开始了前所未有的经济活动,出现了更大规模和不同方向的人口迁移的浪潮。

中国历史上很早就出现了远距离的移民活动。这种活动,有政府组织的强制性移民,但主流是民众的自发性移民。自发性并不是说他们是主动或自愿地迁徙异乡,而是出于被迫或无奈。对中国人来说,安土重迁始终是一种埋藏于心底的价值,离乡背井也一直是一种令人备感伤悲的处境。由于北方地区受气候变化的影响而导致的自然灾害,常常造成严重的生存困难。北方人民为了寻求一个安定的生活环境,不得不向南方迁移。北民南迁成了前两千年间中国移民史上的一个基本特征。但在最近的五百年中,移民潮流出现了新的方向。归纳起来,大体上有两个主要方向:一是由江南和东南沿海地区向两湖、四川内地移民;一是周边省份向新疆、东北、台湾等地区以及海外移民。前者恰好与北民南迁的流向构成纵横交叉的格局,后者则呈现出朝四面八方的扩散态势。

北宋时期,全国人口南北分布的格局已发生了重大变化,南方人口的比例占到了全国人口的六成[8]。宋代以后,江南人口密度迅速增大。以太湖为中心的地区以及地处浙东的宁绍平原,开始了大规模的开发,湖田成了重要的粮食生产基地,形成了所谓"苏吴熟,天下足"的局面。到了明朝中期,由于北方地区灾荒严重,北方人民又陆续迁入到这一地区,使这一地区人口的压力显现出来;加上明朝对这里实行"重赋"政策,当地人民不堪重负,开始移居他乡。其中一个主要的趋向,就是沿着长江以及钱塘江向长江中游地区迁移。而地处长江中游的江西地区,由于本地人口的繁衍,又受到来自东部移民的压力,则不得不向更西的湖广地区移民。在湖广地区,江汉平原和洞庭湖周围,以及资江、沅江流域的山区盆地,出现了大量的村落,成了当时最主要的粮食输出地,出现了所谓"湖广熟,天下足"的新局面。与此同时,汉水流域的山区也得到大规模的开发。来自河南、陕西、山西等地的移民,进入荆襄山区,使山区经济得到长足的发展。

地处长江上游的四川,在汉唐时代已是全国最发达的区域之一。但从宋代之后,这一地区的重要性有所降低。明清之际,由于长达数十年的战乱,人口流亡,社会经济受到很大的破坏。然而,当清朝平息战乱之后,清朝政府实行招民垦荒以及各种优惠政策,吸引了大量湖广地区的民众移民四川,江南的江苏、安徽、浙江,东南的福建和岭南的广东,也有不少居民移居此地,从而使这一地区的社会经济获得了迅速的恢复和进一步的发展。长江流域自东到西的移民趋向,被当时人概括为"江西填湖广,湖广填四川"。

西南边陲的云南,是明朝的重要开发区。明朝的驻军和随军移入的汉人,大大促进了云南的开发。从此,云南生产的铜成了政府铸钱的主要来源。到了清代,西北的青海、新疆以及北方的蒙古地区,成了新的开发地区,除政府驻军的军屯之外,大量的民屯和商屯在这些地区出现。山西、陕西、河北的民众,也纷纷移居到这里从事商贸和农业生产活动。在东南沿海,台湾在康熙年间被收复,到乾隆年间已成为福建和江南地区的一个重要的粮食供给地。而在东北地区,清朝初期,政府也曾允许关内人民去东北开发。但康熙年间,由于当局认为此乃"龙兴之地",移民与开发会破坏龙脉风水,而禁止关内人民迁移

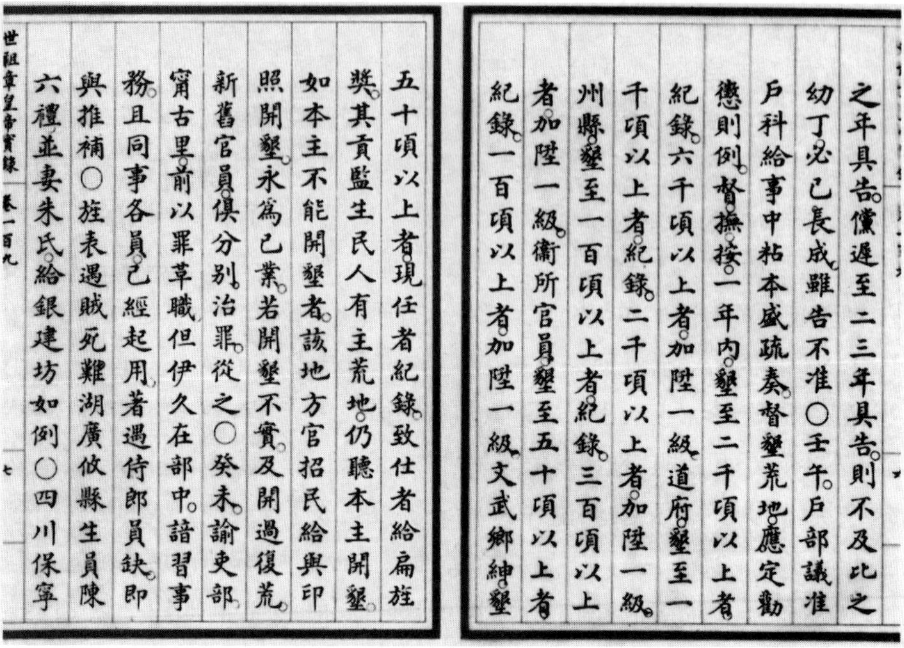
之年具告。儻遲至二三年具告。則不及比之
幼丁必已長成。雖告不准〇壬午。戶部議准
戶科給事中粘本盛疏奏。督墾荒地。應定勸
懲則例。督撫按一年內墾至二千頃以上者
紀錄。六千頃以上者加陞一級。道府墾至一
千頃以上者紀錄。二千頃以上者加陞一級。
州縣墾至一百頃以上者紀錄。三百頃以上
者加陞一級。衛所官員墾至五十頃以上者
紀錄。一百頃以上者加陞一級。文武鄉紳墾
五十頃以上者現任者紀錄。致仕者給扁旌
獎。其貢監生民人有主荒地。仍聽本主開墾。
如本主不能開墾者。該地方官招民給與印
照開墾。永為己業。若開墾不實。及開過復荒。
新舊官員俱分別治罪。從之〇癸未。諭吏部
甯古里前以罪革職。但伊久在部中。諳習事
務。且同事各員已經起用。著遇侍郎員缺。即
與推補〇旌表遇賊死難湖廣攸縣生員陳
六禮並妻朱氏。給銀建坊如例〇四川保寧
世祖章皇帝實錄　卷一百九　七

图 1-1　《清世祖章皇帝实录·督垦荒地劝惩则例》

东北。但河北、山西等省的民众仍然越过封锁，到东北地区寻找生活的出路。尤其是山东人民，渡渤海而闯关东，成了开发辽东半岛的生力军(图 1-1)。

在岭南地区，以广州为中心的珠江流域很早就成了人口较为稠密的生产开发区。明清时期，北方的移民和江南、江西、湖广人民，沿着赣江和湘江水系，进入闽、粤、赣和湘、粤、桂交界的山区，从事生产开发活动，并进一步进入岭南的珠江水系。岭南地区的开发除粤东地区之外，已伸展到雷州半岛和海南岛。一部分人还移居到海外的南洋群岛以及美洲大陆。

明清时期促发移民浪潮的原因是多方面的，但一个基本的原因当是人口本身的急剧增长。人口的增长，必然对粮食生产提出更高的要求。因此，如何解决粮食生产的问题，成了当时面临的迫切任务。解决粮食生产问题的最主要途径是寻找更多新的土地资源，开发更多的耕地。根据估算，明代盛世的嘉靖、万历年间，全国耕地大约为 8 亿亩；到清代嘉庆、道光年间，全国耕地大约为 11 亿—12 亿亩，增加了 50% 左右[9]。耕地的增加，是人口增加和粮食需求的结果。而这一结果，是伴随着移民浪潮的汹涌而逐步获得的。

第二节　美洲作物的传入与推广

玉米　甘薯　马铃薯

在中国人民为了获得更多的耕地以增加粮食生产,而作大规模迁移的形势下,玉米、番薯和马铃薯等美洲作物适逢其时地来到了中国。

15 世纪末,欧洲人哥伦布发现了新大陆。从此,美洲人的粮食作物被带出了美洲,传播到世界各地。之后不到半个世纪,玉米便抵达了中国。据文献记载,玉米来到中国的时间是嘉靖十年(1531)。再过半个世纪,甘薯于万历八年(1580)也传到了中国。在 17 世纪,马铃薯也传到了中国[10]。传入中国的美洲作物还有花生和烟草等。

玉米原来叫玉蜀黍,各地的俗名很多,有番麦、玉麦、玉黍、包谷、包芦、棒子、珍珠米等名称;又叫六谷,意思是五谷之外的又一种谷。玉米从传入中国到明末约一百年时间里,已经传播到河北、山东、河南、陕西、甘肃、江苏、安徽、广东、广西、云南、浙江、福建等十多个省份。在清初的半个世纪里,辽宁、山西、江西、湖南、湖北、四川六省,也有种植玉米的记载。到 18 世纪初,玉米已传播到全国大多数省份[11]。玉米是一种生长迅速又高产的粮食作物,而且玉米粒在成熟之前就可食用。在它的故乡墨西哥干旱地区,一粒种子可收获70—80 粒;在米却肯地区,收获 150 粒竟被认为是低产;而在克雷塔罗附近的良田,最高能达到 800 粒[12]。它在传入中国之后,也有"种一收千,其利甚大"的记载[13]。玉米高产的特点,是它迅速被世界各地引进传播的原因。虽然在17 世纪之前,玉米种植在中国主要限于西南地区,在习惯吃稻米的东南地区不受重视,北方的华北地区可能因为气候的原因,到 19 世纪尚未大面积种植,然而在进入 18 世纪之后,玉米在中国的推广速度加快,不仅在西南地区已成为主要的粮食作物,而且在长江中游以及汉水流域也已开始大量种植。据估计,在清代中叶,玉米的种植面积至少已占耕地总面积的 6% 左右[14]。到 20 世纪,一方面由于人口继续增长,高产作物备受青睐;另一方面由于气候转暖,相对于其他作物北方的大部分地区更适宜于栽种玉米,玉米在北方渐渐超过粟和高粱,成了主要的粮食作物。

甘薯在传入中国之后,传播的速度不及玉米,但它在一些地区很快成为主要的粮食作物,而且得到士大夫和官府的极力推广。甘薯传入中国时称为番薯,后改称甘薯,又作甘藷。各地名称不一,有红薯、红苕、山芋、地瓜等名称。甘薯在明代只有广东、福建、浙江和江苏四个省份种植,似没有玉米传播快,但它却引起了明末著名农学家徐光启的特别注意,在他的《农政全书》里详细地论述了栽培甘薯的方法。他还作《甘薯疏》,大力鼓吹,并多次从福建引种到松江、上海。到清朝初年,江浙也有了大量生产。在清初的一百年中,关内各省,除山西、甘肃二省外,其他省份都先后引种了甘薯。

甘薯与玉米一样,也是一种高产作物。据清人陆耀《甘薯录》说,当时人们栽种甘薯,"亩可得数千斤,胜种五谷几倍"。甘薯的单位面积产量特别高,并且耐旱、耐雨,在较为贫瘠的山坡地、新垦地可以种植,病虫害较少,因而相当稳产,这些特点是它获得迅速传播的原因。在山东,甘薯的普遍种植,很快形成了"红薯半年粮"的粮食格局。嘉庆五年(1800)前后,无论东南还是北方,甘薯都成了穷人的主食。

马铃薯俗称洋芋或土豆,传入中国的时间稍晚,大约在 17 世纪,它的种植地区也只限于福建。到 18 世纪,马铃薯才由福建慢慢传到长江流域的一些地方。但到 19 世纪前半期,在一些高山区,特别是在四川盆地边缘和汉水流域,马铃薯已成了重要作物。19 世纪晚期和 20 世纪前期,马铃薯在甘肃、内蒙和东北普遍种植[15]。

这些曾经为美洲文明作出过巨大贡献的粮食作物,在十六七世纪传入中国之后,虽然以较快的速度传播到全国各地,但大面积的种植,而成为主要的粮食作物,是进入 18 世纪之后的事。中国的南方人习惯于吃稻米,北方人则以粟、麦为主。采用新的粮食果腹,有一个适应的过程,甚至可以说是一个被迫的过程。中国人采用美洲的高产粮食作物,显而易见的原因是因为原产稻、粟、麦等粮食的不足;而美洲粮食作物在进入 18 世纪之后的快速推广,也正是因为中国人口在成倍增长。大体说来,玉米的传播首先在西南地区,尔后由长江中游以及汉水流域逐渐向北方地区推广;甘薯则首先在岭南和东南地区种植,然后经江浙地区向华北地区和长江中游山区推广;马铃薯的传播情况与甘薯基本相同。这种传播的途径,与当时的移民路向大体一致。明清时期发生在长江流域和南方各省的移民趋向,主要是从人口稠密的大河下游的三角洲地区,向大河中游和上游逐渐推进。虽然在移民的过程中,人们首先总是寻找生活便利的低地平原、湖泊周围来开垦种植,但随着人口的增加,人们不得不朝着大河的上游和这些大河的支流深处进发。用元朝人王祯的话说,这是一个"田尽而地,地尽而山"[16]的过程。伴随这个过程,来自美洲的粮食作物,被带到大河中上游的山地,它们成了定居于此的人们的主要粮食作物。因此,在16—19世纪的四百年中,尤其是十八九世纪的两个世纪中,玉米、甘薯和马铃薯等美洲作物的传入和推广,对于中国移民浪潮的趋向和中国人口的继续增长,都起到了关键的作用。

第三节　农业精耕细作的深化

轮作复种　作物品种的培育　施肥技术

从16世纪中叶到19世纪中叶,全国耕地面积约增加了3亿多亩,不到50%,而人口增加了近3倍。在18世纪中叶至19世纪中叶一百多年时间里,垦地最多的是西南地区(四川、云南、贵州),而人口增长最多的是江南三省(江苏、安徽、浙江)。江南三省在1724—1851年间人口增加7700万人,而耕地垦辟仅1100万亩。江西、湖南、湖北和福建、台湾、广东、广西等区域,也出现了人口过剩[17]。实际上,通过扩大耕地面积所生产的粮食,不过占整个粮食生产的20%[18]。这也就是说,粮食生产的80%是通过改进生产技术、加大劳动投入、提高单位面积产量来获得的。

以直接的粮食生产而言,美洲作物的传入与推广,对于提高粮食产量无疑起到了重要作用。然而,人口稠密、生产发达的地区,虽然引入美洲作物比较积极,玉米、甘薯等粮食也改变了人们的饮食结构,但从总体上说它们始终处于补充的地位。人们仍然以米、麦为主要的粮食。

　　我国传统的粮食作物有稻、菽、麦、稷、黍五大类。明代以前,大体已形成"南稻北麦"的生产格局。稻米生产主要在南方的长江、闽江和珠江等三角洲。这些三角洲系大河冲积平原,水源充足,土壤肥沃,适宜水稻生长。从远古以来,水稻就是这些地区的主要粮食作物。宋代以后,随着南方人口的增长,原来种植于北方的麦类作物在南方水稻产区的种植有所增加,并形成了稻麦轮作或者稻豆(菜)轮作的一年二熟耕作方式。这种耕作方式,到明清时期越来越得到普遍的应用。与此同时,北宋时推广于江淮地区的早熟稻种——"占城稻",经过改良,与原来的晚熟稻相配合,也渐渐地形成了双季稻的一年二熟的耕作方式。双季稻在历史上一般称为再熟稻,主要是利用再生稻办法来求得"再熟",但种植面积十分有限,古代称之为"再撩稻"或"稻孙"。双季稻的大发展是在明清时代,而且利用的方式也和以往不同,主要是利用连作和间作的方式来生产。从文献记载看,双连作稻主要分布在湖南、湖北、安徽、广东、广西等省,双季间作稻主要在浙江、江苏、福建等省。此外,在闽江和珠江流域,还形成了一年三熟制,种植方式是双季稻加一季旱作,主要是麦—稻—稻一年三熟制。轮作复种的耕作方式,在北方也得到广泛的推广。在黄河流域,二年三熟(二年三收)在明清时期成为基本的耕作方式。其种植的基本形式是每年一季秋粮,隔年回种一季豆科作物,如麦—豆—玉米或谷子或黍或稷。这种制度主要流行于山东、河北和陕西的关中等地。

　　轮作复种是一种古老的生产技术。我国农业耕作制度有一个从撂荒制或者休耕制到连作制的发展,并进而在连作制的基础上发展出轮作复种制,又为了解决轮作复种而出现的作物生长期与连作复种的矛盾,形成间作套种,使土地利用率不断提高。如果说在土地连种制基础上的轮作制的土地利用率为100%,则汉代部分地方实行的二年三熟,其土地利用率为150%;隋唐时代部分地方实行的一年二熟制,其土地利用率为200%;宋代以后出现的一年三熟制,其土地利用率则为300%。而通过连作、间作和套作来提高复种指数,是明清时代农业生产的重要特点之一。尤其在人口较为密集的地区,提高粮食复种指数,是提高粮食产量的主要途径(图1-2)。

　　早在南北朝时,我国在种子选育上,已形成防杂保纯和建立种子田的技术。到明代,这一技术更为精细,出现了在粒选基础上再进行系统选育的技术;五谷、豆类、蔬菜等"颗颗粒粒皆要仔细精拣肥实光润者,方堪作种用"。这种拣出来的种子,要种在种子田内,种子田要"比别地粪力、耕锄俱加数倍"。下一年,再"用此种所结之实内,仍拣上上极大者作为种子"[19]。如此"三年三番"以后,便能培育出良种来。穗选法是我国最古老的选种方法,最初见于西汉《氾胜之书》;到清代,在混合穗选的基础上,又发展到单株穗选,即一穗传。这是一种通过选择变异

图 1-2　清焦秉贞绘、朱圭刻《耕织图》版画

单株,培育成一个新品种的选种方法,即单株选择,系统繁殖。清代种在丰泽园内的"御稻"和"京西稻"就是这样培养出来的。由于培育选种技术的进步,明清时期的农作物品种大大增多。北魏时,见于《齐民要术》记载的小米品种有 86 个,水稻品种有 24 个。清代《授时通考》上记载的小米有 500 个、水稻品种有 3400 多种。我国疆域广大,南北气候不同,各地的地形、土质情况千差万别,而粮食作物品种的众多,正是为了适应各地的气候、地形、土质等不同情况而产生的,其目的就在于使粮食稳产、高产。

为了使粮食稳产、高产,明清时期在农业生产中已普遍地应用施肥技术。在唐代以前,肥料种类只有天然肥料(人畜粪肥、作物茎秆残茬、杂草腐烂等)和人工种的绿肥(苕草)两大类。到宋代,据陈旉《农书》记载,出现了利用微生物发酵的饼肥、烧制的"火粪"(焦泥灰)、沤制杂肥和河肥等新种类。到清代,

《知本提纲》在元王桢《农书》的基础上,总结出"酿造粪壤,大法有十":1. 人粪;
2. 牲畜粪;3. 草粪;4. 火粪;5. 泥粪;6. 骨蛤灰粪;7. 苗粪(绿肥);8. (油)渣
粪;9. 黑豆粪;10. 皮毛粪。这说明人们对肥料的积制方法有了更进一步的认
识。除这十类外,明代还创造过一种叫"粪丹"的混合肥料。这是用大粪、麻
糁、黑豆、鸽粪、动物尸体、内脏、毛血、黑矾、砒信、硫黄混和,入缸密封,腐熟
后,晾干敲碎而成。徐光启说,这种混合肥"一斗可当大粪十石"(见《徐光启
手迹》)。这是我国炼制浓缩混合肥料的开始。在明代,人们已用菜籽、豆、乌
柏、麻渣、桐、樟的油渣做成饼肥;到清代,在使用菜籽饼的同时,大豆榨油剩下
的豆饼,已更多地被当作肥料使用。雍、乾时期,江南地区每年要从东北、华
北、苏北、皖北等地输入大量大豆和豆饼,仅关东每年运至上海者就达千余石。
在饼肥之外,绿肥的使用也更多了。江苏松江地区的"上农",用肥三通,头通
用红花草,就是压绿肥为基肥;二通用农家肥,多用猪粪;三通用豆肥作追肥。
种绿肥的草子,亩用四五升,比《沈氏农书》记载的用子量不过 3 升,平均增加
了 50%。作绿肥的除苜蓿外,还有梅豆(早熟大豆,梅雨时收获)、稆豆、红萍、
苔华(水面藻类)等。一斤绿肥的肥效,与一斤猪粪相等。人们对肥料的重视
与投入,是与粮食作物的轮种复种相配合的。耕地复种指数或土地利用率的
提高,使地力消耗成倍增加。因此,如何多施肥料,以补大量消耗的地力的问
题,是明清时期农学的主要课题。而肥料的投入,也明显地保障了粮食的稳产
高产。以太湖地区的农业而论,清末的肥料投入大体是明末的一倍。嘉道时
人包世臣在《郡县农政》中说:"凡治田,无论水旱,加粪一遍,则溢谷二斗。"而
在北方地区,清人杨屾撰《修齐直指》一书记载了北方人民的"一岁数收之
法":"法宜冬月,预将白地一亩,上油渣二百斤,再上粪五车,治熟。春二月,种
大蓝,苗长四五寸,至四月间套栽小蓝于其空中,挑去大蓝,再上油渣一百五六
十斤。俟小蓝苗高尺余,空中遂布粟谷一料。及割去小蓝,谷苗能长四五寸
高,但只黄冗,经风一吹,用水一灌,苗即暴长,叶青。秋收之后,犁治极熟,不
用上粪,又种小麦一料。次年麦收,复栽小蓝。小蓝收,复种粟谷。粟谷收,仍
复犁治,留待春月种大蓝。是一岁三收,地力并不衰乏,而获利甚多也。"[20]

　　由于复种、育种、施肥等技术的普遍应用,明清时期粮食产量显著提高。
当时农业最发达的太湖地区,水稻亩产明代约为 2.31 石(米),而清代约 2.49

石(米),合明石为 2.6 石,提高了 11.47%[21]。

复种、育种、施肥等技术的应用,意味着更多的劳动投入。人们为着粮食生产,披星戴月地从事田间作业;因季节变化而形成的农事作息,也变得愈益细密复杂。大量的劳动投入,固然意味着人均粮食产量的降低,但在人口急剧翻番的几个世纪里,以劳动密集型为特征的集约化生产,毕竟基本解决了粮食生产的重大问题。虽然在这段时间里,灾荒不断,人民流离、饿殍遍野,许多人生活在食仅果腹的温饱线上,但人们为着生存与发展,也创造出了巨大的生产能力。明清时代文明,离此便无从谈起。

第四节　棉花种植与松江棉纺织业

棉布的普及　纺织业的繁盛

在穿着衣料方面,明清时代一个重要的变化是棉布的普及。棉布已成为人们做衣被的普通材料,改变了长久以来人们用麻作为衣被材料的习惯。

我国传统的衣被原料是麻、丝绸和葛,以及动物的皮毛。古人"绩麻为布",麻布就是衣服的主要材料。魏晋南北朝以后,我国南方种植的麻主要是苎麻。苎麻的种植到唐代达到鼎盛时期。大约在南宋后期,长江流域开始种植棉花,并逐渐推广。元代中期,长江流域的棉花种植已比较普遍,并已扩大到黄河中下游旱作农业区。明代中叶前后,种植棉花的区域越来越大。到明代末年,棉纺织业已成为中国小农家不可或缺的生产活动,其地位仅次于生产粮食的农业[22]。

在最近的 2000 年中,我国气候大约以 1230 年为界,此前较温暖,此后较寒冷。15 世纪,我国气候渐渐进入小冰期,直至 20 世纪气候回暖,小冰期结束[23]。在小冰期,我国气候大约存在三个寒冷的阶段,分别出现在 15 世纪、17 世纪后期至 18 世纪,以及 19 世纪。在这些寒冷的阶段中,我国长江以南的亚热带果树柑橘,经常出现大面积的冻死。江南的河流常出现连底冰冻。这种气候的变化,促使人们用更能保暖的材料来做日常穿用的衣被。棉花的种植与普及,棉纺织业的迅速发展,就是在这样的环境中产生的。

北宋时,福建人已多种棉花(亚洲棉)。南宋时,棉花由福建传播到长江三角洲[24]。从此,棉花以及由棉花纺织而成的棉布,渐渐地取代麻和麻布在人们日常生活中的地位。与传统的桑麻生产相比,棉花生产的优越性显而易见。元朝人就说:"比之蚕桑,无采养之劳,有必收之效;埒之枲苎,免绩缉之工,得御寒之益,可谓不麻而布,不茧而絮。"[25]作为主要传统衣被材料的麻,在生产上有其限度。种植苎麻需要排水良好、略带沙质的沃田。在其生长季节需要相当高的温度与湿度,降雨量不得少于 1000mm,而且不得集中于一两个月之中。苎麻对土地的肥力耗损又很大。根据当今科学方法测验,与种植棉花相比较,苎麻耗损土地肥力要高出 16 倍[26]。而肥料的缺乏,使增加苎麻的生产量,成为一件困难的事,苎麻已难以满足人们对衣被材料的需求。宋代以后,印刷业迅速发展,较好的纸张多由麻类制成,于是大量的麻被移用于造纸业。于是人们开始从别的作物上来寻求麻的替代物。元朝以后,政府的极力倡导推广,则是加速棉花种植和棉布生产的又一个重要因素。当蒙古人入主中原,建立元朝之后,元朝政府就立即建立浙东、江东、江西、湖广、福建五省木棉提举司,强迫人民每年输纳棉布 10 万匹。虽然这次征派因为与实际情况相差太远,实行了两年而作罢,但到元成宗元贞二年(1296),政府定江南夏税制度,将棉花和棉布编入常赋[27]。明朝初期,政府下令"凡民田五亩至十亩者,栽桑、麻、木绵半亩,十亩以上,倍之。麻,亩征八两;木绵,亩四两。不种麻及木绵,出麻布、绵布各一匹"[28]。洪武二十七年(1394),明朝政府又下令民间"益种棉花",并"率蠲其税"[29]。这种棉田免税的政策,大大地促进了棉花的普遍种植。一直到清中叶,江苏太仓的棉田,还援赋役全书上棉田免税的先例,得以蠲缓田赋[30]。在明清两代,地方官员上自督抚,下至知州知县,都有督责人民植棉纺织的责任;不论自然条件是否宜于植棉,不论社会条件是否宜于发展棉纺织业,处处都有人提倡[31]。在 15 世纪末叶,棉花已"遍布于天下",形成了"地无南北皆宜之,人无贫富皆赖之,其利视丝枲盖百倍"的局面[32]。而到明末,棉花种植在中国腹地的传播达到巅峰[33]。

明清时代的棉纺织业,以太湖流域的松江府及周围的太仓、嘉定和浙江嘉兴府的沿海州县最为发达(图 1-3)。这一地区虽在太湖流域,但因处沿海高

图 1-3　清董棨绘《太平欢乐图册·织布图》,故宫博物院藏

地,水稻种植在水利灌溉上不及低地的湖田,沙性土质则有利于棉花的种植;明朝在这一地区实行重赋政策,而棉田免税的政策,却为棉花生产提供了有利的发展机会。在技术上,传统的丝织业从宋代以后在太湖流域获得了迅速发展,丝织技术成了棉织技术的直接样板,因而在棉布质量上一直处于领先的地位。比较而言,黄河中下游地区,虽然在明代中期以后已广泛种植棉花,家庭棉纺织业也有所发展,但因为北方气候干燥,纺纱易于断裂,因而棉布一直以粗布为主。这种有利和局限始终影响着南北方棉纺织业的发展。

棉纺织业在技术上的发明,主要不在织,而在纺。因为棉花在纺纱之前必须去棉籽,棉花纤维又短于丝麻,所以从元朝以来,棉纺织业在技术上的突破,主要在轧棉、弹棉和纺车方面。轧棉是一道去棉籽的工序,最原始的办法就是用手剥。元朝时,已用一条长两尺、粗如指、两端稍细的铁杖,再用长三尺、阔五寸、厚二寸的梨木板一块,然后将棉花放于板上,用铁杖赶旋,赶出籽粒,去籽的棉花,就是净棉[34]。为了易于纺纱,净棉还要弹松。元朝初年,人们已用"丝弦竹弓,置按间振掉成剂"的办法[35]。据胡三省的解释,这种办法是"以竹为小弓,长尺四五寸许,牵弦以弹松"棉花[36]。元朝元贞年间(1295—1296),

黄道婆在松江乌泥泾教人制作"捍、弹、纺、织之具",她自己织成的"被褥带帨","其上折枝团凤,棋局字样,粲然若写",于是乌泥泾人"既受教,竞相作为,转货他郡,家计就殷"[37]。相传松江棉纺织业就是这样发展起来的。黄道婆所传授的"捍、弹、纺、织之具",就是去籽的搅车(亦称轧车),弹松棉花的椎弓,纺纱的纺车和织布的织机。黄道婆所传的搅车如何构造,已不得而知。然据王祯《农书》记载:"昔用辗轴,今用搅车,尤便。夫搅车,用四木作框,上立二小柱,高约尺五,上以方木管之;立柱各通一轴,轴端俱作掉拐,轴末柱窍不透。二人掉轴,一人喂上棉英,二轴相轧,则子落于内,棉出于外,比用辗轴,功利数倍。"[38]在这种搅车的基础上,明代有所改进,有了一人使用的搅车,大大提高了生产效率。据《农政全书》记载:"今之搅车,以一人当三人矣。所见句容式,一人可当四人;太仓式,两人可当八人。"[39]据《太仓州志》记载:太仓式轧车,"高二尺五寸,三足。上加平木板,厚七八寸,横尺五,直杀之板上。立二小柱,柱中横铁轴一,径一寸;铁轴透右柱,置曲柄。木轴透左柱,置圆木约二尺,轴端络以绳,下连一小板,设机车足。用时,右手执曲柄,左足踏小板,则圆木作势,两轴自轧;左手喂干花轴罅,一人日可轧百十斤。"[40]在弹松棉花的工序上,明代也出现了"以木为弓,蜡丝为弦"[41],改进了原来以竹为弓,控以绳弦的弹毡法。而到清代,"弹花必坐,其座如椅而矮,几及地,名弹花凳。凳之背贯以竹竿,如钓鱼者而曲,竿之极处悬绳,绳下着弓,以左手执弓,右手持槌击之,棉着弓而起,轻如柳絮。其弓弦以羊肠为之"[42]。弹弓由竹而木,弓弦由绳而蜡丝而羊肠,都体现了弹棉工具的改进,也提高了生产的效率。纺纱是棉纺织业的一道关键工序。最简单的工具是手摇一锭纺车。这种纺车从发明的那天开始,一直流传到20世纪。在19世纪洋纱输入之前,这种纺车是最普遍的纺纱工具。但从元代以降,棉纺车也仿照麻纺车而出现了多锭纺车。元代已有三锭纺车,"轮动弦转,莩繀随之,纺人左手握其棉筒,不过二三"[43]。这是用手力摇动,一手三纱的纺车。这种纺车在棉纺织业最发达的松江地区,一直使用到清代。清代的多锭纺车,一般也是三锭,特别熟练的女工,则发展了四锭[44]。多锭纺车的动力也由手摇改为脚踏。虽然多锭纺车主要局限于棉纺织业最发达的松江地区,其生产效率与现代纺纱机不能同日而语,但与一锭纺车相比,生产效率也有显著提高。据近人对20世纪前期河北定县的调查,一锭纺车每 10 小时工作,仅能出纱 4 两[45]。而三锭纺车大约每日可产纱 8 两[46]。然而,这种手摇和脚踏纺车,与同时期欧洲发展起来的珍妮纺机的生产效率相比,太过落后。20 世纪前期,洋布基本上取代了国产土布,其突破点就在于纺纱这一环节。

在织布方面,据方志记载:"布,松郡邑皆能织,出纱冈车墩者,幅阔三尺余,紧细若绸。东门外双庙桥,有丁氏者,弹棉纯熟,花皆飞起,收以织布,尤为精软,号丁娘子布,一名飞花布。又有斜纹布。"[47]嘉定县产紫花布,"以紫花织成,纱必匀细,工必良手,价逾常布"[48];太仓州产飞花布,"最为轻细"[49]。这些棉布产品,都代表着明清时代中国棉纺织业的最高水平(彩图 2)。

在松江府一带,几乎每家每户都从事棉花种植和棉布生产,棉纺织业成为这一地区人民最主要的家庭副业。"乡村纺织,尤尚精致。农暇之时,所出布匹,日以万计。以织助耕,女红有力焉。"[50]太仓州所属嘉定县外冈镇,"土瘠则秋收必薄,故躬耕之家,无论丰稔,必资纺织以供衣食,……每夜静,机杼之声,达于户外"[51]。乡村农户如此,城中居民亦然。据正德《松江府志》:"俗务纺织,不止乡落,虽城中亦然。里媪晨抱纱入市,易木棉以归。明旦复抱纱出,无顷刻闲。织者率日成一匹,有通宵不寐者。田家收获,输官偿息外,未卒岁,室庐已空。其衣食全赖此。"[52]松江府在明清时代地处重赋地,以明代而论,"洪武中,天下夏税秋粮以石计者总二千九百四十三万余。而浙江布政司二百七十五万二千余;苏州府二百八十万九千余;松江府一百二十万九千余;常州府五十五万余。是此一藩三府之地,其田租比天下为重,其粮额比天下为多"[53]。如以明弘治十五年(1502)税收较低的一年看,松江府以所占全国垦田面积 0.67% 的田土,却要贡纳全国 3.85% 的税粮,仅次于苏州的7.81%[54]。明末徐光启说:松江府"农亩之入,非能有加于他郡邑也,所由共百万之赋,三百年而尚存视息者,全赖此一机一杼而已"[55]。据估计,松江在明代每年产棉布大约为 2000 万匹,清代则达到 3000 万匹[56]。

如果说宋以前人们的穿着是一个麻布时代,那么明清时代则进入了棉布时代。

第五节　江南市镇与客帮商人

江南市镇的发达　商帮与商业网络

与松江一带棉纺织业繁盛相关,明清时代的江南地区,涌现出大量的工商业市镇。虽然市镇的兴起在当时的中国是一个普通的现象,尤其在十八九世纪,全国各地都出现了星罗棋布的市镇,但在 16—19 世纪 400 年时间里,一直以江南地区市镇最为发达。大致到 19 世纪末期,江南已有一千余个市镇,其中颇多拥有数千户至万余户人口的巨镇[57]。直到今天,以小城镇密度与平均非农业人口来观察,江苏、浙江两省(包括上海市)是小城镇众多的省份,也是全国小城镇最发达的地区。

江南市镇的发达,当然不是在明清时代突然出现的。从宋代开始,由于这一地区人口密集,农业生产迅速发展,尤其是太湖流域湖田的开发,使这一地区的社会经济发展到了一个新的高度。正是在农业发展的基础上,农产品的交换与流通日益频繁,江南农村的草市及定期市逐渐演化为商业性的聚落。一些传统的城镇,随着商业化的影响,军事及行政功能渐趋退化,商业功能则日渐浮现。这种传统农业社会中商业化的趋势,从 16 世纪开始,其成长与发展更是十分明显。从 16 世纪到 18 世纪,即从明正德到清乾隆这段时间里,江南地区各州县市镇的数量,平均增加一二倍以上,许多市镇从一个小小的村落,快速发展成为地方贸易的中心,且往往成为数千或万户人口的大市镇,达到了空前的繁荣。这些大市镇,多数分布在苏州府城附近及邻近各县。19 世纪中叶以后,江南又进入了一个快速成长的极盛时代,市镇的勃兴仍以长江三角洲地区及杭州湾附近各地最为显著。在上海开埠通商(1842)之前,随着棉花及其产品贸易的发达与海运的兴起,上海已经具备了成为一个大都会的条件。上海地区因商业的发展和人口的增加,曾经三次分设新县;而开埠通商之后,其市区更是不断扩大,所属郊区市镇也不断增加,且多有万户以上的大镇,成了上海市区的一部分。附近的松江府,所属市镇从清初至光绪年间增加了

图 1-4　清陈枚等绘《清明上河图卷·水运商贸》

近 4 倍[58]。以上海为中心的新的城镇经济格局就这样形成了(图 1-4)。

以农副产品的交易为主要活动,是中国传统市镇的经济特征。明清时代江南市镇的一个突出特点,则与这一特征迥然不同,即它的发达是直接建立在手工业发展的基础之上的。商业贸易仍然是江南新兴市镇的一个主要功能,正是手工业的发达,促使商业的进一步繁荣,并达到了前所未有的高度。工商两业并举,相互促进,是明清时代江南市镇的显著特点[59]。

明清之际,中国人口快速增长,出现了过剩人口。这些过剩人口主要集中在江南地区,尤其是这一地区的农村,人均耕地面积越来越小,以至于所产粮食不足以供应当地人口的食用。同时,这一地区又是重赋地区,人们负担的国家赋税居全国之首。因此,江南地区的人民为了应付严峻的生计问题,一方面不断地围垦湖田,发展水利,以提高粮食的产量;另一方面则不得不从副业生产中寻找生活的出路。这一地区种植棉花和从事棉纺织业,就是以副养农,以副助农的一种选择[60]。由于江南农村棉纺织业的发展,农家生产的棉布又主要用于交换,而不是自给自足,商贩在农村的某些交通便捷之处设立收购点,所以商业活动也就随之向农村靠拢。与此同时,商贩又将北方的棉花转贩到江南。这样,以棉纺织业为中心的商业活动,促成了江南地区市镇的蓬勃兴起。就棉纺织业本身来说,从轧棉到织布,一般都以一家一户的家庭经营为主,但棉布织成之后,还需要经过染布和踹布两道工序。从技术上说,农家小户可以自己染布,但这对以交换为主的棉布生产而言,不仅成本很高,染色的质量也难以保证。于是染布工序便由专门的染坊来经营。当时的染坊分工很细,分蓝坊、红坊、漂坊、杂色坊等,不同颜色的布匹,由相应的染坊来染色。棉布染色之后的最后一道工序是踹布,这道工序的作用是将棉布用元宝石压光压紧,以使棉布光滑耐用。踹布所用的工具,如元宝石,不是普通农家小户添置得起的。一块元宝石重达千斤,也非普通农家二三劳力可以操作。这就使得踹布工序相对独立出来,成为专门的行业。这种棉布生产中相对独立的行业,因为需要较大的生产规模,而吸引了大量的雇佣人员;因为是棉布生产的最后工序,而吸引了布商的云集。当时的布商还直接参与了染坊和踹坊经营。这种生产与交换的相互配合,促成了江南市镇的成长壮大(图1-5)。

与棉花种植业发展相类似,植桑养蚕产丝是江南农民的另一个主要副业。因为自然条件,这项副业主要发展于太湖周边地区,包括浙江杭州、嘉兴、湖州和江苏的苏州等府。宋代以后中国的蚕丝业中心从黄河中下游地区移到了长江下游的太湖地区,到明中叶,以浙江湖州府最为兴盛。湖州"比户养蚕","其树桑也,自墙下檐隙以暨田之畔、池之上,虽惰农无弃地","尺寸之堤必树

收不尽魏塘纱

纱者沿门妆之嘉善縣志诗云买不尽松江布

布者家户习为恒業纺者日可得纱四五两妆之为

小品云地产木棉花而少而纺之为纱纱之为

綦類稠纱一日纺塑吴興工織木棉紗布湯恒

图 1-5　清董棨绘《太平欢乐图册·收购棉纱图》,故宫博物院藏

之桑",“低洼地也填土种桑"[61]。富者更是“田连阡陌,桑麻万顷"[62]。明人王士性说:“浙十一郡,惟湖最富,盖嘉湖泽国,商贾舟航易通各省,而湖多一蚕,是每年两有秋也。……家为岁计,天下所共也,惟湖以蚕。"[63]然而,由于丝织业在技术上要求较高,生产进度又较慢,普通农户无法完成从植桑到养蚕再到缫丝织绸的全过程;同时由于丝绸产品主要用于出卖,所以太湖一带的普通农户一般只将植桑养蚕作为副业,他们将蚕茧缫成生丝出卖,而将丝织绸缎交给了专门的人家去经营。由于丝织品主要为皇室和官宦人家所消费,蚕桑业较发达地区中的郡城居民,很早就开始从事技术要求较高的丝织业。明清时代,政府在蚕桑业较发达的江浙地区,于各府多设织造(染)局,直接生产丝织品。尤其是苏州、杭州两地的织造局,更为引人注目。这对蚕桑丝织业的城乡分工,也起了重要的作用。

据《吴江县志》记载:“绫绸之业,宋元以前,惟郡人为之,至明(洪)熙、宣(德)间,邑民始渐事机丝,犹往往雇郡人织挽。成(化)、弘(治)以后,土人亦有精其业者,相沿成俗。于是盛泽、黄溪四五十里间,居民乃尽逐绫绸之利。"[64]此处提到的盛泽,就是明清之际因丝织业而繁盛壮大的巨镇。明弘治初,它还是一个普通的村落;到嘉靖中期,已有"居民百家";而到明末,"那市上两岸绸丝牙行,约有千百余家";到清康熙中期,则发展到"居民万有余家"[65]。因丝织业而发展壮大的市镇,著名者还有濮院、王江泾、双林、菱湖、乌镇、南浔等市镇。它们与因棉布业而发展起来的枫泾、洙泾、朱家角、新泾、安亭、魏塘、碛石等市镇一起,是江南市镇群落的璀璨明珠。

在这些市镇间穿梭如织的人群中,有来自外地、结帮成群的客商,如浙东的宁绍商和龙游商,明代还与苏、松同省的徽(州)商,东南的闽商,南方的粤商,西面的江右商和北方的山陕商、鲁豫商等等。明人陈继儒《布税议》云:"凡数千里外,装重赀而来(苏州松江)贩布者,曰标商,领各商之赀收布者曰庄户。乡人转售于庄,庄转售于标。"清初松江府上海县人叶梦珠所撰《阅世编》对布商在江南的活动有更详细的记载:

　　棉花布吾邑所产已有三等,而松(江)城之飞花、尤墩、眉织不与焉。上阔尖细者曰标布,出于三林塘者为最,周浦次之,邑城为下。俱走秦、晋、京、边诸路。每匹约值银一钱五六分,最精不过一钱七八分至二钱而止。甲申、乙酉之际,值钱二三百文,准银不及一钱矣。顺治八年,价至每匹三钱三分。十一年十二月间,每匹价至四五钱。今大概以二钱为上下也。其较标布稍狭而长者曰中机,走湖广、江西、两广诸路。价与标布等。前朝标布盛行,富商巨贾操重赀而来市者,白银动以数万计,多或数十万两,少亦以万计。以故牙行以奉布商如王侯,而争布商如对垒。牙行非藉势要之家不能立也。中机客少,赀本亦微,而所出之布亦无几。至本朝而标客巨商罕至。近来多者所挟不过万金,少者或二三千金,利亦微矣。而中机之行转盛。而昔日之作标客者今俱改为中机。故松人谓之新改布。更有最狭短者曰小布,阔不过尺余,长不过十六尺,单行于江西之饶州等处,每匹在前值银止六七分。至顺治之九年十年间,小布盛长,价亦几至二钱一匹。[66]

可见松江一带棉布生产随着市场的需求而变化,而且远销湖广、江西、两广、陕西、山西、北京及北方边疆地区。北方省份所产棉花,除缴纳租税之外,几乎全部运至南方销售。明万历年间,"中州沃壤,半植棉花,乃花尽归商贩,民间衣服率从贸易"[67]。而北方省份所需棉布则依靠江南供应。与叶梦珠同乡的褚华在《木棉谱》中记载:"吾邑以百里所产,常供数省之用","秦晋布商皆住其家,门下客常数十人,为之设肆收买。俟其将戒行李时,始估银与布,捆载而去。"

丝织品销售的情形与棉布相同。明万历时人张瀚《松窗梦语》记载:杭州"桑麻遍野,茧丝棉苎之所出,四方咸取给焉。虽秦、晋、燕、周大贾,不远数千里,而求罗绮缯币者,必走浙之东也"[68]。清乾隆时人杭世骏说:"吾杭饶蚕绩之利,织纴工巧,转而之燕,之秦,晋,之楚,蜀,滇,黔,闽,粤,衣被几遍天下。"[69]湖州府归安县双林镇,在明清之际,"吴丝衣天下,聚于双林。吴、越、闽、番至于海岛,皆来市焉"[70]。嘉兴府秀水县濮院镇,地跨秀水、桐乡两县,清初期也是"远方大贾携橐群至","一镇之内,坐贾持衡,行商麇至,终岁贸易不下数十万金"[71]。苏州吴江县的盛泽镇,康熙时"富商大贾数千里辇万金而来,摩肩连袂,如一都会"[72]。这些市镇,都是著名的丝织品的集散地。在这些镇上,来自各地的客帮商人收买丝绸,互争雄长[73]。

这些商人从江南地区收买棉布、丝绸、食盐、粮食、竹木、茶叶、颜料、棉花以及其他日常生活用品等,贩往各地,加强了全国各地区之间的经济联系。他们一般自称某省某府人,讲着家乡的方言,因此在当地人眼中,他们都是来自外地的客人。同时,这些人由于离乡背井,常年奔波于道途之中,需要成群结队,以互相照应;尤其是因为商业的竞争,而必须形成团体的力量,所以一般以家族的血缘关系为纽带,又以同乡关系为背景,结成行帮。在明清时代,"客商之携货远行者,咸以同乡或同业之关系,结成团体,俗称'客帮'。有京帮、津帮、陕帮、山东帮、山西帮、宁帮、绍帮、广帮、川帮等称"[74]。这种客帮商人在全国范围内长途贩运货物,形成了各自的商业网络。为了保护和扩大自己的商业利益,他们在经商的城镇建立会馆、公所,作为联络、聚会的公共场所,以增强本地人的凝聚力;他们还与当地官场、民间密切往来,以取得当地政治、社会力量的支持,从而形成了丰富多彩的客帮商人文化。

明清时代的客帮商人,以晋商和徽商最为有名。万历时,"富室之称雄者,江南则推新安,江北则推山右。新安大贾,鱼盐为业,藏镪有至百万者,其他二三十万则中贾耳。山右或盐或丝,或转贩,或窖粟,其富甚于新安"[75]。他们以巨大的商业资本,经营大宗商品交易和长途贩运,并介入生产领域,支配手工业者的生产活动,还经营典当等金融行业,谋取高额利润。这些商帮,在以后数个世纪中,一直操纵着中国的商业和市场。

第六节　白银、铜钱与金融业

白银成为主要通货　银、钱兼用　票号

在十五六世纪的明朝中期,货币史上发生了一件划时代的大事——唐、五代以来一直流行于民间的白银,终于取代了明朝政府原来法定的"大明宝钞",成为通行的主要货币,市场上的商品,无论大小,都以银两作为计价的标准。从此,白银与自秦汉以来一直沿用的铜钱一起,充当市场的通货。大宗商品的交易,用白银支付;小额交易,则用铜钱支付。铜钱与白银的比价,明清两朝,政府规定为铜钱一千准白银一两[76]。但在实际流通中,钱贱银贵,往往要一千数百钱,才等于白银一两(图1-6)。

图1-6　银元宝

白银之成为主要通货,是商业繁盛,尤其是棉布、粮食、食盐等日常生活用品的远距离贩销的结果。反之,当白银成为合法通货之后,对于这种远距离的商货贸易也起着重要的促进作用。明中叶以后出现的商帮和江南市镇群落,就正是在白银成为通货和计价标准的形势下发展起来的。由于商业的繁盛,16 世纪下半叶,货币不足以支付商货的交易,政府不得不加大铜和银的生产。明朝政府一直允许"历代钱与制钱并行",但万历以后,古钱只允许行用于民间,输税赎罪规定必须都用制钱。明朝末年,政府为了铸造新钱,"始括古钱以充废铜",于是古钱销毁顿尽。这是中国货币史上自隋朝尽销古钱之后又一"大变"[77]。明朝对铜和银的生产,考虑到"矿盗哨聚,易于召乱",一直采取禁止民间自发开采的政策。但自中叶以后,由于银钱紧缺,民间私采有禁无止,政府为了增加财政收入,也不得不复开浙江、福建等地的银场和其他省份的银铜等矿。然而,为了防止民间私采而引发的反抗与争斗,政府一直对民间采矿采取打击的政策;政府经营的矿业也时开时止。万历中,为了垄断财富的来源,派出宫中的宦官,到各地监督矿产的开采,加强政府的管制,其结果不但没有解决财政的危机,反而激化了官民之间的矛盾,使矿产开采陷于更加混乱的状态。14 世纪末,官矿的银产量不足 3 万两,15 世纪初增到 30 万两。15 世纪中叶以后,则萎缩到 14 世纪末的规模。16 世纪以后,官民两矿的产量,估计只在 20 万两以上,不到 15 世纪初的水平[78]。

明中叶国内白银产量二三十万两,不足以应付市场流通的需要。而恰在 16 世纪下半叶,与美洲作物传入中国的同时,来自美洲的白银也来到中国。这为当时正在兴起而又短缺货币的中国市场,提供了进一步发展的动力。

美洲白银流入中国的主要渠道,是中国与吕宋(菲律宾)之间的贸易。明朝前期,政府规定除朝贡贸易外,民间不得从事海外贸易。与明朝有朝贡关系的,仅朝鲜、日本、琉球、安南、真腊、暹罗、占城、苏门答腊、爪哇、彭亨、百花、三佛齐、浡泥等十多个国家。这些国家对中国有一定的贡期,人数也有限制。明朝则在浙江的宁波、福建的泉州和广东的广州设置市舶司,专门管理贡舶货物的"给价收买"。虽然明朝政府不断重申禁海之令,防止沿海居民私通外国,但许多朝贡国的商人经常违禁与沿海商民交往,福建、广东和江浙等东南沿海地区的商人不断与之交易,沿海地区的宁波、泉州、漳州、广州等城市,渐渐成了对外贸易的重要港口,不仅外国商人来到这些地方进行贸易,本国商人也群集于此,与外商进行商货贸易。明正德九年(1514),葡萄牙人首次来到广东屯门进行贸易。正德十四年(1519),西班牙人来到了吕宋。嘉靖四十四年(1565),

西班牙占领吕宋,作为在东方进行贸易的根据地。欧洲人的东来,刺激和吸引了中国东南沿海的商人。他们纷纷冲破政府的禁令,到吕宋和满剌加等地,从事海外贸易活动。明朝为了平定"倭患",曾严禁沿海商民从事海外贸易,但实际上已无能为力。隆庆元年(1567),明朝政府不得不改变政策,开放海禁,允许民间与南洋诸国自由贸易。于是,西班牙人带到南洋诸国进行贸易的西班牙银元和银辅币,通过闽、浙、粤等地的海商,以及已与中国南方沿海地区做生意的葡萄牙等国商人,开始源源不断地输入中国。据记载,"东洋吕宋,地无他产,夷人悉用银钱易货,故归船除银钱外无他货携来,即有货亦无几"[79]。这里所谓"银钱",即指西班牙银元和银辅币。据估算,运入中国的白银,1570—1579 年为 28.5 万两,1580—1589 年为 88.9 万两,1590—1599 年为 70.3 万两,1600—1609 年为 104.1 万两,1610—1619 年为 103.7 万两,1620—1629 年为 90.1 万两,1630—1639 年为 139.8 万两。与此同时,产自日本的白银也开始输入中国。明初以来,明朝一直限制与日本的贸易,隆庆开放海禁之后,明朝仍禁止与日本贸易,但民间的贸易越来越兴盛,中国的生丝被输贩到日本,日本的白银运入中国。据估算,1600—1630 年 30 年间,从日本运入中国的白银有 100—150 万两。在 16 世纪后期到 18 世纪初 130 年时间里,从南洋运入中国的美洲白银,加上中日贸易而运入的日本白银,总数达到 2 亿两的规模。扣除贸易运输费用、海商在海外的生活费用和海上的损失、移民华侨的资费、洋船的利润等,运回的白银有一部分并未留在国内;同时,中国亦有铜钱、银货等出口。这样,中国白银净增加也许不过 1 亿两。然而,即使如此,从国外输入的白银仍然数倍于国内银产量。这必然促进市场繁荣,加速经济的白银化[80]。

由于明代中叶以后,实行银、钱兼用的货币制度,银钱之间的兑换机构——钱铺和银铺——便应运而生。银铺又称"银匠铺""倾银铺",古已有之,原本经营打造和买卖金银器饰业务。随着白银成为主要货币,银铺在本行业务之外,又开始经营倾熔银锭和银钱兑换业务,并派生出抵押放款的借贷业务。清代银铺发展为银号,存放款和汇兑成为主要业务。而银钱兑换业务仍由银铺经营,原来由银铺经营的倾熔银锭业务,则独立发展为炉房(银炉)。钱铺又称钱店、钱肆、钱桌等,最初是因经营以银换钱的兑换业务而产生,这是明中叶新产生的金融机构。入清以后,钱铺、钱店、钱肆、钱桌继续存在,仍然经营银钱兑换业务,但在明清之际,钱铺业发展出了以存放款和汇兑为主要业务的钱庄。钱庄主要分布于长江流域,尤以开埠通商后的上海为盛。上海的钱庄业,是由绍兴人于乾隆时开设的煤炭肆(店)兼营存放款业务发展而来。乾隆时,上海沙船业务逐渐发达,从辽东营口等地运来豆麦、杂粮、油饼,从闽广则运来土货,交换上海一带出产的棉布,交易额增加,需要现款周转,钱庄的存放款、汇划与交割业务便日益发展起来。上海开埠以后,钱庄更趋发达。各国商船直接开入上海,进出口贸易日益递增,钱庄也越开越多。咸丰八年(1858),上海南市及租界约有钱庄120家,其中有十来家称大钱庄,账面资本虽止三五万两,但因其合伙股东富有,对沙船主放款,以载货船只为押品,规模较大,利润丰厚。大钱庄又经营汇划业务,所出庄票,还为外商所承认,充当外商与华商贸易的中介,买办商人到内地采购货物,得由钱庄出庄票。钱庄的庄票,实际上具有了货币的性质。咸丰年间,太平军深入江浙,江浙一带富绅巨贾,争至上海租界避难,多达50万人,他们将带来的资金存入钱庄;因战争军功而发财的官僚兵士,也将钱财存入钱庄,钱庄存款额大增。同时,由于上海一时居民骤增,房价地价高涨,房地产业迅速发展,有赖于钱庄的放款;此时沙船从上海运载漕米到天津,回头空船则从辽东满载大豆、青豆、豆油、豆饼等货至上海,其所需资金大都还是依赖于钱庄的放款。钱庄商人由此大富(图1-7)。

　　清道光年间(1821—1850),由晋商经营、专营汇兑业务的票号产生[81]。票号又称票庄或汇兑庄,是晋商在全国贩销商货而形成的联号制基础上发展起来的(图1-8)。相传最早经营这项业务的是由平遥商人经营的西玉成颜料庄。西玉成颜料庄在北京、天津、四川等地均设有分庄。起初,在京的山西同乡常把

图1-7　山西"蔚泰厚记"钱庄合约

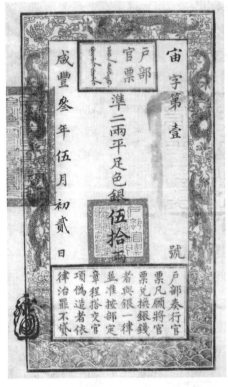

图1-8 清咸丰三年户部五十两银票

现银交给西玉成北京分庄,再凭西玉成北京分庄写的信,到平遥县西玉成总号取款。后来,西玉成总经理雷履泰发现这种现款兑拨是一个生财之道,便开始专营汇兑业务,号名改为"日升昌"。日升昌专营汇兑,果然业务发达,利润猛增。于是,晋帮商人纷纷效尤。道光末年,山西票号已发展到11家。到20世纪初,更发展到33家,分号400余处,在北京、天津、张家口、奉天、济南、扬州、江宁、苏州、芜湖、屯溪、江西河口镇、广州、长沙、常德、湘潭、汉口、沙市、重庆、成都、西安、三原、开封、周家口等全国各大城市、商埠,均有分号,并且远达日本东京、大阪、神户,俄罗斯莫斯科和新加坡等地。大体上一个分号一年做汇兑业务50—120万银两,存放款30余万银两。山西票号在晚清可谓执中国金融界之牛耳[82]。

光绪三十年(1904),清朝组建"大清户部银行",曾邀山西票号加入股份,并参与组织,为山西票商所拒绝。户部银行转由江浙绸缎商所筹办。于是,"江浙财团"获得了后来居上的机会。400年间北晋南徽商人的发展,至清朝后期演变为"北票南钱"称雄。进入20世纪,最终由江浙财团独霸经济领域,乃至于政治领域。这也正是江浙1000多年社会发展的一个结果。

注 释

〔1〕 何炳棣:《明初以降人口及其相关问题,1368—1953》,三联书店,2000年,第310页。
何炳棣指出:"即使假定南方的人口以官方数字所显示的北方人口那样中等的速度增长,到16、17世纪之交恐怕也已超过1亿3千万了。"

〔2〕 何炳棣:《明初以降人口及其相关问题,1368—1953》,第 316、324—325 页。

〔3〕 据清朝户部《汇造各省民数谷数清册》,道光三十年(1850)全国人口数为 429431034,见姜涛:《中国近代人口史》,浙江人民出版社,1993 年,第 411 页,附录"1749—1898 年分省人口统计",续表 22。案:清道光三十年以前的人口数不包括少数民族(何炳棣前揭书,第 60 页)。葛剑雄:《中国人口发展史》指出:"道光三十年人口总数显然没有包括西藏(西藏办事大臣所辖卫、藏、喀木和阿里四个地区的营、城、呼图克图领地、部族及寺院)、内外蒙古(直属理藩院的内蒙古六盟、西套蒙古、察哈尔和乌里雅苏台将军所辖喀尔喀四部、唐努乌梁海与科布多参赞大臣属下的盟旗)、青海(西宁办事大臣所辖厄鲁特 29 旗、玉树等 40 族土司)的人口在内。此外,西南几省残留的土官统治地区、新疆伊犁将军属下伯克的辖地至多只是根据当地首领的申报或上司的估计,边远地区、南方和台湾的少数民族未纳入统计的也不在少数。"(第 247—248 页)

〔4〕 姜涛:《中国近代人口史》"1912—1949 历年人口统计"表:民国元年(1912),内务部统计人口数为 355729695,陈长蘅的修正数为 405810967,国民政府内政部《内政年鉴》的数字为 419640279。(第 87 页)同书指出:"宣统三年(1911),各省又陆续进行了口数调查。同年辛亥革命爆发,打断了这次人口调查的进程。此后直到清朝覆灭,仍有一些省份未上报口数调查的结果。民国元年(1912),由当时的民国政府内务部将各省在辛亥年(即宣统三年,1911)上报民政部的报告加以搜集,汇造公布。"(第 81 页)

〔5〕 何炳棣:《明初以降人口及其相关问题,1368—1953》,第 310、356 页。

〔6〕 同上书,第 324 页。

〔7〕 乾隆五十八年(1793),江苏阳湖(今江苏常州)人洪亮吉,撰写了两篇论文《治平篇》和《生计篇》(载《洪北江诗文集·意言》),讨论当时由于人口剧增而带来的社会经济问题。

〔8〕 葛剑雄:《中国人口发展史》,第 1909—1910 页。

〔9〕 许涤新、吴承明主编:《中国资本主义发展史》第一卷,第三章,人民出版社,1985 年,第 187 页。

〔10〕 万国鼎:《五谷史话》,《古代经济史专题史话》,中华书局,1983 年。

〔11〕 同上。

〔12〕 布罗代尔:《15 至 18 世纪的物质文明、经济和资本主义》,三联书店,1992 年,第 185 页。

〔13〕 严如煜:《三省边防备览》卷一一,策略。清道光刻本。

〔14〕 赵冈、刘永成、吴慧、朱金甫、陈慈玉、陈秋坤编著:《清代粮食亩产量研究》,中国农业出版社,1995 年,第 61 页。

〔15〕何炳棣:《明初以降人口及其相关问题,1368—1953》,第221页。

〔16〕王祯:《农书》卷一一,农器图谱一,田制门,梯田,农业出版社,1963年,第142页。

〔17〕吴承明:《18与19世纪上叶的中国市场》,《中国的现代化:市场与社会》,第246页。

〔18〕许涤新、吴承明主编:《中国资本主义发展史》第一卷,第三章,第187页。

〔19〕耿荫楼:《国脉民天》,养种,清光绪四年莲花池刻《区种五种》本。

〔20〕刘光蕡:《修齐直指评》,民国二十四年关中丛书本。

〔21〕赵冈、刘永成、吴慧、朱金甫、陈慈玉、陈秋坤编著:《清代粮食亩产量研究》,第51
页。案:是书指出:由于统计口径不同,上引对比数不尽合理。"如完全相同的口
径——松江、湖州、海盐对比,则亩产仅增长6.4%,包括斗大因素为6.48%。"

〔22〕严中平:《中国棉纺织史稿》,科学出版社,1955年,第7页。

〔23〕王铮、张丕远、周清波:《历史气候变化对中国社会发展的影响——兼论人地关系》,
《地理学报》51卷4期,1996年7月。

〔24〕赵冈、陈钟毅:《中国棉纺织史》,中国农业出版社,1997年,第23—26页。

〔25〕王祯:《农书》卷二一,农器图谱一七,木棉序,第507页。

〔26〕赵冈、陈钟毅:《中国棉纺织史》,第33—34页。

〔27〕《元史》卷一六,世祖本纪;又卷九三,食货志一。

〔28〕《明史》卷七八,食货志二;又卷一三八,杨思义传。

〔29〕《明太祖实录》卷二三二,洪武二十七年三月庚戌。

〔30〕严中平:《中国棉纺织史稿》,第18页。

〔31〕严中平:《中国棉纺织史稿》,第19页。

〔32〕邱濬:《大学衍义补》卷二二,制国用,贡赋之常,京华出版社,1999年,第213页。

〔33〕赵冈、陈钟毅:《中国棉纺织史》,第38页。

〔34〕元司农司编、石声汉校注:《农桑辑要校注》卷二,木棉,农业出版社,1982年,第
51页。

〔35〕陶宗仪:《辍耕录》卷二四,黄道婆,中华书局,1985年,第354页。

〔36〕《资治通鉴》卷一五六,胡三省注。

〔37〕陶宗仪:《辍耕录》卷二四,黄道婆。

〔38〕王祯:《农书》卷二一,农器图谱一七,第508页。

〔39〕徐光启撰、石声汉校注:《农政全书校注》卷三五,蚕桑广类,上海古籍出版社,1979
年,第977页。

〔40〕《古今图书集成》,考工典,卷二一八。

〔41〕徐光启:《农政全书校注》卷三五,蚕桑广类,第977页。

〔42〕 张春华:《沪城岁事衢歌》,上海古籍出版社,1989 年,第 17 页。案:此书成于道光十
　　　九年。

〔43〕 王祯:《农书》卷二一,农器图谱一七,第 510 页。

〔44〕 褚华:《木棉谱》:"善纺者能四缫,三缫为常。"缫即锭子,清嘉庆间听彝堂刻艺海珠
　　　尘本。

〔45〕 张世文:《定县农村工作调查》,转引自严中平《中国棉纺织史稿》,第 24 页。

〔46〕 严中平:《中国棉纺织史稿》,第 25 页。张春华:《沪城岁事衢歌》注:"纺纱他处皆
　　　有,然以巨轮手运,只出一纱;足车出三纱,惟吾乡(指上海——引者注)倡有之。"

〔47〕 乾隆《江南通志》卷八六,食货志,物产。

〔48〕 光绪《嘉定县志》卷八,土产;乾隆《续外冈志》卷四,物产。

〔49〕 民国《太仓州志》卷三,物产。

〔50〕 嘉庆《松江府志》卷五,疆域志风俗。

〔51〕 乾隆《续外冈志》卷一,风俗。

〔52〕 正德《松府府志》卷四,风俗。

〔53〕 邱濬:《大学衍义补》卷二四,制国用,经制之议下。

〔54〕 梁方仲:《梁方仲经济史论文集》,中华书局,1989 年,第 12 页。

〔55〕 徐光启:《农政全书校注》卷三五,蚕桑广类,第 969 页。

〔56〕 范金民:《明清江南商业的发展》,南京大学出版社,1998 年,第 29—30 页。

〔57〕 刘石吉:《明清时代江南市镇研究》,中国社会科学出版社,1987 年,第 128—158 页。

〔58〕 同上书,第 157 页。

〔59〕 傅衣凌:《明清时代江南市镇经济的分析》,《明清社会经济史论文集》,人民出版社,
　　　1982 年,第 229—238 页。

〔60〕 西嶋定生:《中国经济史研究》,农业出版社,1984 年,第 524 页。

〔61〕 乾隆《湖州府志》卷三一,蚕桑。

〔62〕 谢肇淛:《西吴枝乘》,《续说郛》,清顺治三年宛委山堂本。

〔63〕 王士性:《广志绎》卷四,江南诸省,清康熙十五年刻本。

〔64〕 乾隆《吴江县志》卷三八,风俗一,生业。

〔65〕 傅衣凌:《明清时代江南市镇经济的分析》,《明清社会经济史论文集》,人民出版社,
　　　1982 年,第 230 页。

〔66〕 叶梦珠:《阅世编》卷七,食货五,上海古籍出版社,1981 年,第 157—158 页。

〔67〕 赵冈、陈钟毅:《中国棉纺织史》,第 38 页。

〔68〕 张瀚:《松窗梦语》卷四,商贾纪,上海古籍出版社,1986 年,第 75 页。

〔69〕 杭世骏:《吴阊钱江会馆碑记》,《明清苏州工商业碑刻集》,江苏人民出版社,1981
年,第 19 页。

〔70〕 唐甄:《教蚕》,《明经世文编》卷三七。

〔71〕 雍正《浙江通志》卷一○二,物产。

〔72〕 康熙《吴江县志》卷一七,物产。

〔73〕 范金民、金文:《江南丝绸史研究》,农业出版社,1993 年,第 244—247 页。

〔74〕 徐珂:《清稗类钞》,中华书局,1984 年,第 2286 页。

〔75〕 谢肇淛:《五杂俎》卷四,《地部二》,上海书店出版社,2001 年,第 74 页。

〔76〕 《明史》卷八一,食货五;《清史稿》卷一二四,食货五。

〔77〕 顾炎武撰、黄汝成集释:《日知录集释》卷一一,钱法之变,上海古籍出版社,影印清
道光十四年刻本。

〔78〕 吴承明:《十六与十七世纪的中国市场》,《市场·近代化·经济史论》,云南大学出
版社,1996 年,第 268—270 页。

〔79〕 张燮:《东西洋考》卷五、卷七,中华书局,1981 年,第 132 页。

〔80〕 吴承明:《十六与十七世纪的中国市场》,《市场·近代化·经济史论》,第 270—273
页。案:17 世纪中叶,由于国内发生了明清之间的递代,清初政府又严厉海禁,西班
牙国王菲利浦四世限制马尼拉贸易,西班牙人在吕宋又屠杀华侨,导致了入流白银
直线下降。但到 18 世纪后期的乾、嘉之际,白银流入又进入一个高潮。据吴承明估
算,从 17 世纪后期(1650 年始)到 19 世纪前期(1833 年止),白银的净流入量(扣除
流出量)为近 1.5 亿两。(见《18 与 19 世纪上叶的中国市场》,《中国的现代化:市场
与社会》,第 287 页)

〔81〕 此采用陈其田:《山西票庄考略》的看法。有关山西票号产生年代,存在诸说,详见
张正明:《晋商兴衰史》,山西古籍出版社,1995 年,第 117—120 页。

〔82〕 参见张海鹏、张海瀛主编:《中国十大商帮》,黄山书社,1993 年,第 27 页。

第二章　早期启蒙思潮与政治文明中的新因素

　　以个性解放为核心的早期启蒙思潮的诞生是中华文明进入新的历史时期的显著标志之一。从思想的层面说,以王阳明的心学为先导,泰州学派及李贽等一大批思想家掀翻了程朱理学的统治地位,倡导个性解放,以及直接反映新的社会需要的各种新观念,引导出初步的反专制的民主与民权思想、历史进化论及政治理性与科学理性精神。以东林党和复社为代表的士大夫,将时代精神带入政治生活和文化生活,新兴的城市市民阶层的出现,以及他们在政治上的抗争,也为明末的社会增添了诸多新的因素,从而使明末政治面貌一新,社会文化也呈现出一派新气象。在明清鼎革之际,思想界开始对传统文明进行全面的反省,宋明理学作为一个庞大的意识形态体系,在理论上被批判地终结,在学术上蜕变成新学说。由黄宗羲、顾炎武、方以智、王夫之、颜元为代表的经世致用之学,承续并扬弃了早期启蒙思潮的传统,将中国思想史推进到一个新的阶段。

第一节　早期启蒙思潮的兴起与泰州学派

　　程朱理学的官学化　现实呼唤启蒙　阳明心学的意义　王艮与泰州学派
异端李贽　个性解放　狂狷精神

　　中国古代文明发展到明代中期,在社会、思想与文化等各方面都呈现出前所未有的新气象。大约从嘉靖朝开始,在全国各地,特别是江南,以经济为中心的新兴城市大量出现,手工业、商业经济日趋繁荣,新的市民阶层逐步壮大;

作为国家意识形态的程朱理学,日益受到以阳明心学为代表的新思想的挑战,思想桎梏有所瓦解;随着民间的书院、讲会以及出版业的发展,文化前所未有地向世俗化的方向普及;中西文化也开始发生交流与碰撞。如此一系列新的社会和文化现象,都在这一时期涌现。早期启蒙思潮即是在这样的背景下孕育而生的。一般而言,在世界各个文明体系中,都经历过相类似的思想启蒙,而这些思想启蒙有的是在单个文明的自然发展中出现的,有的是在多个文明的交互影响下出现的,它们并不一定具有相同的文化特征。明代中叶后出现的早期启蒙思想,基本上是中华文明自身演进中的思想成果[1]。

早期启蒙思潮首先是沿着思想史自身的嬗变轨迹而出现的。明代中叶后的思想发展,逐步进入一个矛盾的漩涡中,一方面是程朱理学已经被官学化,丧失了发展的活力,另一方面从明初开始孕育的道德践履传统逐渐化生出心学因素,终于在王阳明的手上发扬光大,跃上了与程朱理学争鸣的前台。这一精神的转捩是早期启蒙思潮出现的思想前提。

程朱理学的官学化始自元代。元代的统治者在征宋时,非常着意访求中原人才。元太宗乙未年,蒙古大军南征,杨惟中、姚枢奉诏访求儒道释医卜士,于湖北得名儒赵复。赵复被护送至燕京,并建立太极书院,专门讲授周敦颐、二程之学,北方学者如许衡、郝经、刘因等皆从其学,程朱理学由此北传,并影响至元代高层统治者[2]。至元八年,许衡任集贤大学士兼国子祭酒,主管太学事,开始用程朱理学教授包括蒙古贵胄子弟在内的太学诸生[3]。这是程朱理学官学化开始的重要标志。皇庆二年六月,祭祀孔子,特以许衡及宋儒周敦颐、程颢、程颐、张载、邵雍、司马光、朱熹、张栻、吕祖谦为从祀[4]。在元皇庆二年所制定的科举条制中,明经被置于科举首位,程朱学派的四书五经传注,被指定为科场的标准答案[5]。由此,程朱理学被正式结合进国家的政教体制之中。

明朝建立后,在明太祖所制定的政教蓝图中,在国家意识形态方面继承了元代体制。明太祖拟订了一个庞大的颁降官书计划,要编辑《四书》《五经》《性理》等书,作为天下学校的教本。这个计划后来由明成祖完成。永乐十二年命翰林院学士胡广等人编纂了《五经大全》《四书大全》《性理大全》等三部大书,并颁行天下(图2-1)。这三部《大全》的颁行,标志着程朱理学的官学化过程的最终完成,程朱理学在国家意识形态中占据了核心地位。官学化的程

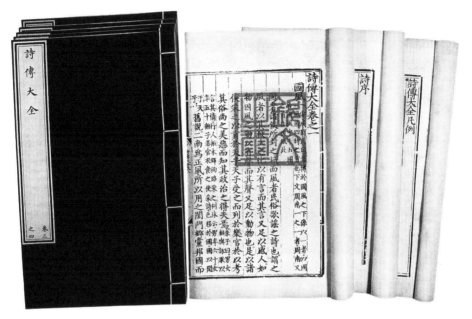

图 2-1　明胡广等奉敕撰《诗传大全》书影，永乐年间经厂刻本

朱理学,在明初发挥了统一思想的作用,这种作用与汉武帝"罢黜百家,独尊儒术"、唐太宗颁布《五经正义》相类似。由三部《大全》所确立的程朱理学,比起董仲舒、孔颖达所推崇的儒学来,是一套更加完整、系统的哲学和政治思想体系,其与八股科举制度相结合,在封建社会后期的学术思想界以至全社会,都产生了重大的影响[6]。

　　明初的教育还比较淳朴,洪武十七年颁行的科举成式中规定"《四书》义主朱子集注;经义:《诗》主朱子集传,《易》主程朱传义,《书》主蔡氏传及古注疏,《春秋》主左氏、公羊、穀梁、胡氏、张洽传,《礼记》主古注疏"[7]。程朱之学和古注疏并用。大约在永乐之后,古注疏逐渐被弃,只留下程朱。嘉靖十七年下诏云:"朕历览近代诸儒,惟朱熹之学醇正可师,祖宗设科取士,经书义一以朱子传注为主。比年各处试录文字,往往诡诞支离,背戾经旨。此必有一等奸伪之徒,假道学之名,鼓其邪说,以惑士心,不可不禁。礼部便行与各该提学官及学校师生,今后若有创为异说,诡道背理,非毁朱子者,许科道官指名劾奏。"[8]可见从明初直到明中叶之后,程朱之学一直被奉为最高的学术思想。

　　但是,官学化的程朱理学也给学术思想界带来了很多不良的后果。官学化的程朱理学以儒学正统自居,凡是违背程朱理学的新思想,都被指为异端邪说,人遭杖遣,书遭焚弃,庠序之所教,制科之所取,均以程朱为准绳,不敢越雷池半步,严重限制了思想发展的自由空间,形成了严厉的学术专制。由于官学化的程朱理学一直与科举制度联系在一起,故而被逐渐地八股化、时文化,变成一种陈旧的格套、教条,学者所究心的往往只是将程朱之说敷演成时文八股,脱离了现实的生命体验与道德践履。官学化的程朱理学逐渐蜕变为士人的一种牟取功名利禄的学术手段、表面文章,并造成了一种在士人中流行的伪善人格,就像王守仁所说:“惟世之所号称贤士大夫者,乃始或有以之而相讲究,然至考其立身行己之实,与其平日家庭之间所以训督期望其子孙者,则又未尝不汲汲焉惟功利之为务,而所谓圣贤之学者,则徒以资其谈论,粉饰文具于其外,如是者常十而八九矣。求其诚心一志,实以圣贤之学督教其子,如处士者,可多得乎!”[9]在此后兴起的各种早期启蒙思想中,无不针对官学化的程朱理学所造成的学术专制、八股教条和伪善人格展开猛烈的批判。

与程朱理学的官学化和僵化、衰敝同步,从明初开始,以宋濂、曹端、薛瑄、吴与弼等为代表的理学家,在程朱理学的官学化体制之外,缓慢而稳健地推动着理学的发展。崇奉程朱而又改铸程朱,是明初理学发展的一个特点。明初理学从注重道德践履与修养出发,逐步认识到心性问题的重要性,发展到陈献章的“江门之学”,终于走到了程朱的反面[10]。

在陈献章之后,王守仁创立了著名的阳明心学,由此掀起了一场真正的思想革命。

从早期启蒙思潮的发展理路来看,阳明心学构成了从中古以来的传统思想向早期启蒙思想过渡的中间环节[11]。从宋明理学来看,阳明心学是传统思想的逻辑发展的成果,而在明代中期的新的社会条件下,又具有特殊的思想解放上的重大意义。由王阳明所创造的“良知”说,提倡理性的自得与独断,打破了传统经典和程朱理学的教条主义束缚,等于为早期启蒙思潮开辟了一个新天地。王阳明所倡导人皆可以成为圣人的“成圣”论,在当时一定程度上消解了社会各阶层的意识形态界限,为下层民众及新兴阶层打开了精神世界的大门。这两点都被王阳明的后学极大地加以发挥。王阳明运用良知的独断意识来反对程朱理学的教条,但对程朱理学的内在精神还抱持一种调和的态度,但王门后学由于对这种独断意识的极端张扬，不仅彻底批判了程朱，甚至连孔孟都被夹裹在里面。王阳明是要将普遍的道德要求从上往下逐层地分摊下去，使道德的承担者不仅是高层的士大夫和官僚，并且要扩大到乡村、城市中的绅衿与农民、商贾与市民[12]，不想后来的发展却是乡村与城市中新出现的特殊的非道德要求沿着同一条渠道从下往上滚涌上来(图2-2)。

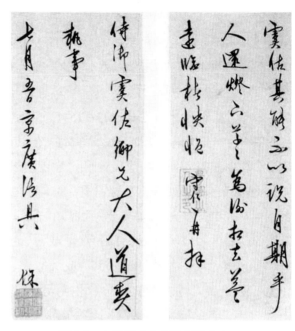

图 2-2　上海图书馆藏王阳明手迹

　　就社会方面看，明代中期，特别是嘉靖之后在城市中出现的新的社会现实，也呼唤着早期启蒙思潮的出现。明代中期后的社会，出现了资本主义萌芽。由于农业领域大规模地种植商品性经济作物，因此大大地推动了商品交换的发展。赋役征银的改革，相对解放了土地、劳役对人的束缚，使大量人口流向城市，投入商业、手工业领域。城市中出现了以商业、手工业为主要谋生方式的新的市民阶层，他们的出现开始逐渐改变传统社会以农为本的深层基础。从嘉靖年间开始，在南北二京及许多新兴起的商业与手工业市镇中，社会风尚发生了巨大的变化。在这些城市中聚集了众多因致仕、赶考、交游等等原因而闲居的士人，他们使不同的学术和政见得以交流，营造了新的思想环境。城市中还聚集了众多来自全国各地的贩运流通的富商大贾，他们刺激了城市经济的繁荣，以财富的力量瓦解了传统礼制和风俗。在这样的城市中，逐步产生了新的社会需要，这些社会需要大体分三个层次：一是士人们对政治清明与权利公平的要求；二是商人们对文化享乐和物质奢华的要求；三是市民们对保障基本经济利益的要求。这些社会需求之间，就像社会人群之间一样，没有截然的界限，而它们汇合在一起，就构成了一种发自社会下层的呼喊，召唤着启蒙的时代。

王阳明就是处在这样特殊历史关头的关键人物,继承他的思想并将之引向时代潮流的主要是王门后学中的泰州学派。正是泰州学派把阳明心学导向了早期启蒙思潮的方向。

泰州学派的创立者王艮(1483—1541),字汝止,号心斋,泰州安丰场人,人称心斋先生。王艮出身于社会底层的盐户,但其志向却是只手擎天,做一个无愧于古往今来的大圣人。王艮曾说:"学者有求为圣人之志,始可与言学。""求为圣人",或可视为王守仁之后儒者的同有之志,然而成为圣人之方法却又各不相同。要成为圣人,首先要"致良知",这是王守仁提出的。如何"致良知",王门后学则歧见纷纭,有归寂、现成、修证、已发、体用、终始等六种之多[13]。王艮及泰州学派主张"良知现成"说。

王艮的"良知现成"说的一层意义在于认定良知就在我们生活的当下世界中,无须到超越的世界去寻找,也无须繁琐地读书穷理或端坐静默,只要在日常的生活中平平常常、自自然然地去做,良知就会自动显现出来。据此王艮提出"百姓日用即道"的思想。王艮讲学善于"就日用现在指点良知",听他讲学的人包括了士农工商各阶层的民众,而听众的日常生活经验越丰富越生动,越有利于王艮阐发"致良知"之旨。"致良知"的境界不再玄远神秘,每个人都可以在自己的生活体验当中求得良知。从百姓日用的角度为学,并不即是在社会观念上坚持平民立场,但它意味着从人类生活的基础层面确立了人性的合理性。王艮的"良知现成"说的另一层意义在于将良知放置在感性生命中。良知在感性生命中的存在状态,当然与作为抽象原则的存在状态不同,它的突出特点是"乐"。王艮写了一首脍炙人口的《乐学歌》:"人心本自乐,自将私欲缚。私欲一萌时,良知还自觉。一觉便消除,人心依旧乐。乐是乐此学,学是学此乐。不乐不是学,不学不是乐。乐便然后学,学便然后乐。乐是学,学是乐。呜呼!天下之乐,何如此学;天下之学,何如此乐。"[14]人在被私欲束缚的时候,就会有忧惧忿懥;良知消除私欲,可以使人回归本然的天性之乐。乐是良知的感性表征,而这一表征不是一种理性的规定性,也不是静坐冥想中的体悟,而是一种生活中的无拘无束、天机畅遂的自由感受。

王艮处在早期启蒙思潮的起始点,他最重要的思想贡献是以提倡"百姓日用之学"为标志而开创了儒学世俗化运动[15]。通过他的讲学活动,在精神世界与世俗社会之间架设了一座文化桥梁,打破了士大夫对文化的垄断,也为现实生活中的新要求、新观念的涌现,打开了方便之门。

王艮所开创的泰州学派,在王门后学的众多流派中最为兴盛,中间经过徐樾、颜钧、何心隐、罗汝芳、周汝登等数代传承,逐步发扬光大。颜、何一系还衍生出一个特别的支脉,时称"狂禅",其中最杰出的人物即是李贽。泰州学派逐步成为早期启蒙思潮的主流,李贽更被誉为是早期启蒙思潮的"堂堂之阵,正正之旗",成为早期启蒙思潮的代表人物。

李贽(1527—1602),号卓吾,别号温陵居士,泉州晋江人。李贽的思想生涯盛于晚年,他先是通过福建乡试,开始了二十五年的宦游,从共城教谕累升至姚安知府,此后则辞官,定居麻城龙潭湖芝佛院,专事讲学著书。李贽虽在麻城,但有无数来自各地的追随者,几使麻城一境如狂,他的异端思想由此广泛传播。与此同时,麻城乃至京城的保守势力对李贽的迫害也逐渐升级,先是群起围攻,又焚烧了他的芝佛院,逼他远走通州,最终经神宗御批,以"敢倡乱道,惑世诬民"的罪名逮捕下狱,并焚毁其著作。不愿屈服的李贽在狱中赋诗:"志士不忘在沟壑,勇士不忘丧其元;我今不死更何待,愿早一命归黄泉。"[16]随后自杀身亡。

李贽的异端思想很有创造性,他把泰州学派所讨论的现成良知进一步推展,使之真正落实在现实生活当中。李贽继承王艮"百姓日用即道"的思想,他说:"穿衣吃饭,即是人伦物理。除却穿衣吃饭,无伦物矣。"[17]与王艮只是权宜地借"百姓日用"来说道不同,他所说的道自始至终就在切切实实的生活实际中,他说:"间或见一二同参从入无门,不免生出菩提心,就此百姓日用处提撕一番。如好货,如好色,如勤学,如进取,如多积金宝,如多买田宅为子孙谋,博取风水为儿孙福荫,凡世间一切治生产业等事,皆其所共好而共习,共知而共言者,是真迩言也。"[18]较王艮而言,李贽所说良知更具体、更真实。泰州学派的思想路向是一直向下的,从王艮到李贽,良知从抽象的本体变成了个人的感性的自然真实,正是泰州学派思想发展的必然结果。

李贽沿着泰州学派的路线,更彻底地解说了良知感性生命的特点。李贽提出了著名的"童心说"[19],所谓"童心"即是人的初始之心,它与泰州学派的罗汝芳所强调的"赤子之心"基本一致,都是对王阳明的"良知"的感性具体化。李贽把"童心"的发挥和闻见、道理、好恶、美丑之类对立起来,把"童心"的先天本质绝对化,目的是为人性奠定一个合理的基础,这个基础即是自然的感性生命。由"童心"进一步,李贽又强调了"私心",他说:"夫私者,人之心也。人必有私,而后其心乃见;若无私,则无心矣。如服田者,私有秋之获而后治田必力;居家者,私积仓之获而后治家必力;为学者,私进取之获而后举业之治也必力。故官人而不私以禄,则虽招之,必不来矣;苟无高爵,则虽劝之,必不至矣。虽有孔子之圣,苟无司寇之任,相事之摄,必不能一日安其身于鲁也决矣。此自然之理,必至之符,非可以架空而臆说也。"[20] 李贽为人确立了一个属于个体的感性尺度,按照这个感性尺度,人对富贵利达的追求首先是人的感性生命的先天需要,"富贵利达所以厚天生之五官","势利之心亦吾人禀赋之自然",即使是圣人亦"不能无势利之心"。由此推论,私心和由之而发的对私利的追逐都可以被看作是人的自然权力。这种思想与宋代以来流行的"存天理,灭人欲"的理学教条形成鲜明对立。

按照个体的感性尺度衡量,人还有另一个属于天生的一己之私的方面,即是人的个性。李贽在关于人的个性观念上也有过人之见。从宋代理学开始,人们通常认为性善而公,情恶而私,公则一,私则万殊。换句话说,性构成了人的普遍性,情造成了人的特殊性,也就是个性。很多明代思想家已经针对宋代以来重性轻情的正统观念发出挑战,强调情与性的平等价值,强调性与情和谐一体,这些思想都带有调和论的色彩,唯有李贽的思想是对理学正统观念的彻底颠覆。他把个性的根源追溯到"性"这一理学最根本的概念之中,他认为,人不仅因为具有情而个性不同,个性原则还应彻底贯穿作为人的本体的性当中,人的个性是在人的本体之性中已然决定了的:"夫道者,路也,不止一途;性者,心所生也,亦非所一种已也。有仕于土者,乃以身之所经历者而欲人之同往,以己之所种艺者而欲人之同灌溉。是以有方之治而驭无方之民也,不亦昧于理欤!"[21] 从而为个性观念提供了最基础的哲学论证。人的个性不但不应抹杀,还应当尊重它的自然发展,使不同的人各从所好,各骋所长,各遂其生,各获其所愿有。

由于李贽的思想中包含了尊重私欲和个性解放的主张,故而一直被认为是早期启蒙思想的典型代表。从李贽思想的整体看来,他在人性问题上坚持的是一种全面发展的自然主义的理想,在这种理想中,私欲和个性不应该受到压抑。李贽相信,解除对私欲和个性的束缚并不等于放出了洪水猛兽,私欲和个性在自由条件下的发展会体现出一个适当的自身限度,因此它们的发展会在一个更高的层次上与作为对立面的理性或传统达成和谐。

泰州学派和李贽掀起了一个个性解放的时代浪潮。个性解放思想是早期启蒙思潮最本质也是最具标志性的精神特征。个性解放思想最突出地体现在泰州学派和李贽的身上,他们不仅在思想上发挥着巨大影响,其特立独行的言行举止也已经成为一种新精神的形象标志。王艮以圣人自期,宣称"我命虽在天,造命却由我"。他曾坐着招摇车,打着"天下一个,万物一体"的旗子,北行传道,直入京城,所到之处"聚观如堵",连天子也为之惊诧。黄宗羲曾说:"泰州(王艮)之后,其人多能以赤手搏龙蛇,传至颜山农、何心隐一派,遂复非名教所能羁络矣。……诸公掀翻天地,前不见古人,后不见来者。"[22]到了李贽更是变本加厉,公开地挑战孔子的权威,反对拘泥儒、道、释的门户之见,为诸子百家辨正,为历史人物翻案……这种张扬躁厉,使当时崇拜他的人把他尊为圣人,反对他的人又把他看作妖怪,誉毁之名传布天下。

个性解放的思想逐渐成为明代中叶后的主流,凡是在早期启蒙思潮范围内的各家思想,基本都体现出这一点。王阳明在《传习录》中首先提出"狂者胸次",此后的泰州学派和李贽都以狂者自居。王畿曾说:"狂者之意,只要做圣人,其行有不掩,虽是受病处,然其心思光明超脱,不作些子盖藏回护,亦便是得力处。"[23]这一派的狂者当然非常值得重视,同样值得重视的还有与泰州学派和李贽处在对立面的江右学派和东林党人,他们也有个性解放的思想。东林领袖顾宪成曾说:"平生左见,怕言中字,以为我辈学问须从狂狷起脚,然后能从中行歇脚。"[24]如果从中国传统上狂、狷人格来看,则他们的表现不是泰州学派和李贽那样的阔略不掩的狂者,而是砥砺廉隅的狷者。王畿说:"狷者虽能谨守,未办得必做圣人之志,以其知耻不苟,可使激发开展以入于道,故圣人思之。"[25]狂、狷虽有区别,但在张扬个性、反对乡愿上是一致的。

狂、狷的人格特征主要是一种主体意识的自觉与发扬。狂者和狷者都有对主体的自觉意识,但在如何将主体意识充分地表现出来这一点上,狂者精神侧重于主体表现的自由,狷者精神侧重于主体表现的意志。这两种精神可以导致不同的人生境界,前者就像水上漂浮的葫芦,无拘无束,触着便动,捺着便转,自由自在;后者就像水上行舟,有舵在手,坦荡荡地,无险不破,无岸不登[26]。

自觉了的主体不满足自身,还要向外扩充,这样的主体可以视为"天下之大本",它是世间万事万物的最终根据。王艮曾经说:"吾身是个矩,天下国家是个方,絜矩则知方之不正,由矩之不正也。是以只是去正矩,却不在方上求,矩正则方正矣,故曰物格。吾身对上下前后左右是物,絜矩是格也。……格物,知本也,立本,安身也,安身以安家而家齐,安身以安国而国治,安身以安天下而天下平也。故曰修己以安人,修己以安百姓,修其身而天下平。"[27]这就是著名的"淮南格物说",其主旨即是将主体精神弘扬到天下。明末的进步士大夫多能体现这样一种主体精神和天下情怀。

泰州学派和李贽是早期启蒙思潮的突出代表。就这一时期的思想成果来看,还不止如此,其他如与泰州学派在思想上有互动关系的,以聂豹、罗洪先、邹守益等为代表的江右王学,以顾宪成、高攀龙为代表的东林派,以王廷相、罗钦顺、吴廷翰、吕坤等为代表的具有唯物论色彩的诸家,也都有颇具启蒙精神的主张。各种特色的早期启蒙思想在这一时期交相辉映,形成了有鲜明时代特色的新的理欲观、新的义利观、个性解放的主张和对历史的批判精神[28]。

早期启蒙思潮在当时的社会影响迅速,并在社会文化的各个领域都得到积极的响应。以泰州学派为例,其思想传播到文学艺术领域,促成了袁宏道的"性灵"说、汤显祖的"至情"说等一系列新的文艺思想的出现,而这些文艺思想又迅即影响到诗歌、戏剧、小说等实际文艺创作之中,从而掀起了一股具有启蒙色彩和市民意识的、反传统的浪漫主义文艺潮流。在中国美学和文学艺术的发展史上,是一段灿烂辉煌的篇章[29]。

第二节　党社运动与市民抗争

东林书院与东林派　顾宪成与士大夫群体　顺应时代的政治主张　反对矿监税使　东林党与各地民变　复社的三次大会　复社的新型政治

明代中期之后,党社运动风起云涌,成为中华文明史上的一大闪光点。所谓党社运动,概指晚明以东林党为代表的士大夫党争和复社、几社等文人结社活动,他们共同的特点是在广泛的社会生活与思想领域中积极作为,充分表达了士大夫的政治情怀,他们以逐步成熟的政治理性,在对现实政治进行激烈批判的同时,建构出新的政治理想。

明朝嘉靖之后,社会基础逐渐发生异动,尤其是在社会分层方面变化显著。以皇帝为代表的豪绅大地主和中小地主、工商业者、市民之间出现了日益严重的对立,针对大地主阶级的残酷剥削,中小地主和新兴城市阶层强烈要求经济和政治权利分配上的公平和公正。另一方面,明代的专制统治较之以前的朝代是十分酷烈的,加之明代政治结构上的一些不合理因素,促成了政治上的广泛对抗的出现,君臣之间、朝野之间都存在着严重的斗争关系,如刘宗周所说:"上积疑其臣而蓄以奴隶,下积畏其君而视同秦越,则君臣之情离矣。……卿大夫不谋于士庶而独断独行,士庶不谋于卿大夫而人趋人诺,则寮采之情离矣。"[30]一个相关后果是正直的士大夫,往往是那些中下层官吏,纷纷从在朝下移至在野,由官吏转变为绅衿,并在思想上强化独立之理性精神,形成民间的政治清议和道德臧否中心。在野的士大夫关心国家大事,每每依托书院、讲会等讲学活动,抨击时政,臧否人物,其中以东林书院为最突出的代表。

东林书院由顾宪成等人所复建。顾宪成(1550—1612),字叔时,别号泾阳先生,江苏无锡人。万历三十二年,在籍致仕的顾宪成在当地官绅的支持下,修复了无锡东城弓河之上的东林书院。该书院是宋代遗存,理学家杨时曾在其中讲学。东林书院既复,顾宪成与弟顾允成、高攀龙、钱一本、薛敷教、史孟麟、于孔兼等志同道合者同聚其中,切磋学问,集会讲学。所谓"东林派"即由此而兴。

作为一种社会现象的东林派,在历史记述中有着双重身份。一方面,东林派是指以东林书院为中心的讲学团体。其讲学集会每年一大会,每月一小会。"当是时,士大夫抱道忤时,率退处林野,闻风响附,至学舍不能容"[31],在其时纷纷攘攘的讲学活动中,顾宪成、高攀龙逐渐成为精神领袖。另一方面,东林书院在"讲习之余,往往讽议朝政,裁量人物,朝士慕其风,多遥相应和"[32],逐步形成了他们在社会政治与经济方面的主张,通过朝野之间的力量联系,使影响由内而外,俨然成为一个有力的政治团体,以此也被称为东林党。东林派活动的最重要时期是从东林书院建立到天启七年大宦官魏忠贤被杀、东林党人当政的二十三年,学术与政治相结合是东林派活动的主要特征。顾宪成说:"官辇毂,志不在君父,官封疆,志不在民生,居水边林下,志不在世道,君子无取焉。"〔33〕东林书院有一副对联:"风声雨声读书声声声入耳,家事国事天下事事事关心。"非常贴切地表达了东林派的志向。

无论从讲学来看的东林学,还是从政治来看的东林党,东林派士人都突出地体现了自古以来士人自觉担当天下道义的传统情怀。他们改变了宋代以来儒家以个人人性修养为主的思想路线,将个人的道德理性转化为社会的政治理性,以此建构社会的合理性秩序,开辟了明末清初以社会批判和经世致用为主要内容的新的思想发展之路(彩图3)。

顾宪成早年曾学习过王阳明的学说,后来专读周敦颐、张载、二程、朱熹诸子的书。转到理学的立场上批判王学末流,主要是泰州学派。顾宪成的思想以批判泰州学派的"无善无恶"论为焦点,这一点和王学中的江右之学接近,但其指斥者不在学理上,而在社会影响方面。他说:"'无善无恶'四字,最险最巧。君子一生,兢兢业业,择善固执,只着此四字,便枉为了君子。小人一生,猖狂放肆,纵意妄行,只着此四字,便乐得做小人。语云:'埋藏君子,出脱小人'。此八字乃'无善无恶'四字膏肓之病也。"〔34〕与江右之学仍在个人心性方面修正王学末流不同,顾宪成等人是以在社会层面上重建名教为救治之方。

宋明时期关于人性的讨论,由于采取了本体论的路向,在将人性提高到本体地位的同时,往往忽视了人性在千差万别的社会中的讲求。一个突出表现就是在儒家道德学说中最基本的仁、义、礼、智、信五常中只重视仁,认为只要达到万物与我的浑然一体之仁,其余德、义、礼、智、信就无足轻重了。正因为如此,泰州学派的人物才自恃内心之仁,而不顾社会的道德规范,罗近溪为帮助一妇人而不惜行贿,康德涵失身刘谨之门以救知己。顾宪成坚决反对这样的做法,他说:"程伯子说:'仁者浑然与物同体。'只此一语已尽,何以又云'义礼智信皆仁也'?始颇疑其为赘,及观世之号识仁者,往往务为圆融活泼,以外媚流俗而内济其私,甚而蔑弃廉耻,决裂绳墨,闪烁回互,诳己诳人,曾不省义礼智信为何称,犹偃然自命曰仁也,然后知伯子之意远矣。"〔35〕顾宪成等人在人性问题上坚持"分别之性",整一的至善本体必须要分殊在具体的社会行为中,因此要全面地重视仁、义、礼、智、信各自独立的价值,并以此建立社会的道德秩序。

自东汉始,儒家名教就是社会的道德秩序的表征。顾宪成等人也将重建名教置于重要地位。顾宪成认为人不能不顾名,因为名直接与内在的人性善恶相关联。如王艮所说的"断名根",其实就是要导向"无善无恶"。而立定一个名,就等于为自己定下了"有善有恶"的道德规范和道德要求,所以名是"吾人立脚第一义"。有了道德方向,就要正道直行。顾宪成严格区分了真节义与假节义,他说:"夫假节义乃血气也,真节义即理义也。血气之怒不可有,理义之怒不可无。理义之气节,不可亢之而使骄,不可抑之而使绥。"〔36〕这种理义气节尽管是在理性原则之下的,但往往表现为主体的强烈道德偏执,形成狂狷人格。东林派学者都激烈地反对伪道学的乡愿,他们相信"与世为体"的儒家理想,但往往从"与世为敌"做起,坚持理义之真,而秉持强烈的社会批判精神。东林派对生死也有深刻的见解,他们将"人心之生死"置于"人身之生死"之上,因此能以生死为轻,"贫贱不能移,威武不能屈"。

东林派无论在野在朝,都以名节相砥砺,由此在士人的频繁出处进退、在是是非非的复杂政治环境中培植出一股正气,东林之名远远超过东林书院所限的一堂师友,成为自明末至清初百年间正人君子的代称。黄宗羲说:"东林讲学者,不过数人耳,其为讲院,亦不过一郡之内耳。……乃言国本者谓之东林,争科场者谓之东林,攻逆阉者谓之东林,以至言夺情奸相讨贼,凡一议之正,一人之不随流俗者,无不谓之东林。若是乎东林标榜,遍于域中,延于数世。东林何不幸而有是也!东林何幸而有是也!……数十年来,勇者燔妻子,弱者埋土室,忠义之盛,度越前代,犹是东林之流风余韵也。一堂师友,冷风热血,洗涤乾坤。"〔37〕

黄宗羲曾记顾宪成去官离京之前,内阁首辅王锡爵与他的一段对话:"娄江谓先生曰:'近有怪事知之乎?'先生曰:'何也?'曰:'内阁所是,外论必以为非,内阁所非,外论必以为是。'先生曰:'外间亦有怪事。'娄江曰:'何也?'曰:'外论所是,内阁必以为非,外论所非,内阁必以为是。'"〔38〕在这一对话中,内阁与外论形成明显的对立。所谓外论即是由在野的士大夫所倡导的政治主张,是针对天子以及内阁的独断专权而言的,他们自诩为天下之公论。由东林党人所表达的天下公论的核心内容是社会正义。东林党所倡导的社会正义是在儒家的伦理秩序之下的社会公平。道德的原则还是第一位的,在此之下,人们有权力追求权力和利益方面的公平。

"天下为公"本是儒家的传统理想,但明末的各派学者给予这个传统理想以不同的新解释。比如李贽就曾经说:"率性之真推广之,天下为公,此之谓道。"[39]这是以个人的一己之性为根据扩充至天下而成就的"公"。但李贽也曾说过人性是不相同的,不相同的人性都扩充到社会层面,难免要面对如何处理其相互关系的复杂问题。在顾宪成等人看来,仅仅凭借一己之性是不够的,"公"是在一己之性和他人之性之间达成的。"公"不能单方面达成,它是个社会性的概念,它体现为国与民、君与臣、上与下、人与人等等各种对应关系中的公平原则。由此再看东林党所说的天下,不是一家一姓"得天下""失天下"的天下,而是由多种分立势力共同分治的天下,如陈龙正所说:"天下之大,非一人所能周,必分而治之,要使同归于大顺。"这样一个"分而治之"的天下,必须公平。所谓公平,不是要平摊权利与利益,而是在是非面前人人平等。首先要像善善恶恶一样的知是知非。顾宪成说:"何言乎公?是曰是,非曰非,不为模棱也;是而知其是,非而知其非,不为偏执也。"[40]而既知真是真非,则天子不能矫廷臣,廷臣也不能矫天子,即使是匹夫匹妇的所是所非,同样不能强迫其改变。这样的社会正义理论体现了当时日渐成熟的政治理性精神。东林党正是从这样的政治理性出发,维护中下层士人及作为他们的社会基础的新兴社会阶层的政治和经济利益。

在现实政治中,明末东林党争的主要焦点之一是内阁与吏部围绕官吏考察所进行的斗争。万历初年的大计,吏部尚听命于内阁。至万历二十一年大计,顾宪成为考功主事,协助吏部尚书孙铖、考功郎中赵南星严格办事,"力杜请谒","一时公论所不予者贬斥殆尽",被黜者大半是政府的私人,孙铖、赵南星以身作则,首先将自己的亲属革退。这次对官吏的考察,触犯了包括内阁首辅王锡爵在内的很多权贵的利益,因此受到来自内阁的猛烈反击。事隔不久,自孙铖起吏部大小诸臣几乎全部被更动,顾宪成即是在次年被革职回乡的。

东林党关于京察的党争涉及国家机构的权力分配与决策是否公平的问

题。东林党一向反对内阁专权,在京察问题上,顾宪成认为内阁和吏部都应当具有各自独立之权力,这种权力制衡是决策公平的必要保证。他说:"吏部与内阁信应共相斟酌,难为同异矣,要之亦须为吏部者有不问阁臣之心,而后其斟酌也,始出于正,不出于阿奉权贵;为阁臣者有不问吏部之心,而后其斟酌,始出于公,不出于播弄威福。此所以一德一心,浑无异同之迹也。"〔41〕顾宪成所说"公""正"二字正体现东林党政治理想之核心精神。

在对东林党的研究中,有些史家考察了东林党的活动地区、人员构成以及政治上、经济上的主张,发现其有明显的代表江南地区士人和民众利益的表现。这是可以认定的历史事实。明代江南地区与其他地区相比,一向是政治、经济矛盾最尖锐的地区,特别是在明末城市及工商业兴起的背景之下,情形更显突出。东林党在经济方面的重要主张如反对矿税、减少商税、改革役法等等,主要都是针对江南地区的实际情况。但东林党之代表江南地区士人和民众的利益,并不是一种地区化的要求,换句话说,是由于东林党所坚持的"天下为公"的理想,是一种普遍的政治理想,相形之下,使江南地区存在的不公平问题特别地凸现出来。

东林派思想在政治上的另一个重要代表人物是高攀龙。高攀龙(1562—1626),字存之,号景逸,无锡人。高攀龙也是在新的天下观念下设想有关经济利益的社会正义问题,他所设想的公平原则是在国与民这对最大的对应关系之间体现的。他说:"天下之事,有益于国而损于民者,权国为重,则宜从国;有益于民而有损于国者,权民为重,则宜从民。至于无损国而有益于民,则智者不再计而决,仁者不宿诺而行矣。"〔42〕在这段话中,国与民是平等的,民较之国甚至还有一点优先地位。

用高攀龙的标准衡量,万历二十四年起派遣由中官担任的矿监税使一事就完全是无益于国而有损于民的做法。派遣矿监税使是神宗皇帝以国家的名义对全国的公开盘剥,它于国于民都是非常不公平的。就国而言,狂征暴敛上来的矿税,基本填入了神宗的内库和少数宦官、权贵的私囊,内库积金如山,而国家财政凋敝如常,连辽东前线的军饷都发不出来。就民而言,矿税的征收不是在开采营利后抽取,而是随便地指认矿藏,随即征收矿税。以致"矿不必穴,税不必商,民间邱陇阡陌皆矿也,官吏农工皆入税之人也"〔43〕。这种疯狂的掠夺,对社会的损害十分严重,"天下之势,如沸鼎同煎,无一片安乐之地,贫富尽倾,农商交困。流离迁徙,卖子抛妻,哭泣道路,萧条巷陌"[44]。就连佛门中的达观和尚都将"矿税不止"看作是令他终生遗憾的"三大负"之一。此类苛政对新兴的工商业损害更大,工商业主除了矿税之外,还面临着增加关税等其他来自国家的压榨,因此来自城市工商业的反抗也最激烈,终于引发了苏州等地的市民暴动和其他反抗风潮。东林党在此期间始终站在市民的一边,并逐步地与城市的政治与经济势力结成联盟。东林的集会中不仅有官僚绅衿这样的正统的士人,也出现了一些"富商大贾",从而使东林党的社会基础更加广大。

明中叶后频繁出现的城市市民抗争,主要是在商业经济比较发达的城镇中,市民为保护自身经济利益和政治权利,组织起来进行集体斗争。所谓市民主要是指包括雇佣工人、小手工业者、小商人以及城市贫民在内的城市的下层民众。嘉靖二年苏州市民反抗朝廷织造太监的苛捐勒索,已经显出市民抗争的端倪。万历时期,朝廷向全国各地,特别是经济发达地区派出大批矿监税使,对人民进行残酷的剥削,更使市民抗争变得如火如荼。在全国范围内,如荆州、湖口、临清、武汉、蔚州、新会、香河、苏州、景德镇、腾越、门头沟、广昌、福州、陕西、云南、辽东等许多城市或地区都发生过激烈的民变[45]。

万历二十四年至二十九年,由于派往湖广的矿税监陈奉在当地恣行威虐,鞭笞官吏,剽劫行旅,商民对他恨之入骨,在很多地方引发民变,且持续数年之久。这场斗争得到了东林党和正直的地方官员的同情,襄阳推官东林党人何栋如与湖广佥事冯应京等人予以大力支持,因此被明廷逮捕系狱。当朝廷的缇骑抵武昌要逮捕冯应京的时候,武昌市民聚集街头,相率痛哭。而陈奉一伙乘机寻衅,引兵伤人,激起武昌市民的极大义愤,数万人包围了陈奉的衙门,吓得陈奉出逃,他的爪牙被扔到江中,朝廷的缇骑也被打伤。这次大规模的民变取得了初步的胜利,逼使明廷撤回陈奉,并更换了与陈奉勾结的巡抚。

万历二十九年,由于织造太监孙隆对当地的织户横征暴敛,激起民变。织工葛成被推为领袖,率两千多人,击毙孙隆的爪牙,并围逼税使衙门,要求停止征税,吓得孙隆逃离了苏州。这次斗争组织得非常成功,"不挟一刃,不掠一物,预告乡里,防其沿烧"。事后葛成挺身自首,不牵累群众。这次抗争也得到东林党人的同情,织工领袖葛成出狱后病逝,东林党人文震孟、朱国桢为他撰写了碑铭,以此表达对一个普通的织工的敬意。

万历四十二年,福州的铺行、匠作等众多市民到税监高寀门前讨要欠银,引得上万人围观。高寀穷凶极恶,以武力弹压市民,并纵火烧毁民居。东林党人周顺昌为福州推官,直接参与了这场斗争,他一面抚恤百姓,一面张榜公布高寀罪行,缉拿行凶爪牙。这场斗争逼走了税监高寀,但周顺昌也被迫离职。周顺昌临行,感念他的数万市民自发赶到衙署为他送行。

因为东林党在一定程度上代表了新兴市民阶层的经济和政治利益,同情和支持市民运动,因此他们也受到了市民的信任和拥护。东林党人与新兴的市民阶层在政治上形成了掎角之势,在天启时期东林党受到阉党的迫害时,新兴的市民阶层为支持东林党,又数次爆发了民变。

天启五年,东林党人杨涟、左光斗、袁化中、魏大中、周朝瑞、顾大章等"六君子"被捕。各地市民反映强烈。杨涟被捕时,有数千人入公署护卫,城外更有数万人聚集,哄声震天。魏大中被捕时,雷电交作,风吼水立,数万人为之送行。

天启六年,东林党人周起元、周顺昌、周宗建、缪昌期、李应升、高攀龙、黄尊素等"七君子"被捕,引发对抗性民变,尤以苏州、常州为烈。在苏州爆发了著名的"开读之变",以颜佩韦、周文元、杨念如、马杰、沈扬等为首的上万苏州市民,击毙前来逮捕周顺昌的明廷缇骑,声称为周顺昌申冤(图2-3)。同时,前往浙

图2-3　苏州颜佩韦等五人墓

江逮捕黄尊素的缇骑也在苏州城下受到围攻。事变之后,苏州市民为了抗议明廷,还举行了罢工罢市,在苏州和附近府县,私禁使用天启钱达十月之久。

天启时的这些民变政治色彩浓厚,表现出市民阶层逐步萌醒的政治觉悟,以及他们对经济与政治利益的代言者的迫切需要和二者相互依附的紧密关系。

明中叶之后的文人结社之风,创始于嘉靖时期。万历时蔚为风气,一时如翟纯仁等人在苏州结"拂水山房社",汪道昆、屠隆等人在杭州结"西泠社",袁宏道、袁宗道等公安派文人在北京结"蒲桃林社",都是有名的文人结社。

天启四年,张溥在常熟创立应社,起初只有十一人,后来逐渐发展为影响很大的名社。崇祯元年,由张溥倡导,应社与云间几社、浙西闻社、江北南社、江西则社、吴门匡社、武林读书社、山左朋大社等等众多结社合并于复社。连江北匡社、中州端社,莱阳邑社等远方的结社也加入复社之中。复社的成员,以江苏太仓等七郡的人物为基干,后来由江南而蔓延到江西、福建、湖广、贵州、山东、山西各地,人数多达两千余人。最能体现复社的规模和影响的莫过于复社的三次大会了[46]。

崇祯二年张溥召集的尹山大会,是复社的第一次大会,苕、雪二溪之间的名流士子均至,湖北、河南、安徽、浙东等地的士人也纷纷赶来与会。崇祯三年,利用乡试的机会,张溥又在南京召集了第二次大会,即金陵大会,就在这一科,复社中的杨廷枢中了解元,张溥、吴伟业也都是魁选。崇祯五年,已中进士的张溥回太仓,召集了虎丘大会,这次大会有山左、山右、晋、楚、闽、浙等地的数千士人参加,虎丘寺院的大雄宝殿容纳不下,连殿外的生公台、千人石上都坐满了人。这次复社的大会是明代前所未有的盛会。

复社成立之初,宗旨主要在文章科举。其后随着国家衰敝,朝政日非,复社中人已经由科举进入政坛,因此不可避免地卷入政治斗争。复社作为一股政治力量,无论在朝还是在野都发挥着重要作用,并通过朝野间的配合形成一个社会的运动。

复社参与政治的兆端,首先是在科举上发挥影响。张溥等人通过公荐、独荐、转荐等手段,直接干预科举考试。凡是士子,只要进了复社,就有得中的希望,因此大量士人被笼络在复社内外,形成一种群众性的政治力量。复社的力量进入朝廷后,旗帜渐渐鲜明,政治上主要是接续了东林的传统,他们与东林党的后裔结盟,一起和魏忠贤阉党的余孽进行斗争。当时人们都把复社视为"小东林"。

崇祯九年,南京乡试,东林党人的遗孤如周顺昌之子周茂兰、魏大中之子魏学濂、黄尊素之子黄宗羲等等都来参加考试,在复社的大力支持下,他们在桃叶渡召开了同难兄弟大会。复社此举实际上是与当时在政坛处于下风的东林党结盟,试图形成联合的政治力量,推翻当朝的薛国观内阁,重新让东林党人掌权。到崇祯十四年,复社的这一政治目标终于实现,复社支持的周延儒入阁,复社推荐的黄道周、刘宗周等人都被委以重任,明末政局又暂时出现清明之象。

复社在南京进行的另一项重要活动是与阉党余孽阮大铖的斗争。崇祯十一年,复社名士吴应箕、陈贞慧、侯方域、黄宗羲、沈寿民等人,商量起草了声讨阮大铖的《留都防乱公揭》,由众多东林后裔和复社成员署名,公布于世。这一行动极大地打击了南京的阉党势力,将阮大铖驱逐出了南京。

尽管复社的宗旨和人员构成包含了十分复杂的因素,但基本上可以说,复社是东林党人在政治上的继承者,由东林党人开辟的士大夫的政治理想和政治情怀,在复社中也一定程度上得以发扬光大。从社会形式看,复社有很大的以士人为主体的群众基础,利用群众力量达成政治目的,是复社造成的新的政治现象。以复社创始者张溥等人而论,自然不能和东林时代的顾宪成、高攀龙相提并论,但复社培育出了像方以智、陈贞慧、侯方域、冒襄和黄宗羲这样的政治、思想和文学艺术领域的杰出人才,复社对中国历史的贡献可谓大矣。

第三节　启蒙思想的深化与学术思想的嬗变

《明夷待访录》　工商皆本论　批判八股取士　"清议"　清学开山　科学理性精神　历史进化论　依人建极　经世致用之学

以宋明理学为主体的传统思想发展到明清之际,出现了重大的转机:一方面,在宋明理学系统内部,阳明心学在经历了一段以泰州学派为代表的肆意发展之后,转入修正的阶段,出现了像刘宗周这样的总结宋明理学的大儒;另一方面,随着传统社会向前近代社会的转型,[47]一批思想家逐渐跳出宋明理学的思想藩篱,另辟新径,甚至站到宋明理学的对立面,转持批判的立场。以黄宗羲、顾炎武、方以智、王夫之、颜元为代表的进步思想家,在对宋明理学加以深入反省、总结的基础上,开始批判宋明理学的弊端,并形成一股以讲究经世致用、注重现实、注重科技为特征的新思潮。

经世致用之学是继泰州之后早期启蒙思潮的一个新的发展阶段。经世致用之学最具启蒙精神的思想特点,因为它首先实现了由王阳明所提倡的个人良知理性向东林派所提倡的社会政治理性的转化,二是在东西方文化的初步交流中,初步的科学理性逐渐从中国传统的以道德理性为主的笼统的理性概念中分化出来。这里有必要指出,理性精神的独立与强化是世界各文明体系中的启蒙思想的共同特征。

在早期启蒙思潮的这个新阶段,最有代表性的人物即是黄宗羲、顾炎武、方以智、王夫之、颜元。他们创造了伟大而丰富的学术和思想成果,其中有些思想充分代表了这一时期启蒙思潮的延续和深化。

黄宗羲(1610—1695),字太冲,号南雷,世称梨洲先生,浙江余姚人。黄宗羲是东林名士黄尊素之子,曾就学于大儒刘宗周。青年时与复社中人一起反对阉党。清兵南下,他招募义兵,成立“世忠营”,进行抵抗,被鲁王任命为左副都御史。明亡以后,隐居著述,并设证人讲会,不应清廷征召。黄宗羲于康熙元年完成的《明夷待访录》,被后世称誉为17世纪中国的“民权宣言”,是早期启蒙思潮中最重要的著作之一(图2-4)。

在《明夷待访录》中,黄宗羲积极肯定了人的自然权利,并从维护人的自然权利出发,猛烈地抨击了专制君权。在黄宗羲看来,私利是人与生俱有的,正是由于有个体的私利,才合成了天下的公利。所谓天下的公利,无非就是使天下人人“各得其私,各得其利”,也就是使人的天赋的自然权利得以充分实现。黄宗羲重新建构了中国思想传统中的天下观,在他看来,天下是天下百姓的天下,而不是皇帝的“橐中之物”。理想的社会应该是“以天下为主,君为客”,君主及国家的责任是保障天下百姓各得其利,这才是真正的天下大公。

图 2-4　黄宗羲《明夷待访录》书影，光绪五年五桂楼刊本

而现实的社会往往正相反，"以君为主，天下为客"，这样的专制君主，"以天下之利尽归于己，天下之害尽归于人"，未得天下之时，"屠毒天下之肝脑，离散天下之子女，以博我一人之产业"，既得天下之后，"敲剥天下之骨髓，离散天下之子女，以奉我一人之淫乐"。黄宗羲激愤地说："为天下之大害者，君而已矣！"[48]对君主专制进行了前所未有的猛烈批判！黄宗羲虽然喊出来"无君"的口号，但在他的政治理想中，能为天下尽职尽责的国家制度还是必要的。在合理的国家制度中，应该抑君扬臣，士大夫之出仕，"为天下非为君也，为万民非为一姓也"。君臣应该合理分配职权，共治天下，立"天下之法"，废"一家之法"[49]。这种分权而治、法制公正的政治要求，从东林党开始一贯为进步的士大夫所坚持，一方面体现出初步的政治民主观念，另一方面也是新兴阶级要求经济与政治权利的反映。

在黄宗羲的政治思想中还特别强调了学校的重要性，他认为学校的功能不仅在"养士"，而且是独立的舆论机构，"天子之所是未必是，天子之所非未必非,天子亦遂不敢自为是非,而公其是非于学校"。这样,学校就成为"公其是非"的民主论坛。东汉太学生的清议,宋代太学生的伏阙上书,以及东林书院的讲学议政,都体现了学校的这一民主功能[50]。黄宗羲关于学校的思想既是他的创新之见,也是对中国古代优秀政治传统的发扬光大。

在黄宗羲的政治理想中,也包含经济上的设想。他主张授田于民,还主张"工商皆本"。王阳明晚年首先提出"四民平等"的思想,其后逐步发展,何心隐将商贾置于农工之上,汪道昆"右贾左儒"之说更将商贾置于士人之上。黄宗羲在前人的基础上明确提出"工商皆本"论,他说:"今之通都之市肆,十室而九,有为佛而货者,有为巫而货者,有为优倡而货者,有为奇技淫巧而货者,皆不切民用。一概痛绝之,亦庶几救弊之一端也。此古圣王崇本抑末之道,世儒不察,以工商为末,妄议抑之。夫工固圣王之所欲来,商又其愿出于途者,盖皆本也。"对不切民用的市货应当裁抑,而对切乎民用的工商则应该扶持。在倡导工商方面,黄宗羲坚决维护私有财产权利,反对国家肆意剥夺、向私有财产课税。私有财产不能保障,"工商皆本"的"本"也就不能确立。这种主张是他"工商皆本"论的基础[51]。明末"工商皆本"的思想已经发展成为系统的经济思想,猛烈地冲击着传统的农本思想,显示出初步的重商主义色彩。

黄宗羲学问渊博,经史百家及天文、算术、乐律,无不精通,其中史学成就尤大,开浙东史学先河。黄宗羲的史学成就尤其体现在他开辟了学术史之新领域,他于康熙十五年撰成的六十二卷《明儒学案》,发凡起例,将有明一代的思想家及主要著作系统排比,分清流派渊源,指示学说要旨,是中国历史上第一部系统的、大规模的哲学学术史著作。黄宗羲晚年还编辑《宋儒学案》和《元儒学案》,可惜未能完稿[52]。他的宏大志向是"志七百年来儒苑门户",从学术史的角度对宋明理学进行全面的整理和总结。后人赞誉黄宗羲的两《学案》是中国完善的学术史著作的开山之作。

顾炎武(1613—1682),初名绛,后更名为炎武,字宁人,世称亭林先生,江苏昆山人。顾炎武青年时曾参加"复社"活动,后来清兵南下,他又参加昆山、嘉定人民的抗清起义,失败后逃离江南,游历华北。他每到一地,都要访问风俗,尤其关心各地的边防地理、郡邑掌故、兵农河漕,并垦荒种地,纠合同道,不忘兴复。在顾炎武的名著《日知录》中,包含了丰富的社会批判和思想启蒙的

内容,他对黄宗羲的《明夷待访录》
非常赞赏,曾对黄宗羲表示:"炎武
以管见为《日知录》一书,窃自信其
中所论,同于先生者十之六七。"〔53〕
可以说,《日知录》一书也是早期启蒙
思潮中的代表性著作之一(图2-5)。

　　在《日知录》一书中,顾炎武猛
烈地抨击了八股取士制度,认为"八
股之害,等于焚书,而败坏人才,有
甚于咸阳之郊所坑者但四百六十余
人也"〔54〕。这是把八股取士看成是
比秦始皇焚书坑儒更大的罪恶。八
股取士不仅使天下的读书人思想禁
锢,丧失灵性,更使读书人陷入一个
奴性的士大夫之网,从而丧失独立
的人格。他在《生员论》一文中说:
"生员之在天下,近或数百方里,远
或千里,语言不通,姓名不通,而一
登科第,则有所谓主考官者谓之座
师,所谓同考官者谓之房师,同榜之
士谓之同年,同年之子谓之年侄,座
师房师之子谓之世兄,座师房师之
谓我谓之门生,而门生之所取中者

图2-5　清人绘顾炎武画像

谓之门孙,门孙之谓其师之师谓之太老师。朋比胶固,牢不可解,书牍交于道
路,请托遍于官曹,其小者足以蠹政害民,而其大者至于立党倾轧。"〔55〕这一深
入骨髓的批评,不仅涉及制度层面,更根本的意义在于对人性的揭示上。中国
古代士人这一陋习,甚至在八股取士制度废除之后仍然流传不已,顾炎武之论
直至今天仍然有巨大的警世意义。

　　顾炎武强调士大夫在影响社会人心和社会风俗上的重要性,在《日知录》

的《清议》一文中,他认为从《诗经》"小雅"时代开始,中国的士大夫就有一个使命,即是"清议",也就是在国家体制中发挥民主功能。这一功能是至关重要的,关系着国家的危亡,"天下风俗最坏之地,清议尚存,犹可维持一二,至于清议亡,而干戈至矣"[56]。他通过历史分析,认为东汉和宋朝的兴亡,都与"清议"的兴衰息息相关。东汉桓、灵二帝时,"朝纲日坠,国隙屡启",而汉朝天下之所以没有即刻灭亡的原因,正在有士大夫的"清议"存在,是靠仁人君子的心力维持下来的。宋代初年,因为有言论自由的"清议",使宋朝政治一度清明;至宋哲宗、徽宗时,"清议"亡而党祸起,宋朝政治也由此每况愈下,终于不可收拾。顾炎武将"清议"的兴衰看作是社会变革的一个表征,在当时的思想背景下是具有很大的进步意义的。"清议"虽然是古代专制政体之下的一种政治现象,但它在中国古代政治传统中最具民主精神。顾炎武重视"清议",实际上即是对中国古代政治传统中民主精神的弘扬。

顾炎武被称为是"清学的开山之祖",他在开辟清代学术的新天地上,有着巨大的贡献。清代学术在中华文明史上最具标志性的成果无过于经学,而清代经学的开展,肇始于顾炎武"经学即理学"一语。尽管顾炎武提倡经学,但他的经学和此后清学中的某些只关注经典的经学研究有很大不同。从哲学上说,顾炎武对整个宋明理学已产生了怀疑,不仅对王学末流加以抨击,对理学的僵化和空洞也做出了深刻的批评。顾炎武哲学的时代性很强,注重社会实践,反对纯粹从书本或精思中得出的东西。他认为凡是有益的思考必定要结合"国家治乱之源,生民根本之计"然后才有意义。他对经学的重视即包含着这层考量,因为经学原本是从实际生活、实际政治中产生的。他重视经学,不是复古,而是倡导一种向经世致用之学的转向。顾炎武之作《日知录》即以这种新的经世致用之学自期,他希望将来"有王者起,将以见诸行事,一跻斯世于治古之隆,而未敢为今人道也"[57]。这里包含了古代经学中为后世制法的素王精神。顾炎武十分重视学术与道德的结合,以此缔造新的学风,他说:"愚所谓圣人之道如之何?曰'博以学文',曰'行己有耻'。""士而不先言耻,则为无本之人,非好古而多闻,则为空虚之学。以无本之人,而讲空虚之学,吾见其日从事于圣人而去之弥远也。"[58]在学术方法上,他也为后人开辟了路径,提出"读九经自考文始,考文自知音始。以致诸子百家之书,亦莫不然"[59]。他历时三十年作成《音学五书》，"以续三百篇以来久绝之传"，为清代学术奠定了基础。

方以智(1611—1671)，字密之，安徽桐城人。方以智为晚明名士，崇祯时任翰林院编修，后又任职于明桂王所建立的永历政权。明亡后出家，改名弘智，别号愚者大师。方以智在其早年所著的《通雅》和《物理小识》中，体现出一种初步的科学理性精神。对科学理性的发现和提倡，是早期启蒙思潮的重要思想成果之一。

方以智的《通雅》，被后人认定为考据学的前驱之作(图2-6)。《物理小识》是一部科学知识资料的类编，收录范围从上古直至明末。今天的史学家很重视它们的百科全书性质，并强调它在普及知识和消除蒙昧上的意义。在方以智的思想中体现出重视"智"的新的思想倾向，这种思想倾向与宋明理学中主流的思辨和体验方法形成对立，并在清代学术中得到继承和发扬。这两部书的精华体现在方以智在书中随文所作的哲学讨论中。这些哲学讨论所体现出的科学理性精神虽然只是初步的，但它不仅突破了宋明理学的域限，此后的清代考据学也难以完全包容，尤其具有思想史上的进步意义。

方以智思想中的科学理性精神首先体现在他对宋明理学中一直被整一地理解的"理"与"心"的范畴也大胆地进行分析。方以

图2-6 方以智《通雅》书影

智将统一的"理"具体划分为物理、宰理、至理,他说:"考测天地之家,象数、律历、声音、医药之说,皆质之通者也,皆物理也。专言治教,则宰理也。专言通几,则所以为物之至理也。皆以通而通其质者也。"[60]与"理"的区分相应,学术也被区划为不同的领域,研究"物理"的学术是"质测"之学,也就是科学;研究"至理"的学术是"通几"之学,也就是哲学;研究"宰理"的是儒家之学,它的内容主要涉及政治和社会。方以智认为,"学有专门,未可执此以废彼也",他限制了儒家学术的范围,让哲学和科学从历来无所不包的儒家之学中解脱出来。方以智再进一步对"通几"之学与"质测"之学作了明确区分,也就是将哲学和科学区分开来。他解释"通几"说:"通观天地,天地一物也。推而至于不可知,转以可知者摄之,以费知隐,重玄一实,是物物神神之深几也。寂感之蕴,深究其所从来,是曰通几。"[61]可知"通几"之学以通观整体和探究根源为特点。他解释"质测"说:"物有其故,实考究之,大而会元,小而草木蠡蠕,类其性情,征其好恶,推其常变,是谓质测。"[62]可知"质测"之学以观察事物的现象和发现其变化规律为特点。对哲学与科学的区分,在任何文明传统中都会被当作重要的思想进步而载入史册。

方以智特别在心之外提出一个"智"来,这个"智"不是绝对的万古如一的心,它是经验智慧,是从古至今不断累积的,生于后世的人要继承和发扬这种"千古之智",从而达到"考古所以决今"的目的。这一心外之"智"是人类理智的表现,是科学理性的主体基础。方以智曾经了解过由西方传教士所传来的古代的以及哥白尼以前的自然科学,他能批判地对待这些西方知识。与一般的儒家学者在形而上学的层面拒绝西方知识不同,方以智是在与西方知识相同的科学层面对之加以审核,他说:"万历年间,远西学入,详于质测而拙于言通几。然智士推之,彼之质测,犹未备也。"[63]姑不论方以智与传教士们在科学上的高下,他以"智士"自居,以"智"推求真伪的态度,在某种意义上可以看作是科学理性精神的一种表现。

方以智的晚年思想较早期思想有很大变化,在晚年著作《东西钧》中,他的思想已转回到宋明理学的传统。上述科学理性精神在方以智的全部哲学中只是一个特殊方面,在整个明代思想中更像是空谷足音。

王夫之(1619—1692),字而农,号薑斋,衡阳人。晚年居衡阳之石船山,学者称船山先生。王夫之是明末最杰出也最有传奇色彩的学者,明亡时,他曾在衡山举兵起义,阻击清军南下。曾任南明桂王行人司行人,至桂林依瞿式耜抗清。瞿氏殉难,乃决心隐遁。此后辗转湘西以及郴、永、涟、邵间,窜身瑶洞,伏处深山,一心著述,历四十年"守发以终",其爱国精神至死不渝。

王夫之对宋明理学的批判,主要针对长期占据主流意识形态位置的程朱理学和陆王心学展开。王夫之直接继承张载的气学思想,系统地建构了属于他自己的"气本论"哲学,与程朱的"理本论"、陆王的"心本论"鼎足而三。在以气为本的唯物主义基本哲学前提下,王夫之通过对理气、道器、能所、知行等诸多哲学问题的讨论,表现出朴素的辩证思维,对程朱、陆王之学进行了鞭辟入里的分析批判,最终完成了在理论上终结宋明理学的思想使命。

尽管从思想源流上说,早期启蒙思潮是从宋明理学的某些思想派别中分化产生出来的,但从思想整体说,宋明理学还是与中国封建社会相一致的传统思想形态。早期启蒙思潮从宋明理学中萌生,终于独立并转到批判宋明理学的立场上去,是历史进步的体现,也是思想发展的必然。

王夫之对历史哲学的探讨,也是早期启蒙思潮中的重要思想成果。王夫之发现了历史进化的初步规律,这在以历史循环论为主的中国历史哲学传统中无疑是有重大价值的。王夫之肯定历史是进化的,三代以上,只是原始的社会形态,是经过逐步地文明创造,才使国家逐渐统一,文化得以建立,人民生活日益摆脱贫困。在这个过程中所建立的以"华夏"为中心的民族传统,经历汉、唐、宋、明等正统时代,日益强大和进步。虽然中间数次偏离正轨,至明清间更是身处"大运倾覆""地裂天倾"的鼎革之际,王夫之仍然坚信,历史还是要回归正统,民族终有复兴的一天。

王夫之认为,历史发展是一个有规律的客观过程,其中的规律性是由"理"与"势"两个方面的辩证关系来体现的。在王夫之的历史哲学中,"理"是历史规律所体现出来的合理性,"势"是历史事实所体现出来的现实性。历史的合理性与现实性总是相辅相成,一方面由"理成势",历史的合理性总要体现在历史现实中,另一方面"势成理",已经实现的历史现实总要体现出历史的合理性。由"理势合一"而构成的"天"即是人类历史的本体,它决定着人类历史的发展方向。

　　王夫之的历史哲学最突出的一点是在人类历史的整体中对人的重视,他提出了"依人建极"的人本主义思想。作为人类历史本体的"天",是不外于人的,它是"人之天""民之天"。在历史哲学的领域内,他正确地处理了"即民以见天"和"援天以观人"二者之间的辩证关系,其中"即民以观天"更是创造性地将人性中的合理欲望包容进去,他所倡言的"民之天",不是程朱理学的纯天理的流行,而是包含了人的自然权利的"人道之常"。这些历史哲学命题都具有鲜明的启蒙思想色彩。

　　颜元(1635—1704),字易直,又字浑然,直隶保定府博野县人,学者称习斋先生。颜元是清初北方的著名学者,治学从遍读程、朱、陆、王之书开始,终至转为批判程、朱、陆、王,提倡恢复尧、舜"三事"、周、孔"三物"之道[64]。他和他的学生李塨一起倡导实学,强调"习行",主张经世致用,世称"颜李学派"。

　　颜元在哲学上着重发挥了"事"的观念,较之传统哲学前进了一大步。在传统哲学中事与理是一对对应的范畴,常见的理解是将理看作本质,将事看作现象。颜元在这个问题上有所进步,他把事理解为实践,是一种同时包含了本质与现象的更基础的本体,从而以事本体论超越了理学的理本体论。颜元非常反对宋明理学割裂理与事,指责宋儒教人明理,所明之理都是事外之理,故而是"虚花无用"之学。从事中求理,必须运用格物的方法,颜元对"格物"这一传统问题做出了自己的解释,他说:"按格物之格,王门训'正',朱门训'至',汉儒训'来',皆似未稳。窃闻未窥圣人之行者,宜证之圣人之言;未解圣人之言者,宜证诸圣人之行。但观圣门如何用功,便定格物之训矣。元谓当如史书'手格猛兽'之'格','手格杀之'之'格',乃犯手捶打搓弄之义。即孔门六艺之教,是也。"[65]颜元的这些思想实践论的色彩很浓,他把正确知识的来源与实践活动紧密地联系在一起。

　　颜元最重要的著作是《存学编》和《存性编》,他自述其著"《存学》一编,申明尧、舜、周、孔三事、六府、六德、六行、六艺之道,大旨明道不在《诗》《书》章句,学不在颖悟诵读,而期如孔门博文约礼,身实学之,身实习之,终身不敢懈者。著《存性》一编,大旨明理气俱是天道,性形俱是天命,气质虽各有差等,而俱是善"[66]。对他自己的学术和思想做了十分简明的概括(图2-7)。

　　颜元虽然也是在书院讲学,但按照他的理想,把书院改造成了完全不同于宋明以来以讲授经典或讨论性理为主的模式。他特别要求："昔周公、孔子,专以艺学教人,近士子惟业八股,殊失学教本旨。凡为吾徒者,当立志学礼、乐、射、御、书、数及兵、农、钱、谷、水、火、工、虞。予虽未能,愿共学焉。"[67]在他主持的漳南书院中,他开设了文事、武备、经史、艺能四科。文事科要学习六艺,还有数学、天文、地理等等;武备科要学习古来各家兵法及攻守、营阵、水陆战法、射御击技等等;经史科学习十三经、历代史、诰制、章奏、诗文等等;艺能科学习水学、火学、工学、象数等等。每一科又有具体区

图 2-7 清人绘颜元画像

分,如水学有沟恤、漕辇、治河、防海、水战、藏冰、醿榷等事项,火学有焚山、烧荒、火器、火战、及焚火、改火的燮理之法等等。这样的百科式的分类教育,虽然还比较初步,但它在理念上与近代的大学教育是基本一致的。可惜颜元的漳南书院办学不长,他的办学理念和办学方法也没有得到推广,否则 17 世纪以后的中国在这样一种教育的作用下很可能会是另一种历史景象。

颜元最痛恨宋明理学自夸为圣人而以空谈陷中国于人才空虚的局面。他说:"但以唐虞三代之盛,亦数百年而后出一大圣,不过数人辅翼之。若尧、舜之得禹、皋,孔子之得颜、曾,直如彼其难,而出必为天地建平成之业,处亦一年成聚,二年成邑,三年成都,或身教三千以成天下之材,断无有圣人而空生之者。况秦、汉后千余年间,气数乖薄,求如仲弓、子路之辈不可多得,而独以偏缺微弱,兄于契丹,臣于金、元之宋,前之居汴也,生三四尧、孔,六七禹、颜,后之南渡也,又生三四尧、孔,六七禹、颜?而乃前有数圣贤,上不见一扶危济难之功,下不见一可相可将之材,两手以二帝畀金,而以汴京与豫矣!后有数圣

贤,上不见一扶危济难之功,下不见一可相可将之材,两手以少帝付海,以玉玺与元矣!多圣多贤之世,而乃如此乎?噫!"[68]颜元的学生李塨也斥宋明理学将"率天下聪明之士,尽网其中,以空虚之禅悦怡然于心,以浮夸之翰墨快然于手目。明之末也,朝庙无一可依之臣,天下无复办事之官。坐大司马堂批点《左传》,敌兵临城,赋诗进讲。其习尚在将相方面,觉建功奏绩,俱属琐屑,日夜喘息著书,曰此传世之业也,以致天下鱼烂河决,生民涂毒"[69]。在颜元、李塨看来,真正的圣贤必定要建功立业,而圣贤建功立业所凭借的不是宋明理学的那套性理空谈,而是实际的经世致用的学术。衡量圣贤与圣贤之学的标准都在实践当中。颜元自己虽然一生以教授为业,不愿出仕为官,但他的教育目标是为国家培养有用之才,他临终前特别嘱咐门人,要积学待用,准备将来为国家做出贡献。

由黄宗羲、顾炎武、方以智、王夫之、颜元等共同开创的清初经世致用之学,无不表现出强烈的社会责任感和改变现实的良好愿望,并且为了实现他们的社会理想,从学术上准备了政治、经济、科技等等各方面的思想武器。到了清代中期,经世致用之学转成了乾嘉考据之学,虽然秉承了实事求是的征实精神,但从社会实践转到了古代典籍上,同时反对宋明理学的思潮仍在继续。

注　释

〔1〕　笔者按:在明代中期之后,西方思想逐渐被传教士带入中国,并影响了如徐光启、方以智等很多中国思想家,在早期启蒙思潮中无疑有西方思想影响的痕迹。

〔2〕　参见《元史·儒学传》之"赵复传",《元史》卷一八九,上海古籍出版社、上海书店《二十五史》第九册,1986 年,第 502 页。

〔3〕　参见《元史·姚枢等传》之"许衡传",《元史》卷一五八,第 432 页。

〔4〕　参见《元史·祭祀志》,《元史》卷七六,第 220 页。

〔5〕　参见《元史·选举志》,《元史》卷八〇,第 232 页。

〔6〕　参见张岂之主编:《中国思想史》(下册),台北水牛出版社,1992 年,第 736 页。

〔7〕　《太祖实录》卷一六〇,《明实录类纂》文教科技卷,第 48 页。

〔8〕　余继登:《典故记闻》卷一七,《从书集成初编》本。

〔9〕　《书黄梦星卷》,《王阳明全集》(上),上海古籍出版社,1992 年,第 283 页。

〔10〕　参见张岂之主编:《中国思想史》(下册),关于明初朱学的论述,第 737—745 页。

〔11〕　参见萧萐父、许苏民：《明清启蒙学术流变》，辽宁教育出版社，1995 年，第 49 页。

〔12〕　参见沟口雄三：《中国前近代思想之曲折与展开》，上海人民出版社，1997 年，第 30 页。

〔13〕　"良知六说"见王畿：《抚州拟岘台会语》。冈田武彦谓六说可并为三类：左派王畿、王艮主张良知现成说，右派聂豹、罗洪先主张良知归寂说，正统派邹守益、欧阳德主张良知修正说。《王阳明与明末儒学》第三章"王门三派"，上海古籍出版社，2000 年，第 103—105 页。

〔14〕　《心斋语录》，《明儒学案·泰州学案一》卷三二，中华书局，1985 年，第 718 页。

〔15〕　参见刘泽华主编：《中国政治思想史（隋唐宋元明清卷）》，浙江人民出版社，1996 年，第 539 页。笔者按：关切现实生活和生命践履是儒家思想的传统，但程朱理学经历元明两朝之后，居于国家意识形态高位且已经严重僵化，世俗化一方面是指它回归到与生活实践的紧密联系中来，另一方面是指结合到新兴的社会现实和社会阶层之中，后者是一个具有时代性的新特点。

〔16〕　《系中八绝》之八《不是好汉》，《续焚书》卷五，《李贽文集》，北京燕山出版社，1998 年，第 479 页。

〔17〕　《答邓石阳》，《焚书》卷一，《李贽文集》，第 19 页。

〔18〕　《答邓明府》，《焚书》卷一，《李贽文集》，第 59 页。

〔19〕　《童心说》，《焚书》卷三，《李贽文集》，第 126—128 页。

〔20〕　《德业儒臣后论》，《藏书》第三册，中华书局，1959 年，第 544 页。

〔21〕　《论政篇》，《焚书》卷三，《李贽文集》，第 113 页。

〔22〕　《泰州学案一》，《明儒学案》卷三二，第 703 页。

〔23〕　《与梅纯甫问答》，《王龙溪集》，《广理学备考》本。

〔24〕　《小心斋札记》，《顾端文公遗书》，清光绪三年泾里宗祠刊本。

〔25〕　《与梅纯甫问答》，《王龙溪集》。

〔26〕　参见冈田武彦：《王阳明与明末儒学》第 393 页的相关论述。

〔27〕　《心斋语录》，《泰州学案一》，《明儒学案》卷三二，第 712 页。

〔28〕　关于早期启蒙思潮的全面思想贡献，可以参见萧萐父、许苏民《明清启蒙学术流变》中的有关论述。

〔29〕　关于这一时期的文艺发展，可以参见袁行霈主编：《中国文学史》第四卷的相关章节，高等教育出版社，1999 年。

〔30〕　黄宗羲：《子刘子学言》，《黄宗羲全集》第一册，浙江古籍出版社，1985 年，第 276—277 页。

〔31〕 《明史·顾宪成传》,《明史》卷二三一,上海古籍出版社、上海书店《二十五史》第十册,1986 年,第 647 页。

〔32〕 《明史·顾宪成传》,《明史》卷二三一,第 647 页。

〔33〕 同上。

〔34〕 《还经录》一卷,《顾端文公遗书》。

〔35〕 《小心斋劄记》卷一八,《顾端文公遗书》。

〔36〕 同上。

〔37〕 《东林学案一》,《明儒学案》卷五八,第 1375 页。

〔38〕 同上书,第 1377 页。

〔39〕 《答耿中丞》,《焚书》卷一,《李贽文集》,第 32 页。

〔40〕 《与友人书》,《泾皋藏稿》,《四库全书》本。

〔41〕 《寤言》,《顾端公遗书》。

〔42〕 《四府公启汪澄翁大司农》,《高子文集》六卷,《高子全书》,清乾隆七年华希闵刊本。

〔43〕 田大益:《陈矿税六害疏》,《明臣奏议》卷三三,《丛书集成初编》本。

〔44〕 《明神宗实录》"三十年九月"条,《明实录》51—56,台湾历史语言研究所,1962 年。

〔45〕 关于东林党与晚明民变可以参看王天有《晚明东林党议》,上海古籍出版社,1991 年。又参看王春瑜、杜婉言编著:《明代宦官与经济史料初探》第五章"宦官与人民的反抗斗争",中国社会科学出版社,1986 年。

〔46〕 关于复社可看谢国桢《复社始末》(上、下),《明清之际党社运动考》。

〔47〕 所谓"前近代社会",系用沟口雄三在《中国前近代思想之曲折与展开》中所提出的范畴。上海人民出版社,1997 年。

〔48〕 《原君》,《明夷待访录》,古籍出版社,1955 年,第 1—3 页。

〔49〕 《原臣》,《明夷待访录》,第 3—5 页。

〔50〕 《学校》,《明夷待访录》,第 9—13 页。

〔51〕 《财计三》,《明夷待访录》,第 40—41 页。

〔52〕 黄宗羲的遗稿经其子黄百家、弟子全祖望修补,成《宋元学案》100 卷。

〔53〕 《顾宁人书》,《明夷待访录》卷首,第 3 页。

〔54〕 《拟题》,《日知录》卷一六,甘肃民族出版社,1997 年,第 733 页。

〔55〕 《生员论三篇》(中),《亭林文集》卷之一,《顾亭林诗文集》,中华书局,1959 年,第 23 页。

〔56〕 《清议》,《日知录》卷一三,第 600 页。

〔57〕《与人书二十五首》之二十五,《亭林文集》卷之四,《顾亭林诗文集》,第 98 页。

〔58〕《与友人论学书》,《亭林文集》卷之三,《顾亭林诗文集》,第 41 页。

〔59〕《答李子德书》,《亭林文集》卷之四,《顾亭林诗文集》,第 73 页。

〔60〕《文章薪火》,《通雅》卷首三,《方以智全书》第一册,上海古籍出版社,1988 年,第 65 页。

〔61〕《物理小识·自序》,《中国哲学史资料选辑》清代之部,中华书局,1962 年,第 74 页。

〔62〕同上。

〔63〕同上。

〔64〕《颜习斋先生年谱》"庚辰(1700)六十六岁"条云:"尧舜之正德、利用、厚生谓之'三事',不见之事,非德、非用、非生也。周公之六德、六行、六艺谓之'三物',不征诸物,非德、非行、非艺也。"《颜元集》,中华书局,1987 年,第 787 页。

〔65〕《阅张氏王学质疑评》,《习斋记余》卷六,《颜元集》,第 491 页。

〔66〕《上太仓陆桴亭先生书》,《习斋余记》卷三,《颜元集》,第 427 页。

〔67〕《颜习斋先生年谱》"乙卯(1675)四十一岁"条,《颜元集》,第 743 页。

〔68〕《性理评》,《存学编》卷二,《颜元集》,第 67—68 页。

〔69〕《恕谷后集》卷四,《丛书集成初编》文学类。

第三章　在总结中发展的传统科学技术

经历了宋元两朝的兴盛期之后,传统科学技术在明朝前期一度出现低落。但到明中叶以后,伴随着思想界启蒙思潮的兴起,科技领域又由沉寂转向繁荣,出现了一些卓有建树的学者和总结性的科技著作。手工业一些生产领域在技术上也有一定的发展。

第一节　科学思想、方法及手段

科学家的世界观和自然观　亲身实践、"穷究试验"　对数学和量化分析的重视　珠算的发展与普及

明朝后期科技领域的代表人物,为我们留下了卷帙较多的著述,其中既有集某一领域大成的科技专著,也有研讨哲学和泛学术问题的作品。即使是科技专著,因其多带有总结色彩,所论亦时而超出单纯的科技领域。中国传统科学技术的发展,本来具有偏重经验、实用而缺乏理论概括的特点。明朝后期到清初的科学家著述,则为我们提供了比较难得的研讨中国古代科学思想、方法和手段的资料。

科学研究的主要对象是外部世界,因此科学家的世界观会对他的研究工作产生重要影响。在讨论世界本原问题的理、气之争中,晚明科学家大体都崇尚气本原论,代表人物有李时珍、宋应星、方以智。

李时珍(1518—1593),蕲州(今湖北蕲春)人,著有药物学巨著《本草纲目》。他在《本草纲目》中指出,世界的本原是气,宇宙万物皆由气所化生。人

之所以生病,并非鬼神作祟,而是因为"邪气"的侵扰。医生治病的过程,就是培植人体正气,抗击邪气,使人体生理机能恢复到正常的平衡状态。万物由气所形成,而禀气各异,既在本原上有统一性,又存在着各种各样的变化。"气之凝也,则结而为丹青,气之化也,则液而为矾汞。其变也,或自柔而刚,乳卤成石是也,或自动而静,草木成石是也。飞走含灵之为石,自有情而之无情也,雷震星陨之为石,自无形而成有形"。"天地造化而草木生焉,……得气之粹者为良,得气之戾者为毒"[1]。针对通常被视为灾异的人类遗传变异、返祖一类现象,李时珍认为这也不过是气的特殊变化:"太初之时,天地絪缊,一气生人,乃有男女。……人之变化,有出常理之外者","天地之造化无穷,人物之变化亦无穷"[2]。

宋应星(1587—1666?)[3],江西奉新人,以所著工农业生产技术专著《天工开物》知名,另外还写有两部讨论哲学和自然观问题的著作《论气》《谈天》[4],其中对中国古代的气论哲学有所发展。他认为,世界是由无形的"气"和有形的"形"两种东西构成的,其中气又为根本。"人物受气而生","天地间非形即气,非气即形,……由气而化形,形复返于气"[5]。世间一切事物现象及其变化,无非是同一物质"气"不断转化为各种具体形态,各种形态最终又复返为"气"的过程。宋应星在《天工开物》中总结的各种生产技术,其实质都是利用某种材料加工制造各种形态的物品。从这种认识经验出发加以扩充,自然就会将世间万事万物都看成某种原始材料"气"在"天工"作用之下形成的不同制造物[6]。这种思想,显然又与长期观察自然、研究生物的李时珍不谋而合。在对气的讨论中,宋应星还触及了声学理论问题,指出声音是由"气"的波动产生的,"物之冲气也,其如激水然","逼气而成声"[7]。这一看法也是相当先进的。

方以智(1611—1671),桐城(今属安徽)人,明清之际思想家。他虽不以某一科技专长知名,但却是当时最渊博的学者之一,所著博物学著作《物理小识》《通雅》,囊括了天文历算、物理、化学、医学、药物学等多方面科技内容。此外还有《东西均》《药地炮庄》《浮山前后集》《博依集》《易余》《性故》《膝寓信笔》等十余种著述,总计数百万言。思想体系博大精深,其中对古代自然科学哲学的批判性总结尤其受人重视。[8]他总结了古代的气论哲学,认为"一切物皆气所为也,空皆气所实也"〔9〕。"地在天中,球也,四周六合各以所履为下,首立为上,气鼓之为然,渐陁以转,人如蚁不知耳"〔10〕。他还指出:"盈天地间皆物也,人受其中以生,生寓于身,身寓于世,所见所用,无非事也,事一物也。……通观天地,天地一物也"〔11〕,从而对"气"的物质属性作出了更加明确的肯定。

对于明朝中叶以来知识界坐谈心性、不重实事的空虚学风,晚明科学家普遍抱反对态度。他们在各自的研究领域,都能孜孜以求,注重学习,亲身实践,强调"博采实考""责实求精""穷究试验",这也是他们获得重大成就的主要原因。

李时珍指出:"医者贵在格物"〔12〕。他为写作《本草纲目》,在长期临床实践的基础上,详尽阅读、研究前代医药典籍,广泛披阅,"凡子、史、经、传、声韵、农圃、医卜、星相、乐府诸家","上自坟典,下至传奇,凡有相关,靡不收采"〔13〕,积累了大量的资料。他跋山涉水,四出考察,足迹遍及大江南北,并且深入到少数民族地区。每到一处,除对各种药物进行实地观察、采集外,还虚心向当地人民请教药物知识,搜集了许多民间药方。他动手栽培和加工炮制过不少药物,为了解某些药性,甚至冒着危险亲自试服(彩图4)。

宋应星为写作《天工开物》,长期深入田间、作坊,通过亲身调查获取工农业生产技术的第一手资料,详细地记下各种工艺进程,并绘制图画。他十分重视科学实验,认为科学的结论应当建立在实验的基础之上,"皆须试见而后详之"〔14〕。

徐光启(1562—1633),上海人,明神宗万历三十二年(1604)进士,官至内阁大学士。曾撰著农学巨著《农政全书》,并与耶稣会传教士共同翻译《几何原本》、《泰西水法》等西方科技著作,编定《崇祯历书》。徐光启博闻强识,"于物无所好,惟好学,惟好经济。考古证今,广咨博讯,遇一人辄问,至一地辄问,问则随闻随笔。一事一物,必讲究精研,不穷其极不已。故学问皆有根本,议论皆有实见"〔15〕。但在明末黑暗、腐败的政治环境下,并未能够充分施展"经济"的抱负,仅以科技成就为后世所知。徐光启一生钻研农学,经常深入农村调查研究,"躬执耒耜之器,亲尝草木之味,随时采集,兼之访问"〔16〕。还曾在上海、天津开辟实验农庄,对农作物选种、施肥、嫁接以及北种南移、南种北移等问题亲自试验,作出记录。主持修历工作时,徐光启已年近70,仍然亲自到观象台观测,不慎从台上跌下,摔伤腰膝。他曾强调观测工作的重要性说:"谚曰'千闻不如一见',未经目击而以口舌争,以书数传,虽唇焦笔秃,无益也。"[17]

徐霞客(1586—1641),江阴(今属江苏)人,名弘祖,以别号霞客为世所知,是古代著名的地理学家和旅行家。他一生淡泊功名,不求仕进,而将大量的时间和精力花费在旅行考察上(图3-1)。自万历三十五年(1607)22岁起,直到病逝前半年,30余年中几乎年年外出旅行。足迹所及,东抵东海中的普陀山,西到云南西部的腾冲,北至河北蓟县盘山,南达广东罗浮山,走遍了今江苏、浙江、安徽、福建、广东、广西、江西、河南、陕西、山东、河北、山西、湖南、湖北、贵州、云南16个省区,对各地的地貌、地质、水文、气候、生物等状况进行深入细致的考察,访问群众、搜集文献、采集标本,并随即写出详细的考察日记。这些日记在他死后经友人整理流传至今,也就是著名的《徐霞客游记》。徐霞客的长途考察基本上是徒步跋涉,所到之处很多是荒僻的高山、深谷、密林,盗贼出没,虎狼窥伺,艰险万分。但无论环境如何恶劣,他都不屈不挠,勇往直前,充分体现出一名科学工作者求索真理的坚定信念和牺牲精神。正因如此,他才被誉为"千古奇人",《游记》也被誉为"千古奇书"[18]。

方以智在前人的基础上,将纷繁复杂的自然科学研究概括为"质测"二字。质,指实物;测,指观察、验证。他在《物理小识·自序》中总结说:"物有其故,实考究之,大而元会,小而草木蠡蠕,类其性情,征其好恶,推其常变,是曰质测。"在他看来,任何事物都有其形成、发展的原因,都有其所以然之"故",只有通过"实考"才能将其探究出来。大到天文星象,小到草木昆虫,都可以通过"实考"鉴定其性质,判断其优劣,把握其规律和变化,这就是所谓"质测之学"。他在搜集

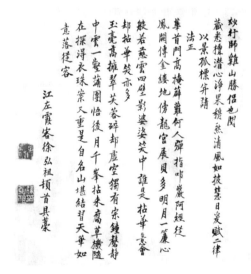

图3-1　徐霞客手迹

各种科学资料时,非常重视实证和试验。所著《通雅》《物理小识》诸书,在"质测"原则指导下,对中国传统自然科学和新传入的西方科学进行了范围广泛的记述与考辨,广征博引,证诸见闻,力辟宋明以来蹈虚空谈、舍物言理之风,充分表现出务实求证的科学精神。方以智还指出,在"质测之学"以上,存在着更深邃的"通几之学"。通,意为贯通;几,意为隐微。通观天地万物,从可以感知的具体现象当中抽象出隐微不可感知的本质,"寂感之蕴,深究其所自来,是曰通几"。用今天的概念来讲,"质测之学"代表自然科学研究,"通几之学"则代表着哲学研究。方以智精辟地分析了两种研究的关系。他认为,这两种研究性质虽异,但却存在着密切联系。"质测"之中蕴涵着"通几"所要探求的道理,"质测即藏通几者也"[19],故而"通几"应以"质测"为基础,否则就会成为无根空论。另一方面,"通几"对"质测"具有指导作用,可以帮助后者克服自身的局限性和片面性,故曰"通几护质测之穷"[20]。两者相辅相成,不可执此废彼。上述对哲学、科学关系的讨论,是方以智思想的精华,在中国古代科学思想史上占有重要地位。

晚明科学思想中还有一个值得注意的倾向,即对数学和量化分析的重视。中国古代的数学研究曾经取得很高的成就,但到明朝前期后继无人,趋于衰微。明朝后期,一些科学家在各自研究领域,不约而同地注意到数学和量化分析的重要性。他们的有关论述不仅推动了数学研究的复兴,而且对整个自然科学领域都有指导意义。

朱载堉(1536—1611),明宗室郑恭王朱厚烷子,仁宗朱高炽第六代孙。本为郑王世子,得继王爵,但他淡泊名利,辞让王位不居,卒谥端清。朱载堉精通乐律、数学、天文历法,著有《乐律全书》等著作共百余万言,在科技史和艺术史上占有重要地位[21]。朱载堉在乐律研究中创建了"十二平均律"的数理理论,其中包含有大量的复杂数学运算。其所涉及不同进位制的小数换算问题,不仅详细说明演算过程,还总结出了计算公式"律度相求口诀"。书中提到求解等比数列的方法、开平方和立方的方法,其详尽程度都超出前人。朱载堉反复强调数学在自然科学研究当中的基础作用。他在《乐律全书》所收《律历融通》中说:"欲明律历之学,必以象数为先","凡天地造化,莫能逃其数","数者,自然之用也,其用无穷而无所不通"。在《进历书奏疏》中进而指出:"天运无端,惟数可以测其机,天道至玄,因数可以见其妙。理由数显,数自理出,理数可相倚而不可相违。"朱载堉所说的"理"实际上就相当于科学原理、规律。在他看来,规律当中可以归纳出数据,规律也可以用数据表示。数是可以从客观世界的运动、变化当中推算出来的,由此又可以进一步预测客观世界未来的运动和变化。

徐光启是晚明倡导数学研究和应用的又一重要人物。他一贯主张将数学作为科学研究的基础,然后施用于各种有关民生日用的具体技术。他指出:"象数之学,大者为历法,为律吕,至其他有形有质之物、有度有数之事,无不赖以为用,用之无不尽巧极妙者";"算术者,工人之斧斤寻尺,……此事不能了彻,诸事未可易论";"明理辨义,推究颇难,法立数著,遵循甚易"[22]。在与传教士合作翻译欧几里得《几何原本》的过程中,徐光启学到了西方数学严密的逻辑推理方法,对其极为推崇。他说:"此书为益,能令学理者祛其浮气,练其精心,学事者资其定法,发其巧思,故举世无一人不当学。……能精此书者,无一事不可精,好学此书者,无一事不可学";"窃意百年之后必人人习之,即又以为习之晚也"[23]。崇祯二年(1629),徐光启上《条议历法修正岁差疏》[24],提出"盖凡物有形有质,莫不资于度数"的论点,认为客观物质世界的运动规律在本质上都可以表现为数学的函数关系。因此他提出"度数旁通十事",举出应用数学原理的十项具体科学领域,包括天文和气象学、水利学、音乐、军事工程学、会计学、建筑学、机械力学、大地测量学、医学、计时。他希望朝廷能够对这十项领域"接续讲求",找到较多的研究者"分曹速就",实际上是建议成立一个包括若干专门研究机构的科学院。这种对基础理论科学的重视以及关于基础理论科学与其他应用科学关系的认识,已经体现出了近代科学的精神[25]。

宋应星写作《天工开物》时,也十分强调通过实验测取数据,用不同数据的对比关系来说明科学道理。《天工开物》共记载了130多项生产技术方面的数据,包括农业上的农时、田间管理、单位面积产量,手工业上的生产工具尺寸、材料消耗、材料配方、使用寿命、经济效率以及不同物质的物理性能等,从而大大增强了这部著作的科学价值[26]。近代学者丁文江通过对《天工开物》的研究指出:"先生(指宋应星)之学,其精神与近世科学方法相暗合。"[27]

珠算的发展和普及,是这一时期科技史中的一件大事。中国古代进行数学演算的方式,长期以来主要是筹算。随着商品经济的发展,实用算术在社会生活当中的重要性日渐突出,简化演算方式、提高演算速度的需要也愈益迫切。宋元时期,多种快速思维的运算口诀相继出现,超出了一般筹算的速度。在结构原理和记数形式基本不变的前提下,筹算逐渐被可以拨动、机械化程度更高的珠算所代替。珠算发明的具体时间,今已不得其详。元末陶宗仪《南村辍耕录》卷二九“井珠”条提到了“拨之则动”的“算盘珠”[28],说明珠算和算盘已经出现。但这一时期仍然可以见到筹算的材料。大体上从元朝到明初,是珠算、筹算并用的阶段,珠算尚未完全普及。

　　明朝中叶,珠算运算方法、包括算盘形制、规格等等已经定型,完全取代了筹算(图3-2)。社会上也出现了大量论述珠算算法的著作。流传到今天的,主要有1573年成书的徐心鲁《盘珠算法》、1578年成书的柯尚迁《数学通轨》、1584年成书的朱载堉《算学新说》、1592年成书的程大位的《直指算法统宗》、1604年成书的黄龙吟《算法指南》等等。朱载堉在《算学新说》中运用珠算进行开平方、开立方等复杂演算,并记述了有关口诀。通过珠算,他可以在乐律计算中准确地算到二十五位数,而且比筹算节省大量时间。不过就对社会的影响而言,最重要的珠算著作还是程大位的《直指算法统宗》。

图3-2　清嘉庆年间制算盘,故宫博物院藏

　　程大位(1533—1606),休宁(今属安徽)人,长期经商,并且喜爱数学,广泛搜求古近数学著作,于晚年撰成《直指算法统宗》17卷。书中收录了595个数学问题及其解法,其中大部分是从前人著述中摘录的,但具体解法都是用珠算完成,演算过程与前人的筹算有所不同。后来程大位又将此书缩编为《算法纂要》4卷。《直指算法统宗》是一部集珠算算术大成的著作,内容系统而全

面,作为应用算术书,在社会上产生了巨大影响,多次被翻印和改编。明末李之藻编译介绍西方算术的《同文算指》,即从《直指算法统宗》中摘录了不少应用问题,以补西算之不足。清康熙五十五年(1716)刊本《直指算法统宗》,卷首由程氏族孙程世绥作序,程世绥概述这部书的流行情况说:"风行宇内,迄今盖已百有数十余年,海内握算持筹之士,莫不家藏一编,若业制举者之于四子书、五经义,翕然奉以为宗。"在日本、朝鲜诸国,《直指算法统宗》也都曾广泛流传,深受重视。

第二节　总结与开创——几部重要的科技著作

　　医药渊海:《本草纲目》　寂寞的音律:《乐律全书》　农学总结:《农政全书》　实地考察:《徐霞客游记》　技术百科:《天工开物》　清前期的天算之学　为科学家立传:《畴人传》

　　明朝中后期,在不同的科技领域,先后出现了五部经典性的著作。按作者的时代顺序,依次为李时珍的《本草纲目》、朱载堉的《乐律全书》、徐光启的《农政全书》、徐霞客的《徐霞客游记》和宋应星的《天工开物》。它们基本上都带有对本学科科技成就进行总结的色彩,同时又体现出一定的开创性,在中国古代科技史上占有重要地位。

　　《本草纲目》是中国古代集大成的药物学著作。作者李时珍出生于医生世家,多年行医,曾一度被荐入太医院工作。他发现历代记述药物情况的本草类著作有很多含混、错误之处,于是立志重修本草。自嘉靖三十一年(1552)起,历时27年,至万历六年(1578)成书,定名《本草纲目》。《纲目》全书52卷,共约190万字,附图1160幅。以北宋唐慎微《经史证类备急本草》中约1500种药物、2000余医方为基础,共收药物1892种,医方11096则。每种药物以名为纲,以下分目详述,包括释名(名称的来源与依据)、集解(产地、形态、采集方法等)、修治(炮炙方法)、气味、主治(药物功用)、发明(前人及本人的有关临床经验和药理探讨)等目。有些药物还有"辨疑""正误"二目,澄清了前人记

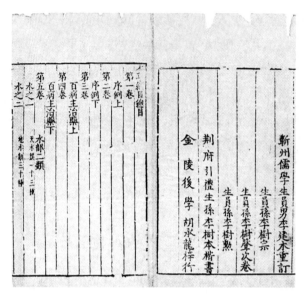

图3-3 明万历十五年金陵胡承龙刊本《本草纲目》书影

述中的含混模糊之处,纠正其错误。最后是"附方",开列相关药方,供读者对症下药。《纲目》对药物的记载,经现代医学证明大部分是准确的,今天仍然有很高的参考价值(图3-3)。

《本草纲目》对所载药物作出了清晰而合理的分类。共分16部,即水、土、火、金石、草、谷、菜、果、木、服器、虫、鳞、介(指甲壳动物)、禽、兽、人。每部下面又分若干类,共62类。物以类从,目随纲举,条理井然。用现代观点来看,其中依次涵盖了矿物、植物、动物三大类,较准确地揭示了不同物质间客观存在的关系,由无机物到有机物,由低等到高等,由简单到复杂,显示了对自然界较高的整体认识水平。书中包括了丰富的矿物学、植物学、动物学内容,并且大量运用化学、物理学、农学、天文学、气象学、生理学等领域的知识对药物进行记载分析。从药物学角度来看,《纲目》在作者"博采实考"的基础上,对中国两千余年的本草知识和经验进行了系统的总结,故而《四库全书总目提要》称赞说"盖集本草之大成者,无过于此矣"[29]。李时珍死后不久,《本草纲目》刊印完毕,很快产生了巨大影响。当时的文坛领袖王世贞为此书作序,誉以"博而不繁,详而有要,综核究竟,直窥渊海,……实性理之精微,格物之通典,帝王之秘箓,臣民之重宝也"[30]。以后除在国内多次翻印外,还传到外国,全部或部分地译为日、英、法、俄等多种文字。英国生物学家达尔文创立进化论时,曾从《本草纲目》中引述了不少有关植物、动物的资料,作为论据。

《乐律全书》是朱载堉所著14部音律、音乐、历法、数学专著的汇编,于万历三十四年(1606)载堉71岁时刊印成帙,上呈神宗御览。其书目包括《律历融通》4 卷附《音义》1 卷,《圣寿万年历》2 卷,《万年历备考》3 卷(以上 10 卷又统称《历书》或《历学新说》),《律学新说》4 卷,《算学新说》不分卷,《乐学新说》不分卷,《律吕精义》(又称《律书》)内篇 10 卷、外篇 10 卷,以及《操缦古乐谱》等 7 部乐谱、舞谱。朱载堉晚年还著有《律吕正论》4 卷、《瑟谱》10 卷,以及其他一些著作[31]。

《乐律全书》的最大贡献,是在音律学上首次创建了"十二平均律"。音律学主要研究对象为发声体发音高低的比率。它是声学当中的一个分支学科,以数学、计量学为基础,"乐也者,声音之学也,律也者,数度之学也"[32]。中国古代音律中的十二律,是指八度内的十二个半音,依次称为黄钟、大吕、太簇、夹钟、姑洗、仲吕、蕤宾、林钟、夷则、南吕、无射、应钟。其中六个单数半音又称"六律",六个双数半音又称"六吕",加起来也总称"律吕"。八度和十二律在音阶上又可分为五声或七声音阶,五声音阶为宫、商、角、徵、羽,七声音阶在五声基础上又加变徵、变宫二阶。将十二律中的某一个用作音阶中的"宫"音,即可构成音高不同的各种五声、七声音阶。理想的定律法,应当通过计算由一律推出下一律,十二律完毕到第十三律(下十二律的开始)恰好构成一个完全的八度(频率高出一倍),古人称为"还原返宫"或"旋宫"。自先秦时起,通常采用一种"三分损益法"定律,算法较为简单,易于掌握,但在与八度的对应上总是存在一定的误差,不能做到精确地"还原返宫"。汉代以来,不少人在定律法的改进上进行了努力,误差逐渐减小。朱载堉则在总结前人经验的基础上,反复计算、试验,创立了一种新的定律法。他采用等比级数的方法,取公比值为 $\sqrt[12]{2}$,亦即使十二律构成一个以 $\sqrt[12]{2}$ 为公比的等比数列。假设某律数值为 1,下一律的数值就是 2 的 1/12 次方,以下数值依次为 2 的 2/12 次方、2 的 3/12 次方……2 的 11/12 次方,到下十二律开始,数值正好为 2。这种方法使得十二律中相邻两律间的频率差(音程)完全相等,都是 $\sqrt[12]{2}$,故称十二平均律[33]。这一创新在音律学史上是一件划时代的大事,现代乐器制造基本上都要采取十二平均律的定律法。与《本草纲目》不同,《乐律全书》的成就在明清两朝并未得到充分的重视。但当欧洲学者注意到朱载堉的研究时,都惊讶地对这位十二平均律的发明者表示了高度的崇敬。

《农政全书》是明熹宗天启(1621—1627)后期徐光启闲居在家期间编撰

的农学著作。徐光启重视农学研究,长期积累资料,结合实践,在万历末年写成《种艺书》。《农政全书》主要是在《种艺书》基础上增补、修订,尚未完全定稿,徐光启即被明廷重新召用,数年后去世。至崇祯十二年(1639),徐光启的门生陈子龙等人将《农政全书》整理刊印。整理过程中又有修改,"大约删者十之三,增者十之二"[34]。定本最终分为 60 卷,50 余万字[35]。在内容编排上,共包括 12 目,依次为"农本"3 卷、"田制"2 卷、"农事"6 卷、"水利"9 卷、"农器"4 卷、"树艺"6 卷、"蚕桑"4 卷、"蚕桑广类"2 卷、"种植"4 卷、"牧养"1 卷、"制造"1 卷、"荒政"18 卷。其写作特点是"杂采众家,兼出独见",主要以辑录前人农业文献为主,引用文献达 225 种。徐光启自己的补充、注解散在各处,总共大约有 61400 字[36]。虽只占全书内容八分之一,但大多是他亲自试验、调查的成果,具有较高的科学价值(图 3-4)。

从《农政全书》的内容比例上看,以屯垦("农事"门所述)、水利、荒政三方面的论述最为详尽。屯垦方面,倡导开发西北,以减轻南粮北调的沉重负担。

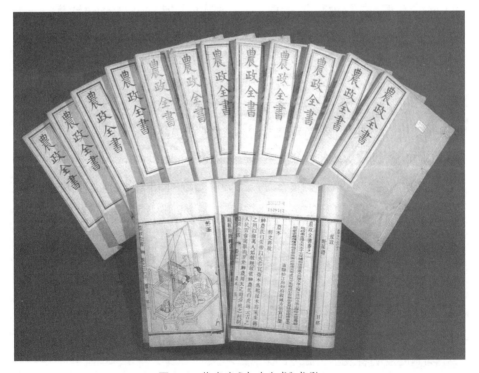

图 3-4　徐光启《农政全书》书影

水利方面,重点讨论了南北不同地区因地制宜兴建水利工程的计划,对治水理论、施工技术、取水工具等方面的问题都有精辟论述,而且还特别介绍了西方水利技术。荒政方面,总结了古代的各种救荒、防灾措施。书中从发展农业技术出发,载录了不少当时比较先进的农业经验。如徐光启的故乡地处江南,是全国重要棉花产区,当地棉花选种、播种、棉田管理的一些新技术在《农政全书》中即有十分详细的记载。徐光启还致力于不同地区的优良作物、品种的互相传播。如对新引进高产作物甘薯、经济作物乌桕树、女贞树等,都反复强调其经济效益,推广栽培。传统农学思想讲究"风土"之说,认为各地土产易地种植,就会"风土不宜",徐光启则不赞同过分拘泥"风土"的保守观念,"深排风土之论,且多方购得诸种,即手自树艺,试有成效,乃广播之"[37]。他通过自己的实践经验,指出只要合理利用自然因素,适当地根据农时、地利、气候条件进行栽种,配合精耕细作,许多高产作物或优良品种完全可以大幅度推广种植。《农政全书》在明末初刊后,受战乱影响,版本流行不广。直到清末,才陆续得到翻刻。到今天,它已成为备受农学史专家重视的科技名著。

《徐霞客游记》是徐霞客旅行考察日记的汇编,在他死后由友人王忠纫、季梦良整理成书,但已有残缺不全之处。历明末战乱,迄未刊行,辗转传抄,讹脱益甚。清乾隆四十一年(1776)始由徐霞客族孙徐镇校订刊刻,以后又多次翻印。1982年,上海古籍出版社出版了褚应寿、吴绍唐整理的《徐霞客游记》。这个新印本得到了两个较早的抄本对校,与乾隆刊本相比增加了一些内容,改正了不少讹误,在现有条件下尽可能地恢复了原稿的面貌。分10卷,每卷又分上下,共60余万字。卷一上下共17篇,包括了徐霞客51岁(1636)以前游历北方和东南地区名山大川的记录。从卷二到卷一〇上共8卷半的内容,是徐霞客自51岁起历时四年西南之行考察日记。这次考察从今天的江苏出发,历经浙江、江西、湖南、广西、贵州、云南,是徐霞客一生行程最远、费时最长的一次旅程,考察成就也最突出,记录内容最为充实。卷一〇下为"附编",收录了与徐霞客生平有关的诗文、题赠、书牍、传志、石刻、旧序等文献资料。

《徐霞客游记》内容非常丰富,除对自己旅行过程的记述、山川风光的描写外,还包括大量对各种地理现象的观察记录,如山川源流、地形地貌、气象气候、岩石土质、火山温泉、矿藏资源、动植物分布等等,也记载了不少社会人文方面的材料,如农副业生产、交通贸易、风土人情、城镇建置沿革等等。对自然地理的系统、深入观察及其描述,尤其是全书的精华所在。李约瑟评价说:"他(徐霞客)的游记读来并不像是17世纪的学者所写的东西,倒像是一位20世纪的野外勘测家所写的考察记录。他不但在分析各种地貌上具有惊人的能力,而且能够很有系统地使用各种专门术语。"[38]《游记》的科学成就,首先是对西南地区石灰岩岩溶地貌的考察。其中包括对地表熔岩和地下溶洞成因进行探究,记载其结构特征、相互关系,对其各种不同形态进行类比,厘定了一系列专有名称。这是世界科学史上首次对岩溶地貌进行的系统研究,其记述基本上与现代地质学的考察结果相符合。《游记》在水文方面对很多河流的源流进行了考察,辨明了怒江、澜沧江、红河等河流的水源流向,并且正确地指出金沙江是长江的上源,纠正了古书中"岷山导江"的错误说法。对于因高度、纬度不同而产生的动植物生态分布变化,对于火山和地热造成的地理形态变异,《游记》也都有精确的描述。另外《游记》文字优美,生动流畅,也历来受到读者的好评。

《天工开物》是明末宋应星编著的一部总结农业和手工业生产技术的综合性科技著作,初刊于崇祯十年(1637)。"天工"一词出自《尚书》,表示自然的力量;"开物"一词出自《周易》,表示人对自然的开发和利用。以两词合用作为书名,体现出人与自然相协调、人力与天工相配合的科学哲学观念。全书分为三编十八卷(也有分三卷的,每编各为一卷)。上编六卷,叙述衣食方面的生产技术和经验,包括粮食作物栽培、谷物脱粒加工、种桑养蚕、植棉植麻、纺织染色、制盐榨糖等内容。中编七卷,著录各种日用手工业品的生产技术、经验,包括制造砖瓦、陶瓷、铜器、铁器、车船等产品,以及锻造金属、烧制石灰、矾石、硫黄、开采煤炭、榨油、造纸等内容。下编五卷,记载金属冶炼、兵器制造、制墨制颜料、制曲酿酒、采琢珠宝玉料等内容。书中对每项技术从原料开采到生产操作过程都有详细说明,并且附有描述工艺进程的插图123幅。内容次序编排上,以记述农作物生产的"乃粒"篇为首卷,以"珠玉"篇为末卷,反映了作者"贵五谷而贱金玉"的思想。另一方面,中国古代一向有重农传统,故而历代农书颇多,但同时却轻视手工业,少有全面记载手工业技术的著作。《天工开物》不仅首述农事,随后又以更多的篇幅记述手工业,这与明末启蒙思潮中出现的

"工商皆本"的先进思想是相符合的。

《天工开物》在详细记载工农业各类生产方法时，特别重视介绍和推广先进技术。如在农业方面，记载了培育优良稻种，用砒霜拌麦种防虫，用骨灰、石灰改良土壤，甘蔗的育苗移栽等新经验。纺织方面，记载了杂交蚕蛾之法，介绍了当时处于世界先进水平的提花织机。制盐方面，介绍了明朝新出现的晒盐法。冶炼方面，记载了生熟铁连续生产工艺和灌钢、炼锌等方法。铸造方面，记载了精密失蜡铸造、反模铸造、砂型铸造等方法。采煤方面，记载了排除矿井瓦斯的方法。在许多问题上，《天工开物》还力图从一般生产现象中发现规律，总结科学理论。例如对生物学上的生态变异，对化学反应中隐含的质量守恒原理，对力学上力矩作用、重心转动等知识，都有概括。由于这些突出成就，《天工开物》问世后一度在社会上产生重要影响。清朝前期官修类书《古今图书集成》、农书《授时通考》，都曾大量引用其中的资料。但乾隆朝纂修《四库全书》未收《天工开物》，后来流传渐少。1927 年，出版家陶湘据日本刊本重印，科学家丁文江作跋，极力表彰，推动了《天工开物》的传播和研究。在国外，它曾在日本多次翻印，产生了重要影响。同时很早就被节译为法、英、德、俄、意等文字，后来又出现了英文全译本。

明朝后期，耶稣会传教士将一些西方科学知识介绍到中国，其中最受时人重视的是"天文历算之学"，因为这也是中国传统学术的重要组成部分。徐光启在传教士协助下，应用西方天文学和数学知识修成具有较高精确度的《崇祯历书》，清初更名《西洋历法新书》继续使用。这对士大夫阶层产生了一定的刺激，一部分人在学习西方学术的同时，加强对中国传统天算之学的研究，力图贯通中西，从而使明初以来已趋衰微的天文学和数学研究有所重振，取得了一些新的成就。到清朝中叶，阮元主编了以天文历算学家为主的科学家传记集《畴人传》，可看做是对中国天文历算学史的总结。

王锡阐（1628—1682），江苏吴江人。博学多识，尤精于历法。治历兼取中西之说，"考正古法之误而存其是，择取西说之长而去其短"[39]。著有《晓庵（锡阐别号）新法》《历说》《大统西历启蒙》《五星行度解》《日月左右旋问答》等著作，提出了日月食初亏和复圆方位角计算的新方法、计算金星和水星凌日的方法以及计算月掩行星和五星凌犯初终时刻的方法，在中、西基础上都有创新。

梅文鼎(1633—1721),安徽宣城人。一生致力于天文历算之学,有关著述多达 80 余种,其中一部分由后人汇刻为《梅氏历算全书》和《梅氏丛书辑要》。所撰《古今历法通考》《历学骈枝》等书,概述了中国传统历学的成就,也对西方历学作了总括介绍。他的数学研究涉及算术、代数学、几何学、平面三角学、球面三角学等诸多领域,其成绩包括用中国数学的习惯形式介绍笔算,推动了笔算法在中国的使用;利用中国数学中的勾股理论证明了《几何原本》中的许多命题,还探讨了若干四等面体、八等面体、十二等面体、二十等面体的内切球半径、体积等几何性质。他的研究能够做到深入浅出,"往往以平易之语解极难之法,浅近之言达至深之理,使读其书者不待详求而义可晓然"[40],因此在清代学术界颇受推崇。

明安图(1692—1765),蒙古正白旗人。早年入钦天监为天文生,后终身任职于钦天监,官至监正,参与纂修多部历法著作,最主要的成就则是数学专著《割圆密率捷法》。当时法国传教士杜德美向中国介绍了西方数学中求圆周率、求正弦、求正矢的三个级数展开式,称为"割圆三法",但并未给出具体证明过程。明安图经长期钻研,从中国古代已知弧背求通弦的方法入手,创造性地证明了上述三个展开式,并且进一步给出六个新的相关展开式及其证明,总称"割圆九法"。其证明逻辑严密,在当时世界上的三角函数和圆周率研究领域都达到了领先水平。作为蒙古族科学家,明安图在中国科技史上的地位尤其值得重视。

《畴人传》的主编阮元(1764—1849),江苏仪征人,是清朝中叶著名的官僚兼学者,"乾嘉学派"在政界的代表人物(图 3-5)。官至总督、大学士,曾主持校印《十三经注疏》,主编《经籍纂诂》《皇清经解》。《畴人传》是阮元在乾隆六十年(1795)到嘉庆四年(1799)主持编纂的,曾得到钱大昕、凌廷堪、焦循等许多通晓天算之学的著名学者帮助。"畴人"二字源出《史记·历书》,据三国时如淳注:"家业世世相传为畴。"天文历算之学十分专深,自古以来往往作为家学世代相传,所以通常称这方面有家学渊源的专家为"畴人"。《畴人传》共46 卷,前 42 卷记载自上古到清朝中叶天算学家 243 人,后 4 卷记载晚明以降来华的西洋天算学家 37 人,共 280 人。这是中国历史上第一部有系统的科学家传记集。以后道光年间罗士琳又编纂《续畴人传》，光绪年间诸可宝编纂《畴人传三编》，为《畴人传》作续补，体例皆沿阮书之旧。

《畴人传》叙述历代天算学家事迹，能做到实事求是，不事夸张。传后大多有论，概述传主学术源流，比较与其他专家的异同，评其得失。古代天算学家及其成就，在正史的《天文志》《律历志》《方技传》《艺术传》中往往有记载，但时常与五行符瑞、占卜星相等迷信内容混杂，良莠难辨。阮元在《畴人传·凡例》中则指出："是编著录，专取步算一家，其以妖星、晕珥、云气、虹霓占验吉凶，及太一、壬遁、卦气、风角之流，涉于内学者，一概不收。"[41] 因此此书取材得当，可以看作一部比较纯粹的科技专门史。当然它主要叙述天文历算，很少涉及其他科技领域，也反映出中国传统观念对科学技术的认识仍然存在很大局限。

图 3-5　清人绘阮元画像

第三节　手工业生产技术的提高

丝织与棉纺织　瓷器与珐琅器　采矿与冶金　制盐与制糖

明中叶和清朝，手工业各领域的生产技术，也大都有不同程度的进步。其中成就比较显著的,主要是纺织、制瓷、矿冶、制糖、制盐等行业。

中国古代的纺织业,以丝织业成就最为突出,世界知名。丝织业的高级工具——用于织造复杂大花纹织物的手工提花织机(简称花机或花楼机),经过长期发展、演变,到明朝中叶已经完全定型,并且相当普遍地使用。宋应星在《天工开物》卷二《乃服》中绘制有当时花机的图式,对其形制结构作了详细记载(图3-6)。它全长一丈六尺,中间部位高起,称花楼,其作用是用人力按花纹样稿控制经线的起落。不同花机的花楼高低有别,龙袍织机的花楼高达一丈五尺。花楼当中装有调整经线开口位置的部件,称衢盘。衢盘下面垂吊着使经线回复原位的部件,称衢脚。衢脚用加水磨滑的竹棍制成,共1800根,今天称为纹针。花机尾部用经轴卷丝,中部垂直置放两根叠助木,用以绷紧经线。此外,还有楼门、涩木、老鸦翅、眠木牛、称庄等部件,十分复杂。织造时两人配合,一人在下司织,一人在花楼上提花。而通过提花编织,把设计图案重现于织物,又需要事先结好花本。《天工开物·乃服》"花本"条记载:"凡工匠结花

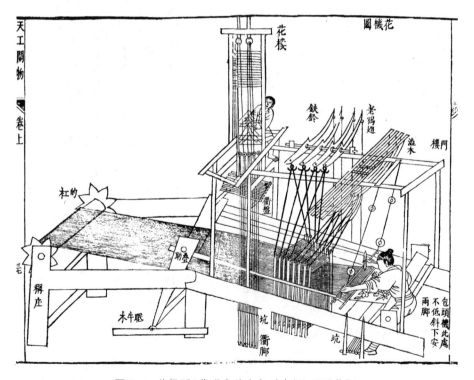

图3-6 花机图(载明崇祯十年刊本《天工开物》)

本者,心计最精巧。画师先画何等花色于纸上,结本者以丝线随画量度,算计分寸秒忽而结成之,张悬花楼之上。"所谓结花本,也就是根据绘在绢或布上的图案精确地编组经纬丝线,重新复制,做成一套花纹组织的程序控制和存储装置,然后与花机上的丝线相连接。即使操作者"不知成何花色",但只要根据花本的提示"穿综带经,随其尺寸度数提起衢脚,梭过之后,居然花现"[42]。

随着技术的改进,明清丝织物的品种也比前代更加丰富,出现了许多工艺复杂的特色产品。南京地区出产的云锦,质地紧密厚重,多用金线,色彩金碧辉煌,有如云霞。其中有一类特殊的"妆花"织品,织法最为复杂,在有花纹的地方使用挖花,即采用缂丝通经回纬的方法显示花纹[43],而在没有花纹的地方依然使用通纬。这种妆花织物色彩丰富,可在同一纬向的花纹上配置不同颜色的丝线,一件织品上使用的色线多时达到 30 余种。明朝中叶,福州织工林洪将原来的五层缎机改进为四层,称改机。用这种新型机器织出的"改机"缎,由四层经线和两层纬线织成,两面花纹相同,质地薄润,色彩柔和。南方的丝绒织品也非常著名。妆花绒将妆花技术用于丝绒织造,要经过织绒、割绒、雕花几道工序,工艺精巧。双面绒两面都带有细软的绒毛,手感舒适,保暖性强。它们都是丝绒中的珍品。

棉纺织是纺织业中较为新兴的部门,在宋、元基础上有大规模的发展。首先是纺织工具的进步。除棉籽的工具轧车(亦称搅车),宋元时须三人共同站立,手摇操作,到明清改进为脚踏式,一人坐而踩踏,同时手摇,即可承担过去三个人的工作。纺车也有类似的改进,由单纯的手摇式变为手足分工,足踏手摇,提高了劳动效率。明代棉布生产以江南松江府的"松江布"最为知名,质地优良,行销全国,被誉为"衣被天下"。很多高级棉织物都是仿照丝织品提花工艺织成,有云花、斜纹、象眼等诸多织法,成为具有艺术价值的产品。清代棉纺织业更加兴盛,工艺也更为成熟,包括晒花、轧花、弹花、搓条、纺纱、成纴、上浆、提综、探箵、填梭、布机等一套完整的工序,都总结出了详尽的操作经验[44]。

明清时期是中国古代制瓷业高度发展的阶段,全国有近半数省份能够烧制瓷器,江西景德镇则成为全国著名的瓷业中心。制瓷有官窑、民窑之分,烧制皇室御用瓷器的窑场称为官窑。官窑资金充足,技术力量雄厚,代表了当时制瓷工艺的最高水平。

　　由于瓷土淘炼加工技术的发展,瓷土中的石英颗粒更加细小,分布更为均匀,因而使得明清瓷器的胎质有了很大提高。瓷土的配方也有改进,加上烧制温度、时间控制合适,烧成瓷胎的白度和透光性已达到现代硬质瓷的技术水平。特别值得一提的是精致白釉的烧制成功,这种白釉所含氧化铝和二氧化硅成分高,熔剂含量则由过去的 10%—18% 降低到 4% 左右,因此釉色纯白,晶莹透澈。白釉质量的提高,为一道釉瓷和彩瓷的发展创造了条件。

　　一道釉瓷是在宋代钧窑"窑变"的基础上演变而来的。传统瓷器主要为青、白二色,"窑变"则是利用了釉药中还原铜的呈色作用,在烧制过程中使釉药产生化学变化,衍生出五光十色不同种类的色彩。明代一道釉瓷的品种非常丰富,有鲜红、翠青、宝石红、娇黄、孔雀蓝、回青等色,其中鲜红、宝石红尤称名品。清代一道釉瓷则有天蓝、碧青、苹果绿、吹红、吹紫、胭脂水、油绿等著名种类,红釉中的郎窑红、霁红、矾红、釉里红等,都是在明代技术基础上继续发展出来的新成果。在对釉色的控制上,明清一道釉瓷比宋代"窑变"更加成熟,既掌握了还原焰技术,又能把氧化铜转变为游离状态的铜,使其均匀分布于釉药中,并且把金属铜转化为胶体状态,从而烧成色调新颖别致的各种釉色,"盖纯乎人工故意制成者也"[45]。这在制瓷技术上是很大的进步。

　　彩瓷一般分为釉上彩和釉下彩两大类。在已上釉入窑烧毕的瓷器上彩绘,再用炉火烘烧者称釉上彩;先在胎胚上画好花纹图案,然后上釉入窑烧制者称釉下彩。明代最著名的彩瓷是属于釉下彩、白底蓝花的青花瓷器。青花瓷器上的青(蓝)色来自釉药中的氧化钴,其色调随着火焰性质和温度高低会有很大变化,要想获得理想的颜色,就必须严格掌握火焰性质、火候以及釉药配置的准确性(图 3-7)。明代的制瓷工人已经能够很好地做到这一点。不仅如此,他们还能够在烧好的青花瓷器上再加红、黄、绿、紫之类多种颜色的彩料,用釉上彩的方法烧制成多彩的"斗彩"瓷器。清代彩瓷工艺进一步发展,出现了粉彩、珐琅彩等新型的釉上彩彩瓷。粉彩是在色料中加入或在色料外面涂上铅粉制成的,利用控制温度的办法,使烧成的瓷器釉面呈现不同的色泽,浓淡协调,光泽柔和,表现出明暗分明的立体感。珐琅彩的制作原理与粉彩相同,只不过所用配料并非铅粉,而是珐琅。两者都极其精美[46]。

　　提到珐琅,就不得不述及明清两朝盛行的另外一种特种工艺品——珐琅

图 3-7　宣德海水纹炉

器。珐琅器制作技术约在元代从西亚传入，其主要原料是石英、长石等，以纯碱、硼砂为熔剂，氧化钛、氧化锑、氟化物等为乳油剂，金属氧化物为着色剂，经粉碎、混合、熔融等工序，敷于铜质器胎之上，入炉烧制而成。明清珐琅器工艺发展很快，创作出一些驰誉海内外的精品，其中最著名的就是明代的景泰蓝。景泰蓝亦名铜胎掐丝珐琅或烧青，因较早流行于明景帝景泰年间（1450—1456），制品又以蓝釉最出色，故而得名。其制法，主要是将细金属丝掐成所需花纹图案轮廓，焊在金属胎上，敷以珐琅药料，经烧制、打磨、镀金而成，工艺复杂，成品精致，具有黄金、宝石般的华贵和瑰丽效果。清代还出现了画珐琅、錾胎珐琅等新型产品。画珐琅是直接将珐琅药料涂画在金属胎上，錾胎珐琅是在金属胎上錾刻纹饰后敷以珐琅药料。珐琅器的技术虽是自外国传入，但在明清两朝的发展中吸取了中国青铜器、瓷器工艺的一些制作特点，因此也成为具有中国特色的民族工艺品（图 3-8）。

明清时期的矿冶业十分发达，不仅规模超越前代，生产技术的进步也很显著。煤矿和铁、铜、铅、锡、锌、银、金、汞等金属矿产都得到大量的开发和利用。古代的采矿方法，通常都是用钻凿、锤打，而明代则出现了"烧爆""火爆"

图 3-8 铜胎掐丝珐琅缠枝莲玉壶春瓶

的新技术。明中期人陆容《菽园杂记》卷一四记载:"旧取矿携尖铁及铁锤,竭力击之,凡数十下,仅得一片。今不用锤尖,惟烧爆得矿。"[47]据专家分析,所谓"烧爆"可能是先用火烧矿床,然后再用水淋,利用热胀冷缩的变化,使矿床爆裂,便于开采。现在在河南西部明清金矿的矿洞里,还保留有火烧矿体的遗迹。专家又征引《唐县志》卷三对万历二十四年(1596)用火爆法采矿的记载,称"山灵震裂","鸟惊兽骇,若蹈汤火",推断这是使用了火药爆破的手段。[48]当时凡开采金属矿,多为露天开采,但在采煤时则往往要深挖竖井和巷道。《天工开物》卷一一《燔石》"煤炭"条对此有记载:"凡取煤经历久者,从土面能辨有无之色,然后掘挖。至深五丈许,方始得煤。初见煤端时,毒气灼人,有将巨竹凿去中节,尖锐其末,插入炭中,其毒烟从竹中透上,人从其下施镬拾取者。或一井而下,炭纵横广有,则随其左右阔取。其上支板,以防压崩耳。"[49]这段话总结了当时井下采煤技术的两大要点,一是排放毒气(即瓦斯),二是巷道支护(图3-9)。时代稍晚一些的明清之际人孙廷铨,在其所著《颜山杂记》卷四"石炭"条,也记载当时山东淄博地区的井下采煤技术说:"凡攻煤,必有井干(按指竖井),虽深百尺而不挠。已得炭,然后旁行其隧(按指巷道)。"孙廷铨还特别记载了井下通风经验:"凿井必两,行隧必双,令气交通,以达其阳,攻坚致远,功不可量。"[50]

在冶金技术方面,明代已经用焦炭作燃料。方以智《物理小识》卷七"煤炭"条记载:"煤则各处有之,臭者烧熔而闭之成石,再凿而入炉曰礁,可五日不绝火,煎矿煮石,殊为省力。"此处所谓"礁"即焦炭,臭煤是指含挥发物较多的炼焦煤。冶炼时所用鼓风器,在明代也开始使用活塞式木风箱,利用活塞和活门的装置来推动、压缩空气,与近代鼓风设备原理相同,风压和风量明显超出宋元时利用箱盖板开闭鼓风的传统风箱。《天工开物》卷八《冶铸》"鼎"条插图,描绘了用活塞式木风箱铸鼎的情景[51]。焦炭和活塞式木风箱的应用,大大提高了冶炼强度,推动了冶金业的发展。欧洲则到 18 世纪才开始使用这两项技术。

冶铁是明清冶炼行业中最重要的生产部门,其中又包括炼铁和炼钢两项不同环节。

图 3-9　《天工开物》煤矿排毒气图

明代遵化铁厂的炼铁高炉高达一丈二尺,合今 3.804 米,规模已相当可观,并开始使用萤石(氟化钙)等较为先进的熔剂。清代广东地区的高炉高达一丈七八尺,靠山建筑,附设有专门的上料机械设备"机车",用以向高炉中抛掷铁矿石。明代炼铁还开始使用生、熟铁连续生产的工艺,在高炉出铁口旁边筑一"方塘",当铁水流入塘内时,迅速将用"污潮泥"制成的干粉末撒入,立即搅拌,使铁水氧化脱碳,即可以很快将生铁炒成熟铁[52]。这实际上是一种将炼铁炉和炒铁炉串联使用的方法,它在炒制熟铁时省略了生铁再熔化的过程,降低了生产成本,提高了劳动生产率。魏晋以来工艺较为简便的一种炼钢技术——灌钢法,在明代也有新的发展。灌钢法的操作过程,大致是将生、熟铁混杂锻打,使生铁中的碳分均匀地渗入熟铁之中,从而锤炼成钢。明代灌钢技术的改进,主要表现在两方面:其一,原来是将生铁片嵌在盘绕的熟铁条中,现在改为将生铁片覆盖在捆紧的若干熟铁片上,使得生铁铁液灌到熟铁片夹缝间,熟铁吸收生铁铁液更充分,渗入碳分更均匀。其二,原来在生、熟铁上用泥涂封,现在改为用涂泥的草鞋遮盖,使得生铁在保持温度的同时仍能得到一定的氧气,在还原气氛下逐渐熔化[53]。另外,明代在锻制工具和兵器的锋刃时,还开始采用"生铁淋口"的方法,先将熟铁锻造成坯件,然后将熔化的生铁淋在坯件刃部,使得刃部形成一层刚硬耐磨的渗碳组织。这实际上也是灌钢冶炼法的一种新发展。

其他金属冶炼方面,锌的冶炼最值得注意。古代青铜中往往含有少量的锌,是原料中的杂质带入的。后来逐渐形成了用含锌矿石——炉甘石(碳酸锌)与铜共同冶炼黄铜的技术,也就是炼制铜锌合金。到明代,开始从炉甘石中提炼纯锌。当时将锌称为"倭铅"。《天工开物·五金》"倭铅"条专门记载了炼锌方法:将炉甘石装入一个个密封的泥罐内,泥罐分层堆积,每层底部垫充煤饼。在下面用木柴烧烤,逐渐加热,使罐中的炉甘石熔化成团,冷却后取出,就得到锌。锌的还原温度约在摄氏 1000 度以上,而其沸点只有摄氏 907度。一旦它从氧化物中还原出来,就会立即挥发为气体,并被氧化为氧化锌粉尘。因此必须在隔绝空气的密封容器中冶炼,才能够获得金属锌。《天工开物》所载正符合上述原理。这也是世界上最早的炼锌记载。18 世纪上半叶,炼锌法传入欧洲,对世界冶金业产生了重大影响。

制盐业分为海盐、池盐、井盐三大类。中国古代的海盐生产方法,主要有煎、晒两种。煎盐之法在《天工开物》卷五《作咸》"海水盐"条中有详细记载,这是传统的制盐方法,耗费人工、燃料较多,效率不高。最晚在明代,一些滨海盐场已开始用晒盐法取代煎盐法,"引海水入池晒成,凝结之时扫食,不加人力",大大降低了生产成本[54]。池盐主要产于山西、陕甘地区,尤以山西解州的"解池"为主。池盐生产最早只是自然结晶,人工捞采,唐宋时开始在池旁空地上开垦盐畦,引池水结盐,亦称"种盐"。晚明时期,垦畦之法又有进一步的改进,采取分段连续作业,包括灌水、蒸发、沉淀、拓花等较复杂的工序。井盐主要产于四川、云南。明代井盐生产以开凿小口深井为基本方式,形成了一套完整的技术程序,有各式专用工具。明后期人马骧《盐井图说》记载了相井地、挖井口、立石圈、凿大窍、下竹、凿小窍等具体凿井工序。清代井盐在凿井、汲卤、运卤等环节上较普遍地采用机械或畜力，钻井深度已超过千米。井盐生产中的深井挖掘方法，代表了中国古代采矿和钻井工程的高度技术成就。

　　制糖业主要为甘蔗制糖。中国古代的制糖术，起初只是利用淀粉糖化的原理制造麦芽糖。最晚到南北朝时期，掌握了甘蔗制糖的方法，此后又在吸取外来技术的基础上逐渐提高制糖纯度。到明代，已经能够造出高纯度的白糖与冰糖。《天工开物》卷六《甘嗜》对当时的制糖技术进行了比较详细的总结，大体包括压榨、煎熬、结晶三个环节。压榨环节使用专门工具蔗车，以牛牵引，带动两轴相向转动，投蔗其中，很快即可压榨出汁。然后先将蔗汁煎熬，除去杂质，凝成黑砂，成为红糖。最后用黄泥水浇淋，利用泥水中的黏土或矾土吸附脱色，提炼出白糖。白糖加水煮沸，用蛋清澄去浮渣，撒入一寸长的竹篾片为媒剂，冷却凝结，即形成冰糖。在近代机器制糖工业兴起以前，这已经是相当完备的一套制糖工艺程序。

注　释

〔1〕　李时珍：《本草纲目》卷八《金石·总论》、卷一二《草部总论》，人民卫生出版社，1982年点校本，第 455、687 页。

〔2〕　同上书，卷五二《人部》，第 2970、2975 页。

〔3〕　关于宋应星的卒年，史籍中没有明确记载，因此有种种不同推测。此处用潘吉星的说法。参阅潘吉星《宋应星评传》，南京大学出版社，1990 年，第 172—177 页。

〔4〕　宋应星著述除《天工开物》外，多已散佚。仅江西省图书馆藏有孤本《野议》《论气》《谈天》《思怜诗》四种，皆崇祯年间刊本，1976 年由上海人民出版社标点排印出版，名为《宋应星佚著四种》。《野议》是一部政论性著作，《思怜诗》是文学作品。

〔5〕　宋应星：《论气·气声一》《论气·形气化一》，见《宋应星佚著四种》，第 64、52 页。

〔6〕　参阅何兆武：《论宋应星的思想》，《中国史研究》1979 年 4 期。

〔7〕　《论气·气声七》。

〔8〕　方以智在世时虽颇得同时学者黄宗羲、顾炎武、王夫之等人推崇，但死后声名不彰。清人江藩《汉学师承记》《宋学渊源记》皆未列其名。直到近代，方以智的思想才开始受到重视。侯外庐主编《中国思想通史》对他作了专章论述。参阅《中国思想通史》第四卷下册，人民出版社，1960 年，第 1121—1188 页。

〔9〕 方以智:《物理小识》卷一《天类》,《四库全书》本。

〔10〕 方以智:《东西均·源流》,中华书局 1962 年点校本,第 139 页。

〔11〕 《物理小识》卷首《自序》。

〔12〕 《本草纲目》卷一四《芎藭》,第 839 页。

〔13〕 同上书,卷首,王世贞:《本草纲目序》、李建元:《进本草纲目疏》,第 1、8 页。

〔14〕 《天工开物》卷一五《佳兵》"火药料"条,广东人民出版社,1976 年钟广言注释本,第 396 页。

〔15〕 《徐光启集》附录,徐骥《文定公行实》,上海古籍出版社,1984 年王重民辑校本,第 560 页。

〔16〕 徐光启:《农政全书》卷首,陈子龙《凡例》,上海古籍出版社,1979 年石声汉校注本,第 5 页。

〔17〕 《徐光启集》卷八《日食分数非多略陈义据以待候验疏》,辑校本,第 387—388 页。

〔18〕 《徐霞客游记》卷一〇下《附编》钱谦益《嘱毛子晋刻〈游记〉书》,上海古籍出版社,1982 年褚绍唐、吴应寿整理本,第 1179 页。

〔19〕 《物理小识》卷首《自序》。

〔20〕 方以智:《愚者智禅师语录·示中履》。转引自侯外庐主编:《中国思想通史》第四卷下册,人民出版社,1960 年,第 1130 页。

〔21〕 关于朱载堉及其科学成就、地位,详见戴念祖:《朱载堉——明代的科学和艺术巨星》,人民出版社,1986 年。

〔22〕 《徐光启集》卷二《泰西水法序》《刻同文算指序》、卷七《测候月食奉旨回奏疏》,辑校本,第 66、81、358 页。

〔23〕 同上书,卷二《几何原本杂议》,辑校本,第 76—77 页。

〔24〕 《徐光启集》卷七,辑校本,第 337—338 页。

〔25〕 参阅王重民:《徐光启》,上海人民出版社,1981 年,第 144—149 页。

〔26〕 参阅周瀚光:《中国古代科学方法研究》,华东师范大学出版社,1992 年,第 74—75 页。

〔27〕 丁文江:《奉新宋长庚先生传》,转引自阙勋吾主编:《中国古代科学家传记选注》,岳麓书社,1983 年,第 242 页。

〔28〕 陶宗仪:《南村辍耕录》卷二九"井珠"条,中华书局,1959 年标点本,第 361 页。

〔29〕 《四库全书总目提要》卷一〇四《子部·医家类二》,中华书局,1965 年影印本,第 875 页。

〔30〕 《本草纲目》卷首,王世贞:《本草纲目序》,点校本,第 1 页。

〔31〕 前人曾认为《律吕正论》4卷也是包括在《乐律全书》内的作品。但据戴念祖考证，《律吕正论》是载在万历三十八年(1610)、也就是《乐律全书》刊印上呈后四年才完成的。见戴念祖:《朱载堉——明代的科学和艺术巨星》，第33—37页。

〔32〕 朱载堉:《律吕精义·序》，转引自戴念祖:《朱载堉——明代的科学和艺术巨星》，第47页。

〔33〕 参阅《朱载堉——明代的科学和艺术巨星》，第47—54页。

〔34〕 徐光启:《农政全书》卷首，陈子龙《凡例》，校注本，第5页。

〔35〕 《农政全书》的字数有不同算法，此处用万国鼎之说。见万国鼎:《徐光启的学术路线和对农业的贡献》，载中国科学院中国自然科学史研究室编:《徐光启纪念论文集》，中华书局，1963年。

〔36〕 参阅康成懿:《〈农政全书〉征引文献探原》，农业出版社，1960年。

〔37〕 《农政全书》卷二五《树艺·谷部上》，校注本，第628页。

〔38〕 李约瑟:《中国科学技术史》第五卷《地学》第一分册，科学出版社汉译本，1976年，第62页。

〔39〕 阮元:《畴人传》卷三五《王锡阐下》，商务印书馆，1955年重印排印本，第446页。

〔40〕 《畴人传》卷三八《梅文鼎中》，排印本，第483页。

〔41〕 同上书，卷首《凡例》，排印本，第1—2页。

〔42〕 《天工开物》，注释本，第88—89页。

〔43〕 缂丝亦称克丝或刻丝，是古代一种特殊的丝织品，花纹图案富于立体、镶嵌感，有如刻镂而成。一般丝织品织造时都是经纬线通贯到底，缂丝则不同，经线贯通，纬线弯曲，故称"通经回纬"或"通经断纬"。参阅杨力《中国的丝绸》，人民出版社，1987年，第57—63页。

〔44〕 参阅祝慈寿:《中国工业技术史》，重庆出版社，1995年，第616—620页。

〔45〕 许之衡:《饮流斋说瓷·说窑》，中国书店，1991年影印《中国陶瓷名著汇编》，第146页。

〔46〕 以上关于明清制瓷工艺的叙述，参阅杜石然等:《中国科学技术史稿》下册，科学出版社，1982年，第219—222页，以及洪光柱《驰名世界的中国瓷器》，载自然科学史研究所主编《中国古代科技成就》，中国青年出版社，1982年。

〔47〕 陆容:《菽园杂记》卷一四，中华书局，1985年点校本，第175页。

〔48〕 杜石然等:《中国科学技术史稿》下册，第125—126页。

〔49〕 《天工开物》，注释本，第289—290页。

〔50〕 参阅夏湘蓉、李仲均、王根元编著:《中国古代矿业开发史》，地质出版社，1980年，第

398—399 页。

〔51〕 《天工开物》,注释本,第 211 页。

〔52〕 同上书,卷一四《五金》"铁"条,注释本,第 363 页。

〔53〕 有关明代灌钢技术的记载,见于宋应星:《天工开物》卷一四《五金》"铁"条,及方以智《物理小识》卷七《金石类》。并参阅杨宽:《中国古代冶铁技术发展史》,上海人民出版社,1982 年,第 247—253 页。

〔54〕 《天工开物》卷五《作咸》"池盐"条,注释本,第 153 页。参阅张子高:《中国化学史稿(古代之部)》,科学出版社,1964 年,第 148—152 页。

第四章　多民族国家的巩固和发展

中国古代最后一个君主专制王朝清朝(1616—1911),是继元朝之后又一个由北方民族建立的大一统帝国。虽然它统一中国的过程造成了短期的战乱破坏,其统治也带有一定的民族压迫色彩,但它对中华文明史的贡献还是巨大的。在清朝统治下,出现了文治武功盛极一时的"康乾盛世",使得中国社会维持了近200年的稳定局面,最终奠定了作为近代领土国家的版图。清朝皇帝曾得意地宣称:"中国之一统始于秦氏,塞外之一统始于元氏,而极盛于我朝。自古中外一家,幅员极广,未有如我朝者也。"[1]经过清朝的统治,以汉族为主体的中华民族整体凝聚力得到了更进一步的加强。但随着西方资本主义势力的崛起,清朝在世界局势的变动面前却表现出迟钝、僵化和不适应,古老的中华文明遇到了新的挑战。

第一节　国家秩序的重建和近代疆域的奠定

满族的先世　努尔哈赤建立后金　皇太极建立清朝　满族社会制度与文化　清朝统治的确立　平定三藩与统一台湾　与准噶尔部的长期战争"平回"之役与版图的奠定　全国规模地图、地志的纂修

清朝的建立者满族长期活动于中国东北地区。其先世最早称为肃慎,以后又有过挹娄、勿吉等名称,宋朝以后则称为女真。女真的一支曾经在12世纪入主中原,建立金朝,但还有大批部落留居东北。到明朝,东北女真人分三大部分,分别称为建州、海西和野人女真。建州、海西女真原居黑龙江流域,元

末明初开始逐步南迁。明朝中期,建州女真主要活动于图们江、鸭绿江流域,南接朝鲜,东临辽河、浑河。海西女真分布于建州女真以北松花江流域的广大地区。野人女真位于建州、海西以北和以东,距汉族地区较远,社会发展相对滞后。在明朝统治的大部分时间里,边疆的威胁来自北方的蒙古和南方的倭寇(日本海盗),合称"南倭北虏"。相比之下,对东北的控制是比较稳定的。明朝对女真各部采取分而治之的羁縻政策,任命其大小酋长担任都督、都指挥、指挥、千户、百户等职务,颁发敕书,让他们定期入京朝贡,同时在辽东开设马市进行贸易。女真偶有跋扈、反抗行为,都很快被平定。但到"南倭北虏"的威胁基本消失之后,女真却悄然崛起,成为明朝边疆上最强大的对手,直至取代明朝,统一中国。中国历史上最后的这次王朝鼎革,发生在 16 世纪晚期至 17 世纪前半期。

　　女真崛起的关键人物,也就是清王朝的创建者,是建州女真酋长爱新觉罗·努尔哈赤(1559—1627)(彩图 5)。努尔哈赤家族世代有人担任明朝封授的都指挥使、指挥使等职,但他本人因早年丧母,分家自立为生。后投入明将李成梁部下,有战功,且粗通汉语,喜读《三国演义》和《水浒传》。明神宗万历十一年(1583),明军在一次平叛行动中误杀努尔哈赤的祖父和父亲,遂奏请由努尔哈赤袭职担任建州左卫指挥使,以为报偿。努尔哈赤迁怒于担任明军向导的建州贵族尼堪外兰,起兵伐之,由此开始统一建州女真的事业。其间他对明朝十分驯服,数次赴北京朝贡,被赞为"忠顺学好,看边效力"。到万历十六年,努尔哈赤已统一建州女真各部,明廷升其职为左都督,又加号龙虎将军。此后经过 20 余年的艰苦战斗,努尔哈赤征服了海西女真和一部分野人女真,基本完成了女真社会的统一。在其统一进程的后期,一些明朝官员已经预见到努尔哈赤将成为危险人物,但时值皇帝(明神宗)怠政,又为其他内外问题所困扰,因此未能采取有效措施来限制努尔哈赤势力的膨胀。万历四十四年(1616),努尔哈赤终于在他的统治中心赫图阿拉城(今辽宁新宾老城)正式称汗,号"英明汗",建元天命,改赫图阿拉为兴京。其国号仍沿用昔日金朝之名,称"大金",史家一般称之为后金。

　　天命三年(1618),努尔哈赤正式与明朝决裂,几年内攻占了辽河两岸的大片地区。死后其子皇太极嗣位,重点展开对蒙古的扩张。明末蒙古已分为漠南、漠北、漠西三大部分,其中漠南察哈尔部的统治者林丹汗拥有蒙古大汗名号,兵马强盛,得到明朝的支持。但他对蒙古其余部落肆行欺凌侵扰,漠南科尔沁、翁牛特、郭尔罗斯诸部都在皇太极拉拢下倒向后金。天聪二年(明思宗崇祯元年,1628)到九年,后金军三次西征察哈尔,夺得元朝传国玉玺,林丹汗死于青海,漠南蒙古诸部皆归附后金,漠北蒙古随后也遣使进贡。皇太极还两次进攻并降服了明朝的藩属国朝鲜,完全征服黑龙江流域的野人女真和其他土著民族,控制了东起鄂霍次克海、西到贝加尔湖的广大地区。他整顿后金政治,强化汗权,又设立一系列汉式官僚机构,重用汉族士人和降将,推动政权汉化。随着对外扩张的发展和内部局势的稳定,后金统治者已不满足于边疆民族政权的地位,而希望成为中原模式的正统王朝。天聪十年(1636)四月,皇太极在盛京(今沈阳)举行盛大典礼,接受贵族大臣共同奉上的"宽温仁圣皇帝"尊号,改元崇德,新定国号大清,并改女真族名为满洲,后俗称满族[2]。追尊努尔哈赤为清太祖,皇太极则在死后被尊为太宗。

满族基本是一个定居的农耕民族,但生产技术相对落后,狩猎业仍然是重要的经济补充形式[3]。其社会管理组织"八旗",也是在狩猎组织"牛录"(汉译为"箭")的基础上形成的。八旗制度始创于明万历二十九年(1601),当时努尔哈赤将部众编为黄、白、红、蓝四旗,各以相应颜色的旗帜作为标志。具体每300丁为一牛录,五牛录为一甲喇,五甲喇为一固山,一固山(7500丁)即为一旗。后因部众增加,到万历四十三年(1615)又新编镶黄、镶白、镶红、镶蓝四旗,皆在相应颜色旗帜上加镶边,原来的四旗则分别称正黄、正白、正红、正蓝,是为八旗。这套制度的特点是兵民合一,兼有行政、军事、生产的多方面职能。皇太极时,随着大批蒙古人、汉人的降附,又按同样的形式编制了蒙古八旗和汉军八旗,总旗数达到24,但仍泛称八旗(彩图6)。

满族的文化建设也逐渐发展起来。在明朝,金朝女真文已经失传,女真人在书面表达时多借用蒙古文字。万历二十七年(1599),努尔哈赤命下属以蒙古文字母拼写女真语言,创立了新的女真文字。皇太极时,对这套文字进行改进,加上圈点,更便于识别和使用,从而形成满文。[4]满文被用于书写档案,编纂历史,翻译汉文典籍。

皇太极卒于崇德八年(1643),其子福临(1638—1661)嗣位,是为清世祖。

因行用年号顺治,亦称顺治帝。顺治帝年幼,由叔父睿亲王多尔衮摄政。顺治元年(明崇祯十七年,1644)三月,明朝被李自成领导的农民起义军推翻。以多尔衮为首的清朝统治集团,敏锐地抓住了这一重大的历史机遇,打出为明复仇、"吊民伐罪"的旗号,倾国而下,争夺胜利果实。驻扎山海关的明朝将领吴三桂投降清朝,清军在他的配合下击败农民军,迅速占领并迁都北京。到顺治二年初,清军横扫北方,李自成的主力部队已被击溃。五月,清军渡江占领南京,消灭了明朝残余势力建立的南明弘光政权。南明武装退保华南、西南,清朝一统天下的大局基本奠定。由于军事进展的顺利,清朝统治者过分乐观地估计了形势,于是开始推行强制性的民族同化措施,勒令全体汉族居民依照满族习俗剃发蓄辫,不分文武官民,在接到命令十日之内必须剃毕,违抗者杀无赦,时称"留头不留发,留发不留头"。服饰也必须改依清制,但执行可以稍缓。剃发令严重伤害了汉族百姓的民族自尊心,激化了民族矛盾。江南很多已经降清的地方重举义旗,声援南明武装抵抗活动,大大延缓了清朝对南方的统一进程。直到康熙三年(1664)川、鄂边境的李自成余部夔东十三家军被剿灭,清朝的统一局面才算初步稳定。

作为边疆民族建立的王朝,清朝的统治虽然遭到汉族长时间的抵制,但却较早得到同为边疆民族的蒙、藏贵族承认。早在入关前,漠南蒙古即已臣服清朝。明末,漠西蒙古和硕特部首领顾实汗由青海进入西藏,与藏地黄教领袖达赖、班禅建立了联合统治。他们都与清廷建立了联系,接受清朝册封。在清廷多次延请下,第五世达赖喇嘛于顺治九年(1652)入觐顺治帝,得到极高规格的款待(彩图7)。漠北蒙古诸部(时亦称喀尔喀蒙古)也在此后遣使入朝,约定每年进贡白驼一头、白马八匹,称为"九白之贡"。

康熙帝(清圣祖玄烨,1654—1722)在位前期,爆发了汉族军阀策动的"三藩之乱"。三藩是清朝统一过程中封为藩王、镇守南方的三名汉族降将,平西王吴三桂镇云南,平南王尚可喜镇广东,靖南王耿精忠(袭祖父耿仲明爵)镇福建,各拥重兵,渐成割据之势。康熙十二年(1673),尚可喜疏请归老辽东,康熙帝趁机命撤平南一藩。吴三桂、耿精忠亦自请撤藩以行试探,康熙皆予批准。撤藩令下,吴三桂遂起兵反清,耿精忠及尚可喜之子尚之信先后响应。吴三桂自称"兴明讨虏大将军",但由于他长期为清廷效力,其"兴明"口号对汉族百姓号召力甚微,后来遂径自称帝,国号大周。叛军起初气焰很盛,几乎据有南方半壁,然相持数年后,势力渐衰。至康熙二十年(1681)清军进占云南,三藩彻底失败。康熙挟平定三藩之势,进一步发起了统一台湾的军事行动。台湾在明清之际被荷兰殖民者占据。顺治十八年(1661),南明将领郑成功逐走荷兰人,将台湾作为抗清根据地。三藩之乱期间,郑氏集团曾参与其事,一度占领闽、粤沿海的一些地区。康熙二十二年(1683),清军大举出兵,横渡海峡攻占澎湖,郑氏首领郑克塽(郑成功之孙)请降,台湾平。清朝在台湾设府统治,下辖三县,隶于福建省,并驻军镇守。

　　三藩的平定和台湾的统一,标志着清朝完全确立了在汉族社会的正统统治,也宣告了清朝鼎盛时期——"康乾盛世"的来临。康乾盛世除涵盖康熙中后期的 40 年外,还包括了清朝第五、第六代皇帝雍正帝(清世宗胤禛,1678—1736)和乾隆帝(清高宗弘历,1711—1799)在位的 70 余年,总共长达一个多世纪。康乾盛世在文治、武功方面都取得了辉煌的成就,经济恢复并持续发展,政局稳定,国力强盛,版图开阔,在中国作为统一多民族国家的发展史上具有极其重要的历史地位(图 4-1)。随后的嘉庆(清仁宗颙琰)、道光(清宣宗旻宁)两朝,虽然统治危机日益显露,但承康乾盛世之余荫,仍然维持了大一统局面和表面的繁荣。康乾百余年间,边陲多事,此起彼伏。经过清朝统治者的不懈努力,终使边疆局势得以巩固,边疆地区的归属完全明确,从而奠定了现代中国的版图。

　　康乾盛世首先遇到的边疆问题是沙皇俄国在东北的侵扰。17 世纪前期,沙俄势力已伸展到黑龙江流域,以雅克萨城(在今黑龙江漠河以东、江北岸)为主要据点,频繁出没劫掠。康熙二十四(1685)到二十五年,清朝经过精心准备,两次发兵围攻雅克萨,架设大炮轰击,俄军死伤惨重,被迫求和。

图 4-1　康熙读书图

二十八年(1689),中俄双方谈判代表在尼布楚(今俄罗斯涅尔琴斯克)签订《尼布楚条约》,划定两国东段边界线,以格尔必齐河、额尔古纳河和外兴安岭为界,同时确立了和平贸易关系。雍正六年(1728),中俄又签订《恰克图条约》,划定了两国的中段边界线。关于这方面的问题,在下文第三节还要述及。

康乾时期,清朝在边疆上最强大的对手是漠西蒙古准噶尔部。漠西蒙古是明朝时蒙古别部瓦剌的后裔,也称为厄鲁特(或卫拉特)蒙古,分准噶尔、和硕特、土尔扈特、杜尔伯特四部。明清之际,准噶尔部势力壮大,逐渐控制了天山南北的广大地区,表面上向清廷遣使纳贡,实则窥伺漠北、青藏,企图与清朝分长一方。康熙二十七年(1688),准噶尔汗噶尔丹趁漠北蒙古诸部内部纷争之际东向大举进攻,一路势如破竹,追击漠北蒙古部众直至漠南草原,与清朝形成直接军事冲突。二十九年,清廷调集重兵征讨噶尔丹,双方交战于乌兰布通(今内蒙古克什克腾旗境),噶尔丹大败逃走。但他不甘心失败,于康熙三十四年再次东进,扬言从俄罗斯借兵,要与清朝一决高下。三十五年(1696),康熙帝御驾亲征,发兵十万,分为三路,自统中路军抵达漠北克鲁伦河。噶尔丹见清军势盛,退而西撤,被清朝西路军截击于昭莫多(今蒙古乌兰巴托南),又遭惨败。此前,准噶尔统治集团内部已经发生分裂,噶尔丹之侄策妄阿拉布坦聚众自立。昭莫多战后,噶尔丹力量衰弱,众叛亲离,于康熙三十六年暴病而卒[5]。

噶尔丹死后,策妄阿拉布坦全面掌握了准噶尔统治权,将扩张重点转向西藏。当时掌握藏地军政主要权力的仍然是和硕特部贵族,但他们与西藏地方势力的矛盾日渐激化,纷争不已。策妄阿拉布坦趁机发兵入藏,于康熙五十六年(1717)攻占拉萨,杀和硕特首领拉藏汗,拘禁拉藏汗所立六世达赖喇嘛仓央嘉错。准噶尔入藏严重影响了清朝对青藏地区的控制和凭借黄教安定蒙古的基本国策。康熙帝遂下诏"驱准保藏",派他最宠信的皇十四子胤禛为抚远大将军,至西宁全权指挥军事行动。五十九年,清军将准噶尔军逐出西藏,另册封灵童格桑嘉错为六世达赖,护送其进入拉萨举行坐床典礼[6]。自此清廷改变了通过和硕特汗王间接控制西藏的做法,而是在确认政教分离的原则下,任命藏地贵族管理地方政务,从而大大强化了中央政府对西藏的统治。雍正初年,和硕特部贵族罗卜藏丹津又在青海发动叛乱,被川陕总督年羹尧镇压,此后青海也完全纳入清廷的直接控制之下。

雍正五年(1727)策妄阿拉布坦死,子噶尔丹策零嗣位,与清军数次交战,互有胜负。雍正九年,准噶尔军在和通泊(今蒙古科布多西)大败清靖边大将军傅尔丹的部队。次年准噶尔进军漠北,又在额尔德尼召(今蒙古乌兰巴托西南)被清朝喀喀亲王额驸策凌挫败。此后双方议定以阿尔泰山划分牧界,战争停止了一段时间。到乾隆十年(1745),噶尔丹策零死,诸子争位,内讧不已,准噶尔的力量逐渐削弱。十九年(1754),准噶尔贵族阿睦尔撒纳率部降清。次年清廷遂大举出兵,以阿睦尔撒纳为向导,一路势如破竹,直抵伊犁,俘获准噶尔汗达瓦齐,将准部平定。但阿睦尔撒纳之所以降清,只是想借助清朝力量夺取准噶尔和漠西蒙古的统治权,因此在清军主力撤回后,迅即举兵叛乱,清廷被迫再度出兵。二十二年(1757),清军第二次平定准噶尔,阿睦尔撒纳逃入俄国病死。至此,经过康、雍、乾三代皇帝的长期经营,清朝终于彻底击败了准噶尔这一强劲对手,对稳定国家疆域具有极为重大的意义。但由于准噶尔长期与清朝为敌,清军在两次平准过程中多所滥杀,也导致了准部人口的急剧下降。

平准稍后,又有"平回"之役。当时天山南路的维吾尔聚居区被称为"回疆",清初被准噶尔征服。清朝平准后,维吾尔首领波罗尼都、霍集占兄弟(尊称大、小和卓)由伊犁回归故地,策划建立独立的伊斯兰汗国,于乾隆二十二年起兵反清。一时"数十万回户皆从之起事"[7],回疆陷入一片混乱。二十四年(1759),清军平定回疆,大、小和卓出逃被杀,清朝对西北地区的统一终告完成。此后在道光六年(1826),大和卓之孙张格尔以中亚浩罕国为根据地,在英国支持下一度潜入回疆,策动叛乱,攻占喀什,自称赛义德·张格尔苏丹。但叛乱持续一年即告平定,张格尔被清军俘获,解送北京处死。

18世纪50年代的平准、平回之役,标志着清朝版图的奠定。此时清朝疆域,东起库页岛和台湾,北达漠北和外兴安岭,西起巴尔喀什湖和葱岭,南至南海诸岛[8]。在漫长的内陆边境地区,清廷屯驻大量军队,广泛设立军事哨所,称为卡伦(满语台、站之意),把守山川隘口和交通要道,形成边防网络。同时还制定了巡边制度,每年由边区长官派遣官兵,按规定的时间和路线分为几路巡察边界,并会哨于指定地点。在东南海疆,也形成了水师巡防和陆军屯守相结合的防御体系。直到晚清时期外国殖民者入侵为止,清朝的这套边防设施、制度都较好地发挥了作用,有力地维护了国家领土的完整。

为适应大一统国家的政治需要,清朝数次进行纂修全国性地图、地志的工作。康熙后期,命西方传教士白晋、雷孝思等人采用当时世界上先进的经纬度测绘技术,在全国范围内进行了大规模的实地测绘,在此基础上绘成《皇舆全览图》,包括一幅全国总图和32幅分省(区)图,山川城镇,靡不毕载。它是中国历史上第一次采用地图投影方法,在实测基础上绘成的国家地图,其质量居于世界领先地位[9]。它还首次对台湾、西藏进行了测绘,但由于技术原因,西藏的内容并未采入图中。当时准部未平,西北的测绘也仅到哈密为止。乾隆平准之后,继续在新疆、西藏进行测绘工作,对《皇舆全览图》进行补充、修订,绘成更为完整、详细的全国地图《乾隆内府舆图》,达到了中国古代地图绘制的最高水平。

中国古代早有纂修地理志的传统,清朝对这项工作尤为重视。不仅制定了各省、府、州、县定期编修方志的制度,而且投入大量人力物力纂修全国地理总志《大清一统志》。《大清一统志》的纂修工作前后共进行了三次。第一次始于康熙二十五年(1686),中间时断时续,至乾隆八年(1743)成书,共342卷。第二次始于乾隆二十九年(1764)。此时准、回已平,版图大定,户口日繁、赋税日增,边疆和内地的行政建置都有不小的变化,因此再度纂修全国总志,至四十九年书成,共500卷。第三次始于嘉庆十七年(1812),又对乾隆一统志进行增补,订正讹误,至道光二十二年(1842)成书,共560卷。因书中资料截止于嘉庆二十五年(1820),故定名为《嘉庆重修一统志》。志书内容,京师为首,以下依次分叙直隶、盛京、江苏、安徽、山西、山东、河南、陕西、甘肃、浙江、江西、湖北、湖南、四川、福建、广东、广西、云南、贵州、新疆、乌里雅苏台、蒙古共22统部(省),以及青海、西藏等地区,最后附述域外朝贡诸国。各统部首列图表,继以总叙,再以府与直隶厅州分卷。具体细目,则包括疆域、分野、建置沿革、形势、风俗、城池、学校、户口、田赋、税课、职官、山川、古迹、关隘、津梁、堤堰、陵墓、祠庙、寺观、名宦、人物、流寓、列女、仙释、土产共25门。内容丰富,考证翔实,体大思精,是古代中国最为完善的一部全国地理志,也充分展现了清朝大一统的历史业绩。

第二节 民族宗教事务的管理

理藩院与驻边大吏 立法约束与怀柔笼络 对蒙古族的治理 对西藏的
管辖 对新疆维吾尔族的治理 东北地区的管理 西南民族的改土归流

在统治多民族大一统国家方面,清朝积累了不少成功的经验。简而言之,
就是采取"修其教不易其俗,齐其政不易其宜"[10] 的基本原则,保持各民族自
己的社会习俗、宗教信仰,重点笼络其上层分子,大事集权,小事放权,根据不
同情况进行有特点的行政管理。

清朝中央设有专门负责边疆民族事务管理的机构——理藩院。它起初只
是管理蒙古事务,后来随着疆域的开拓,将新疆、西藏等地区的事务也纳入其
内,凡爵禄、朝贡、定界、官制、兵刑、户口、耕牧、赋税、驿站、贸易、宗教诸政令,
并归管辖。前代的类似机构通常为礼部下属,而清朝理藩院直接受皇帝领导,
地位与六部等同,因而在行政上事权专一,对驻边大吏有直接指导的权力,上
通下达,效率简捷。驻边大吏统领边区军、民政务,其设置名目因地而异。东
北设黑龙江、吉林、盛京三将军。黑龙江将军初驻瑷珲,后移驻齐齐哈尔。吉
林将军初称宁古塔将军,驻宁古塔(今黑龙江宁安),后移驻吉林(今吉林市)。
盛京将军驻盛京(今沈阳市)。漠北蒙古设乌里雅苏台将军(驻今蒙古扎布哈
朗特)为最高军政长官,亦称定边左副将军。又设科布多参赞大臣(驻今蒙古
吉尔格朗图)、库伦办事大臣(驻今蒙古乌兰巴托)。漠南蒙古设绥远城将军
(驻今内蒙古呼和浩特)、察哈尔都统(驻今河北张家口)、热河都统(驻今河北
承德)。新疆设伊犁将军(驻今新疆伊宁)为最高军政长官。青海设青海办事
大臣(驻西宁)。西藏设驻藏大臣二员(驻拉萨)。

出于统治边疆民族地区的需要,清廷大力进行民族立法工作。早在入关
之前,已经颁布《蒙古律书》,行用于蒙古地区。入关后不断修订,至乾隆六年
(1741)修成《蒙古律例》。至乾隆末年,《蒙古律例》的内容已扩充到 12 卷,
209 条。嘉庆年间,对《蒙古律例》又进行大规模的增补修订,修成《理藩院则

例》713条。这是一部适用于各个边疆民族地区、具有普遍意义的民族法规。此外,清廷也针对不同边疆地区颁布了一些区域性立法。对青海,雍正时先颁行《青海善后事宜十三条》《禁约青海十二事》,随后又修成《西宁青海番夷成例》。对新疆维吾尔地区,乾隆时颁行了《回疆则例》。对西藏,乾隆一朝先后颁行《西藏善后章程》《设站定界事宜》《酌议藏中各事宜》《钦定西藏章程》等多部法规。这些民族立法强化了清廷在边疆民族地区的统治,也促进了边疆民族社会的发展。

清朝统治者标榜"恩威并用"的统治策略,除立法约束外,也十分注意对边疆民族上层人物的怀柔笼络。清朝皇帝频繁地召见边疆各族王公、活佛、喇嘛、土司等上层人物,其中到北京觐见者,称为"年班",到承德避暑山庄和木兰围场觐见者,称为"围班"。年班、围班皆按人数多寡编定班次,典礼隆重。朝觐者往返费用都由清廷负担,有时还有官员专门护送,并得以自带货物贸易牟利。皇帝与他们共同宴享射猎,赏赐财物,笼络感情,从而达到了"来之乃所以安之""恩益深而情益联"[11]的怀柔效果。

蒙古族在边疆诸民族中分布范围最广,力量最强,也最受清朝统治者的重视。漠南蒙古诸部在清廷入关前即已归附,清朝统治者参考八旗制度,将他们编制为若干札萨克旗(札萨克为蒙古语"藩封掌印"之意,指一旗之长)进行管理。编旗时在蒙古原有社会组织的基础上再予分割,通常分一部为多旗,仅有少量的部得以原部编为一旗。旗长札萨克由清廷任命蒙古王公担任,可以世袭,但要报请皇帝批准。各旗都有固定的地界,旗民不得越界游牧,日常往来亦受限制,从而贯彻了"众建以分其力"的统治目的。漠北喀尔喀蒙古在康熙时受到噶尔丹攻击,南下投清。乌兰布通之战后,康熙帝于康熙三十年(1691)同漠北、漠南蒙古各部王公贵族在多伦(今属内蒙古)举行会盟,确立了清朝对漠北蒙古的正式管辖。除保留漠北土谢图、车臣、札萨克图三大部首领汗的称号外,其余贵族一律改用清朝亲王、郡王、贝勒、贝子等爵位,在行政管理上则依照漠南蒙古之例编旗。后来相继平定青海、漠西蒙古,皆予编旗。蒙古本有若干部"会盟"的传统,编旗之后地区相邻的旗也形成会盟单位,即称为盟。盟长作为会盟召集人,由皇帝在盟中诸旗札萨克中指定一人担任,同时起到代表朝廷监督各旗的作用。总计全蒙古共形成19盟,200余旗[12](图4-2)。

满、蒙两族同处北方寒冷地带，活动地域邻近，文化习俗颇多相通，彼此之间有一种天然的亲近感。因此清朝统治者不但对蒙古贵族封爵授职，拟于宗室，而且还特别强调"满蒙一体"观念，与蒙古贵族建立起了密切的联姻关系。早在努尔哈赤、皇太极时期，即曾娉娶多名蒙古族后妃，如顺治帝的生母孝庄文皇后博尔济吉特氏，即出自漠南蒙古科尔沁部。同时又有不少蒙古王公子弟娉娶清皇室的公主、格格，称为"额驸"。入关以后，满蒙联姻更是成为清朝的一项基本国策，俗谓"北不断亲"。而且与蒙古的通婚范围继续扩大，除漠南诸部外，也包括了漠北和漠西的许多部落。宗室女下嫁蒙古额驸的事例尤为多见。据不完全统计，自清初直至乾隆时期，此类

图 4-2　盟长乘马牌

下嫁事例至少有 118 次。而总计清朝成年公主（包括皇帝养女）共 65 人，其中有 32 人嫁到蒙古，几占半数。[13]甚至连降清的噶尔丹家族成员，也有数人成为额驸。蒙古额驸不仅享受皇亲国戚的尊荣，而且通过嫁妆、赏赐得到相当可观的经济利益。清廷还通常预先挑选一些未成年的蒙古王公子弟进入宫廷随侍，予以"教养"，成年后与指配的格格完婚。众多蒙古额驸及其部落亲族，由此与满族贵族结成了休戚与共的紧密关系，成为清朝统治得力的柱石。如雍正十年在额尔德尼召战役中力挫准噶尔进犯的喀尔喀亲王策凌，就是出自赛音诺颜部、从小在宫中接受"教养"的额驸。他的孙子拉旺多尔济尚乾隆帝第七女，参与镇压王伦临清起事、甘肃石峰堡回民起事，皆立大功。这一类世代

为清廷披坚执锐,效力疆场的蒙古贵族,各部都不乏其人。

喇嘛教格鲁派(俗称黄教)在明朝后期传入蒙古后,迅速蔓延,影响遍及全蒙古社会。清朝统治者因势利导,也在蒙古大力尊崇黄教。顺治时极力敦请五世达赖入京觐见,并正式册封达赖喇嘛尊号,主要就是出于安定蒙古的考虑。此后清廷又扶植漠北、漠南蒙古的两大活佛转世系统——哲布尊丹巴呼图克图和章嘉呼图克图,使其与西藏的达赖、班禅居于基本并列的黄教四大领袖地位。对于其他有影响的喇嘛,也制定等级,授以不同的尊贵职衔和名号。在蒙古及其沿边地区普遍建造或修葺寺院,免其赋税,广予布施,特别在承德避暑山庄外围修筑了大片寺庙群,以供入觐的蒙古贵族礼拜。清朝皇帝本人并不迷信喇嘛教,他们的崇教之举主要是出于政治目的。正如时人所说:"国家宠幸黄僧,并非崇奉其教以祈福祥也。只以蒙古诸部敬信黄教已久,故以神道设教藉仗其徒,使其诚心归附以障藩篱,正《王制》所谓'易其政不易其俗'之道也。"[14]在崇教的同时,清廷对喇嘛僧侣也有一套严格的管理制度,实施政教分离,发放度牒札付,订立额缺,颁行《喇嘛禁例》,严惩喇嘛的反叛、违法行为,保证喇嘛教的势力不至于危及世俗统治。

发生于乾隆时期的土尔扈特蒙古回归事件,充分体现出了清朝民族政策的成功效果。土尔扈特是漠西厄鲁特蒙古四部之一,原游牧于塔尔巴哈台草原。明末,因与准噶尔部发生矛盾,遂联合和硕特和杜尔伯特的一部分部众,辗转西迁到伏尔加河下游驻牧。随着沙皇俄国版图的扩张,土尔扈特逐渐被其控制,但仍与厄鲁特蒙古诸部保持联系,也曾数次向清廷进贡。至乾隆三十六年(1771),土尔扈特汗渥巴锡不堪沙俄的欺凌,决定率部众近17万人回归清朝(图4-3)。他们跋涉万余里,行程8个月,冲破沙俄军队的堵截,克服种种艰难险阻,最终进入清朝辖区时,人口已折耗过半。乾隆帝拒绝了沙俄政府交回土尔扈特部众的要求,隆重地接见和宴请渥巴锡等首领,册封渥巴锡为卓里克图汗,其余首领也各加封爵,将其部众分为旧、新两部,共编12旗,发款赈济,并安排牧地。乾隆还亲撰《土尔扈特全部归顺记》《优恤土尔扈特部众记》两篇文章记述土尔扈特东归始末,刻石立碑于承德避暑山庄的普陀宗乘之庙。

康熙帝曾经炫耀说:"朕阅经史,塞外蒙古多与中国抗衡,自汉、唐、宋至明,历代俱被其害。而克宣威蒙古,并令归心如我朝者,未之有也。"又称"本朝不设边防,以蒙古部落为之屏藩"[15]。如果暂将桀骜不驯的漠西准噶尔排除在外,单就传统意义上的"蒙古"活动区大漠南北而言,则清朝安定北部边疆、管理北方游牧民族的成就,确实是前代汉族王朝望尘莫及的。

清朝对西藏的统治也取得了显著成果。此前只有元朝曾将西藏纳入中央政府的管辖,而清朝对西藏的统辖力度则又明显高出元朝。如上节所述,在清初一段时间,西藏由蒙古和硕特汗王与黄教领袖达赖、班禅联合统治,清朝只是施行册封权力,尚未形成对西藏的直接统治。改变这一局面的关键事件是康熙末年的"驱准保藏"之役。此役清军以护法护教为名,履险蹈危,将在西藏肆行破坏的准噶尔军逐走,拥达赖入拉萨坐床,大大提高了清朝在

图4-3 乾隆御制土尔扈特全部归顺碑,立于今河北承德普陀宗乘庙

藏地的威望。"男女老幼,襁负来迎,见我大兵,群拥环绕,鼓奏各种乐器"[16]。而经准噶尔军打击,和硕特贵族也已无力维持在西藏的统治。以此为契机,清廷在西藏进行了行政改革,建立"噶伦制",由清廷从藏地上层人物中选拔数名噶伦,联合管理西藏行政事务。清廷还自此开始在西藏驻军,并修建驿道,设立后勤和情报据点。雍正五年(1727),因诸噶伦之间发生纠纷,清廷派出两名高级官员前往西藏进行调处,代表中央监督西藏政务,是为驻藏大臣设置之始。乾隆十六年(1751)颁布《西藏善后章程》,五十七年(1792)颁布《钦定西藏章程》,进一步加强对西藏的控制。特别是后一章程,载明驻藏大臣地位与

达赖、班禅平等,西藏僧俗官员"事无大小,均禀驻藏大臣办理"。西藏地方官吏皆由驻藏大臣与达赖议定人选,奏报朝廷任命,其升黜赏罚,亦由驻藏大臣主持。驻藏大臣还要负责西藏的对外交涉事务,并稽核地方财政。《钦定西藏章程》在承认西藏某些方面有较大自治权的同时,明确规定了它是清朝中央政府管辖下的一个地区,是中国的组成部分。清人魏源评价说:"于是事权始归一。自唐以来,未有以郡县治卫藏如今日者。……自元、明以来,未有以齐民治番僧如今日者。"[17]

在宗教方面,清廷对藏地黄教同样采取既利用又限制的政策。西藏在和硕特汗王统治期间已形成政教分立的原则,清廷"驱准保藏"之后,继续维持这一方针,在尊崇宗教领袖达赖的同时,将藏地行政事务交由噶伦会议管理。后来噶伦颇罗鼐因效忠清廷、安定藏地有功,受封为郡王,掌握了西藏的行政大权。颇罗鼐死后,其子珠尔墨特那木札勒嗣郡王位,图谋不轨,被驻藏大臣傅清、拉布敦诱杀,两位大臣也在动乱中殉职。这次动乱导致清廷对政教分立方针作出调整,不再册封主管行政的郡王,同时削减噶伦会议的权限,相应将一部分行政权移交到达赖和寺院领主手中。这一调整打击了西藏世俗贵族的跋扈气焰,有利于西藏局势的稳定。对于达赖的权势,清廷也注意约束,主要的一项措施就是扶植班禅以相抗衡。班禅活佛转世系统是在和硕特顾实汗的帮助下建立的,清廷则进一步赐封"班禅额尔德尼"的尊号,颁发金册金印,并划出札什伦布等寺庙归班禅管理,将其在黄教中的地位抬高到与达赖几乎并列。乾隆四十五年(1780),六世班禅洛桑·贝丹意希赴承德为乾隆帝七十寿辰祝寿,受到与五世达赖入觐顺治帝时同等隆重的礼遇。达赖、班禅等黄教活佛都采取选择"转世灵童"的方法传位,通常是由巫师作法,在数名候选者中指定,给地方贵族提供了操纵、舞弊机会。在乾隆五十七年《钦定西藏章程》中,清廷就此作出了重大改革,规定选择转世灵童一律采用"金瓶掣签"之法,将候选灵童姓名放入清廷所颁"金瓶",在驻藏大臣监督下公开抽签,决定中选者(图4-4)。灵童长大后举行坐床典礼,也必须在驻藏大臣主持下进行。金瓶掣签制度充分体现了清朝中央政府对西藏宗教势力的管辖权。

乾隆时期,对新疆地区实现了更切实的有效管辖。乾隆二十七年(1762),设伊犁将军总领天山南北的军民事务,其他重要城市则置参赞大臣、办事大臣、领队大臣等职以镇守，驻扎军队，兴办屯田。在天山北路的蒙古族聚居区，与漠南、漠北一样实行盟旗制。在天山南路的维吾尔族聚居区，则采纳了其原有的"伯克"制度进行统治。伯克是维语"官长"的意思，具体名目不一，原来都是贵族世袭。清朝的伯克制，即任用维吾尔上层人物为地方官，总理一城者称阿奇木伯克，协助阿奇木者称伊什罕伯克，管理租赋者称噶匝纳齐伯克，负责刑名词讼者称哈子伯克，等等。各定品级，授予一些特权。他们的任命，都要通过清朝的参赞、办事、领队大臣奏请

图 4-4　拉萨大昭寺掣签用的金奔巴瓶，西藏拉萨罗布林卡藏

或定夺，不能直接世袭，又有满汉吏员佐理事务以分其权。品级高的伯克任职须回避本籍，还要定期入京朝觐。总的精神，是在适当照顾维吾尔贵族传统特权的基础上，确立清朝政府的统治权，"晓示各城回人，以中外一家，惟知共主"[18]。南疆的伊斯兰教势力原有白山派、黑山派之分，双方矛盾尖锐。清朝统一南疆前夕，黑山派得势，被准噶尔拘禁的大、小和卓则属于白山派。清军平准之后，大、小和卓继续反清，被镇压，因此清朝仍然重点扶植黑山派，但对白山派也采取了一些怀柔政策，包括修葺保护其首领陵墓等。乾隆还曾从白山派贵族家庭中选纳妃嫔，也就是野史中著名的香妃[19]。无论对黑山、白山派，都严格执行政教分离原则，禁止其阿訇干预地方政务，同样伯克也不能兼任教职。清朝平定南疆之后，由于官吏昏庸贪暴，与一些高级伯克沆瀣一气，盘剥百姓，以致激发了乾隆三十年（1765）的乌什维吾尔族起义，一度形成很大声势。镇压起义后，清廷被迫对维吾尔族地区的政治进行整顿，处死贪官多人，并颁发《回部善后事宜》，减轻当地人民负担，缓解民族矛盾。此后数十年，

新疆局面一直较为安定,经济也有很大的发展。

东北地区是满族的发祥地,尤受清朝统治者重视。在高层建置上,设黑龙江、吉林、盛京三将军分片驻防。地方主要管理体制是八旗驻防制,特别是黑龙江、吉林两地区长期不设州县,民事也由驻防八旗兼管。东北八旗的构成,除满族外,还编入了黑龙江、乌苏里江流域的很多渔猎民族,包括鄂伦春、鄂温克、达斡尔、赫哲、锡伯等等,将这些经济落后、组织涣散、民族成分复杂的土著居民改造、训练成为有战斗力的边防部队,有力地维护了边疆的稳定。只有对黑龙江下游和库页岛地区的费雅喀、库页等族居民未予编旗,而只实行简单的编户管理方法,设置姓长、乡长,每户每年征收貂皮一张。

在云、贵、川、广西、湘鄂西等地区,居住着苗、瑶、彝、僮(壮)、藏、羌、布依、土家、白、傣、哈尼等众多民族。这些民族纳入中原王朝控制的时间较早,但长期以来主要通过土司制度进行统治。土司亦称土官,即以当地土著民族的上层人物为官长,家族世袭其职,或是妻承夫位,不受朝廷迁调。其名号,属武职系统者有宣慰(司)使、宣抚(司)使、安抚(司)使、招讨(司)使等,文职系统者有土知府、土知州、土府(或州)同知、土知县、土县丞等。土司的职责是谨守疆界,缴纳赋税,进贡土产,修护驿道,有战事时还要出兵供调遣,其承袭在形式上也必须经过中央批准。但尽管如此,土司的割据性仍然很明显,在辖境内近于为所欲为,剥削苛酷,而且经常互相仇杀,甚至起兵反抗朝廷。明朝已开始在土司统治区实行"改土归流"政策,即在条件成熟的地区取消土司世袭之制,任命流官管理,以逐步消除其割据因素,但收效不大,时有反复。清朝在明朝基础上,推行更大规模的改土归流。这一工作开始于雍正四年(1726),由云贵总督鄂尔泰主持,改后地区皆清查户口、丈量土地,统一征收赋税,并建城池学校。许多土司不甘心丧失自己的特权,起兵对抗,或图谋复辟,因此相当一部分地区的改土归流是通过战争来进行的。土司的反抗活动以乾隆时的大、小金川之役规模最大。大、小金川位于四川西北部大渡河上游,是藏族聚居区。乾隆十二年(1747),土司莎罗奔与清廷矛盾激化,清廷调兵镇压,屡被击败。后莎罗奔主动请降,保住了土司的位置。至乾隆三十六年(1771),莎罗奔侄孙索诺木又反。清朝调兵近 10 万,耗资白银 7000 万两,才在四十一年将叛乱镇压,金川改设流官。清朝在西南地区的改土归流算不上完全彻底,很多地方仍然保留了土司制度的一些残余,如下级官员有土目、土舍等。但总体而言,改土归流毕竟大大强化了中央政府的统治,减轻了西南民族聚居区人民的负担,为当地经济发展和社会进步创造了条件。

第三节　对外关系

藩属与朝贡体制　抗击外国侵略　闭关政策与涉外法规　国际交往中的隔阂与摩擦

中国古代王朝对外关系的主要内容是与周边亚洲国家的关系,其基本特征则是朝贡外交。清朝的这一类邻国,主要包括东亚的朝鲜、琉球(今日本冲绳),东南亚的苏禄(今菲律宾苏禄群岛)、安南(今越南)、南掌(今老挝)、缅甸、暹罗(今泰国),中亚的浩罕(今乌孜别克费尔干纳)等政权。其中,与朝鲜的关系建立最早,来往也最密切。每年的元旦、冬至和清朝皇帝生日,朝鲜都定期遣使到北京致贺。遇皇帝即位、受尊号、册立皇后、建储、平叛等大事,朝鲜也必定派遣贺使。如有多国贺使到达北京,通常都会安排朝鲜最先觐见。清廷对朝鲜国内王位更替、立储封后等大事,亦照例遣使。朝鲜一向深受汉文化影响,有"礼仪之邦"的美称,处理对华关系小心而得体。清朝也因而把朝鲜列为藩属国的榜样,不时许诺要对其他国家"与朝鲜一体优待"[20]。17 世纪末,朝鲜连年饥荒,清朝即从东北调运大批粮食前往救济,同时还派吏部侍郎陶岱率船队海运 3 万石大米至朝鲜。康熙帝为此撰写了《御制海运赈济朝鲜记》。琉球王国与清朝的关系也很密切,一般为两年一贡,清朝在福州专门建立"柔远驿"供琉球使者停驻。琉球的一些官宦子弟还跟随贡使到北京,在国子监留学,学成后归国。

按照传统的朝贡外交模式,清廷在"天朝"尊严得到满足的前提下,原则上不干预藩属国的内政。如康熙时,安南贵族莫元清在内讧中失利,率家属投奔清朝。清廷经过讨论,考虑到他们是"外国之人",决定仍遣还本国,并通过外交途径"移咨勿使戕害"[21]。在藩属国发生政权更迭时,也能审时度势,接受并承认新兴政权。乾隆中期,缅甸攻灭暹罗大城王朝,暹罗官员披耶·达信(汉名郑昭)逐走缅军,建立吞武里王朝。清廷起初认为他是趁乱篡位,拒绝承认,后来认识到既成事实,"易姓争据,事所常有"[22],终予册封。乾隆后期,安南爆发西山农民起义,国王黎维祁出奔,遣使请援于清廷。五十三年(1788),清朝出兵干涉,占领安南都城升龙(今河内),扶黎维祁复位,但很快遭到西山军反击,败退回国。西山军在获胜后主动谢罪请降,清廷只好顺水推舟,册封其首领阮光平为安南国王。嘉庆初,贵族阮福映又击败西山军,建立了另一个阮氏政权,清朝亦予册封,并应其要求更改国名,定新国名为越南。

与前代相比,清朝对外关系的具体内容出现了很大变化。其主要表现,就是交往范围扩展到欧洲诸国,与周边亚洲国家关系的重要性则正在逐渐削弱。清朝统治者对这一变化的认识十分模糊,仍然长期用朝贡外交的眼光看待西方国家,从而使自己在对外交往中日益被动。不过,由于"康乾盛世"国力强大,清朝统治者对外国的侵略行为都进行了坚决反击,维护了国家版图的完整。

较早对清朝版图构成威胁的西方国家是沙皇俄国。16世纪下半叶,沙俄越过乌拉尔山进入西伯利亚,至17世纪30年代,已将势力拓展到东北亚地区。清崇德八年(明崇祯十六年,1643),以波雅科夫为首的远征队首次侵入黑龙江流域。此后俄人频繁出没于中国东北边疆,在雅克萨(今俄罗斯阿尔巴津城,在黑龙江漠河县对岸)修筑城堡,进行殖民活动。同时,也通过官方使团和商队与清廷建立了外交、贸易关系。康熙前期,清廷多次与俄方进行外交磋商,要求拆除殖民据点,停止侵扰,均未奏效。二十四年(1685),经过周密准备,清军进围雅克萨,用大炮攻城,城中俄军投降。但清军收复雅克萨后并未留兵镇守,而是撤回瑷珲,俄军卷土重来,再占雅克萨。二十五年,清军又一次将雅克萨围困起来。俄国政府被迫同意清朝的要求,就边界问题进行外交谈判,清朝遂撤军。

康熙二十八年(1689)七月,中俄两国使团在尼布楚(今俄罗斯涅尔琴斯克)举行谈判。经过半个多月交涉,最终签订《尼布楚条约》,这是清朝与外国缔结的第一个正式条约。条约共分六款,其中最主要的内容,是规定以额尔古纳河、格尔必齐河、外兴安岭一线作为中俄两国的东段边界线,邻海的乌第河与外兴安岭之间地区暂存待议。另外,还就两国互不收纳逃人、居民不得擅自越界以及贸易互市等问题作了具体规定。条约确认外兴安岭以南,包括雅克萨城在内的黑龙江、乌苏里江流域大片土地为中国领土。为此中方也作出让步,将原为清朝属下茂明安、布拉特等部游牧地的贝加尔湖以东至额尔古纳河,包括尼布楚在内的地区划归俄国。《尼布楚条约》是中俄双方在平等的基础上签订的,它阻止了沙俄向黑龙江流域的扩张,保障了清朝东北边疆的安定。

《尼布楚条约》签订后,中俄贸易关系有了很大发展。但由于中段边界未定,时有纠纷,影响了正常的贸易往来。雍正时,双方重开边界谈判,于雍正五年(1727)签订《布连斯奇条约》。其中规定,以恰克图(今属俄罗斯)和鄂尔怀图山之间的第一个鄂博为起点[23],向东至额尔古纳河、向西至沙毕纳伊岭一线,以南属中国,以北属俄国。随后双方派官沿线勘界,树立界标,订立《阿巴哈依图界约》《色楞格界约》两个具体细则。加上两国政治、经济、宗教关系的一些其他问题,形成一个总约,于雍正六年在恰克图最后签署换文,是为《恰克图条约》。由于清朝上层政治斗争的影响,中方谈判期间更换了代表,加上清朝大臣不熟悉边界勘测工作,致使俄国在这次谈判签约过程中获利明显,将一些强占的蒙古牧地明确据为己有。但沙俄对漠北蒙古土地的进一步侵占也因而受到遏制,中俄中段边境得以保持较长时间的安宁局面。

乾隆后期,还曾挫败廓尔喀入侵西藏的企图。廓尔喀原是尼泊尔的一个部落,18世纪中叶势力膨胀,统一了尼泊尔全境。乾隆五十三年(1788),廓尔喀借口西藏地方政府征收过境商税过重,派兵进犯西藏。清廷调军入藏应援,廓尔喀要求谈判,清军将领姑息约和。五十六年(1791),廓尔喀再度兴兵入侵,偷袭日喀则,洗劫班禅所驻札什伦布寺。乾隆帝派两广总督福康安指挥援藏。五十七年,清军大举反击,收复西藏失地,并乘胜攻入廓尔喀境内,距其都城阳布(今尼泊尔加德满都)仅数十里。廓尔喀国王乞和,清廷因时届深秋,喜马拉雅山区早寒,恐大雪将至,进退失据,遂允和班师。廓尔喀进贡请罪,将掳掠所得人口、财物交还,表示永不再犯。此役促使清朝整顿西藏的地方行政,随即颁发《钦定西藏章程》,更加强化了对西藏的管辖。

俄国之外的其他西方国家远在中国万里之外,主要是通过海路与清朝发生联系。它们一时还不能对清朝疆土构成直接威胁,但频繁在中国东南沿海活动,要求扩大对华贸易范围,开拓中国市场,已非清朝的朝贡外交所能笼络。清朝对待西方国家的基本方针,则是尽可能控制贸易、隔绝交往,这也就是学者习称的"闭关政策"[24]。闭关政策虽有一定的自卫作用,但实际上无法真正消除来自西方的潜在威胁,反而妨碍了中西之间的正常了解和顺利对话,加深了隔阂和矛盾。

清初,为对付台湾郑成功集团,厉行海禁,严禁民间船只私自出海,违者本人正法,货物没官。又颁布"迁海令",强迫海岛及沿海居民内迁数十里,设界不得逾越。对外贸易和沿海经济都因此大受影响。康熙平台湾后,于二十四年(1685)解除海禁,指定广州、漳州、宁波、云台山四地为对外通商口岸。到乾隆二十二年(1757),又将通商口岸缩减至广州一处,具体对外贸易事项皆由官府指定的广州"十三行"行商代理,充当清廷与外商的中介。二十四年(1759),两广总督李侍尧奏请制定《防范夷商规条》,规定了"防夷五事"。其中包括:永行禁止外商在广州过冬(必须冬住者只能转往澳门),外商到粤须由十三行行商负责管束稽查,禁止华商借贷外商资本及外商雇佣中国仆役(官府指定的通事、买办除外),禁止外商雇人往内地送信或调查物价,在外国商船停泊处派兵弹压监视。以后又多次续颁补充条款,嘉庆十四年(1809)颁行《民夷交易章程》,道光十一年(1831)制定《防范夷人章程八条》,十五年(1835)发布《防夷新规八条》。除重申旧规外,又设置了一系列新限制,如禁止外国妇女随从外商进入广州,禁止外商乘坐肩舆,禁止外国护货兵船驶入内洋,等等。这一类烦琐限制的真实目的主要在于"防民""立中外之大防",疑神疑鬼,担心外国人与内地的"不法之徒"互相勾结。关税方面,由于清廷以"天朝大国"自居,所定税额很低,但税制紊乱,税则不明,附加税名目繁多,官员、吏役、行商上下其手而牟利,外商怨声重重。对华人出洋贸易同样限制甚严,对其船只形制大小、货物品种数量、商贩水手人数、往返期限等都有非常严格的规定。

康雍乾时期,清朝的对外贸易一直居于出超地位,所输出茶叶、生丝、土布、瓷器等物在欧洲市场销路广阔,而欧洲商品则始终难以打开中国市场。此时葡萄牙、西班牙、荷兰等西方国家在东方的势力已经衰落,英国逐步掌握了海上霸权,成为清朝外交交涉的新对手。法国、美国也渐次向东方发展,但势力还远不及英国。作为欧洲对华贸易额最高的国家,英国不甘心长期入超,力图进一步开拓中国市场,平衡贸易逆差。乾隆五十七年(1792),英国派出了以孟加拉总督马戛尔尼(G. Macartney)为首的庞大使团,借为乾隆帝祝寿之名,出使清廷。次年,马戛尔尼一行到达热河行宫,受到隆重款待,然而在觐见乾隆帝礼仪的问题上与清方产生分歧,拒绝按中国传统行跪拜礼。清廷称"向闻西洋人用布扎腿",对其"跪拜不便"表示理解,但仍然劝说"叩见时暂时松解,行礼后再行扎缚,亦属甚便"[25]。最终达成折中意见,改行免冠屈一膝之礼[26]。乾隆帝对英国使团的"妄自骄矜""无福承受恩典"十分不悦,当觐见完毕英方提出改善贸易条件、增开通商口岸的诸项要求时,概予严词拒绝。在颁发给英国国王的敕谕中,乾隆帝宣称"天朝物产丰盈,无所不有,原不藉外夷货物以通有无,……今尔国使臣于定例之外多有陈乞,大乖仰体天朝加惠远人、抚育四夷之道","念尔国僻居荒远,间隔重瀛,于天朝体制原未谙悉,是以命大臣等向使臣等详加开导,遣令回国"[27]。马戛尔尼一行只好怏怏而回。嘉庆二十一年(1816),英国又派阿美士德(W. Amherst)率团使华。嘉庆帝吸取前次经验,事先谕令务必将使团的礼节"调习娴熟",方许入觐。但阿美士德等不肯就范,觐见竟告流产。嘉庆帝十分恼怒,敕谕英王,称:"尔国距中华过远,遣使远涉,良非易事。且来使于中国礼仪不能谙习,重劳唇舌,非所乐闻。天朝不宝远物,凡尔国奇巧之器,亦不视为珍异。……嗣后毋庸遣使远来,徒烦跋涉。"[28]

由英国使团访华引起的这两次"礼仪之争",充分体现出中西政治、文化观念之间所存在的巨大鸿沟,预示着在即将日趋频繁的接触当中,双方还需要经历一个长期和艰苦的彼此适应过程。同时,也反映出清朝统治者对世界局势的懵懂无知和妄自尊大。马克思一针见血地评论说:"一个人口几乎占人类三分之一的幅员广大的帝国,不顾时势,仍然安于现状,由于被强力排斥于世界联系的体系之外而孤立无依,因此竭力以天朝尽善尽美的幻想来欺骗自己,这样一个帝国终于要在这样一场殊死的决斗中死去。"[29]十八九世纪之交,鸦片大量输入中国,逐渐改变了中西贸易的顺逆差关系,终于使中国在对外贸易中由出超变为入超,白银大量外流,国家财政受到严重影响。清廷被迫采取严厉禁烟措施,与英国利益形成冲突,战端渐萌。而英国方面对战争也早有准备,决计用炮舰打开中国关闭的大门。道光二十年(1840),鸦片战争爆发,中国历史自此进入了近代时期。

注 释

〔1〕《清世宗实录》卷八三雍正七年六月己未。按这段话提到的"中国"是狭义概念,仅指汉族农业社会而言。

〔2〕作为族名的"满洲"二字,其原意何指,历来有不同说法。据清朝官修的《钦定满洲源流考》所言,西藏向清廷朝贡,称"曼珠师利大皇帝",其中"曼珠"一词汉译为"妙吉祥",满洲即曼珠之音转。但西藏纳贡始于皇太极崇德七年(1642),满洲之名此时早已行用,故此说可疑。另一说法以为,明朝前期建州女真有一著名首领李满住,满住人名辗转演变为满洲部名。又一看法认为,满洲本是建州女真所居山川之名,具体语源则可能是赫图阿拉以东、大约位于今吉林集安县境的"蔓遮"地方。参阅孟森:《清朝开国史》,上海古籍出版社,1992,第1—6页;孙文良:《满族崛起与明清兴亡》,辽宁大学出版社,1992年,第10—14页。

〔3〕东北平原上的肃慎系民族很早就有农业,并开始过半定居或定居生活,这一点与漠北草原的游牧民族有明显区别。故天命四年(1619)努尔哈赤致蒙古札鲁特部书云:"尔蒙古国以饲养牲畜食肉着皮维生,我国乃耕田食谷而生也。"《满文老档》太祖卷一三。但另一方面他们又是农、猎并重,狩猎业在经济结构中的重要地位不逊于游牧民族。如明朝人所概括:"海西(女真)诸夷,屋居田作与中国同,射猎侵掠与北虏同,盖兼二俗有之。"陈仁锡《皇明策程文选》卷一《嘉靖庚戌会试策》。

〔4〕定型后的满文亦称"新满文",努尔哈赤所初创者则相应称为"老满文"或"无圈点满文"。

〔5〕噶尔丹的死因,长期以来被认为是服毒自杀。实际上根据《亲征平定朔漠方略》,噶尔丹是得病暴卒的。但因为康熙帝事先作过噶尔丹"或降或自杀,否必为我所擒"的预言,大臣们为讨皇帝欢心,更改奏报,定为自杀,以显示康熙"先事如见,料敌如神"的英明。以后编纂《清圣祖实录》,即照自杀书写,后世不察,遂以讹传讹。参阅吕一燃:《噶尔丹"服毒自杀"说辨伪》,收入同氏:《中国北部边疆史研究》,黑龙江教育出版社,1991年。

〔6〕西藏黄教活佛的继承采取选择"转世灵童"之法。"灵童"确定后,举行升座仪式,表明正式继承活佛之位,称为坐床。新达赖喇嘛的坐床典礼例于拉萨布达拉宫日光殿内举行。

〔7〕今天的维吾尔族和回族两个民族,在清朝时因其均信仰伊斯兰教,统称为"回人",因

此维吾尔聚居区被称为"回疆""回部"。具体而言,维吾尔族因用布缠头,因此又被称为"缠回";回族居于汉地,说汉语,因此又被称为"汉回"。

〔8〕清朝将南海诸岛置于广东琼州府辖下,派水师巡察。官方刻印的行政地图,皆将南海诸岛绘入中国版图之内。参阅林金枝:《中国最早发现、经营和管辖南海诸岛的历史》、吴凤斌:《古地图记载南海诸岛主权问题研究》,均载于吕一燃主编:《南海诸岛地理・历史・主权》,黑龙江教育出版社,1992 年。

〔9〕李约瑟曾评价《皇舆全览图》"不仅是亚洲当时所有的地图中最好的一幅,而且比当时所有的欧洲地图都好,更精确"。见李约瑟《中国科学技术史》第五卷《地学》汉译本,科学出版社,1976 年,第 235 页。

〔10〕祁韵士《皇朝藩部要略》卷首,李兆洛序,见包文汉整理:《清朝藩部要略稿本》,黑龙江教育出版社,1997 年,第 2 页。

〔11〕《热河志》卷二一清高宗御制《出古北口》诗注。

〔12〕清朝在蒙古社会所编设的旗,绝大部分为札萨克旗。但也有一小部分非札萨克旗,其中主要是总管旗,其首领称总管,是比较单纯的国家官吏,没有札萨克的贵族身份。与此相联系,总管旗的自治权限也远较札萨克旗为小。其余名目、性质与总管旗接近的有都统旗、佐领旗,又有以喇嘛为首领的喇嘛旗。

〔13〕参阅袁森坡:《康雍乾经营与开发北疆》,中国社会科学出版社,1991 年,第 244—245 页的有关统计数据。

〔14〕昭梿《啸亭杂录》卷一〇"章嘉喇嘛"条,中华书局,1980 年点校本,第 361 页。

〔15〕《清圣祖圣训》卷六〇《柔远人四》卷九《圣治四》。

〔16〕《清圣祖实录》卷二九一康熙六十年正月癸未。

〔17〕《圣武记》卷五《国朝抚绥西藏记下》。

〔18〕《清高宗实录》卷五九七乾隆二十四年九月甲戌。

〔19〕香妃的正式称号为容妃,传说其体有异香,故野史有香妃之名。她是叶尔羌(今新疆莎车)人,原名买木热・艾孜木,与大、小和卓出自一家族。其叔父额色伊反对大小和卓的叛乱活动,协助清军进剿有功,被召至北京居住,封辅国公。香妃于乾隆二十五年(1760)随同至京,入宫册为贵人,进嫔,又进妃,曾陪同乾隆到江南、东北巡游,五十三年(1788)病卒。野史或谓香妃原为小和卓之妃,又于其入宫、病死诸事多所渲染,皆不可信。参阅孟森:《香妃考实》,载孟氏著:《明清史论著集刊续编》,中华书局,1986 年。

〔20〕《清世祖实录》卷三三顺治四年七月甲子。

〔21〕《清圣祖实录》卷一〇二康熙二十一年四月丁亥。

〔22〕 《清高宗实录》卷八九五乾隆三十六年十月乙酉。

〔23〕 鄂博亦称敖包,由土石堆砌成冢形,是蒙古人祭祀天地山川等自然神的场所,在草原上常见。

〔24〕 有一些学者不同意"闭关政策"的提法,他们列举出清朝许多中外交往和通商的史实,认为清朝对外政策是比较开放的。但大多数学者认为,局部的交往、贸易不足以否定清朝总体上的封闭形势。

〔25〕 《清高宗实录》卷一四三二乾隆五十八年七月己亥。

〔26〕 关于马戛尔尼谒见乾隆时的行礼问题,也有不同说法。行单膝跪地礼之说,出自英国记载。清朝方面的材料则说马戛尔尼等人最终屈服,行了三跪九叩大礼。

〔27〕 《清高宗实录》卷一四三五乾隆五十八年八月己卯。

〔28〕 《清仁宗实录》卷三二〇嘉庆二十一年七月乙卯。

〔29〕 马克思:《鸦片贸易史》,见《马克思恩格斯选集》第二卷,人民出版社,1972 年,第26 页。

第五章　政治发展与国计民生

面对新的政治形势,明清时代国家出现了一些值得关注的情况。皇权专制在制度安排上出现新的变化,皇权专制程度似有新的提升,但与此同时,行政的法制化也达到前所未有的程度。行政法制化的加强,对专制权力起到了一定的限制作用;依法行政,成了当时政治运作的一个重要特征。关系到人民生活的赋役制度的改革,则客观上使人民在繁苛的役法中解放出来,人民的自由度有了一定程度的提高。与赋税运输相关,明清两朝对黄河的治理,谱写了新的篇章。面对灾荒频仍和人口剧增的形势,国家的救荒措施起着主导作用,在一定程度上缓解了人民的苦难。当然,这些方面,远不是明清时代政治的全貌,但可以从中了解这个时代政治发展的昌明面。

第一节　皇权专制与行政法制化的加强

内阁的形成　军机处的设置　"三司"分治　督抚制度的建立　律法体系法典化

在中央决策制度上,"内阁"和"军机处"的先后形成,是明清两朝政治制度中的两件大事。这两个机构,是君主专制集权的产物。它的形成,对加强君主专制集权起到了重要作用。

明朝立国之初,仿照前朝制度,在中央设立中书省、大都督府和御史台三大机构。在行政体制上,这三大机构是并立的,中书省和大都督府分别负责民、军两政,御史台则负责监察,但实际上中书省处于首要地位。中书省总理文治,上承皇帝的旨意,为皇帝撰写事关军、民两政的诏令文书;同时,直接管辖吏、户、礼、兵、刑、工六个政务部门,是明朝国家的行政"首脑"(彩图8)。

然而,发生于洪武十三年(1380)的一件事,改变了这种政治体制。这一年,发生了胡惟庸案,明朝开国皇帝朱元璋便下令废除中书省,不再设立丞相一职。于是,原来的皇帝—中书省—六部的政治体制便发生变化,出现了皇帝直接指挥六部的格局。皇帝既是决策首脑,又是行政首脑。然而,当吏、户、礼、兵、刑、工等中央行政职能部门直接听命于皇帝之后,它们将六部政务事无巨细地直呈于皇帝,皇权固然达到了空前的集权程度,但皇帝面对政务而应接不暇的尴尬处境也不可避免地出现了。臣僚们不断提出复设丞相,以辅佐皇上的请求,但朱元璋对中书省废而不设的态度一直没有改变。在朱元璋晚年,即洪武二十八年(1895),他敕谕群臣:"以后嗣君,其毋得议置丞相。臣下有奏请设立者,论以极刑。"[1]在朝廷不设丞相一职,也就成为明朝的一代定制。

没有了中书省,皇帝直接面对六部,一应章奏文书都让皇帝亲自过目,实在是匪夷所思。朱元璋坚决不同意复设丞相,但他不得不让人来御前辅佐。在他下令废除中书省的八个月之后,他命王本等人为"四辅官",来帮助他处理政事。洪武十五年(1382),明朝仿宋朝制度,置华盖殿、武英殿、文华殿、文渊阁、东阁诸大学士,以辅导太子读书,这些殿阁大学士也渐渐地充当起"辅官"的角色。从设四辅官到用殿阁大学士帮助处理章奏,都是朱元璋一人难以处理来自各部和各省章奏,又不设丞相的一个变通办法。然而,这个变通在明成祖朱棣即位之后,便渐渐地成为一个固定的制度。明成祖特命翰林院解缙、胡广、杨荣等到大内入值赞襄,并在午门内辟一"值舍",作为他们帮助皇帝处理章奏机务的固定处所,称之为文渊阁[2],"内阁"之名便由此而起。

永乐年间(1403—1424),内阁还只是一个特命入值的朝臣辅佐皇帝办理机务的处所,尚未形成一个辅佐皇帝的机构。入内阁者主要是翰林院的官员,他们既没有官属的配备,对六部等部院寺诸司也没有直接的指挥权力;部院寺诸司也不得直接向他们报告政事,而是经通政使直接呈送皇帝。但至洪熙时(1425),明仁宗让入内阁者身任部院寺要职,又兼殿阁大学士;宣德年间(1426—1435),明宣宗为了有效地控制六部,更是让阁臣兼任六部尚书。这种让殿阁大学士或六部尚书一身二任的做法,使内阁与六部之间的关系发生了变化,六部不再直接听命于皇帝,而是通过内阁秉承皇帝的旨意行事。与此同时,内阁与都察院、大理寺等监察、司法机构的关系也形成了上下隶属的关系。在这些变化中,原来通政使司收纳四方章奏直接送呈皇帝的制度,在宣德年间也改由先送内阁,由阁臣"票拟"皇帝的谕旨,进呈皇帝之后再由皇帝"批答",尔后又经内阁直接下达部院。于是内阁实际上取代了原来废除的中书省的地位,重新形成了皇帝—内阁—六部的政治体制;而"票拟"制度的出现,是内阁制度成熟的标志。

嘉靖年间(1522—1566),阁臣形成了"首辅"和"次辅"的格局,其中"首辅"的地位,与过去的丞相没有多少差别。永乐时,成祖特命朝臣入值内阁,用的是翰林院的官员。这种体制一直保持到明中叶,"嘉(靖)、隆(庆)以前,(阁臣)文移关白犹称翰林院"[3]。所用之翰林院侍读、侍讲、编修、检讨不过从五品以下的官,他们与六部的尚书(正二品)、侍郎(正三品)相比,品位悬殊。虽然在中国古代官僚政治体制中,皇帝常常用低品位的职官去监察、控制高品位的职官,但在明初永乐时期,除规定以六部尚书任天下事之外,阁臣的品位尚不足以与六部尚书相抗衡。这种情况在洪熙以后也发生了变化。明仁宗任用东宫旧官杨士奇、杨荣等掌握朝政,他们便以殿阁大学士兼部院寺等机构的侍郎、尚书等职任事,于是阁臣的品位渐尊,内阁的职权也就开始超过六部。宣德年间,明宣宗将中枢决策大权交给杨士奇等阁臣;宣宗之后,英宗9岁登极,朝中大政悉委三杨,内阁的权势更加突出。嘉靖初年,明世宗朱厚熜以藩王入承大统,主要由以杨廷和为首的阁臣力主而成。而长达17年之久的"大礼议"所引发的阁权之争,使得内阁"首揆"的地位日益突出,"至诏旨章奏,皆以首辅目之"[4]。至嘉靖中叶,夏言、严嵩等为首辅,"赫然为真宰相"[5],内阁似乎恢复了以前中书省的气象。

不过,在君权与相权之间,明朝的内阁与此前的中书省还是有区别的。中书省或者说丞相,处一人之下、万人之上的地位,其对军国大事拥有相对独立的权力,因此易于出现丞相专权的局面;而明朝的内阁或者首辅,虽然地位与中书省或丞相相同,但其权力一直为君权所操纵,君权始终是至高无上、凌驾于百官之上的权力。明朝为了防止丞相专权,罢废中书省,而又衍生出与中书省一样的内阁机构,但内阁票拟之后的"批红"权,一直掌握在皇帝的手中,从未被阁臣所操纵。在内阁制度上,阁臣的本职一直沿袭明初所设立的殿阁大学士,为五品职官,尚书、侍郎是为兼职。只是因为尚书、侍郎品位较尊,所以阁臣的署衔必曰"某部尚书兼某殿阁大学士"。这是明朝在中枢制度改革方面的成功之处,也就是明朝加强君主专制集权的制度保障。

清朝入主中原,取明朝而代之,继承了内阁制度。不过,仿照明朝意义上的内阁制度,是顺治十五年(1658)才确立的。此前辅佐皇帝理政的中枢机构,则是从关外带来的"内三院"("内国史院""内秘书院"和"内弘文院")。顺治元年(1644),清军入关,定鼎燕京,仍然以"内三院"为辅佐皇帝理政的机构。顺治十五年,则将内三院更名为"内阁"[6]。然而,这不仅仅是"更名"而已,内阁在设置上也仿明旧制,以大学士分兼殿阁,大学士俱加殿阁衔,而有"中和殿大学士""保和殿大学士""文华殿大学士""武英殿大学士""文渊阁大学士"和"东阁大学士"之称。这四殿二阁之制,沿自明代。乾隆十三年(1748),省中和殿,增体仁阁,而以三殿三阁为定制。同时针对以前内阁大学士未定员,而出现康熙年间满汉大学士率用四员,雍正年间以来多用至六员,更或增置一二人协办的情况,规定:大学士满、汉各二员;协办大学士满、汉或一员,或二员,因人酌派[7]。这是清朝的发展(图5-1)。

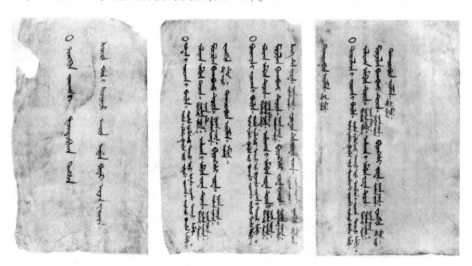

图5-1　用老满文写成的设立六部原始档案,现藏台湾历史语言研究所

内阁大学士因办理本章而"赞理机务",因参与议大礼而"表率百僚",是以朝位班次俱列六部之上。然而,当雍正年间设立军机处之后,内阁大学士"必充军机,始得预政事"[8],其地位每况愈下。内阁大学士辅佐机务的地位和作用,不再是因为其身为阁臣,而是因为其职兼部务。于是,内阁作为辅佐皇帝的机构,其地位与作用也渐渐为军机处所取代。大体上说,乾隆以前,内阁起主要作用;乾隆之后,军机处则取内阁而代之,成为主导的辅佐机构。

军机处的设置,始于雍正年间[9]。因为清朝用兵西、北两路,有大量的军政机务要随时处理,又考虑到入值内阁等大臣众多,易于泄露机密,于是设军需房于隆宗门内,选内阁中书之谨密者入直缮写。后改名为军机处[10]。乾隆帝莅政,取消军机处,改设总理处。乾隆二年(1737),又因为"军务尚未全竣","且朕日理万机亦间有特旨交出之事",恢复军机处,并诏令"永为定制"[11]。

军机处因系"办理枢务、承写密旨之地"[12],军机大臣每日入值禁庭,以待召见,召见无时;而内阁大学士则不再参与机务,"内阁承办事件,以逐日票拟各部各省所进题本之批旨,及承发明谕、发钞奏折为大宗,然皆中书分任之,侍读管理之,大学士特受成而已。如无大典礼或大会议,大学士可终年不至内阁,故必兼一管部,方有趋公之地耳"[13]。军机处不仅凌驾于内阁之上,而且部分取代了内阁以及翰林院的职能(图5-2)。

从军机处设立的本意看,军机处是由中枢机构的值班制度形成的。由于宫廷的禁例和大臣理事的规矩,负有直接辅佐皇帝处理机务之责的内阁大臣便不能为皇帝方便地使唤;皇帝也无法随时召唤近在咫尺的内阁大臣,这样势必会出现在皇帝与阁员之间难以随时配合的问题。还有一个基本的原因,是九重之上的皇帝也需要依赖亲信,近侍的亲信也容易博得皇帝的信任。于

图5-2　道光年间军机处值房内景

是,由亲信而赋予权力,由权势人物而演变成权力机构,便自然而然。汉代的内朝(中朝)与外朝,以及此后尚书之成为尚书省,都是这样的情形。在明代,在皇帝的身边,当废除中书省和丞相之后,便出现了内阁,尔后又出现宦官的专权。清朝吸取明朝的教训,严禁宦官擅权,于是又启用近臣作为御前班子。顺治时,皇帝亲至票本房,大学士在御前票拟,但这不是一个持久的办法。康熙帝选调翰林官入值南书房,有拟旨之例,就是一个变通的尝试。雍正帝因为军机紧急,选调内阁学士等官"日值禁廷,以待召见"[14],而形成军机处制度,从而使原本的值班制度演变成一个新的中枢机构。赵翼说:"军机处本内阁之分局。"[15]而这种"分局"的出现,再次说明在最高专制权力中心的边上,总是会不断产生新的权力机构。就像一颗石子扔进池塘,水花溅处,层层涟漪朝四处展开。权力的体制与格局,也是这样不断形成与发展的,从皇帝到州县,等级有序,逐层铺开。

在乾隆中叶以前,军机处尚不是全面辅佐皇帝治国理民的机构。乾隆初年的裁设,说明其作用仅限于军事方面。乾隆帝复设军机处,是因为西、北两路的军务尚未全竣,而他当政的时期,又恰恰是军务繁兴的时期。这个被誉为"全盛"的太平之世,是与乾隆帝的"十全武功"相映衬的。从乾隆十九年(1754)用兵准噶尔部开始,到乾隆五十四年(1789)撤兵安南,其间军事不断,军国大计在皇帝的"万机"中压倒一切。军机处也就从参与军机,而渐渐成为全面辅佐皇帝治国理民的中枢机构。由于军机大臣随时当值于皇帝近旁,自然形成"威命所寄,不于内阁而于军机处"的格局,"军国大计,罔不总揽"的局面也势不可免[16]。终清之世,军机处一直与内阁并存。它们与翰林院、通政司等一起,构成清朝中枢理事系统。以权势最盛的军机处看,它也始终是君主专制集权的一个工具。

在地方行政制度上,明清两朝也有新的变化与发展。"三司"分治和督抚制度的建立,体现出了中央政府对地方政府的行政控制的加强。明朝的三司分治,以分权制衡的方法,加强中央对地方政权的控制;清朝的督抚制度,则以增设行政层级的方法,加强中央对地方政权的控制。当然,这样的制度安排,根本的目的在于加强国家对社会的政治控制。

明朝初年,地方行政沿用元朝的行省制度。洪武九年(1376),明朝改行省之名为"承宣布政使司",但习惯上仍称"省"。洪武年间,除京师(南京)外,地方共设有北平、山西、山东、河南、浙江、江西、福建、湖广、广东、广西、陕西、四川、云南十三布政使司。永乐初,升北平布政使司为北京(始称"行在";永乐十九年,改称京师),与南京并为朝廷的直辖区,称南、北直隶。永乐十一年(1413),又增设贵州布政使司。此外,永乐五年(1407),曾置交阯布政使司;宣德三年(1428),又罢交阯布政使司。这样除南北两直隶外,终明之世,明朝全国设有十三个布政使司。

清朝取代明朝之后,沿明之制,仍置浙江、江西、福建、山东、山西、河南、陕西、湖广、四川、广东、广西、云南、贵州十三省,但对两京及各省陆续作出了改制,其中将江南省分析为江苏与安徽二省,湖广分析为湖北、湖南二省,陕西分析为陕西与甘肃二省,从而形成十八省的政区设置。清朝末年,省份再度增加。光绪年间,新疆、奉天、吉林、黑龙江陆续建省。终清之世,全国共有二十三省。

在省级行政上,明朝与前代不同的一个特点是,实行三司分治的制度。三司即承宣布政使司(简称布政司)、提刑按察使司(简称按察司)和都指挥使司(简称都司)。在职能上,布政司掌理民政(主要包括财政和治安),按察司掌理监察地方官员和刑名司法,都司则掌管卫所军政。这三个部门的设立,既是行政上的分工,也是对地方权力形成互相制约的制度安排,其目的在于加强中央对地方的垂直控制。

三司互不统属,都直接向朝廷负责。但由于布政使掌理一省赋役之出纳,诸如户口、田土、里甲、徭役的统计编排,以及由此而来的向朝廷奏报,地方的官吏考核,本省官吏、师生、军伍、宗室俸禄的支出,灾赈抚恤等地方日常政务都由其主持,布政使实际上掌理一省之政令,所以布政使为一省最高行政长官。洪武九年(1376),明朝改行省之名为承宣布政使司,所谓"承宣布政",强调地方行政不过是代皇帝之言、行皇帝之令而已[17],它的宗旨在于既削弱原来行省在行政上的自主性,又明确布政司上承朝廷、下达府州县的枢纽地位。这种设置,与秦汉实行郡县制以来,地方行政分级而治、垂直控制的制度是一脉相承的。此前的朝代,中央对地方的控制主要是通过派遣御史巡察地方来实现的。明朝不仅保留了御史制度(图5-3),而且将地方政权一分为三;还进

图 5-3 明代监察御史王抒的腰牌

一步在布政司设左、右两布政使,虽然这种安排不完全是为了权力的制约,但一职二人的设置,客观上也已形成了权力的制衡。明朝针对元朝行省制度而加以改革,不仅加强从中央到地方垂直行政的统一性,而且以分权制约的方法,将军政权、监察权和部分司法权独立设置,由都司和按察司分别掌控,并直接对朝廷负责,以确保中央对地方政治权力的有效控制,避免前朝屡屡出现的"尾大不掉"的政局。这是中国古代政治制度的一个发展,也是明清两朝"长治久安"的一个制度保障。

然而,这种分权制衡的制度也有其弊端。三司互不统属的体制,导致地方政治运转不灵、相互扯皮的局面。明朝中期以后,由于灾荒频仍、赋役繁重,人民大量流动。那些数省交界的大山区,成了人民流向、开发的目的地。这些各省交界的山区,除有大量的山林可资利用、大量无主的土地可以开发等经济因素之外,在政治上往往是统治最薄弱的地区。为了加强对这些地区的政治控制,同时为了解决地方政府互相扯皮,运转不灵的问题,明朝不断地派遣总督、巡抚、巡按御史等官员,以加强地方政治的运作,并逐渐形成了固定的制度。清朝继承了这些制度。经过一番改置之后,清朝总督之设,除直隶和四川二省为一省一督、两江为三省一督之外,其他皆为二省一督;巡抚之设原则为一省一抚。大抵到乾隆三十年,全国 18 省,而成"八督十五抚"之制[18]。这种制度一直延续到清末光绪年间。从明代开始在地方设置总督、巡抚,到清朝的"八督十五抚",在政治方法上回到了前朝的老路,即以增加行政层级、层层控制的垂直方式,来保证中央对地方基层的政治控制。这与明初以三司分治、互相制约的思路有所不同。

随着"八督十五抚"之制的形成,督抚与两司的行政关系也发生了改变。明代,藩司为一省之长,所以每隔三年,布政使例"率其府州有正官,朝觐京师,以听察典"[19]。清代则由于各省设督抚,而于康熙年间废去此制,藩、臬不再有直达皇帝之权(特殊情况除外),论者谓督抚"于是变成正式长官,而藩、臬变成属员了"[20]。在自上而下的行政体制下,废除藩司率外官朝觐之制,确实标志着其作为一方之长的地位的失去。但藩、臬为督抚之属吏的情形,实际上是清初就形成了。更远一点说,从明中期以后督抚已成定员开始,督抚与两司之间已形成了长属关系。康熙年间废除布政使率其属朝觐之制,是这种长属关系的进一步明确。在乾隆十三年(1748)以前,一方面藩、臬二司多承袭明代的体制,另一方面督抚之制也在变化之中,二者在行政关系上不无交叉重复的情况。到乾隆十三年(1748),"外官官制向以布政使领之"的格局才最终改变。朝廷规定:外官官制"首列督、抚,次列布、按",地方由督抚"总制百官,布、按二司皆其属吏"[21]。这就从制度上分清了二者的隶属关系。

总体看来,明清两朝政治都以加强自上而下的层级控制为能事。这种自上而下的层级控制,以专制和集权为本质,逐级行政似乎都在于体现皇权的意志。然而,正是在这个时代,行政的法制化,亦得到了前所未有的加强。按照今天流行的观点看,似乎政治的法制化与民主政治相伴而生,而专制政治不过是彻头彻尾的"人治"罢了。事实上,专制政治也是以一套繁杂的法律制度为依据的。这套法律制度虽然主要体现着以皇帝为核心的国家意志,但这套制度的存在,尤其是其愈益体系化,又反过来制约着专制权力。法律制度对政治权力的制约,这个在明清时代有着显著的发展的历史现象,被人们有意无意地忽略了。

明朝在立国之初,即着手制定《大明律》,又颁布了《大明令》。这当然不是什么新的创举,"律"外有"令",或以"令"辅"律",这是汉代以来的制度。唐代,在"律"之外,有"令""格""式"。宋代,则在这三者之外,又增加了"敕"。

按照清人的看法，"令""格""式""敕"，与清代的"则例"相同[22]。这也就是说，从汉代以来，"法令之书"就分为两种，一种是"律"，一种是"例"；以例辅律，是中国传统律法体系的一个传统。明朝统治者开国就着手颁行"律"和"令"，用明太祖朱元璋的话说是使"吾民可以寡过"，也就是使人民有法可守。同时，这些律令的颁行，也是为了政府行政有"法"可依。洪武年间，明朝屡次修订《大明律》，又颁行《大明令》，同时为了满足司法的需要，还不断颁行"榜文禁例"（简称"榜例"）[23]。洪武年间，对这些禁例，尤其是官民容易触犯的条例加以整理，编为《大诰》（三编），还编了《大诰武臣》。洪武三十年，在正式颁行《大明律》时，明令："其递年一切榜文禁例，尽行革去。今后法司只依《律》和《大诰》议罪。"[24]明朝在正式颁行《大明律》之后，虽然明令废除"榜文禁例"，但这只是对以往陈旧的"禁例"的废除，随着历史的进程，新的"榜例"便不断产生。这是"以例辅律"所必需的。

"榜文禁例"是由六部颁行的条例，因张榜公布于各部衙门之前，故有此名。在法典固定之后，以例辅律便以这种"榜例"来实现。然而，"榜文"愈益增多，前后又多有参差，因此，明朝便需要逐步对这些榜文加以整理，形成"法令之书"。成化年间（1465—1487）刊定的《皇明成化条例》，是现存最早的"条例"。弘治五年（1492），明朝又出台了《弘治问刑条例》；弘治十三年（1500），《问刑条例》经过修订之后，又将"例"附于"律"之后，从此，"律""例"合一，成了明清两朝法典的正式体裁。嘉靖年间，《问刑条例》又经过两次修订（1550、1555）。万历年间，又不断地新颁条例（如《宗藩军政条例》《捕盗条格》等），而形成了《万历问刑条例》。万历十三年（1585），明朝即将《问刑条例》分别附于律文之后，《大明律》也改名为《大明律附例》。这种所谓"以例辅律"的做法，为后来的清朝所沿用。

清朝于顺治二年，设立"律例馆"，专门负责修订国家法典。顺治三年，律例馆即完成了修订《大清律集解附例》的工作[25]。在这个工作中，"律"的部分，既经修成，就是一代定制，所以此后律例馆的工作，主要就是"修例"和采集对"律文"的各种解释。其后雍正三年和乾隆五年两次对《大清律例》（乾隆五年定此名）的重大修订（编成一书，颁行天下），以及前后的许多次的常规修订，都是对"例"的增删。律例馆的常规工作，称之为"小修"和"大修"。所谓

"小修"是指每五年为一周期,汇集各种法令、案例而分类排比;"大修"则是以十年为一周期,对原例重新增删,颁行新例[26]。

这就是明清两朝律法体系法典化的过程。这个频繁地修订和完善法典的过程,表明明清两朝国家对社会的政治控制日益深入周密,同时表明政府行政也日益法制化。作为法典的"律"与"例",在本质上是针对社会民众的,然而在司法层面上,由于必须遵守"准情用法"的原则,司法者也就是当时的行政官员,在处理形形色色的关于赋税、治安等方面的诉讼案件过程中,其"自由裁量权"受到愈益严格的限制。对"自由裁量权"的强调,是明清时代法制文化的一个重要特征。诸如"引经决狱""法外施恩",就是强调"自由裁量权"的体现。然而,这种对"自由裁量权"的强调,事实上正是在当时日益严密的律法体系的背景下产生的。易言之,这种强调恰恰是针对这种"自由"日益受到限制而言的。在传统专制政治中,行政官员在司法中的"自由度"受到限制,固然使"引经决狱"这样的网开一面的司法善意受到了制约,但也同时使凭着个人好恶情绪任意作出司法结论的行为受到一定的限制。要求依法办事,而且不断地提供日益严密的法典作为司法的依据,这是明清时代法制文化的一个基本特征。

从明朝以来,法典的完备主要在"例"而不在"律"。即使在明清换代之际,《大清律》也基本上是对《大明律》的照搬照抄,修改之处是个别的。而"例"的增删,总的趋势是有增无减,删掉的是业已不行,或不适用于当时的条例。明朝万历时形成的《问刑条例》计 382 条[27],清朝顺治、康熙间律内所载旧例计 321 条,雍正版律内所载例计 824 条,乾隆版《大清律例》所载例计 1042 条,乾隆三十三年所修附例计 1456 条,乾隆三十七年所修附例 1462 条,乾隆四十三年所修附例计 1508 条[28],到同治九年,附例增至 1892 条[29]。"条例"数量的增加,说明律法体系的不断完备。之所以要在法典上作出如此努力,一个基本精神是要求建立尽可能适用于各种各样的案件的法律条款,使司法行政有法可依,使量刑定罪尽量做到适当。然而所谓"律有断制,而事变无穷",法律条文再丰富,还是应付不了层出不穷的诉讼案件。明清两朝的法律允许在司法中采取"比附"的办法,来解决律法条文不足以应付案件情由的矛盾。但"比附"又给"自由裁量权"留下很大的空间。显然,这与当时律法体系的基本精神不一致。为了解决这个问题,明清两朝在定期大规模地修订条例的同时,由六部及时地将本部办定的"成案"提升为"现行则例"。这种"现行则例"是日后大规模修订条例的基础,同时是各部行政的依据,并有"通行"全国的法律效力。在立法意义上,明清两朝的法典,除"律"和"例"之外,实际上还包括各部的"现行则例"。这种现行则例,就是适应司法实践的需要,又来不及将此编入条例法典的产物。与这种现行则例处于相同地位的还有各省的地方性的"通行章程"。

即使如此,在清代还进一步出现了以"成案"作为行政依据的情况。这种"成案"原本是"条例"的一个来源。它不是法典的一部分,但在实际的行政和司法中,与包括律、例在内的法典具有同等的法律效力。嘉庆年间,御史乔远焕有一份《请杜书吏舞文疏》指出:"臣查各部办理题咨事件,惟以例案为凭。"他说:

> 臣思各部率由旧章,均有则例奉行。又每届五年,即将该衙门则例续纂一次。该堂官拣派熟练司员,于随时修改事宜,分别增删,校缮黄册,恭呈御览,刊行各直省一体遵照,立法极为详备。其已经登垂则例者,自系可以通行之案,若已经续纂不登则例者,即系不通行之案,显而易见,岂有舍定例、近例不遵,而远掫十数年成案,转足依据之理!况例外求案,部中或援成案议驳,而外间亦可援成案邀准。往返究诘,究致部驳无辞;违例议准,殊属不成事体。此则无论准驳,皆中猾吏舞文之弊,不可不大为之防。[30]

道光年间,通政司副使王庆云《正本清源疏》"谨就时务,胪举四条",其中一条"省例案"说:

> 古者之治任人,后世之治任法,任法既久,则法所不及而奸生。夫古之周礼,今之礼部则例也,古之吕刑,今之刑部则例也,无如今日之例,愈修愈多,愈析愈歧,而愈不足于用。于是有例者用例,无例者用案。夫案者何也,偶办一事而与例不符,非斟酌尽善而奏明立案者也。故不特堂官不能周知,即司官亦何尝记忆,独吏胥得以窟穴其中,高下其手。夫外省

胥吏舞文，有部臣驳正；各部胥吏舞文，更谁复驳正者。此所谓城狐社鼠者也。[31]

这是嘉、道年间颇具代表性的意见。意见的宗旨是防止或革除"部吏"的玩法舞弊，然而其中表明的部吏办事"惟凭例案"，尤其是舍例用案的事实，正是明清时代行政法制化加强的一个具体体现。在司法过程中出现玩法舞弊的情况，这确实是明清时代政治中的一个严重问题。王庆云说，这是政治"任法"的结果。与乔氏同时的朱鸿，在《筹杜书吏舞弊之源疏》中说："窃思部院各衙门所办案件，堂官总其成，司官专其任。至于书吏，不过誊写稿册而已。自官不熟谙条例，每事任诸书吏，遂授以倒持之柄，而百病丛生。"[32] 他们认为，防止部吏的舞弊，就要"任人"，而任人则是"任官"而不是"任吏"。这样的主张，显然是站在官僚的立场上立论的。古今之治，无非"任人"和"任法"两种手段。这两种手段，其实不能偏废。明清时代之所以走到"任法"而导致官吏之间的权柄倒持，事实正是基于过去"任人"而导致的"自由裁量权"的滥用的结果。清代在"任法"问题上似乎走过了头，又出现了"任人"的某种弊端。但清代部吏的舞弊，是利用法律条款的复杂性而造成的，与过去"任人"而无视法律、任意出入的情况有别。

对政治权力的制约，是古今政治的难题。中国传统社会到明清时代，不断完备律法体系，尤其是在司法中，强调依法行政，是这个时代政治上的一个了不起的进步。当然，那个时代并没有处理好"任人"与"任法"的关系问题，救一弊而致另一弊，成了难以逾越的障碍。

第二节　赋役制度变革与人民自由度的提高

一条鞭法　摊丁入地

中国古代国家一直以"赋"和"役"两种方式征用社会资源，所谓"有田即有赋，有丁即有役"，明清两朝亦然。赋的征收对象是"田"，所以赋通常称为田赋;役的征用对象是"丁",历代丁的年限有所差异,以明朝而言,男子年满16岁即为成丁,到60岁免役,这段年龄的男子有为国家承担劳役的义务。明朝前期,田赋原则上以"本色"征收,徭役也亲身服役,即所谓力役或力差。然而,在明朝中期,随着经济的白银化,政府征派的赋役也开始用银子征收,田赋用银子征收,称为折色银;以银代役,则称为银差。嘉靖年间,南方各省普遍地采用这种做法,史称"一条鞭法"。到万历九年(1581),内阁首辅张居正将一条鞭法推行于全国,最终将这种赋役的改革确立下来。一条鞭法也就与张居正联系在一起,成了中国赋役制度史上的一个标志。

明朝财税收入与前朝一样,依然以田赋为主,直到清朝,政府财税收入还以田赋为最大项,占岁入的四分之三[33]。田赋的征收以田地为对象,似乎一目了然,但实际的情况却异常复杂。明朝初期,政府将民户的户口人丁、田地税粮统计在册,按照户口册和土地册来征派赋役。这套制度在明朝初期的赋役征收中发挥了有效的作用,但行久弊端丛生,严重地影响了政府的田赋征收。其中最关键的问题是政府田赋征收册籍上开载的户口田地赋役数与实际情况不相符合。造成这个问题的原因是多方面的。民户因分户析产而使土地产权聚散不常,土地买卖的普遍和地权的频繁转移等等,都是导致田赋册籍与实际情况不符的原因。但根本原因则在于权势阶层的通同作弊。明朝规定,"百司见任官员之家有田土者,输租税外,悉免其徭役"[34]。虽然最初规定免役不免赋,而且免役也只限于杂役部分。但这种优免特权,渐渐被滥用,以致例无优免的里甲正役皆得优免。这种优免特权的存在,使得一部分有田产的农民为逃避国家的徭役,不惜将自己委身为僮奴,将自己的田产"投献"给官豪势要之家;或者将自己的田产"诡寄"到别人的名下,以逃避赋役。官豪势要则不仅变本加厉地巧取豪夺,而且想方设法逃避国家的田赋负担。他们凭借权势,与里胥、官吏勾结在一起,将自己的田产"花分"到亲邻佃仆的名下,或者"飞洒"到贫弱可欺的民户名下。于是,出现了有田无丁,有丁无田,有田无丁者则毋庸承担国家的徭役,有丁无田者反而需要承担重役的局面。在这种局面之下,特权的存在以及由此而引发的营私舞弊,造成了严重的贫富不均,从而造成了民户的大量流亡;而权势阶层的营私舞弊、逃避赋役,则严重地影响了国家的财政收入。洪武二十六年(1393),明朝掌握的土地额为850762368

亩;到一百年之后弘治十五年(1502),会计田土总额却只有 622805881 亩[35],后者比前者竟减少227956487 亩。这中间的差额,其中一部分是拨给了皇室、王府、勋戚作为庄田,大量的缺额就是由于隐瞒而造成的。与此相应,明朝的田赋征收,洪武二十六年为29442350 石,弘治十五年为26792259 石[36],也减少了2650091 石。为了保证财政收入,明朝不断提高税率。明初规定,民田每亩征收田赋三升三合五勺,但从正统元年(1436)以后,有的地方每亩田赋增加到八升五合。江浙、湖广、广东、广西、福建等省田赋渐折银征收,米麦每石折银二钱五分,至成化二十三年(1487),改为折银一两[37]。这样,农民的田赋负担至少增加了三倍。而赋税的加重,则进一步导致人民的逃亡。弘治二年(1488),明政府所掌握的人口数为 50207934 人[38],相比于洪武二十六年(1393)的 60545812 人,减少了五分之一。明朝政府掌握的人口经过百年的繁衍,反而减少1000 多万。大量的户口逃亡,使明朝政府的赋役任务只能摊派于掌握之中的民户,这又使流民问题日益严重。明中期在汉水流域和闽、浙、赣、粤交界山区有大量流民垦荒,除人口增加本身所形成的压力之外,另一重要原因就是由于明朝的这种财政状况而导致的赋役加重。在长江下游地区,由于赋役已出现以银折收,农民在种植粮食作物的同时,也不得不更大规模地种植棉花、桑叶、甘蔗、蔬菜等经济作物,以换取白银;并尽可能地开展家庭手工业,将农产品加工成为手工制品,以增加经济收益。这固然促使了江南区域经济的增长,但由此而加剧的社会政治矛盾,也成了明朝政府棘手的难题。总之,社会上普遍存在的不公平,使明朝政令陷于财赋征收的困境。而另一方面,明朝中叶,人口迅速增加,土地也得到广泛耕种。

因此,当张居正当国之后,他便首先实行清丈土地的政策。所谓清丈,大体还是沿用中国古代"令黔首自实田"的办法,也就是让田主自报田亩。即使如此,他的清丈政策也遭到了既得利益者的阻挠。经过清丈,国家掌握了701397500 亩耕地,虽然与明初相较尚差 1 亿多亩,但比弘治初年增加了近8000 万亩。

明朝实行一条鞭法的另一个主要原因,是由于国库缺乏白银。明朝立国之后,在货币制度上沿用元朝的制度,发行"大明宝钞",而禁止已流于民间的白银的使用。然而,白银的使用实际上是有禁无止,滥发纸币又导致了宝钞的信用日低。至宣德年间,民间基本上只用银子,不用宝钞。英宗即位以后的正统年间,明朝用银折征田赋,放松了白银的禁令,于是上下都开始用银,成为主要货币。比较而言,明朝因为原来的田赋征收例以本色征收,因为灾荒而实行的改折,也多折以其他实物征收;正统元年开始的折粮银,也不过 100 万两的规模,虽然后来因为灾荒而不断改银征收,但白银的收入远远不足以应付财政上的用途。明朝自弘治末年起,财政拮据;嘉靖以后,出现财政危机;隆庆以后,则更形窘迫。

一条鞭法的一个基本原则是:赋役合并,一律征银。一律征银,就是为了解决国库中白银货币的不足。而赋役合并,目的在于简化赋役征收的名目和手续,以提高税征的效率。《明史·食货志》记载:"总括一州县之赋役,量地计丁,丁粮毕输于官。一岁之役,官为佥募。力差,则计其工食之费,量为增减;银差,则计其交纳之费,加以增耗。凡额办、派办、京库岁需与存留供亿诸费,以及土贡方物,悉并为一条,皆计亩征银,折办于官,故谓之条鞭"。将赋役的各种名目加以简化,合并为一,"皆计亩征银,折办于官",这就是一条鞭法名称的由来。由此可以看到,之所以能够实行一条鞭法,是以"皆计亩征银"为前提条件的。一条鞭法虽然原则上是赋役合一,但多是随赋带征役银,田赋本身仍以实物为主,在江南地区的苏、松、杭、嘉、湖五府征收白粮仍征收本色,南直隶(徽州府和滁、和二州除外)、浙江、江西、湖广、山东、河南六省征收漕粮原则上仍征本色。据万历四十七年(1619)户部侍郎李长庚奏,中央收入本色折色共值 1461 万两[39],其中白银 37.6%,实物仍占 62.4%[40]。因此,赋役合并折银征收部分,主要在役。

明朝在役法上,对民户征派三种徭役:第一种是里甲,即里长和甲长。由民户轮流充值的里长和甲长,是一种徭役。为了使这种徭役均平,明朝采取轮流充值的办法。十年一值,当值之年就是一种力役。明朝由民户承担最重要的徭役就是里甲,所以称"里甲正役"。第二种是杂泛。杂泛,亦称杂役,一般按户佥派。"如粮长、解户、马船头、馆夫、祇候、弓兵、皂隶、门禁、厨斗"等,是经常性的杂泛,故称"常役",而诸如"斫薪、抬柴、修河、修仓、运料、接递、站铺、闸人之类,因事编佥,岁有增益",属于非经常性的杂泛[41]。第三种是均徭。均徭法最早出现于正统年间(15 世纪中前期)的江西省。后为广东、四川、福建、陕西、南直隶等处所采用。至弘治时（15世纪末），已成为全国性的制度。均徭法的最大特点是将杂泛中的经常性差役，如各级衙门及儒学、仓库中额设库子、斗级、皂隶、门子、殿夫、马夫、斋夫、力夫、馆夫、铺兵、弓兵等等，划分出来，是为一类，统称"均徭"，与其他临时性的杂役区别开来。佥派的单位也由原来的户转向甲，从而使均徭与里甲正役一样，各甲轮流充当。与此相应，原来的杂泛，就完全成了临时性的差役。实行一条鞭法，就是主

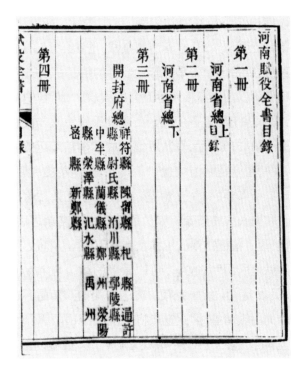

图 5-4　清顺治时以明万历年间赋役额数为准编制的《河南赋役全书》书影

要将这三类徭役折银征收。这样，原来需要亲自充当的力役就全部变成了"银差"；而官府中的常役，诸如库子、斗级、皂隶、门子、殿夫、马夫、斋夫、力夫、馆夫、铺兵、弓兵等均徭，则仍为力差，但由官府佥募，而支付"工食之费"。明朝将徭役折银征收之后，便可以"量地计丁"，实现赋役合一。这是中国赋役制度史的一个重要变化（图5-4）。

　　一条鞭法的另一个重要内容是："总括一州县之赋役"，"丁粮毕输于官"。这也就是所谓"官收官解"。明朝初期，田赋实行"民收民解"的办法。明朝立国，原来都城在南京，而京师所在江南地区负担着国家主要田赋。"洪武中，天下夏税秋粮以石计者总二千九百四十三万余。而浙江布政司二百七十五万二千余；苏州府二百八十万九千余；松江府一百二十万九千余；常州府五十五万余。是此一藩三府之地，其田租比天下为重，其粮额比天下为多。"[42] 供应京师的粮食也主要来自这个地区。明朝在这个地区以一万石税粮为一个粮区，

设粮长若干人,配之以里甲,完成田赋的征收和解运。永乐初年,明成祖欲将都城迁到北京,开始营造北京城,也就必须解决南粮北运的问题。顺理成章的做法,就是由原来承担解运任务的粮长、里长将漕粮北运。但粮、里长是民役,他们不仅因为漕粮北运而会耽误农时,而且他们的经济实力也承担不了长达1500里的漕运任务。因此,明朝采用军队与民户相结合的运粮办法。从成化七年(1471)之后,军队运粮则成了南粮北运的主力。这种由军队运输漕粮的办法,也就是所谓"官解"。实行一条鞭法,将所有的徭役统统折银,改为银差,政府所需要的力役(力差),则"官为金募",这也就将原来承担解运任务的粮长和里长统统废除。粮长和里长等役废除之后,不仅解运钱粮的任务毋庸承担,而且催征钱粮的工作也就不用承担。征收钱粮的工作由州县政府来完成,这就是所谓"官收"。明朝原来的赋役征收是由里甲以及粮长完成的,这是"民收"。不过,一条鞭法在这方面的改革是不彻底的。改革的宗旨是增加国库的白银储备,因此重点将徭役改折银两,而政府所需要的力役由政府雇募;但实际上在实行一条鞭法之后,州县钱粮的催征仍然由粮长,尤其是里甲承担,钱粮解运的一部分工作也由他们照旧进行。这也就是所谓"条外有条,鞭外有鞭"的情况。

一条鞭法的目的在于解决财政上的问题,推行之后,其效果也很显著。万历十年(1582),也就是张居正将一条鞭法推行于全国的第二年,史称"帑藏充盈,国最完富"[43]。达到这样的效果,自然只不是因为某一项制度改革,而是一系列制度改革的结果。如张居正在行政上实行"考成法",以提高行政的效率,就是其中很重要的制度保障。

一条鞭法将赋役折银征收,实行"量地计丁"的方法,这是清代"摊丁入地"或"丁随地起"的源头。清朝在康、雍年间实行"摊丁入地",就是将"丁银"摊入地亩来征收,也就是以耕地作为征收地丁钱粮的依据。"丁银"是折役银。明朝规定将男子分为"成丁"和"不成丁"两类,"民始生,籍其名曰不成丁,年十六曰成丁。成丁而役,六十而免"[44],从16岁至59岁的男子有为国家承担徭役的义务。一条鞭法之后,徭役折银,这部分徭里银称为"丁银"或"丁"。而田赋则称"粮"。清朝继续实行一条鞭法,并再次将众多的赋役名目加以简化规范,分列"地"和"丁"两大项下。所以,输纳征解,通称"地丁",也叫

"地丁钱粮"。

从明代一条鞭法以后,虽然开始了"量地计丁"的办法,但"地"与"丁"还是分别计算的。耕地需要根据垦荒涨坍的情况而定期编审,人丁也需要根据增减的情况来加以编审,明朝原来的"黄册"制度还照旧进行,"丁增而赋随之",国家对民户征收的"丁粮"在原则上还是要求根据地亩和人丁的实际数量来加以编派和征收。虽然一条鞭法将赋役合并折银征收,简化了税征的名目和手续,提高了行政的效率,但对于不断变化的耕地和人丁数,并没有相应的比以前时代更有效的控制办法,国家依然面对的是耕地和人丁的隐漏,焦点的问题还是有丁无田、有田无丁的赋役承担严重不均的情况。比较而言,在对耕地和人丁的控制上,耕地毕竟固定在一处,不能移动,编审尚易;而人丁则由于生死、逃移,较难审实,更麻烦的是,即使是编审到的人丁,如有丁无田,仍缴纳不了丁银。在康熙年间人口增长较快的情况下,清朝只好放弃对人丁的编审。康熙五十一年(1712),清朝宣布以康熙五十年钱粮册内的人丁"永为定数","其自后所生人丁,不必征收钱粮"。[45]这就是史称的"滋生人丁,永不加赋"。从康熙五十一年以后,朝廷向民间征收的丁银,固定为一个"定额",这就为摊丁入地或丁随地起创造了条件。

既然丁额已经固定,且丁赋实出于地亩,所以将丁赋均派到耕地来征收,便是最简便的税征方法。康熙五十五年(1716),有人建议在地丁的征收上实行摊丁入地,也就是按亩均派丁银的办法,皇帝同意在广东、四川两省先行。雍正二年(1724),直隶正式推行摊丁入亩。此后各省纷纷仿效。至雍正十三年(1735),直隶、福建、广东、河南、浙江、陕西、甘肃、云南、江苏、安徽、江西、湖南、广西、湖北等14省基本上实行摊丁入亩;山西和贵州两省稍晚,也在乾隆年间进行摊丁入亩。唯有东北的盛京、吉林等个别地区,因"户籍无定",到清末才实行摊丁入亩。

摊丁入地的目的,与一条鞭法一样,也在于提高税征的效率。虽然一条鞭法开始实行量地计丁的办法,但各地在实行一条鞭法时,具体的办法各各不同。"凡征丁赋,有分三等九则者,有一条编征者,有丁随丁起者,有丁随地派者。"[46]清朝实行摊丁入地,就是将这些不同的税收办法划一化。这是对一条鞭法的进一步发展。自从以康熙五十年的丁赋为定额之后,户口编审时人丁的开除与新增,还照样容易导致以前一直存在的偷梁换柱、赋役不均的弊端。因此,将丁赋均摊到地亩征收,在制度上可防止赋税征收中的流弊。

从一条鞭法到摊丁入地,赋役征收制度的改革,旨在提高税征的效率,以保证国库的财政收入。明朝的一条鞭法和清朝的摊丁入地,实行的社会政治经济背景有所不同,各自面对的财政问题也有所差异,但都是采取简化税征名目与手续的方法,将赋税征收的对象定向土地,以确保财政收入为目的。这是自唐代确立两税法之后的又一大改革。历朝为了增加财政收入,一般以增加税种为基本手段。而当税种名目繁多之后,反而又降低了财政的效率。这有社会不堪承受的原因,也有行政中官吏营私舞弊的原因。为了保证财政的效率,只好在某个财政发生危机的关头,采取简化税征名目和手续的办法来加以整顿。因此,这种财政的整顿,并不是以减轻人民的赋税负担为目的,而往往是将原来合法和不合法的征派,统统改变成合法的税征,以增加国库的收入。

然而,从一条鞭法到摊丁入地的赋役制度改革,在客观上将无地或少地的人民从繁杂的役法中解放出来。国家将赋役对象侧重于田地而疏于丁户,又允许"以银代役",这给人民离开土地,去从事各种行业的生产活动,提供了较为宽松的政治环境;工商业者因为无田而免役,获得了更多的自由。明代中期以后,城乡商品经济的迅速发展,尤其是中小市镇的繁荣,与这场赋役制度的改革是分不开的。当然,这种改革只不过是政府对当时社会经济发展趋势的一种认可而已。改革的目的在于解决财政及其运作的困难。人民离开土地而从事工商业活动,也不可以免去国家的赋税负担。对于工商业,国家在税征方面也相应地加强各种各样的征收措施,商业税在财政收入中的比重正在不断提高。而当清朝取代明朝之后,在赋役制度上继承了明朝的做法,尤其是在征服和打击乡绅势力之后,在很大程度上解决了一条鞭法所没有解决的赋役负担不公平的问题。接着的摊丁入地,一个重要的效果就是,基本上取消了缙绅地主优免丁银的特权,商人的土地也难以逃税,从而在一定程度上缓解了贫富之间的社会矛盾。

第三节　漕运与黄河的治理业绩

漕粮的运输　借黄济运与河工

自秦汉以来,朝廷所需要的粮食运输,以其运输方式而言,分水运和陆运。水运用船,陆运用车,水运称"漕",陆运称"輓"或"转"。在明清时代,凡运往京师的赋粮主要通过大运河等河流来解运,所以统称漕粮。其中用车运送的工作,不再单独命名,统归漕运名下。就水运而言,又分河运和海运。所谓漕运,一般指河运。

明朝初年,定都南京,京师包括皇宫、官府、军队等所需要的粮食,例由各省分摊,但主要由江南地区承担。永乐年间,明成祖朱棣迁都北京。从营造北京城开始,粮饷的北运就成为明朝的一件重要工作。于是,明朝开始疏浚在元明之际已淤废的会通河。永乐十三年(1415),会通河重修成功。自此,漕粮运输主要由大运河承担。同时,根据各省承担赋粮的多少和运输的便利与否等情况,明朝规定京师所需的赋粮由南直隶、浙江、江西、湖广、河南和山东六省承担。这六个省,称之为"有漕省分"。其他不承担漕粮的省份,则将所征赋粮留存本省支用。这个格局一直延续到清代。清代康熙初年分析省份,顺治初已改称江南的南直隶分为江苏和安徽两省,湖广省分为湖北和湖南两省,"有漕省分"便变成了八个省。在这八个省中,江苏、浙江、山东在大运河沿线,河南经卫河入运河,安徽、江西、湖北、湖南在长江中下游,经长江而入运河。漕粮运输的目的地是北京城的粮仓和北京城附近的通州粮仓。

因为漕粮是供给京师皇宫、官府和军队等的粮食,明朝规定"全征本色",也就是用实物征纳,而且不得减免。明朝中叶以后,由于各地灾荒频繁以及运输的困难,也允许"改折",用其他粮食或银子征纳,但这是"折征"而不是减免。嘉、万年间实行一条鞭法,田赋折银征收,对漕粮的影响也只是改折上多折以银,并未改变漕粮征收本色的基本原则。

成化七年(1471),明朝规定漕粮的运额为 400 万石。南直隶、浙江、江西和湖广四省,计 324.44 万石;河南和山东计 75.56 万石。这个数额,后来也为清朝所沿袭。不过,由于漕粮改折,实际的运粮额要低于此数。

明清两朝漕粮任务最重的是南直隶和浙江两省。以明代论(成化八年),南直隶十三府二州,共计漕粮总数为 170 多万石,占全国漕粮的 43.54%;其中苏州府为 69.7 万石,占全国漕粮的 17.82%,是漕粮最重的府。浙江漕粮额为 63 万石,占全国 15.75%。其次是江西,漕粮额为 57 万石,占全国 14.25%。河南 38 万石,占 9.50%。山东 37.56 万石,占 9.39%。湖广最轻,25 万石,占全国 6.25%。江浙地区的漕粮负担如此,还不是赋役负担的全部,故有"江浙赋独重"之说。

以征收实物而论,明清两朝在漕粮之外,还在南直隶或江苏和浙江的苏州、松江、常州、嘉兴、湖州五个府,征收 21.4 万余石的白熟粳糯米,专供宫廷、宗人府及京官俸禄之用,称之为"白粮"。漕粮与白粮在当时的田赋征解上,合称"漕粮正项"。

永乐十三年以前,解运京师的粮食由粮长和里长等民役完成。会通河重修成功之后,由于漕粮需要运抵北京,这种远距离的解运任务,"民解"难以完成,于是明朝采用"支运法",即通过在运河沿岸设置的淮安、徐州、临清、德州等粮仓,递相领运。民役运粮,如江浙的漕粮运交淮仓,河南、山东运交临仓,接下来北运的任务则由军队来递运。宣德年间,因为民役运粮往往耽误农时,同时军队运粮又多空舟往还,所以实行"兑运法",即官军在淮安和长江边上的瓜洲二处,与民役交兑漕粮。兑运法的实施,使官运的运粮路途南延,民运的路程相应缩短。成化七年,明朝进一步实行"长运法",也称"改兑法",即由官军直到江南漕粮负担最多的府州县水次领兑,粮里长等"解户"只需解运到附近水次即可。在明代,漕运由民运转变为军运,漕粮最后由官军长运北上,这大大减轻了民役解运的负担,但各色名目的加耗也相应增加。明朝从采用支运法始,官军运粮的费用,需要由"有漕省分"来负担。实行长运法之后,官军成为运输漕粮的职业军,他们所需要的口粮和其他生活费用,都通过各种名目的"加耗"获得。明清两朝,漕粮虽不过 400 万石,但漕粮的加耗是有漕省份人民的沉重负担(图 5-5)。清代嘉庆间,包世臣指出:

图 5-5　清《康熙南巡图》所绘南北大运河漕运情景

查州县收漕,有例定耗米,自加一四,至每石五升不等,以为修理仓廒、斗级辛食、车脚津贴、旗丁食米之用,办漕有余,即留为该州县办公之资,是清漕本不为州县之累也。合计各卫所,其无屯田者,不及十分之一,多者至每船千亩,少亦数百亩。田随船转,不许典卖。其三年小修,五年大修,十年拆造,所领例价虽不敷用,然逐年搏节屯田租入,则津贴裕如已。头舵、水手有工食,家口有月粮,又有轻赍、月赠、簟席等银。头舵又许土宜免税,帮丁附带客货,每船数百千石不等,得受水脚,岂宜复有赔累？无如十羊九牧，为人择官，多方以耗剥之。各卫有本帮千总领运足矣，而一缺两官，间年轮运。漕臣每岁委本帮官为押重，又别委候补一人为押空。每省有粮道督押足矣，又别委同、通为总运。沿途有地方文武催攒足矣，又有漕委、督委、抚委、河委，自瓜洲以抵淀津，不下数百员。各上司明知此等差委，无济公事，然不得不借帮丁之脂膏，以酬属员之奔竞，且为保举私人之地。淮安盘粮，漕臣亲查米数，而委之弁兵。通州上仓，仓臣亲验米色，而听之经纪。两处所费，数皆不赀。一总运所费万两，一重运所费二三千两，一空运，一催攒，所费皆数百千两。又沿途闸坝有漕夫头，每一船过一闸，需索百般。是故帮丁专言运粮，其费取给于官而有余，合计陋规贿赂，虽力索州县之兑费而尚不足。[47]

因为漕粮所系，明清两朝对运河的治理十分重视。永乐九年（1411），明朝命工部尚书宋礼主持修复会通河。会通河始修于元朝。鉴于山东境内的地形，元人用闸门、水柜技术修筑会通河。宋礼修浚会通河，主要就在于解决会通河的水源问题。他采用汶上老人白英的建议，在汶水筑坝，引汶水济运，于是运道畅通。然而，明代中叶以后，运河却常常因为黄河的溃决而不通。运河与黄河便由此而纠缠不清。"河自三代以后至宋时，渐徙而南，为患始甚。然其时河、淮犹未合也。至明而全河并注于淮，故为患视前代为犹亟。"[48]在明清时期，政府重视对黄河的治理是众人皆知的事情。但治河之所以重要，却是因为漕运。明朝嘉靖间的一位治河功臣朱衡说得很明白："防黄河即所以保运河也。"[49]

明代漕运，"借黄济运"，自黄河与淮河交汇的清口以上至徐州500多里，漕运途经黄河。这段漕运逆水而上，举步维艰，漕粮也多有淹没。但黄河对于运河的威胁并不在此。黄河对运河的威胁，在临清至徐州段会通河。自正统以后，河南境内黄河屡屡溃决，直接冲毁会通河，使运道不通。因此，在嘉靖以前，明朝政府治河的重点在河南，在黄河的北岸修筑大堤，以拦绝黄河之水；会通河西侧，亦是一路堤防。经过历年的修筑堤防，山东运河的北段屡遭黄河冲决的问题基本解决。嘉靖之后，黄河对运河的威胁主要集中在山东运河南段和徐州附近。明朝治河的对策，是"避黄行运"。嘉靖年间，在南阳、夏镇一带开凿新河;万历年间,在南直隶境利用迦河开东运河,由清河入黄,于是运道不再经过徐州以下至清河一段。经过开凿新河,漕运途经黄河路程大大缩短,黄河对漕运的威胁也大大降低。

然而,黄河对漕运所构成的问题远未解决。经过嘉、万年间的开凿新河,避黄行运,解决了原来借黄济运带来的问题,但东运河入黄之后所带来河水倒灌运河而造成的运道淤塞,以及黄淮入海口因为泥沙淤积,水流缓慢,以致黄河泛滥,又严重影响淮扬运河。对于这个问题,明朝嘉靖年间所形成的解决方案,大体有两个:一是挖沙以疏浚河道,办法是开支河,引流入海,然后开挖河口,使黄河恢复故道。另一种意见认为,海口潮汐往来,随浚随淤,唯有筑堤束水,束水涮沙,以避免泥沙的沉积。嘉靖、隆庆年间,已有两次治河经验的潘季驯持后一种意见。万历六年(1578),张居正任用潘季驯督修黄河。潘季驯的治河办法就是:在徐州至淮河六百余里间,筑两道堤坝,内堤筑于河槽两侧,称缕堤,以束水攻沙;缕堤之外,再筑遥堤,以防黄河溃决。此外,在黄、淮交汇处,重新修筑高堰,使淮水与黄水并行,加快河水的流速。一年半后,河工完成。虽然此次河工并未彻底解决漕运问题,但有效地抑制了黄河的泛滥成灾,使漕运得以较为顺利地进行。尤其是潘季驯的治河办法,对以后数百年的河工都具有深刻影响。清代康熙年间,靳辅、陈潢治河就基本沿袭了潘季驯的思路和办法。

在治河以保运的策略下,漕运与黄河纠缠不清而大体平稳地度过了数百年。清代嘉、道之后,黄河对运河的威胁又渐渐加重,当时便不得不考虑漕粮海运北抵直沽的策略。咸丰五年(1855),黄河在河南铜瓦厢溃决,主流复入山东境内入海,山东境内的运河又遭冲毁和淤塞。此后,清代便用海运来北运漕粮。

对于治理与漕运有关的河道工程,明清两朝统称"河工"。明朝从永乐年间修浚会通河始,不断地派遣部臣大员督理漕运与河工。前文已述的督抚制度中的总督,最初的设置即是在办理漕河事务中开始的[50]。明朝"全河大势南趋,又会通河既成,与大河实相表里,当事者惟以利漕护陵为急"[51],所以于成化年间始专设总理河漕等官,治所在山东的济宁,而办事的重心在徐、淮之间。明代自万历中期以前,朝廷派驻外地的河漕之员,或兼或分;中期以后,则因为河、漕事务日益繁重,而分开设置,总河驻济宁,漕督驻淮安。清代沿袭了这种设置。以河工论,清代河道衙门自雍正年间形成北、东、南三河总督以后,河工体系大体如下:总督—道—厅和营。河务由总督综揽其成,河道总督之下分设河道,下面是河厅—汛和营—汛的设置。河厅置同知,或通判;下面的河汛,或州同,或州判,或县

图5-6 康熙年间曾任河道总督的靳辅所撰《治河方略》书影

丞,或主簿,或巡检。河营、河汛则是军队建置,河营设副将、参将、游击、都司、守备等领之,各视其河兵规模而定;各汛设千总、把总和外委,率河兵防守。清初,治河用民夫,且系徭役,康熙十二年以后,河夫为雇役。40年后,河夫还可免差徭[52]。不过,从顺治十二年始,清政府在江南省始设河兵。此后,河工各省都置河兵,以重河防。从总体上说,清代治河,河夫与河兵兼用。以河兵为常备,而以河夫为临时。由于河兵由武职率领,河夫由文官率领,所以汛也分文武二汛。然而,二者并非绝对分别。在河厅之下,也有河兵防守,故有把总、协防等官。河营之下,由于抢守防险,也多有民夫(图5-6)。

清朝对于河工不可谓不重视,河工体系也不可谓不严密,但在古老而又常新的母亲河——黄河面前,最终不得不放弃治河工程,绵延一千余里的运河也就渐渐废弃,繁荣了数百年的运河文化也渐渐地衰落。不过,其时西方的轮船已经东来,铁路也在不久之后开始兴筑,新的技术很快超越了运河,也超越了黄河,翻开了历史的新篇章。

明清时代国家的治河工程,虽然目的在于保障运河的畅通,却也保障了黄河下游地区人民的生活。尽管黄河的泛滥一直存在,但如果不是这两朝国家的不懈努力,持续地投入巨大的财力、物力和人力,用来修筑沿岸的堤坝,黄河溃决所造成的损害便难以想象。当然,没有专门的治河工程与安排,黄河沿岸

的人民与当地政府也会尽可能地抵御河水灾害,但当时的黄河灾害显然不是地方性措施可以解决的。国家的专项治理,解决了河工的各自为政问题。虽然专门治理带来了巨大的财政投入,也带来了巨大的浪费,但持续的治河工程,大大降低了黄河下游地区的水灾程度,使黄河两岸的土地耕作更趋稳定,更多的河滩得到了垦种,从而保障和促进了江淮地区社会经济的繁荣。

第四节　灾荒与政府的赈济措施

国家的仓储　社仓　义仓

从 13 世纪开始,气候进入了"小冰川时期"。在 16—19 世纪期间,平均气温要比处于温暖期的汉代和唐代要低,也比气温回升的 20 世纪要低。气候的寒冷以及由此而来的长时期干旱,给农业带来极大的灾害,人民的生活在基本的粮食问题上遇到了前所未有的困难。十八九世纪,正是人口快速增长的时期,人口的增加,使得粮食问题更为突出。

在北方干旱地区,人们除种植抗寒旱作物粟之外,更多地种植高粱等作物,尽量稳定粮食的供给。然而,每当粮食作物有收成的季节,由于蝗虫的肆虐,往往将农民一年的心血化为乌有。与此同时,政府的赋税征收却照常进行,地方政府的官吏为了完成朝廷的"正供"和各种名目的摊派,往往强征暴敛,不近人情,给人民生活带来了更大的伤害。天灾和人祸交迫,使人民逃荒流亡。而人民的逃荒流亡,又给社会秩序和政治秩序带来了极大的震荡,并且酿成各种各样的社会危机和政治危机。在十五六世纪,北方尤其是西北地区的大量难民,流入到中原地区和汉水流域的山区,并进一步朝南方的长江流域和长江以南地区迁徙,这给当地的人民带来了一定的威胁,也给社会治安带来了困难。为了稳定社会的政治局面,明朝政府采取招抚复业的政策,也就是用堵的办法,不让人民流亡,强制人民在原地生产。明朝不断颁布流民复业令,三令五申逃民不复业和隐占人口田地之禁,在山西、河南、山东、南直隶等处还设置"抚民佐贰官",专门抚辑流民,迫使逃户回归故乡,"各复业着役"。这种政策的用意是显而易见的,首先是要解决政府的赋役收派问题,大规模的"逃民",使许多地方民众逃避,田地抛弃,租税无法征收。而将流民招抚复业,便可以重新恢复生产,固定户籍,落实征派;由此也可以消弭由于流民而引发的社会秩序失衡的冲击波。然而,复业固然是目的,但如何招抚,这才是复业的前提。

明朝政府仍然采取历朝以来的老办法,即在地方政府设置粮食预备仓,以在荒歉年份赈济人民。这项预备赈济制度,是一种为了应付荒歉而设立的粮食借贷制度,在明朝初期由各地方政府普遍地恢复和建立起来。"洪武初,令天下县分各立预备四仓,官为籴谷收贮,以备赈济。就择本地年高笃实民人管理。"[53]每逢岁歉和青黄不接之际,各地散借预备仓粮;秋成之时或丰收之年,各户按照赈济粮额归还仓储。

明朝初期,预备仓粮食由明政府出钞籴储。这项办法于洪武末年停止以后,又将赎谷罚金,归于预备仓储粮[54]。宣德以后,由于灾荒的日益严重,政府在预备仓上的工作重心主要放在积谷之上。明朝对州县预备仓储原则上要求"常存二年之蓄"[55],由于明代中期以后灾荒频仍,仓储往往入不敷出,以至于仓空而无以赈济。因此,朝廷不断地要求地方官积极进行粮食储备,并且规定仓储的最低限额。弘治三年(1490),明朝明确规定,各州县每10里以下,务要积粮1.5万石;军卫每一千户所,积粮1.5万石;每一百户所,300石。每3年盘查一次,仓储少三分、五分和六分以上者,降罚有差[56]。至嘉靖八年(1529),又重定"州县积粮之法"如下:10里以下,积粮1.5万石;20里以下,3万石;30里以下,2.5万石;50里以下,3万石;100里以下,5万石;200里以下,7万石;300里以下,9万石;400里以下,11万石;500里以下,13万石;600里以下,15万石;700里以下,18万石;800里以下,19万石。三年之内,务够一年之用。如数或过数、不及数的州县官,赏罚有差,以确保赈济的实施[57]。

明代中期,政府将预备仓储粮额,定得如此之高,表明灾荒的严重和赈济的急需,但如此之高的储粮数,各州县实际上达不到。当时预备仓粮的来源,主要是义民捐纳和罪犯赎纳。虽然还因时而规定了各种充实仓储的措施,但大量的仓粮需要籴买,资金如何筹集,便是很大的问题。所以,到万历年间,各州县预备仓的储粮额不得不作出了调整。万历五年(1577),朝廷命令各巡抚、巡按详查地方难易,酌定上、中、下三等,提出一个大体的仓储标准和要求。如上等州县,每岁以千石为准,多或至三二千石;下等州县以数百石为准,少或至百石。"务求官民两便,经久可行。"[58]此后,朝廷对州县预备仓的粮食储备十分重视,州县离任时还要对仓储进行专项审计,但是由于预备粮的来源不足,大部分州县的预备仓达不到规定的储备量,因而不得不降低仓储的额度。即使如此,各地方官也"沿为具文,屡下诏申饬,率以虚数欺罔而已"[59]。又由于灾荒频仍,灾民难以抵还借得的仓粮,而只能申报开销,这也使得仓储难以为继[60]。

入清之后,清朝政府沿用明朝的仓储制度。清代由地方政府直接经营仓储,在省会和府、州、县城中设常平仓[61]。这种常平仓,是明中期弘治年间(1488—1505)一些地方在官绅的倡导下渐渐流行起来的[62]。常平仓以赈济为目的,但与预备仓不同,预备仓实行的是遇灾借贷的制度,而常平仓则主要在青黄不接之时,出粜仓谷,以平抑米价。这也是自汉代以来历代政府设置常平仓的本意。清朝也有兼设预备仓(裕备仓)的,但以设置常平仓为主。不过,清代的常平仓也保留了明代预备仓的功能,遇到灾荒年份,也以仓谷赈济贫户[63]。

与明朝一样,清朝对常平仓谷的储备也有数额的规定,康熙三十年(1691),户部议令直省各州县仓储数额,大县存5000石,中县4000石,小县3000石。接着又令"再加贮一倍"。同样,清代常平仓和裕备仓的积谷也主要来自罪犯罚赎和民间捐献。顺治十二年(1655),清朝规定:"各州县自理赎锾,春夏各银,秋冬积谷,悉入常平仓备赈","其乡绅富民乐输者,地方官多方鼓励,毋勒以定数"[64]。康熙以后,则屡屡号召乡绅士民捐输米谷。由于各地所收仓谷往往不足以敷民食,所以政府对山东、浙江等地规定按照地亩捐谷,"每亩捐谷四合"[65]。为了保证常平仓和裕备仓的粮食储备,清朝从康熙三十一年(1692)开始,将仓储纳入州县正项钱粮交代,短少以亏空论[66]。将仓储纳入地方官的职责,再加上同时出台的按亩捐谷政策,各地地方官也纷纷按亩派捐,而使捐输成为一种摊派。尽管如此,各地仓储依然不足,尤其是西北的陕西、甘肃等省,派捐不足,政府不得不动用布政司的兵饷银,交地方官采买粮食存贮[67]。康熙末年,朝廷为了鼓励民间捐谷,制定了按数之多寡,而由地方政府给匾奖励,永免差役的政策[68]。康熙年间一系列政策,使各地仓储有了较多的存量,如康熙中期,福建捐谷达 27 万石,而常平仓已存 56 万石;福建所属台湾一府捐谷及常平最多,共 80 余万石。然而,按照"常平仓留本州县备赈"的原则[69],一州县乃至一省的仓储之丰,并不能解决其他省份州县屡灾缺粮的问题。而且,由于存七粜三[70]和仓储归入交代的政策,又导致了一系列问题,如仓谷霉烂而需要变卖,变卖之后又需要还籴;追查亏空,而导致了各种挪移舞弊的情况,整个仓储制度似乎将工作的重心移到了应付仓储的行政事务之中,而平粜赈济反而退在次要地位。

仓储充足是平粜和赈济的前提条件,仓内空虚,一切便无从谈起。明朝的预备仓,最大的问题是仓储不足。清朝政府面对日益严重的灾荒和官吏的腐败,仓储不足依然是一个棘手的问题。康熙之后,雍正帝以严刑竣法和雷厉风行的风格治国,在仓储制度方面,也发布一系列的政令,如州县仓廒不修,而致米谷霉烂,州县官照贪污罪论处;仓储亏空,则州县官撤职,亏空的粮食,令解任官员催还,限以一年,逾者治罪。还规定各省常平仓,每年底令本府州盘查,如春季借出,而逾十月不还纳,或捏造,俱行参处,照数追赔[71]。在严刑竣法之下,地方官势必会认真对待,努力增加仓储存量,但在灾荒频仍的年代,许多地方官实际上难以从民间捐得仓谷,仓储空虚的情况照样存在。南方的州县,因为气候潮湿,数十万石乃至数百万石的仓储难免霉烂,地方官惧怕得罪,"往往以既坏之谷抑派乡户"[72],平粜反成了强籴。所以在乾隆初年,又出台了控制仓储存量的若干规定:云南、陕西、甘肃、福建、广东、贵州等省,或因军备,或商运不通,或产谷不多,而以当时的"现额"为准,仓储额分别为云南 70 余万石、陕西 270 余万石、甘肃 370 余万石、福建 250 余万石、广东 290 余万石、贵州 50 万石;其余省份则照雍正年间的旧额:直隶 210 余万石、奉天 120 余万石、山东 290 余万石、山西 130 余万石、河南 230 余万石、江苏 50 余万石、安徽 180 余万石、江西 130 余万石、浙江 280 余万石、湖北 50 余万石、湖南 70 余万石、四川 100 余万石、广西 20 余万石。统计 19 省贮谷 3370 余万石。这个数较康雍年间所定旧额 4400 余万石,减少了 1400 余万石[73]。

清朝康雍乾时期如此规模的仓储数额,与明朝嘉靖年间按照县份大小所定的储额相比,已从十万量级上升到百万量级,表明 18 世纪的中国比 16 世纪的中国饥荒情况更加严重了。这中间,人口迅速增长,相继突破了中国历史上从未有过的 2 亿和 3 亿的人口规模,显然是一个基本的原因,但仓储制度本身的变化,也是仓储规模扩大的重要原因。借贷制度转变为平粜制度,存七粜三的基本原则,保证了仓储的存量;劝民捐输承袭明朝的做法,依然是常平等仓的一个重要来源,而按亩派捐则是清朝政府保障仓储规模不断扩大的主要来源;可以动用公款采买,也成了地方官应急储备的有效办法。而当仓储数量与地方官的职责挂钩之后,自然促进了地方官对于仓储的责任心,但虚报欺骗的现象也就势所不免。

从乾隆中期开始,各省仓储往往"额缺不补"。乾隆三十一年(1766),各省所报实存谷数,只有江西、河南、广东与上述乾隆十三年(1749)的定额相同,湖南(143 万石)、山西(230 万石)、四川(185 万石),广西(183 万石)、云南(80 万石)、贵州(80 万石)诸省比旧额有不同程度的增加外,浙江、奉天、甘肃、直隶、江苏、安徽、福建、湖北、山东、陕西,仓储存量都比旧额减少了,其中浙江减少 220 万石、奉天减少 100 万石、甘肃减少 140 万石,其他省份或减 20 万石,或减五六十万石[74]。所以嘉庆初年,朝廷屡下买补之令,但收效甚微。嘉庆十七年(1812),户部统计各省常平仓谷数只有 33508575 石。而到道光年间,各直省的常平仓"大率有价无谷,其价又不免侵用"[75]。道光十五年(1835),户部奏报各省常平仓谷实数,已下降至 2400 万石[76]。咸丰、同治年间,社会动荡,军事孔亟,政府正项钱粮的征收已成问题,常平仓的来源更加枯竭。事实上,从嘉庆年间以后,由于军事繁兴,各省仓储往往用作军饷。军事所在的地方,自不在话下,邻近省份也要协济。清朝初年,政府曾规定常平仓谷"不许别项动支"[77],但这项禁令,自康熙中期以后实行按亩派捐,仓储粮食与正项钱粮一起征收之后,仓储与正项便难解难分;雍正年间将仓储入于交盘项内交代之后,仓储存量既然成了地方官的职责,拆东墙补西墙的挪用垫补,便成了地方官的权力。而当军兴需饷之际,供应协济成了头等大事,常平等仓的储备便顺理成章地被消解了,结果便成了"有价无谷"的局面。据《清史稿》记载,光绪初年,直隶、陕西、山西等省迭遭旱灾,"饥民死者日近万人"[78]。这虽然不能完全归结于常平仓的废弛,但从政府建立常平仓的宗旨而言,常平仓的衰败不能辞其咎。

从明代以来常平仓和裕备仓建于省、府、州、县治城中,当初的用意是为了便于管理和安全,但这样一来,每当灾荒严重,需要赈济之时,城中居民以及近城之民往往是近水楼台,居住在四乡尤其是边区的人民,则难以为周济。在明代,人们为了逃荒,出现了两种迁徙的方向:一是到收成尚丰的地方"就食",尤其是到政府所在的治所城中,城市之中人口多且密,就食之人容易乞讨到食粮,更重要的是,城中为政府所在地,仓储在此,最终会有政府的赈济;另一个方向是迁徙到尚未开发的边远地区垦荒种植。因此,一方面政府所在的城市之中,逃荒乞食的难民越来越多;另一方面,边远地区的居民也越来越多。以县治为中心,一县四境之内,东西南北四乡的居民日益增多,村落日益普遍。而这些散居于四乡尤其边远地区的居民,同样面临灾荒的威胁,他们的赈济也就成了政府不得不关心和解决的问题。正统年间,鉴于预备仓集中在州县城中,预备粮不足且难以散赈于四乡民人,朝廷以宋儒朱熹曾实行的社仓之法相号召,于各州县乡间倡设社仓。嘉靖初年,王廷相设计的社仓制度,是在各村约二三十家为一会,以户等的高下,分别捐粮,收储于仓,而推有德者为社正,善处事能会计者为社副;若遭凶年,则计户给散,先中下户,后及上户;上户需要偿还,中下户则免其偿还[79]。这个设计,于嘉靖八年(1529)由朝廷推行于全国[80]。王氏社仓制度所强调的是社仓完全由民间经营,不由官府插手,目的是为了避免预备仓中所出现官吏衙役侵吞仓储的弊端。然而,社仓完全由民间经营,其建设取决于乡间士绅和富户的良心与努力。在人口稠密和经济较发达的地方,士绅和富户较多,有人倡率,社仓的建设往往好一些;反之,则无人响应,流于口头文章,即使筹办,也多半流于形式,没有实际的效用。

明代中期以后,官绅们就是以朱熹的社仓之法为倡导的。明代中后期有不少仁人志士努力实践这种办法,也是与当时的社会经济形势相适应的。但这种制度的推行,恰恰需要一定的经济基础。明代后期,灾荒连年,人们普遍处于谋生糊口的生活线上,也就很难来建立和维持这种公益事业。在南方长江流域日益为人所垦殖的山区,本身缺乏绅富的力量,政府的控制力又很低,社仓制度便难于建立。而在北方黄河流域,严重的荒旱之灾,已使人们难于生计,社仓制度更是无从谈起。从社仓制度本身而言,它只是限于一个村落,或者一个家族的预备赈济,因此虽有一些地方绅富热心于此,但其作用也只限于一村一族而已,不能普及于周围的穷民。所以,当灾荒连年、饿殍遍野的年代,人们为了生存而铤而走险就成了势所必然。明朝也正是在这样的社会动荡中崩溃。代之而起的清朝,在征服全国的过程中,也就必须面对和应付当时存在的社会问题。

清朝在征服全国的过程中,便着手于各级地方政府所在地恢复裕备仓或改设常平仓。当全国基本平稳之后,即于康熙十八年(1679)开始在乡村倡设社仓和义仓。当时户部题准的办法是,在乡村设立的叫社仓,在市镇设立的叫义仓,都由民间公举本乡之人主持经营,"春日借贷,秋收偿还,每石取息一斗,岁底州县将数目呈详上司报部"[81]。由地方政府稽查社仓储备的情况,是明朝已采取的政策,但清朝要求上报朝廷,这是清朝加强对社、义仓控制的一个办法。而社、义仓采取当时常平仓的借贷制度,也是政府为了维持社、义仓的措施。清朝虽然仍然采取由民间公举社仓、义仓的管理人员,但政府对此的控制由于加强了对地方政府的监督和实行与常平仓一样的借贷制度而有所加强。这是当时国家对社会的一种积极反应。然而由于人口的迅速增长,在自然气候的影响下,北方地区的干旱和南方的水灾,使灾荒在全国范围内更普遍地发生。而连年的灾荒,又迫使人们背井离乡,向他乡去寻找谋生的出路。大量的流民或移民潮流,加剧了社会的动荡不安,社会本身为着寻求耕地而出现了不断的争斗,政府的控制又使得社会出现反抗。于是,在清朝国家面前,所能采取的应对办法就是加强政府的力量,不仅在常平仓增加粮食储备,在社仓和义仓也加强了政府的干预。

清朝在乡村中建立社仓和义仓的基本情况,与明朝一样,在经济较发达的地区易于成事,而在农业凋敝的地方则难于实施。康熙六十年(1721),北方的经济还较发达的山西,还在奏请建立社仓。雍正年间,南方的两湖地区也还在"命建社仓"[82]。可见,政府推行社仓和义仓,并未取得普遍的成效。事实上,社仓和义仓的建设,尤其是在经济不甚发达的地区,往往是徒有虚名而已。在清代前期,政府推行以借贷取息来维系的社义仓制度,春借秋还的原则本身就给民众很大的压力,因为民众面对的不仅仅是青黄不接的问题,而是年成的歉收。息谷一石,则更成了灾民的重负。雍正年间,政府更改社义仓的赈贷原则,可以根据收成来调整息谷的高低,"小歉减半,大歉全免,只收本谷"。但这

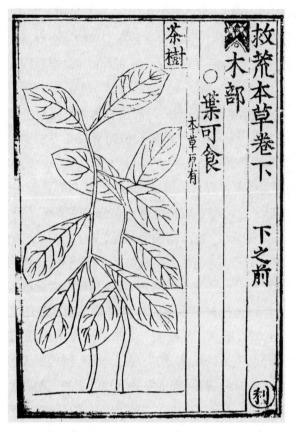

图5-7 明朱橚编《救荒本草》书影，嘉靖四年刻本

是以"凡借本谷一石，冬间收息二斗"为前提的[83]。不过，也可以看到，清代与明代相比，社会经济的力量增强了，清代在18世纪也比17世纪时具有更强的社会经济力量。在经济较发展的地区，以借贷原则建立的社、义仓，对应付灾荒起到了一定的作用（图5-7）。

不过，当社仓和义仓由政府来着力推行之后，其兴废情况与政府官员的政绩联系在一起，于是政府对社仓和义仓的建设，便与预备仓或常平仓一样，关心的重点侧重于仓储的数量，而已不在于赈济的实效。赈济必须以仓储为前提，而以息谷增加仓储的做法，恰恰使民众止步不前。更为严重的是，由于这个名义上由民间自办的社、义仓，政府的力量已是一种主导的力量，因此，它也就渐渐成了政府官吏的营私舞弊的勾当。从雍正年间始，清朝政府不断地强调地方官不干涉社义仓的出纳事务，但事实上，社义仓的仓储与常平仓一样，往往为州县政府所私用。乾隆四年（1739），政府为了陕西等地社仓的储备问题，"令地文官稽查交代分赔"；五年（1749），又令将田赋加耗留一半为社粮，并"责成地方官经理，入于交代"。于是，社、义仓就完全与常平仓一样，成为政府的行政内容。虽然乾隆十八年（1679），因为直隶总督方观承建议而又改为民间经营，但三十七年（1772）又令由地方官经理出纳[84]。当社、义仓成为地方官的职责之后，它就与百姓相去甚远了。《清史稿》在记载乾隆四五年间关于陕、甘社仓的政策之后,接着说:"自是之后,州县官视同官物,凡遇出借,层递具详,虽属青黄不接,而上司批行未到,小民无由借领。"到了道光年间,安徽巡抚陶澍疏言:"义仓苟欲鲜弊,必有秋收后听民间量力输捐,自择老成者管理,不减粜,不出易,不借贷,专意存贮,以等放赈。"其思路似乎回到原来社仓和义仓的本意上来了,朝廷也"如所议行"。[85]不久,道咸年间,由于军事的兴起,政府在总体上已无暇顾及社、义各仓。然而,地方官员为了应付一时一地的灾荒,则不断地号召社会自救,民间的绅商力量在赈济的公益事业上起到更大的作用。

明清时代国家面对灾荒频仍和人口迅速增加的形势,采取了一系列的赈济措施,来解决人民的生计危机,这在中国传统社会是前所未有的。虽然赈济中导致了种种弊端,赈济的效果在不同时期也很不一样,但这个时代的国家确实在其行政中,将赈济视为一项重大的政治事务。许多行政官员,不仅付出辛勤的劳动,而且献出了善意的智慧。在明清两代,有关"荒政"的书籍和篇章,可谓卷帙浩繁。如俞森的《荒政丛书》、汪志伊的《荒政辑要》、方观承的《赈济》等,其中的计策都曾得到过真诚的实践。虽然在应对灾荒方面,有社会各方面力量的参与,但毫无疑义,明清时代国家在荒政上起着重要的作用。尤其在清朝的鼎盛时期,国家在荒政控制方面起着最主要的、决定性的作用[86]。

注 释

〔1〕 《明史》卷七二,《职官一》。

〔2〕 纪昀:《历代职官表》卷四,内阁下:"明文渊阁本在南京。成祖迁都后设官,虽沿旧名,实无其地,即以午门内大学士直庐谓之文渊阁,其实终明之世,未尝建阁也。"上海古籍出版社,1989 年,第 84 页。

〔3〕 《明史》卷七三,《职官二》。

〔4〕 纪昀:《历代职官表》卷四,内阁下,上海古籍出版社,1989 年,第 87 页。

〔5〕 《明史》卷七二,《职官一》。

〔6〕 《清史稿》卷一一四,《职官一》。

〔7〕 光绪《大清会典事例》卷一二,《内阁一·建置》。

〔8〕 《清史稿》卷二九四,《张廷玉传》。

〔9〕 《清史稿》卷一一四,《职官志》。

〔10〕 赵翼:《檐曝杂记》卷一,《军机处》,中华书局,1982 年,第 1 页。

〔11〕 《清朝通典》卷二三,《职官一》。又,王昶《军机处题名记》则云:"雍正七年(1729),青海军事兴,始设军机房,领以亲王大臣,予银印。印藏内奏事太监处,有事请而用之。后六年,宪皇帝晏驾,上谅,暗改名总理处。三年,丧毕,王大臣请罢之,诏复名军机处。"刘锦藻:《清朝续文献通考》卷一一八,职官考四,京文职,军机处。

〔12〕 《清朝续文献通考》卷一一八,《职官四》。

〔13〕 朱彭寿:《安乐康平室随笔》卷一,中华书局,1982 年,第 158 页。

〔14〕 王昶:《军机处题名记》云:军机处"始设于乾清门外西偏;继设于乾清门内,与南书房相邻;复于隆宗门西供夜值者食宿。"

〔15〕 赵翼:《檐曝杂记》卷一,《军机处》,中华书局,1982 年,第 1 页。

〔16〕 《清史稿》卷一七六,《军机大臣年表序》。

〔17〕 朱元璋:《明太祖集》卷四,《承宣布政使诰》。

〔18〕 八总督分别为:直隶一人,驻保定府;江南江西一人,驻江宁府;福建浙江一人,驻福州府;湖北湖南一人,驻武昌府;四川一人,驻成都府;陕西甘肃一人,驻兰州府;广东广西一人,驻肇庆府;云南贵州一人,驻云南府。

　　十五巡抚分别为:河南一人,驻开封府;山东一人,驻济南府;山西一人,驻太原府;江苏一人,驻苏州府;安徽一人,驻安庆府;江西一人,驻南昌府;福建一人,驻福州府;浙江一人,驻杭州府;湖北一人,驻武昌府;湖南一人,驻长沙府;陕西一人,驻西安府;广东一人,驻广州府;广西一人,驻桂林府;云南一人,驻云南府;贵州一人,驻贵阳府。

〔19〕 《明史》卷七五,《职官四》。

〔20〕 瞿蜕园:《历代官制概述》,黄本骥《历代职官表》,上海古籍出版社,1980 年,第 68 页。

〔21〕 光绪《大清会典事例》卷二三,《吏部七·官制》。

〔22〕 纪昀:《历代职官表》卷一三,《刑部》,第 248 页。

〔23〕 沈家本:《历代刑法考》,律令九,榜例:"《天一阁丛书》:《累朝榜例》一卷,全钞本。"中华书局,1985 年,第 1133 页。

〔24〕 《大明律·御制大明律序》。

〔25〕 沈家本:《顺治律跋》:"……此书始于二年,校定于三年,……刊成则在四年也。"《寄簃文存》卷八,跋,中华书局,1985 年,第 2268 页。

〔26〕 纪昀:《历代职官表》卷一三,《刑部》,第 242 页。

〔27〕 舒化:《重修问刑条例题稿》,引自怀效峰点校《大明律》,法律出版社,1999

年,第 335 页。

〔28〕 吴坛:《大清律例通考》凡例第一条按语,引自马建石、杨育裳主编《大清律例 通考校注》,中国政法大学出版社,1992 年,第 23 页。

〔29〕 沈家本:《寄簃文存》卷六,《读律存疑》,《历代刑法》,中华书局,1985 年,第 2221 页。

〔30〕 贺长龄:《皇朝经世文编》卷二四,吏政一〇,吏胥。

〔31〕 盛康:《皇朝经世文续编》卷一〇,治体三,政本上。

〔32〕 饶玉成:《皇朝经世文续编》卷二四,吏政十,吏胥。

〔33〕 吴承明:《论清代前期国内市场》,《中国的现代化:市场与社会》,三联书店,2001 年,第 150 页。

〔34〕 《明太祖实录》卷一一一,洪武十年二月丁卯条。

〔35〕 万历《大明会典》卷一七,《户部四·田土》。

〔36〕 万历《大明会典》卷二四,《户部十一·税粮一》。案:上引数字仅是田赋中的米麦部分,不包括钱钞、丝绢等税额。

〔37〕 纪昀等:《续文献通考》卷二,《田赋二》。

〔38〕 《明孝宗实录》卷二一,弘治元年十二月己未条。

〔39〕 《明神宗实录》卷五八四,万历四十七年七月甲午条。

〔40〕 吴承明:《16 与 17 世纪的中国市场》,《中国的现代化:市场与社会》,三联书店,2001 年,第 222 页。

〔41〕 《明史》卷七八,《食货志》。

〔42〕 邱濬:《大学衍义补》卷二四,制国用,经制之议下,京华出版社,1999 年,第 236 页。

〔43〕 夏燮:《明通鉴》卷六七,上海古籍出版社,1990 年,第 523 页。

〔44〕 《明史》卷七八,《食货二》。

〔45〕 《清圣祖实录》卷二四九。

〔46〕 王庆云:《石渠余纪》卷三,纪停编审,北京古籍出版社,1985 年,第 105 页。

〔47〕 包世臣:《庚辰杂著三》,《包世臣全集·中衢一勺》,黄山书社,1993 年,第 65—66 页。

〔48〕 纪昀:《历代职官表》卷五九,河道各官,第 1146—1147 页。

〔49〕 《明史》卷八五,《河渠三》,运河上。

〔50〕 《明史》卷七三,《职官二》。

〔51〕 纪昀:《历代职官表》卷五九,河道各官,第 1131 页。

〔52〕 光绪《大清会典事例》卷九〇三,《工部·河工》。

〔53〕　万历《大明会典》卷二二,预备仓。

〔54〕　王圻:《续文献通考》卷四一,国用考,赈恤。

〔55〕　万历《大明会典》卷二一,仓庾一。

〔56〕　万历《大明会典》卷二二,预备仓。

〔57〕　同上。

〔58〕　同上。

〔59〕　《明史》卷七九,《食货志三》,仓库。

〔60〕　万历《大明会典》卷二二,预备仓。

〔61〕　《清史稿》卷一二一,《食货志二》,仓库。

〔62〕　《明史》卷七九,《食货志三》,仓库。

〔63〕　《清史稿》卷一二一,《食货志二》,仓库。

〔64〕　光绪《大清会典事例》卷一八九,户部三八,积储。

〔65〕　同上。

〔66〕　《清史稿》卷一二一,《食货志二》,仓库。

〔67〕　光绪《大清会典事例》卷一八九,户部三八,积储。

〔68〕　《清史稿》卷一二一,《食货志二》,仓库。

〔69〕　《清史稿》卷一二一,《食货志二》,仓库:"(康熙)十九年,谕常平仓留本州县备赈,义仓、社仓留本村镇备赈。"

〔70〕　《清史稿》卷一二一记载:康熙三十四年(1695)规定仓储"每年以七分存仓,三分发粜"。

〔71〕　《清史稿》卷一二一,《食货志二》,仓库。

〔72〕　《清史稿》卷一二一,《食货志二》,仓库,方苞:《上平粜仓谷三事》。

〔73〕　《清史稿》卷一二一,《食货志二》,仓库。

〔74〕　同上。

〔75〕　同上。

〔76〕　同上。

〔77〕　光绪《大清会典事例》卷一八九,户部三八,积储。

〔78〕　《清史稿》卷一二一,《食货志二》,仓库。

〔79〕　万历《大明会典》卷二二,《预备仓》。

〔80〕　冯柳堂:《中国历代民食政策史》,商务印书馆1993年,第135页。

〔81〕　《清史稿》卷一二一,《食货志二》,仓库。

〔82〕　同上。

〔83〕　同上。

〔84〕　同上。

〔85〕　同上。

〔86〕　魏丕信:《18 世纪中国的官僚制度与荒政》,江苏人民出版社,2003 年,第 264 页。

第六章　清代前、中期的文化意识与业绩

清代的文化建设与学术成就是与这一时代的发展特点联系在一起的。王国维在谈到清代学术时说："国初之学大,乾嘉之学精,而道咸以来之学新。"[1]可以说,王国维准确地概括了清代学术发展的基本面貌。就"大"而言,清代进行的一系列重大文化建设以及清人治学所显示出来的气度,都表明中国传统文化进入了一个总结性的阶段;就"精"而言,清人在对传统文化进行总结的过程中,处处表现出求深求细的态度。无"精"之"大",必然流于空疏,在清人眼中,宋人之学庶几近之;而无"大"之"精",也只会走到纯粹的汉学老路上去。清儒虽然特重汉学,但并没有真正或完全抛弃宋学,对汉学的态度也有所取舍。如王鸣盛治经一以汉儒为宗,但他强调"东西两汉,经生猬起,传注麻列,人专一经,经专一师。直至汉末有郑康成,方兼众经。自非康成,谁敢囊括大典,网罗众家"[2]。很显然,反对只专一经一师,而重视兼通众经、囊括大典,正是清代学术之"大"的体现。所以,无论是"大",还是"精",不只是王国维所指出的历时性的特点,还共时性地呈现于整个清代,主要是清前、中期的学术发展中,并且以相互兼容、制约为基本特色。正是在这样一种学术趋势作用下,当外来文化进来之时,文化表现出来的"新",就折射出与传统观念既矛盾又相适应的景观。换言之,传统文化既作为一种思想资源,又作为一种精神惰性元素的双重性,实际上都潜伏在清代学术的发展之中了。

第一节　集大成的文化意识与文化建设

集大成的文化意识　搜求典籍、编纂图书　《古今图书集成》《四库全

书》 公私藏书

在历经几千年的发展之后,清代知识界面对前人创造的文化财富有一种强烈的压迫感。如纪昀(1724—1805)就感叹过:"自校理秘书,纵观古今著作,知作者固已大备,后之人竭其心思才力,要不出古人之范围。"[3]无独有偶,乾嘉时期的另一位著名学者赵翼(1729—1814)也感叹:"古来佳句本无多,苦恨前人已说过。"[4]这种窘迫表明,如果不从根本上改变思路,学术的发展很可能只是对前人亦步亦趋的模仿。

因此,清人巧妙地把文化积累所造成的压力转化为一种资源,并日益突出地将其演绎成清代文化与学术发展的新主题,这就是全面总结与批判前人的文化成就。集大成从一开始就是清代学者的一种自觉意识。无论从某一思想流派来说,还是从整个文化的发展来说,都是如此。比如袁枚的"性灵说",作为一种诗学思想是个性鲜明的和富于创新精神的。但其"性灵"观念本身,却源渊有自,遥承钟嵘《诗品》,近接公安、竟陵,融会了历代"性灵"主张的精髓。不但如此,它虽与同时的神韵、格调诸说不同,却不是对它们的全盘否定,只不过袁枚将其统摄于"性灵"之下了而已。

从整个文化发展来说,集大成的观念与实践更为突出。文化的积累与总结本来是历朝历代都在进行的工作,自宋以后,这种积累与总结越来越成为文化发展的一个重要特点,而清代更是进入了前所未有的繁荣时期。

清朝继承历代王朝聚书、编书的传统,在搜求典籍,编纂图书方面下了很大功夫。整个 18 世纪官修书籍不仅数量繁多,而且范围广泛,门类齐全。首先是纂修群经疏解,同时还有各类史书,包括前朝史及本朝史,考订汇纂历代及本朝典制。唐代杜佑《通典》、宋代郑樵《通志》、元代马端临《文献通考》,合称"三通",是记载中国古代社会朝章政典的专书。为追踪前代,乾隆年间,下令汇纂《续通典》《续通志》《续文献通考》三部大书,均上接"三通",下至明末。而对本朝有关典制,也沿袭"三通"体例,续编《皇朝通典》《皇朝通志》《皇朝文献通考》三书。另外,清代还编纂了《康熙字典》(图 6-1)、《佩文韵府》《全唐诗》《全金诗》《骈字类编》《唐宋文醇》《曲谱》等。而一般官修和民间刊刻的丛书也达到了鼎盛时期,如包揽四部的有曹溶的《学海类编》、张潮的《昭代丛

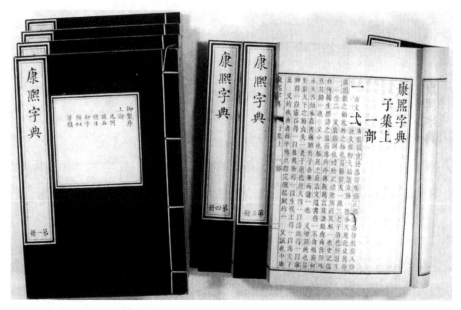

图6-1 《康熙字典》,清张玉书、陈廷敬等编,康熙五十年内府刻本,故宫博物院藏

书》、鲍廷博的《知不足斋丛书》等,以精校古籍著称的则有毕沅的《经训堂丛书》、卢文弨的《抱经堂丛书》、胡珽的《琳琅秘室丛书》等,以重视版本著称的有黄丕烈的《士礼居丛书》、孙星衍的《岱南阁丛书》等,诸如此类,无论在种类上,还是在规模上,都是前代所无法媲美的。

更大的工程则是康熙、雍正年间编纂的类书《古今图书集成》,此书共1万卷,分6编、32典、6117部(旧说6109部),约1.6亿字。序文称:"凡六合之内,巨细毕举,其在十三经、二十一史,只字不遗;其在稗史、子、集,十亦只删一二"。[5]虽有夸大之词,但内容极为丰富却是事实。乾隆时期更调动巨大的人力和物力编纂了大型丛书《四库全书》,全编收书3500多种、7.9万多卷,总量达9.9亿字,几乎囊括了清中叶以前所有重要的文献典籍,并在特定的视野中加以系统部勒,从而构成了中国古代最为庞大的典籍。所以,纪昀在《进四库全书》表中称《四库全书》具有"源流之大备"及"会归"的特质。与之配套的《四库全书总目提要》则不仅是中国古代规模最为宏大、编制最为出色的一部书目,而且也可以说是一部最为全面的学术批评史和学术文化史。在四部之首,各冠以总序,揭示其源流正变。四部之下众多类目,也都有小序述及本类目学术的要点与发展。特别是对四库所著录之书,一一为之撮举大旨,校其得失,考评精审,旁通曲证,使学者知其书瑕瑜之所在,处处显示出一种宏观把握、鸟瞰全局的气度。《总目提要》不但将古代目录的编纂工作提高到了一个新的水平,也显示了清代学者对知识的整体及各知识门类相互关系的全面把握[6]。

清政府在修书的同时,也对古代文化典籍进行了大规模的、有目的的删削与篡改,对图书的禁毁确实是严厉的[7]。但其目的不只是"寓禁于征",不宜因此全盘否定《四库全书》的编纂[8]。虽然迫之以期限,又成于众手,不免造成纰漏,留下遗憾,但无论如何,这种对古代文化大规模的整理符合清代学术集大成的趋势。与同一时期以法国《百科全书》为代表的西方文化强调创新,重视科技进步的特色相比,中国的传统学术更注重总结集成,许多学者竭毕生精力,从事于文字、音韵、训诂、校勘、辑佚的研究,使许多散失亡佚的古书得以发掘复出,残缺脱误的典籍得到爬梳整理,难以卒读的古籍也再经疏通证明。[9](图6-2)

清政府在组织纂修《四库全书》时,也采取了一些措施促进官私收藏,其中较为重要的是建设南北七阁藏书,即内廷四阁(也称北四阁)和江浙三阁(也称南三阁)。北方的文渊阁、文源阁、文津阁和文溯阁是皇家藏书楼;江浙的文

图6-2 文渊阁本《四库全书》,现藏台北故宫博物院

宗阁、文汇阁和文澜阁虽是国家藏书,但对士子开放,允许他们就近观摩誊录,在传播古代文化和促进学术研究方面起到了一定的积极作用。

与此同时,私人藏书也发展到了鼎盛时期[10]。不少士大夫嗜书成风,醉心于集书、抄书、校书与搜访秘籍。一些著名藏书家,同时也是杰出的版本学家。如钱曾家富藏书,多蓄旧籍,名藏书室为述古堂及也是园。他自编的书目《也是园藏书目》,收书 3800 余种,分类著录书名、卷数,以便稽查;并选其藏书之精华,作《读书敏求记》,考订宋元精刻善本的篇目完缺、授受源流等;还从版式、行款、字体及纸墨颜色等,判断雕印年代及版本价值,见博识精,颇为时人推重。而自明末以来就享誉天下的"天一阁",藏书更是丰富精良、价值连城。黄宗羲、钱大昕、阮元、万斯同、全祖望等学者,皆有幸获准登楼看书。洪亮吉曾根据收藏图书目的之不同,将藏书分为考订、校雠、收藏、鉴赏、掠贩诸家[11]。尽管这种分法不一定科学,但也证明了当时藏书家对考据的关心,并反证了考据学的兴盛与藏书家的校书、刻书活动有密切关系。

清政府在修书的同时,也网罗了一大批学者。如乾隆朝进士卢文弨、王鸣盛、纪昀、庄存与、毕沅、王念孙、钱大昕、戴震、阮元、凌廷堪等,都成为乾嘉学术发展的中坚,在目录、版本、校勘、辨伪、辑佚等方面各有所长,而"四库全书馆"则几乎成了乾嘉学派的大本营,客观上推动了考据学的深入发展。

作为清代学术之代表的考据学,在很大程度上与清代集大成的文化意识有关。比如朱彝尊(1629—1709)就对用《四书》取士不满,尖锐地批评明代永乐年间所编的《四书大全》"攘窃一家之书以为书,废注疏不采,先与取士程式不协,何得谓之'大全'?"同时,反对宋元以来的旧说,驳斥某些理学家取消汉代注释家郑玄从祀地位的主张,说郑玄"集诸儒之大成而大有功于经学"[12]。他一面斥独尊宋儒不得谓之"大全",一面又对汉儒的"博通"推崇备至,正是清代学者集大成意识的反映。

在具体研究中,清代学者集大成的意识体现得更明显。清初,黄宗羲的《明儒学案》及未竟的《宋元学案》,已经显示出强烈的学术总结意图;而稍后的万斯同的《儒林宗派》,规模虽然不是很大,却以图表的形式列入孔子以下迄于明末诸儒,以时代发展为脉络,把诸儒的授受源流一一标出,堪称第一次对中国学术思想史进行了全面、形象的描述。事实上,从总体上把握古代文化,可以说是这一时期学术发展最显著的特点。而这种集大成当然是以学识渊博为前提的。考据学家大多钻研群籍,学贯古今。如钱大昕(1728—1804)的研究领域极为广泛,江藩《汉学师承记》卷三称赞他:"先生不专治一经而无经不通,不专攻一艺而无艺不精。经史之外,如唐宋元明诗文集、小说、笔记,自秦汉及宋元金石文字、皇朝典章制度、满洲蒙古氏族,皆研精究理,不习尽工。"[13]

由于科举制度对于读书士子在知识上的规定比较狭隘,一些当政者也开始尽力克服这种局限。如纪昀在主持乾隆己卯山西乡试、乾隆甲辰会试、嘉庆丙辰会试时,所出策问题目,涵盖了经学史、史学史、文学史的源流、派别及宗旨、方法、得失等等方面。雍正、乾隆时担任过会试总考官等职的鄂尔泰(1677—1745)也告诫读书人,不但要精通经史,对老、庄、荀、列、管、韩等诸子学说以及汉、唐、宋、元人文集,也要参读参看[14]。这些都显示出对士子宽广知识结构的时代要求。

对于清代学术文化的集大成,有不同的评价。贬之者认为不过是前人成果的汇总而已;而誉之者则认为,学术的集大成必然推动观念的变迁,因为它意味着这个时代的知识分子站在了一个新的高度进行理性思考,表明他们对社会的认识无论在深度上还是在广度上都达到了一个新的水平[15]。也许,更重要的是客观地把握这一时代思想的阐释方式。在一个社会性质没有发生根本性转变的时代,考据学的盛行是在集大成的文化背景下出现的新的学术亮点。

第二节　考据:思想与学术的消长

考据学的产生　以小学为先导和枢纽　考据学的特点　汉宋之争　新的思维与方法　考据学的局限

考据首先是一种观念,其次才是一种方法。因此,考据的盛行,折射出思想与学术的消长。

清朝政权建立之初,就开始了对思想文化方面的干预,特别是面对汉族士人对民族命运的激愤和对故国的哀思，清初统治者迅速而巧妙地利用权力凸显理学正统，并通过贬斥异端，实现以帝王的"治统"兼并"道统"，使士人放弃边缘的立场，重新为国家权力中心所制约[16]。例如康熙就大力倡导儒学，尤尊朱熹，称："宋儒朱子，注释群经，阐发道理，凡所著作及编纂之书，皆明白精确，归于大中至正，经今五百余年，学者无敢疵议。朕以为孔孟之后，有裨斯文者，朱子之功，最为弘巨。"[17]由此，康熙俨然以儒学道统的继承者自任，以期实现"道统"与"治统"合一。他在《御纂朱子全书》序言中在高度评价朱熹时，说得更明确："非此不能治万邦于衽席"，"非此不能外内为一家。"[18]而一批理学名臣如熊赐履、李光地、张伯行等，也为之摇旗呐喊。不过，他们除了摭拾程朱牙慧外，在理论上没有什么创造。相反，对理学提倡，在一定程度上反而强化了一些学者延续明清之际反理学的思潮。如毛奇龄（1623—1716）认为理学家所谓"道学"，"本于老氏"，源于道教，不是纯粹的道学。他辛辣地讽刺《四书章句·集注》"无一不错，人错、天类错、地类错、物类错、官师错、朝庙错、邑里错……真所谓聚九州四海之铁，铸不成此错矣。"[19]而颜元（1635—1704）更明确宣称："去一分程朱，方见一分孔孟。"[20]胡渭、阎若璩等人则以大胆的怀疑精神和精细的考证，证明了《易经》的"河图""洛书"和《古文尚书》都是后世的伪作（图6-3），有力地动摇了宋明理学赖以立论的基础。正如梁启超在《清代学术概论》中指出的："以易还之羲文周礼，以图还诸陈、邵"，"宋学已受致命伤。"[21]从思想史上说，笼罩整个社会数百年之久的宋儒说经的迷雾，开始被无情地揭开。至惠栋（1697—1758）明确打出汉学的旗帜，极力主张恢复汉儒的训诂，以真正理解经书的本义。考据学开始受到普遍的尊崇，并最终凭借平实、严谨的学风和精湛的业绩，在中国学术史上确立不可动摇的位置。

对于考据学的产生，以前不少人喜欢从明清易代造成的士人无所用心以及"文字狱"的严酷方面找原因，但这一观点越来越为当今的学者所扬弃[22]。事实上，乾隆为了扩大统治基础，推广文治，主张"崇宋学之性道，而以汉儒经义实之"[23]，并明确肯定"发挥传注，考核典章，旁暨九流百家之言"的汉学"有所发明，有裨实用"[24]，对方兴未艾的汉学采取了宽容的态度，使之迅速上升为一种占据主导地位的学术潮流。所以，考据学的蔚然成风，除了现实的、外部的原因外，还有学术发展内部的原因[25]。首先，不断回归原典，是学术史的

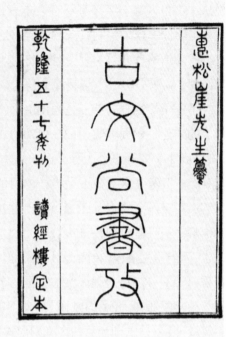

图6-3　惠栋《古文尚书考》，乾隆五十七年读经楼刊本

一个规律，只不过回归的方式有所不同罢了。其次，传统儒学本来就有"尊德性"与"道问学"这两种不同的取向，宋儒偏于前者，至明代，已臻极致，流弊所及，被清代学者批评为"束书不观，游谈无根"。与此同时，明中叶以后，杨慎、焦竑、陈第等人，已针对空谈心性的学风，撰写了一些考据学著作。在这种情况下，学术由"蹈虚"向"征实"转变，也是势所必然的事。

考据学以小学为先导与枢纽，对以儒家经典为核心的历史典籍进行周密的考订，涉及文字、音韵、训诂、目录、版本、校勘、辨伪、辑佚、注释、名物、典制、天算、金石、地理、职官、乐律等众多学科门类。经考据学家的努力，艰涩难解的古籍，通过训诂注释变得明白晓畅；而那些章简错乱的书，通过校勘得到了订正；真伪莫辨的书，也通过考证得到了辨明。可以说，清代学者对古代典籍的整理性研究为总结和清理中国传统文化奠定了一个坚实的基础。但是，古籍整理本身并不是考据学的终极目的。考据学家在正本清源时，有一个预设的前提,那就是儒家原典的文本越古老就越可信,也就越接近真理。按阮元的说法:"古圣人造一字必有一字之本意,本义最精确无弊。"[26]同时,在中国古代对经典诠释权的控制,也就意味着对主流思想的控制。虽然,乾嘉考据学没有形成为新的官方哲学[27],但是它对当时社会的影响却是明显的。所谓"家家许郑,人人贾马",[28]与其说是学术景观,不如说是一种社会思潮。

考据学最突出的特点是强调证据,总是在大量例证的比勘审核中,归纳出可信的结论。如阎若璩(1636—1704)的《古文尚书疏证》为了证明梅赜所献《古文尚书》是伪书,引用了近千条材料;王念孙为了"一字之证,博及万卷"[29]。但考证本身并不是唯一的目的,有时它只是一种方式或路径。考据家们反对宋儒专凭臆断,凿空说经,而主张通过经籍的文字音训本身来究明经义原解。王鸣盛(1722—1797)认为:"经以明道,而求道者不必空执义理以求之也,但当正文字,辨音读,释训诂,通传注,则义理自见,而道在其中矣。"[30]戴震(1723—1777)也强调"经之至者道也,所以明道者其词也,所以成词者字也。由字以通其词,由词以通其道,必有渐"[31]。他最重要的义理著作《孟子字义疏证》就是以训释经书字义的形式展开的。为此,他还特别声明:"六书九数等事,如轿夫然,所以舁轿中人也。以六书九数等事尽我,是犹误认轿夫为轿中人也。"[32]后来,阮元也坚持自惠栋、戴震等倡导的由文字音训以明经达道的治学理念,他明确说:"圣人之道,譬若宫墙,文字训诂,其门径也。门径苟误,跬步皆岐,安能升堂入室乎?"[33]并认为:"圣贤之言,不但深远者非训诂不明,即浅近者亦非训诂不明也。"[34]可见,由文字音训以求义理,是考据学家共同信奉的原则和追求的目的。

从发展的角度看,顾炎武是乾嘉考据学派的奠基者,稍后的阎若璩、胡渭、姚际恒等人,虽然继承了清初思想家重视经学、反对空谈的主张,但经世致用的精神却淡薄了,与此相应,清初学者"汉、宋兼采"的学术倾向也渐为"尊汉抑宋"所替代。由于考据学名家辈出,因地望、学殖、师承之不同,又形成了不同的流派[35]。这些流派在治学方法上略有区别。惠栋及其后学形成的吴派以尊信和固守汉儒的经说为特色,而以戴震为代表的皖派则是清代学术发展的高峰。吴派学者王鸣盛在评论惠栋与戴震的区别时说,"惠君治经求其古,戴君求其是"[36],所谓"求古"与"求是"确实反映了吴、皖两派不同的特点。

事实上,惠栋已表现出嗜博、泥古的弊病。江声,师事惠栋,精于小学,泥古太甚,"经文注疏,皆以古篆书之",甚而"生平不作楷书,即与人往来笔札,皆作古篆,见者讶以为天书符录"[37]。而戴震不只是学者,也是思想家。较之一般乾嘉学者只是声称在名物训诂中见义理,他更自觉地把训诂考证与义理结合起来,在对经典的诠释中表达了自己的观点。因此,他提出许多深刻的思想见解,如他尖锐地批判理学家宣扬"理"的虚伪和残酷,指出"酷吏以法杀人,后儒以理杀人",他说:

> 尊者以理责卑,长者以理责幼,贵者以理责贱,虽失,谓之顺。卑者、幼者、贱者以理争之,虽得,谓之逆。于是下之人不能以天下之同情、天下所同欲达于上,上以理责其下,而在下之罪,人人不胜指数。人死于法,犹有怜之者,死于理,其谁怜之。[38]

戴震的言论既有学术研究作为立论的基础,又从整个社会政治格局着眼,所以更具思想深度。虽然他提出的"体民之情,遂民之欲"之类主张,并未逾越孟子的"仁政"思想,与18世纪西方思想家高倡自由、平等、人权、民主等资产阶级学说的情形相比,这种独立思考的思想火花也还只是零星的闪烁。但在清王朝盛极而衰的背景下,其社会意义是不可低估的,它也反映了当时历史条件下先驱者所能达到的高度。翁方纲批评戴震"不甘以考订为事,而欲谈性道以立异于程朱"[39],其实正说出了戴氏的长处。

扬州学派作为乾嘉考据学的一个分支,源于吴、皖两派,尤以皖派为重。汪中(1745—1794)开其先,焦循(1763—1820)、阮元继其后(图6-4),他们大都吸收继承汉学的治学方法与原则,但随着时代的变迁和学术的演变,又都不同程度地感受到汉学的拘守、狭隘、繁琐等弊病,进而对汉学进行批评,反对墨守汉学的门户之见。同时,他们还扩大了研究领域,所治不再囿于诸经,而扩展到先秦诸子乃至辞赋、天算等。所以张舜徽认为清代学术中"吴学最专、徽学最精、扬州之学最通"[40],这实际上也是学术发展的必然。此后,考据学趋于衰落,作为一种学术思潮,其狭隘、偏枯的缺点也日益显露。

在清代学术的发展中,汉宋之争是一个鲜明的主题。历史上,所谓"宋学"

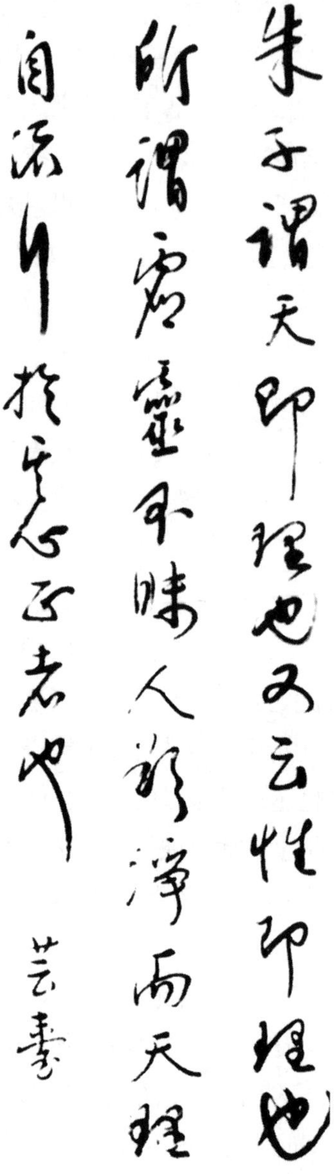

朱子谓天即理也又云性即理也
所谓虚灵不昧人欲净而天理
自流行於日志正者也
芸皋

图 6-4　阮元行书轴

其实是作为"汉学"的对立面或补充物发展起来的。两汉经学笺注经典,流于繁琐,宋学反其道而行之,不以章句训诂为中心,深究经典蕴涵的义理。纪昀曾客观地评论了汉学与宋学的区别:

> 盖汉儒重师传,渊源有自;宋儒尚心悟,研索易深。汉儒或执旧文,过于信传;宋儒或凭臆断,勇于改经。计其得失,亦复相当。[41]

就其基本取向而言,汉学长于训诂,持论有据,注重师传宗法,祖述旧典,缺乏创新;而宋学不拘古经,拓展思维,但想象杜撰,有时流于牵强附会。两种取向一偏于学术,一侧重思想,而汉宋之争在一定程度上也就表现为思想与学术的消长。无论是从学术史的由汉而宋再折返于汉的趋势来看,还是从清初经世致用之学的角度来看,乾嘉考据学的产生与发展从整体上说,无疑是思想的消退[42]。不过,思想与学术有时并不能简单地用一种表现形式或价值标准来衡量。当乾嘉考据学兴起之时,宋学是被视为猎取功名的"俗学"的,其侈谈义理的特点遭到鄙弃正体现了一种思想态度。当然,考据学作为一种学术方法普遍运用,也导致了学术的技术化、专门化甚至职业化,从事考据必须有专门的智能训练和持之以恒的知识积累与研究。当汉学发展到了"不问真不真,唯问汉不汉"[43]时,学术取代思想的倾向也发展到了极端。程晋芳(1718—1784)批评说："古之学者由音释训诂之微,渐臻于诗书礼乐广大高明之域;今之学者琐琐章句,至老死不休。"[44]

但是,简单地说乾嘉考据学完全以学术取代了思想也不全面。不但如上述戴震的"志存闻道",在考证中阐发义理,一定程度上为乾嘉考据学向"纯学术"倾斜作了纠偏。其他汉学家也并非只有考据,没有思想的。不少人就力图在考证性研究中表现自己的思想。如钱大昕考证历代正史,既纠谬正误,也发微揭隐,以谈古论今的方式,总结历史经验,在批评暴政、揭露吏治腐败等方面,都提出了比较尖锐的观点。洪亮吉(1746—1809)既有《补三国志疆域志》等历史地理考证性著述,同时又有《意言》那样理论性的著作,阐发了无神论、人口论思想。应当说,考据的目的也在于揭示义理。问题在于,这些思想性的阐发被大量的知识性话语所淹没,终究没有从根本上改变乾嘉考据学的基本性质。与此同时,宋学却在这种流弊中重新抬头,方东树(1722—1851)著《汉学商兑》一书,专攻乾嘉考据学,此书《自序》就说他们从事名物训诂是"弃本贵末","名焉治经,实足乱经"。[45]他在《辩道论》一文中还批评乾嘉考据学"刉敝精神而无益于世用",[46]这些批评固然掺杂了门户之见,但也多少触及了乾嘉考据学逐渐疏离其开创者初衷的缺陷。

在乾嘉考据学发展的同时,不断有人调和汉宋之争,即便在乾嘉考据学发展的高潮,一些学者对宋明学者正心诚意、立身制行之说还是十分认同的。惠栋就说过:"汉人经术,宋人理学,兼之者乃为大儒。"[47]而《四库全书总目提要》也认为汉宋之学各有短长,所谓"考证之学,宋儒不及汉儒。义理之学,汉儒亦不及宋儒"[48]。因此,主张消融门户之见而各取所长。如阮元力持学术之平,就认为汉、宋学各有所长,不可偏讥互诮[49]。但直到章学诚、焦循、龚自珍等人出来,才真正打破汉宋门户,使思想与学术重新走上了相互生发的道路。

考据学不但本身取得了值得重视的成就,也为中国学术的发展提供了一系列新的思维与方法。

首先,中国传统学术习惯于从整体把握自然与社会,对抽象而玄虚的"天""道""理"之类的思辨,凌驾于对具体学术的分析,宋儒更将这一趋向发展到了极点。如朱熹就反对不穷天理、明人伦而"兀然存心于一草木一器用之间",

认为那不算学问[50]。而乾嘉考据学对各门学术作细致深入的考证,则反映了传统学术从注重伦理道德向重视知识转变、从包罗万象的道统向分门别类的具体科学转变[51]。如戴震认为"事物之理,必就事物剖析至微而后理得"[52]。主张"凡植禾稼卉木,畜鸟兽虫鱼,皆务知其性"[53]。明显有别于宋儒以整体代替个别的思维方式。虽然这种转变与现代学术分类还有很大距离,更没有直接推动相关科学的产生,但是关注具体事物的思路,对从哲学上改变以道统凌驾和统驭一切学术门类的局面,无疑是有重大意义的。

其次,考据学倡导了一种善疑多思的求实精神。汉学重实事求是的精神为清代学者所继承。钱大昕认为"通儒之学,必自实事求是始"。[54]阮元也强调自己的研究,只是"实事求是"而已[55]。正因为他们重视实事求是,所以敢于提出问题。阎若璩称"古人之事,应无不可考者。纵无正文,亦隐在书缝中,要须细心人一搜出耳"[56],戴震提出"学者当不以人蔽己,不以己自蔽"[57],都体现出一种追求真知的科学精神。梁启超《清代学术概论》称赞他们:"无论何人之言,决不肯漫然置信,必求其所以然之故","苟终无足以起其信者,虽圣哲父师之言不信也。"[58]

再次,考据学努力使博涉与专精相结合。乾嘉学者强调"以博学为先"[59],所谓"博"一是指兼治多个研究领域乃至不同学科,如阮元就在总结前人学问的基础上,于经史、小学、天算、舆地、金石、校勘、书法艺术等,都有较大的贡献。"博"的另一义是指广泛涉猎与运用相关材料。所以王引之说:"经之有说,触类旁通。不通全书,不能说一句;不通诸经,亦不能说一经。"[60]虽然"贪多务博""务为无理之繁富"也曾招致一些批评[61],但不少乾嘉学者在重视博涉的同时,也同样重视专精。在博涉与专精的强调上,乾嘉各派有不同的侧重点,他们可以说都做到了这两方面的结合。当然,今天看来,他们所谓的"博"还是在传统经学的范畴内打圈子,局限性是很明显的。

最后,考据学还表现出精审博征的治学方法。言必有据,无征不信是他们的信条,如阎若璩说"要事求有据,不敢凭臆以决矣"[62]。所以,在研究中,"旁引曲证""考究精密"[63]是他们的基本方法,如王念孙《读书杂志》为考证一字,往往罗列古籍,旁征博引,并能经归纳法得出古书致误缘由。考据学家对归纳法运用得相当普遍和娴熟,并使之充分客观化和规律化[64]。对于归纳法的运用,李约瑟曾给予高度评价,认为:"在中国人过去的时代精神中,显然没有任何东西能够阻止人们去发现那些符合于最严格的考据原则、精确性和逻辑推理知识。"[65]

有趣的是,一些西方汉学家对清代考据学的评价似乎比中国学者更高一些。艾尔曼在《从理学到朴学——中华帝国晚期思想与社会变化面面观》一书中称:"清代小学家同他们的欧洲同行一样,追求语言的简明、清晰、纯净,这种追求引导他们揭露当时通行思想及表达方式的种种谬误。"他还特别提到:"新学术的冲击改变了儒学的追求,使之由追求道德理想人格的完善转向对经验性实证知识的系统研究。……在西方学术传统中,社会环境类似的变化曾促使 18 世纪启蒙运动的出现。"进而认定在中国实证科学必需的机制已经形成[66]。问题是,为什么除了戴震等极少数人之外,乾嘉考据学并没有真正导致科学理念与启蒙思潮的兴起?

也许,研究对象的狭窄是造成研究方法无法彻底发挥其思想作用的一个原因,它甚至可能还限制了其自身的发展。王鸣盛就说过"治经岂特不敢驳经","但当墨守汉人家法,定从一师,而不敢他徙"[67],就表现出极为保守的态度。钱大昕则说:《六经》定于至圣,舍经则无以为学"[68]也拘于经典,作茧自缚。由于乾嘉考据学过分专注于古代典籍,并大多局限于书本上的研究,其整体价值取向必然脱离实际,脱离政治。章学诚说:"近日学者风气,征实太多,发挥太少。有如桑蚕食叶而不能抽丝。"[69]在他看来,当时学风之弊就在沉溺于考据训诂,不求其义。说他们只是适应统治者"稽古右文"的需要,只是充当了盛世的装饰品,未免过于苛刻,但乾嘉学者确实在思想上没有更大的建树。在这一意义上,方东树对考据家一味注重训诂的批评是有道理的。方氏在驳斥戴震著名的由小学文字而成词、由词而明道的言论时,指出:"夫谓义理即存乎训诂,是也,然训诂多有不得真者,非义理何以审之?"何况"义理有时实在语言文字之外者"[70]。这里强调了理论思维的指导性和超越性,确实是考据家所没有认识到的。

晚清的学者,在总结乾嘉考据学的发展时,基本上都认同了兼采汉宋的理念。如朱一新说:"故汉学必以宋学为归宿,斯无乾嘉诸儒支离琐碎之患;宋学必以汉学为始基,斯无明末诸儒放诞空疏之弊。"[71]但是,即便清代学者始终采取了这一兼容并包的态度,他们能否在思想上完全超越前人,也难以遽定。因为他们始终面对的就是传统的文化资源,所做的工作也始终是在总结,而不是在开辟。

第三节　清代学术的知识谱系

经学的成就　小学各门学术的独立　文字学　音韵学　训诂学　校勘学
目录学　史学与"六经皆史"　地方志　乾嘉考据学的衰落

在集大成的意识引领下,运用精密的考证,清代各门学术都有了长足的进步,呈现出继先秦"百家争鸣"后,又一个人才辈出、学派林立的学术景观。梁启超在《中国近三百年学术史》中概括"乾嘉诸老"所做的工作:(一)经书的笺释;(二)史料的搜补鉴别;(三)辨伪书;(四)辑佚书;(五)校勘;(六)文字训诂;(七)音韵;(八)算学;(九)地理;(十)金石;(十一)方志之编纂;(十二)类书之编纂;(十三)丛书之校刻。这大体涵盖了清代学术发展的基本格局与知识谱系。

清代学术界对宋明理学的反动和对汉学的回归,是从经学开始的。清代学者以求实的态度,廓清后世对经书的误解与歪曲。如对孔孟思想中"仁"这一概念,理学家有种种解释。阮元从儒家原典出发,逐一分析《论语》《孟子》中有关论述,从而得出比较符合原始儒学的本义[72]。为了寻求思想上的资源,清代学者还大量钩稽考证汉代经说,使汉学重新焕发了光辉。惠栋的《九经古义》、王鸣盛的《尚书后案》等都是这方面的代表作。与此同时,一些学者还试图超越汉宋,综括前代,为儒家经典撰著新疏新解,几乎每一部经书都出现了超迈前代的集大成之作,如戴震的《孟子字义疏证》等。而一些学者又于各部经典无不钻研,凡有所得,均随笔札记,如朱彝尊《经义考》、江永《群经补义》等,都通释群经,卓有成就。清道光初阮元主编之《皇清经解》,汇刻清代训释儒学经书的著述,计78家、180余种、1412卷;光绪十一年(1885),王先谦编《皇清经解续编》,收集阮编所遗漏的及乾嘉以后著作,计110家、209种、1430卷。此二书规模宏大,反映了清代经学的成就。

与此相关的是小学的研究。小学的研究范围包括文字学、音韵学及训诂学，以往都是附属于经学的。但清代学者十分重视小学在经学研究中导夫先路的作用。如惠栋称治学必"识字审音，乃知其义。"[73] 王鸣盛更称"无小学自然无经学"[74]。由于他们特重小学，在这些方面做了许多专精研究，遂使小学形成相对独立的专门学科。对《尔雅》《方言》《说文解字》等古代字书的整理、注释和疏解是清代学者在文字学方面的主要贡献。如段玉裁（1735—1815）《说文解字注》对《说文》所载各字逐一详细作注，阐明每字的音韵训诂，把《说文》在考订文字、声音、训诂三方面的学术价值阐发无遗，并且创立了一些研究词义的方法，为汉语训诂学的发展开拓了新的门径。古音学是清代学者研究的主要对象之一，他们最大的贡献是建立了古韵分部体系。顾炎武的《音学五书》对古韵的考辨和分部，引导后来的音韵学家走上了较为科学的道路。顾氏的弟子江永的《古音标准》分古韵为十三部；段玉裁的《六书音韵表》分为十七部，孔广森进而分为十八部；王念孙分为二十一部，直到近代黄侃分为二十八部，逐渐精密。同时，他们还建立了阴阳入三声相配的系统和对转的理论。这些都反映了研究工作的不断深入、不断接近客观实际[75]。如果从方法上划分，清代古音学家大致可以分为考古派和审音派。前者以顾炎武、段玉裁、孔广森、王念孙等人为代表（图6-5），注重对上古史料的归纳、分析，从中引出结论；后者以江永、戴震等人为代表，注重运用等韵学和中古韵书的音类证明古音。在训诂学方面，清代学者对群经诸子及相关典籍进行了深入的考证训释，如《读书杂志》就是王念孙在详细校阅古籍基础上，考辨、订正古书及其注释的重要著作。此书校正文字，阐明古义，多有创见，在训诂方面贡献尤为突出。如在音韵上注意音义近通之词语，指明因声求义之途径，为释词与探索词源提供了方向。在词汇上，该书注意阐明词的多义性和词汇组成方式，阐明古今方法与词性差异，为辨别词义、纠正误解提供了理论基础。与此同时，清代学者还对古代典籍的文字训诂作了一番整理汇总，其中最有代表性的当推王引之（1766—1834）的《经传释词》和阮元主持编纂的《经籍籑诂》二书。《经籍籑诂》荟萃了古代经典和诸子百家训诂，群经旧注，古史及诸子旧注，史部、集部旧注以及字书等各方面的材料，将唐以前的训诂资料网罗殆尽，便于检查。

清代学者在校勘方面也硕果累累。如阮元总其成的《十三经注疏校勘

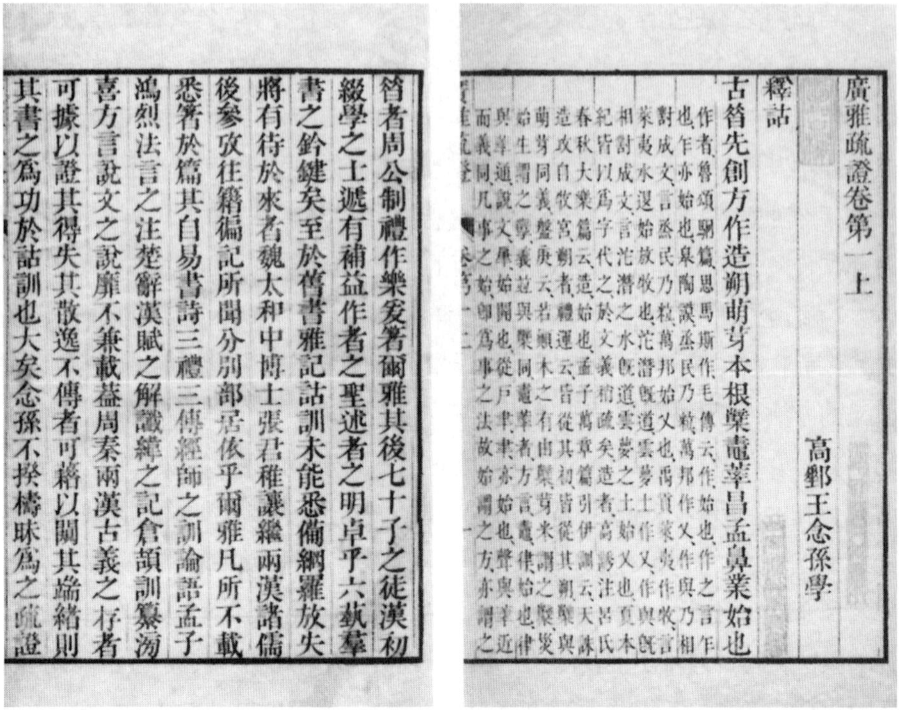
廣雅疏證卷第一上

高郵王念孫學

釋詁

古昔先創方作造朔萌芽本根櫱鼃𦾔昌孟鼻業始也

昔者周公制禮作樂爰著爾雅其後七十子之徒漢初綴學之士遞有補益作者之聖述者之明卓乎六藝羣書之鈐鍵矣至於舊書雅記詁訓未能悉備網羅放失將有待於來者魏太和中博士張君稚讓繼兩漢諸儒後參攷往籍徧記所聞分別部居依乎爾雅凡所不載悉箸於篇其自易書詩三禮三傳經師之訓論語孟子鴻烈法言之注楚辭漢賦之解讖緯之記倉頡訓纂滂喜方言說文之說靡不兼載蓋周秦兩漢古義之存者可據以證其得失其散逸不傳者可藉以闚其端緒則其書之爲功於詁訓也大矣念孫不揆檮昧爲之疏證

图 6-5　王念孙《广雅疏证》,清嘉庆年间王氏家刻本

记》,每经皆以八种以上唐宋至清的不同版本及各家著作进行校勘,校勘记主要记其异同,个别者定其是非。卢文弨(1717—1795)的《群书拾补》记录了卢文弨生平校过的《经典释文》《孟子音义》《逸周书》《荀子》等 38 种古籍的校勘成果。与此相关,清代学者还作了大量的辑佚工作。除了官修《四库全书》时,从《永乐大典》中辑得宋元前佚书 388 种,民间也出现了大规模辑集古代典籍佚书的活动。辑佚发端于考据学家的治经,他们大量辑集古代经义、小学著作,如惠栋《九经古义》16 卷,将诸经汉人佚注细加网罗,互相参证。稍后,辑佚工作向纵深拓展,涉及经、史、子、集各个门类。严可均(1762—1843)是清代辑佚学者中贡献较大的一位,他曾参与清政府所开全唐文馆的工作,感到唐以前文也应有总集,以便与唐文相接。于是下决心搜集各种书籍及金石文字,自上古迄隋,鸿裁巨制,片语单词,汇编成《全上古三代秦汉三国六朝文》行世。同时,他还辑有《抱朴子内篇佚文》《桓谭新论》《刘向说苑佚文》等数十种。此外,马国翰辑有《玉函山房辑佚书》580 种,王仁俊辑有《玉函山房佚书续编》

269 种及《补编》138 种、《十三经续注》40 种、《经籍逸文》116 种。这些辑佚工作使汉魏以前的久佚古籍，得以复见其梗概，而散失的宋元珍贵文献也多赖此流传。

在目录学方面，清代学者也取得了重要的成绩。除了前面提到的《四库全书总目提要》这样的划时代著作外，清代的目录学大致可以分为两大派[76]。一是以章学诚（1752—1800）为代表的"义例派"，主张目录应该通过完美的分类体系以及类序提要来条别学术源流，辨明家传授受，反映学术演变，发挥"辨章学术，考镜源流"的功能。章学诚的《校雠通义》集中反映了他在目录学中继往开来、变革创新的贡献。另一派以钱大昕为代表的"考订派"，注重目录版本学在考订经史、是正文字、选择善本、搜集佚文、辨别伪书等方面的作用，强调它们在研治、整理古代文献中的实际效用。钱大昕对元代文献所作的发掘与考证都与他的目录学思想联系在一起。事实上，清代目录学的发展与清代学术的发展是一致的。如朱彝尊的《经义考》300 卷，是经学第一部专科目录，凡历代目录所著录的说经之书，先著卷数、著者或注疏者，考其爵里，书下各注存、佚、缺、未见，辑录原书序跋及各家论述。其书网罗宏富，堪称历代解释儒家经典之书的总汇。而姚际恒《古今伪书考》是专门辨伪的目录学著作，该书辨伪文字简略，判断虽不完全可靠，但它对清代辨伪之风不无影响。这些目录学著作的出现反映了当时学术界关注点与成就。而孙星衍在传统的四部分类法基础上，提出十二部分类法，把原先子部升为大类，从经部分出小学类，从史部分出地理、金石类等，都体现了对传统知识谱系重新定位、归类的学术旨趣。

与经学成就同样突出的是史学。从清初开始，就不断有人私修明史，为官方修史提供了一个很好的学术氛围。顺治二年清政府正式开馆纂修明史，至雍正十三年告成，历经万斯同、王鸿绪等众多学者长期纂辑和修订，终于完成了一部继前四史后最受好评的正史[77]。《明史》不但继承了历代正史编纂的经验与史书成例，又有所创新，如《七卿年表》《阉党传》《土司传》等，都是根据明代社会的特点，新设立的项目。清代史学还有一个值得重视的进展，就是与乾嘉考据学兴盛联系在一起的大批历史考证著作的涌现。其中最具代表性的有王鸣盛的《十七史商榷》、钱大昕的《廿二史考异》、赵翼的《廿二史札记》。这几部书虽然性质不尽相同，但都体现了清代学术文化博大精深的特点。一方面,它们都面对历代史书,纠举疏漏、校订讹误、驳正舛错、评论得失,大有总结既往的性质;另一方面,它们又都涉及历代史书中文字、史实、人物、典制、舆地等广泛的知识领域,充分表现了一代学人的博学多识。

不但如此,清代的史学观念也有重要的发展,这主要表现在钱大昕、章学诚等人对历史文献本身的重视上。钱大昕冲破"尊经轻史""陋史荣经"的藩篱,对所谓"经精而史粗,经正而史杂"的偏见,他指出:"予谓经以明伦,虚灵玄妙之论,似精实非精也;经以致用,迂阔刻深之谈,似正实非正也。"破除了经学先天的神秘性、权威性,从而提出了"经与史岂有二学哉"[78],把史提高到与经并列的地位,主张以治经方法治史。而章学诚更明确提出"六经皆史"的史学思想。在中国古代学术史上,"六经皆史"的思想萌芽甚早[79],但章学诚认为古代学术初无经史之分,是为了反对"舍器而求道,舍今而求古,舍人伦日用而求学问精微"的倾向。因此,他明确提出"史学所以经世,固非空言著述也"[80]。实际上是要求把传统学术研究的立足点转移到现实社会中来。

值得注意的是,清代学者除了运用传统的方法与材料外,还作了一些新的努力。如钱大昕自三十岁起,就博采金石文字,不仅有采购所得或亲友馈赠,更有随时随地的临拓,至老不辍(图6-6)。他陆续刊出《金石文跋尾》四集,其《十驾斋养新录》第十卷也是金石学。而以金石文补史籍之缺漏与错讹,是他从事

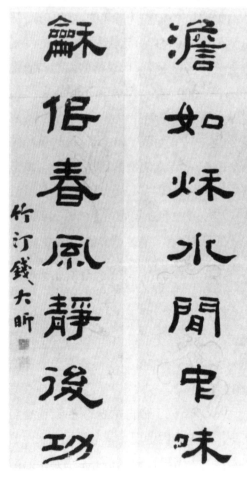

图6-6　钱大昕隶书七言联,故宫博物院藏

金石学的旨趣。而阮元治经也不只是从一般文献中找证据,他还十分重视对考古文物的利用,特别重视钟鼎彝器的形制和文字,甚至说:"故吾谓欲观三代以上道与器,九经之外,舍钟鼎之属,曷由观之?"[81]把"金文"抬到了与"九经"并重的位置。因此,金石学也成为考据学的又一重要领域。

清代地方志的编撰也达到了鼎盛时期。据《中国地方志联合目录》所载,清代地方志5701种,占现存地方志的70%左右,平均每年修志二十余种。清廷不但组织纂修了规模宏大、内容丰富、体例完善、考订精审的全国地理总志《大清一统志》(图6-7),还严谕各地纂修方志,凡省、府、州、县、乡、镇、盐井、土司都有志书。这些地方志大多数是官修的,但地方官在主持修志时,常常吸引一些学者具体负责编纂工作,如戴震、章学诚、钱大昕、洪亮吉、阮元、孙星衍、王鸣盛等著名学者都参与过修志活动,这对提高地方志的质量有很大作用。不但如此,一些学者还对地方志的编纂进行了理论探讨,形成了以戴震为代表的地理派和以章学诚为代表的历史派。地理派注重地理历史沿革及其考

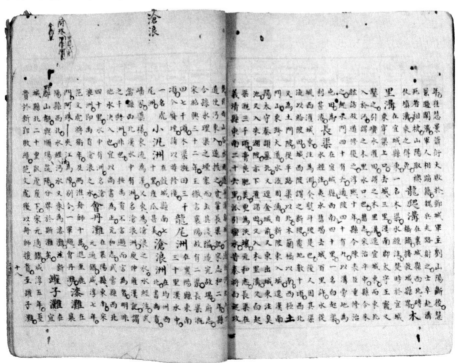

图6-7　乾隆四十九年内府朱格稿本《大清一统志》,故宫博物院藏

证,以为古今沿革是作志者首先应予重视的,故有关山川等地理内容务期详尽。而历史派则认为方志如国有史、家有谱,力主方志立"三书"体例,即志、掌故和文征。从研究的深度和广度说,章学诚所作的努力最为突出,他在地方志的性质、内容、编纂等方面,都提出了精辟的见解,可以说为地方志的进一步发展奠定了理论基础。

总之,清代学者在吸收前人研究成果的基础上,通过训诂笺释、版本考定、文字校勘、辨伪辑佚等方法,对历史文献典籍进行了大规模的整理和总结,从一定程度上说,这是对以经学为中心的思想传统的重构。当然,也正是由于其知识谱系是围绕传统经典展开的,所以,它的局限性也很明显。我们知道,中国传统的知识谱系实际上是以经史子集为统领的,这一点在清代并没有发生根本性的改变。虽然清代学术的划分在这一基础上更加细密了,例如《四库全书》的总目就已达到了 44 个门类,但是与同时期西欧知识的高度系统化、专门化相比,特别是落实到教育体制和课程分类上,清代学术仍然有明显的不足。

当然,清代学者也并非完全不关心自然科学。比如戴震就是四库馆臣中少数精通数理之学的人之一,他也从事过自然科学方面的研究,写过《考工记图》《勾股割圆记》等著作,并在经学研究中,运用了一些自然科学方面的知识。不过,在这方面他基本上还是停留在以自然科学的知识阐释经籍的层次,与传统的"格物致知"的思想只有程度上不同,没有本质上的区别。此外,如江永、阮元、陈澧等人也撰写过一些自然科学方面的著作,阮元在主持诂经精舍、学海堂两个书院时,在课程设置上,除了经史、小学外,还有天文、地理、算学等内容。特别是随着西学的不断传入,清代学者对待自然科学的态度以及知识结构也多少发生了一些变化,产生了梅文鼎、明安图等杰出的科学家。但是,在这些经学家那里,自然科学的知识还没有也不可能形成一个独立的科学系统,也没有成为一种思维方式。儒学要突破人文领域而进入自然的世界,还是一个极为艰难的课题[82]。《四库全书总目提要》就十分突出地反映了传统儒学重道轻艺的倾向。《总目》卷首《凡例》明确宣称:"圣朝编录遗文,经阐圣学、明王道者为主,不以百氏杂学为重也。"所以,一些重要的科技著作都未收入《四库全书》之中,如明末学者宋应星的百科全书式总结生产技术的专著《天工开物》就没有收录。明末清初一批西方传教士与中国士大夫合作,编译了不少有关西方科技文化方面的书籍,《四库全书》仅收了少数作为点缀,罗雅谷、徐光启著译的《测量全义》等,均未收录。

另一个缺陷也比较明显,那就是清代学者的学术研究基本上停留在精英文化的层面,他们中的大多数人对于不断发展、影响也日益扩大的俗文化基本上采取漠不关心、甚至歧视的态度。这不但使他们的研究成果只能在小范围内孤芳自赏,也使他们无法在民间文化这个宽广的世界中获得新鲜的刺激。事实上,当时的通俗文学与整个学术思潮是同步的,在《儒林外史》《红楼梦》《镜花缘》等小说中,我们都可以感受到当时学术思潮的影响。而与之相对应的是,只有少数学者关注了通俗文学的发展。焦循就是一个例外,他在治经之余,对当时盛行的戏剧也抱有浓厚的兴趣,并写过《花部农谭》《剧说》等有关戏剧发展与现状的著作。

乾嘉考据学发展到王念孙、王引之、段玉裁等人,逐渐成了强弩之末。对于它的衰落,一般认为与其脱离实际有关。也就是说清代社会由盛而衰,社会矛盾日益尖锐后,偏重于名物训诂的学术研究,对重大社会问题的解决无能为力,适应不了形势的发展和需要,必然走向没落。这种解释当然是有道理的,但不够全面具体。其实,乾嘉考据学从一开始就不是针对现实问题而产生的,在它全盛的时期,也没有为解决社会问题发挥过什么大的作用。在很大程度上,它的衰落可能与学术自身的发展也有关系。当一种学术发展到了极致,当它提出的所有命题的研究几乎都达到饱和状态时,它的衰落是十分自然的事。这种衰落实际上是一个类似于"落红不是无情物,化作春泥更护花"的悲壮过程。王国维在提到龚自珍、魏源所代表的学术转型时,就精辟地概括说:"龚魏二氏实上承乾嘉专门之学,而有清初诸老经世之志"[83],不过,从根本上说,他们既鄙弃惟古是尚的汉学,也藐视空谈心性的宋学,所谓"恶夫饾饤为汉,空腐为宋"[84],体现了一种新的学术追求。所以,随着今文经学的复兴,经世思潮的崛起,学人议政之风盛行,变法之论渐起。与此同时,一些经世致用之学迅即取得了长足的发展,如边疆史地学的兴起。这些有关边疆史地的纪闻之作,是清代疆域辽阔的体现,也是西部受到强敌威胁的反映,其中关于西藏的《卫藏通志》《西招图略》,关于新疆的《新疆识略》《西域水道记》等等,都较为突出。从学术深度上说,这些著作也许超不过乾嘉考据学的著作,但是,它们反映了另一种学术视野。

第四节 少数民族的文化发展

各民族对自身历史、文化的体认 三大英雄史诗 少数民族作家、文学
少数民族医学 各民族文化的交融

清朝在多民族统一国家的建设方面取得了巨大成就,其文化的"博大"也包含了少数民族文化发展的内容。作为中华民族大家庭的成员,各少数民族取得的文化成果,不仅象征着本民族自身文明程度的进一步提高,同时也是中华文明不可或缺的重要组成部分。

当代中国的少数民族,大部分在清朝已经完全形成。一个民族从发源、发展到定型,要经历漫长的历史过程。对本民族的历史、语言、文化加以系统总结,通常是以该民族自身文明程度达到较高水平为前提的。它不同于单纯的史诗一类民间文学作品,而是精英文化的体现。在清朝,这方面成就比较显著的,主要有蒙、藏、满、回诸族。

蒙古族早在13世纪,就曾编纂本民族最早的史学著作《蒙古秘史》(古代一般称为《元朝秘史》)。明代后期,随着蒙古地区经济、文化的发展,又出现了《阿勒坦汗传》《黄金史纲》《黄史》等史书。受喇嘛教传播的影响,这些史书都将蒙古王统上接于吐蕃和印度,并且夹杂着许多宗教、神话传说。到清代,类似的史书数量更多,编纂水平也有进一步提高。成书于康熙元年(1662)的《蒙古源流》,由鄂尔多斯部人萨冈彻辰洪台吉(1604—?)编著,从世界形成、佛教起源与传播、成吉思汗建国、元明两朝蒙古族情况,一直讲到蒙古并入清朝统治,原委清晰,叙事明白(图6-8)。乾隆时,相继译为满文、汉文,并收入《四库全书》,一度成为蒙古史书中流传最广、声誉最著的作品。成书时间稍晚的罗卜桑丹津《蒙古黄金史》[85],叙事范围相近,而内容更加细致,保存了大量古老的蒙古史料。这两部书与《蒙古秘史》并称为蒙古文三大历史著作。此外,清代的蒙古文史书还有《阿萨拉克齐史》《恒河之流》《如意宝树》《金轮千

图6-8　清康熙内府蒙文抄本《蒙古源流》书影,故宫博物院藏

幅》《水晶鉴》《水晶念珠》《黄金数珠》等许多部,大致都是以成吉思汗后裔谱系或佛教传播历史为纲,涉及蒙古社会发展诸方面内容,充分反映了蒙古族史学发展的成绩,也是今天研究蒙古族历史文化的重要资料。

藏族历史悠久,史学传统的形成相当早。元、明时期,有作者署名的史学著作已经大批出现,其内容大体包括王统世系史、贵族家族史、宗教发展史、人物传记几大类。到清代,藏族史学发展得更为成熟。五世达赖阿旺罗桑嘉错(1617—1682)撰写的《西藏王臣记》,对以往藏族史学著作以宗教内容为主线的模式有所突破,详于政而略于教,系统全面地叙述了自吐蕃松赞干布建立政权至明清之际蒙古顾实汗进藏共约一千年的历史。才仁旺阶(1697—1794)所著《颇罗鼐传》、丹增班觉(1760—?)所著《多仁班智达传》则是出色的人物传记和贵族家传作品。

满族形成的历史相对较晚,但它是清朝的统治民族,又深受汉文化影响,因此对本族历史的撰著也颇为重视。雍正在位时,命撰修《八旗通志》,乾隆四年(1739)书成,共253卷,系统记载了满族基本社会组织八旗的演变情况、有关制度和人物事迹。嘉庆时,又补撰《八旗通志二集》356卷。乾隆四十二年

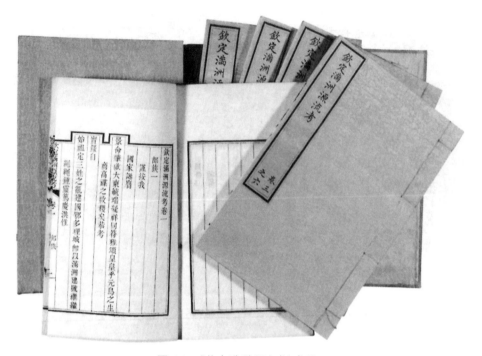

图 6-9 《钦定满洲源流考》书影

(1777)下诏编纂的《满洲源流考》20卷(图6-9),分部族、疆域、山川、国俗四门,是一部相对简明的满族形成史。此外,还编纂过《八旗满洲氏族通谱》《宗室王公功绩表传》等书。上述著作都是用满、汉两种文字分别编写的。

蒙、满两族这一时期都出现了一些研究本民族语言文字的著作。丹金达格巴编写的《蒙文启蒙诠释》,分析介绍了14世纪初蒙古语文专家搠思吉斡节儿所著《蒙文启蒙》的内容。《蒙文启蒙》今已失传,其基本面貌赖《诠释》一书得以保存。另外,富俊编有《蒙文旨要》,毕力更达赖编有《蒙文授业启蒙》,赛尚阿编有《蒙文总汇》《蒙文晰义》。雍正八年(1730)刊行的舞格寿平著《清文启蒙》,是一部简明扼要的满语文教科书,后来相继被译为俄文和英文。重要的满语文著作还有《钦定清汉对音字式》《清语易言》《清文指要》等,以及大量的满汉文对照词典。

回族没有自己单独的语言(大多数人使用汉语),其民族基本上是在伊斯兰教的整合作用下形成的。因此回族对自身历史文化的体认,主要表现为用汉语撰、译的伊斯兰教教义、教史著作。这方面的代表性著作,最著名的有明末清初南京人王岱舆撰写的《正教真诠》《清真大学》《希真正答》,清初云南人马注撰写的《清真指南》,南京人刘智译著的《天方性理》《天方典礼》《天方至圣实录》。上述三人与晚清的云南人马德新,并称为回族四大宗教著作家。此外的重要人物、著作,还有明清之际张中撰写的《归真总义》《四篇要道》,清初赵灿撰写的《经学系传谱》,清中叶金天柱撰写的《清真释疑》等。这些著作,绝大部分都带有一个共同特点,即力图将伊斯兰教教义与中国传统文化相结合,以儒家思想中的一些概念诠释伊斯兰宗教哲学理论。它们不仅丰富了伊斯兰教教义,也对中国传统文化的发展有所贡献。

各少数民族文化中最为发达的部分是文学艺术。其中,民间文艺又是主要内容。少数民族民间文艺的代表作,是规模宏伟,篇幅巨大的《格萨尔王传》《江格尔》《玛纳斯》三部英雄史诗,它们被誉为中国的三大史诗,闻名世界。这三部史诗起源很早,但在数百年传唱过程中又不断被充实、加工,因此并非一人一时的作品,而是一个民族几十代人的集体创作。清代大体可以看作是这三部史诗基本定型的时代。

《格萨尔王传》是藏族史诗,叙述主人公格萨尔由天神转世人间,在经历了艰难困苦后,成为国王,率军南征北战。它大约产生于 11 世纪前后(一说 13 世纪),经后人不断加工、增补,至今尚未整理出完整的全本。目前藏文《格萨尔王传》有分章本和分部本两种本子,分部本是在分章本的基础上发展而成的,情节更为庞杂,已发现 50 多种藏文版本。《格萨尔王传》卷帙浩繁,内容涉及政治、经济、军事、思想等多方面问题,相当全面地反映了古代藏族社会错综复杂的历史画卷。全书以现实主义与浪漫主义相结合的手法,共塑造了约 3000 个艺术形象。文字以说唱为主,也有散文化的叙述段落。据学者估计,《格萨尔王传》的总量大约有 100 万行、1000 余万字,比印度著名史诗《摩诃婆罗多》长五倍,比《罗摩衍那》长二十倍,是目前所知世界上最长的史诗[86]。它不仅在藏族地区流传,也传到蒙古、土、纳西、裕固等民族当中,以及蒙古人民共和国、锡金、不丹等国家和地区。

《江格尔》是蒙古族史诗,叙述部落首领江格尔、勇士洪古尔等人与邪恶势力战斗并取得胜利的故事。它主要在新疆地区的厄鲁特蒙古土尔扈特部落中流传,也传到蒙古其他部落以及俄罗斯境内的一些地区。其产生时间,一般认为可能早于 13 世纪。今天所见较为通行的《江格尔》版本,分 13 章,约 10 万行,用明清时期厄鲁特地区流行的托忒式蒙古文书写。还有其他一些版本,内容互有异同,但没有完整无缺的定本。《江格尔》每章都有相对完整的情节,可以独立成篇,同时前后各章又互有联系,共同结合成为一个有机整体。它艺术地再现了游牧民族部落战争的历史场景,艺术风格粗犷豪迈,散发着浓郁的草原生活气息。目前在中国、蒙古、俄罗斯三国搜集到的《江格尔》共有 60 余部。

《玛纳斯》是柯尔克孜族史诗,叙述英雄玛纳斯及其子孙率领部众反抗外族掠夺和奴役的故事。柯尔克孜族在汉代称为坚昆,唐代称为黠戛斯,长期蒙受其他民族的统治,《玛纳斯》间接地反映了这方面的历史。其产生时间众说纷纭,有公元前 1 世纪、9 世纪、10—13 世纪、16—18 世纪等诸多说法。目前通行的《玛纳斯》是由新疆柯尔克孜族民间诗人尤素普·玛玛依传唱下来的,共 8 部,20 余万行。8 部之中每部各有主人公,依次为玛纳斯、玛纳斯之子赛麦台依、孙赛依台克、……直至七世孙奇格台依。史诗全为韵文,内容博大全面,实际上也是一部综合反映柯尔克孜族从古代到近代社会各方面因素的百科全书。

我国各少数民族史诗的数量非常可观,大部分民族都有自己历代相传的史诗,并且往往不止一部。上述三大史诗以外,比较重要的史诗还有维吾尔族的《乌古斯传》、哈萨克族的《阿勒帕米斯》、纳西族的《黑白之战》、傣族的《厘俸》《粘响》《相勐》《兰嘎西贺》等等。对这些史诗的整理、研究,还有待大力加强。

清代少数民族的作家文学同样有很大发展。满族作家纳兰性德(1655—1685)、蒙古族作家梦麟(1728—1758)、法式善(1752—1813)用汉文创作的诗词作品达到很高的艺术水平。用本民族文字进行创作的作家、作品数量也很多。维吾尔族诗人赫尔克提(1634—1724)的长篇叙事诗《爱情与苦恼》,共 27 章,2000 余行,采用象征手法,通过玫瑰、夜莺、晨风的对话,歌颂真挚的爱情,具有独特的艺术魅力。阿不都热依木·尼扎里(1776—1848)创作的《热碧亚——赛丁》则是一部写实的爱情叙事诗,共 7 章,947 行。藏族地区流传的《仓央嘉措情歌》一般认为是六世达赖喇嘛仓央嘉措(1683—1706)所作,构思精巧,情感细腻,真实地刻画了恋情与宗教信仰的心理矛盾[87]。晚清蒙古族文学家尹湛纳希(1837—1892)创作的蒙文小说《一层楼》《泣红亭》,以主人公璞玉与三位少女的爱情故事为线索,反映了 19 世纪后半期的社会生活,结构严密,情节曲折动人,人物形象生动。尹湛纳希还著有《大元盛世青史演义》,叙述成吉思汗的创业故事和大蒙古国早期历史,是蒙古文学史上第一部章回体历史演义小说。

少数民族科技方面的成就,以医学最突出,也最具有自身的特点。藏族医学在吐蕃王朝时期开始形成,受到了汉族中医一定的影响。8 世纪后期宇妥·云丹贡布所著《四部医典》是藏医最早的经典著作。在藏地佛学当中,医药学属于"五明"中的"医方明",颇受重视。藏医理论认为,人体内包含着三大因素(气、火、水土)、七种物质(乳糜、血、肉、脂、骨、髓、精)和三种排泄物(粪便、尿、汗)。如果这三大因素、七种物质、三种排泄物平衡失调,均可导致疾病。诊断方法与中医较为接近,也包括望、闻、问、切[88]。在生理解剖学、病因病理学等方面,藏医都有独到的成就。清代藏医学最重要的人物是 17 世纪后半期的第司·桑杰喜措。他撰有《〈四部医典〉释论·蓝琉璃》《医学概论·仙人喜筵》等书,并且在前一部书的基础上主持编绘了一套 79 幅医药彩色挂图(彩图 9)。这套挂图的内容十分完备,包括了藏医学各方面的基本知识。19 世纪前半期,帝马·丹增彭措编著了药物学著作《晶珠本草》,载药 2294 种,对各种药材的产地、性味、功能、用法都有详尽的叙述。维吾尔族也有自己的传统医学。其基本理论包括土、水、火、空气"四大物质学说"和血津、痰津、胆津、黑胆津"四津体液学说",内服药多用糖浆剂和膏剂,还有熏药、坐药、放血、埋沙等特殊疗法。蒙古族医学是在蒙古族自身医疗经验总结的基础上,吸收藏医、中医的若干理论而逐渐形成的。清代的蒙医体系已发展得相当完整,出现了不少医著、名医乃至医疗世家。蒙医在外伤和骨科正治方面有较高的治疗水平,还有一些独特的物理疗法。如罨疗,包括冷罨、热罨。冷罨指用冷水或冰装入羊胃肠中冷敷,热罨最初为加热的石块、沙砾热熨,又改用黄油涂于毡上热敷。清代益西班觉所著蒙医学著作《甘露之泉》记载了冷罨十二法和热罨十八法。又如瑟博素浸疗,是将大牲畜杀死后,立即取出胃中刍物进行热敷。皮疗,将杀死的牲畜立刻剥去皮,包裹患者全身或病处。这些疗法都是在草原生活经验的基础上形成的[89]。

清朝大一统局面下民族区域文化的发展,推动了不同民族文化的互相交融。在清廷主持下,大批汉文经史古籍、文学作品被翻译为满文,总数大约达到1000种[90]。四大古典小说名著《三国演义》《水浒传》《西游记》《红楼梦》不仅译为满文,还译成了蒙文。前述尹湛纳希创作的蒙文小说《一层楼》和《泣红亭》,在题材和写作手法上就受到了《红楼梦》很大的影响。卷帙浩繁的藏文大藏经《甘珠尔》和《丹珠尔》先后被译为满文和蒙文。西藏地区的建筑文化艺术随着喇嘛教的传播影响到中原和蒙古,兴建了许多具有藏式建筑特征的寺院。例如北京的雍和宫、承德的外八庙,都融会汉地传统宫殿建筑与藏地宗教建筑两种风格于一身,体现出多元文化的特色。各民族间的科技交流也比较广泛。在呼和浩特市五塔寺北面砖砌照壁上,保存着一幅石刻的蒙文天文图,其周天度数和纬度用藏文数码标识,文字标注为蒙古文,内容则主要反映汉地天文学的基本概念和理论。内蒙古图书馆馆藏的蒙文写本《天文学》二册,也是蒙古族学者学习、研究汉地天文学的成果。

　　清朝各民族文化的交融,还比较集中地体现在一些官修的民族文字对照辞书或手册上。清朝政府为巩固多民族统一国家的统治,在撰修官书、律例等书时,十分注意少数民族文字的使用。如历任皇帝实录,都有满、蒙、汉三种文字的稿本。大约在18、19世纪之交成书的《御制五体清文鉴》,是清廷特地撰修的一部满、藏、蒙、维、汉五种语言对照的分类辞书(图6-10)。其正编32卷,收词17052条,补编4卷,收词1619条,共收词18671条。乾隆二十八年

图6-10　乾隆六十年武英殿刻本《五体清文鉴》,故宫博物院藏

（1763）成书的《西域同文志》共有 24 卷，汇集了新疆、青海、西藏地区地名、山名、水名、人名等一批专有名词，用满文、汉文、蒙古文、维吾尔文、藏文以及托忒式蒙古文共六种文字进行标识。这两部著作对于沟通汉、满、蒙、维、藏诸族的文化交流起到了重要的桥梁作用，在比较语言学方面也有很高的参考价值。

注　释

〔1〕　王国维：《沈乙庵先生七十寿序》，《观堂集林》卷二三，河北教育出版社，2001 年，第720 页。

〔2〕　王鸣盛：《蛾术编》卷二《刘焯刘炫会通南北汉学亡半其罪甚大》，《续修四库全书》影印道光二十一年世楷堂刻本，上海古籍出版社。

〔3〕　陈鹤：《纪文达公遗集序》，《续修四库全书》影印嘉庆十七年纪树馨刻本。

〔4〕　《佳句》，《赵翼诗编年全集》卷四九，天津古籍出版社，1996 年，第 1667 页。

〔5〕　陈梦雷：《松鹤山房集》卷二《进汇编启》，《续修四库丛书》集部第 1416 册影印清康熙铜活字印本。

〔6〕　关于《四库全书总目提要》的学术成就，可参看周积明著：《文化视野下的〈四库全书总目〉》，中国青年出版社，2001 年。

〔7〕　对此，前人多有统计。黄爱平：《四库全书纂修研究》（中国人民大学出版社，1989 年）统计尤详，该书第 78 页指出，在清政府的禁书过程中，共禁毁书籍 3100 多种，15.1 万多部，销毁书板 8 万块以上。

〔8〕　参见陈新：《由宋人别集浅论〈四库全书〉》，载《古典文献研究论丛》，北京大学出版社，1995 年。

〔9〕　参见黄爱平：《18 世纪的中国与世界·思想文化卷·绪言》，辽海出版社，1999 年。

〔10〕　据李玉安、陈传艺编：《中国藏书家辞典》（湖北教育出版社，1989 年）统计，其中所载宋元藏书家为 196 人，明代为 203 人，清代为 309 人。又据郑如斯、肖东发编：《中国书史》（书目文献出版社，1987 年），清代藏书家多达 500 余人。

〔11〕　洪亮吉：《北江诗话》卷三，人民文学出版社，1983 年，第 46 页。

〔12〕　朱彝尊：《曝书亭集》卷六〇《郑康成不当罢从祀议》《经书取士议》，上海商务印书馆，1935 年，第 955 页。

〔13〕　漆永祥：《国朝汉学师承记笺释》，上海古籍出版社，2006 年，第 321 页。

〔14〕　鄂尔泰：《征滇士入书院教》，《清经世文编》卷五七，中华书局，影印思补楼重校本，1992 年。

〔15〕 参见高翔:《近代的初曙——18 世纪中国观念变迁与社会发展》,社会科学文献出版社,2000 年,第 51 页。

〔16〕 参见葛兆光:《七世纪至十九世纪中国的知识、思想与信仰》,复旦大学出版社,2000 年,第 511—512 页。

〔17〕 《清实录》康熙朝五十一年二月丁巳,中华书局影印本,1985 年。

〔18〕 兹据文渊阁《四库全书》子部儒家类收录《御纂朱子全书》引。

〔19〕 毛奇龄:《四书改错》卷一,《续修四库全书》影印嘉庆十六年金孝柏学圃刻本。

〔20〕 《颜元集》卷一,《习斋记余》,中华书局,1987 年,第 398 页。

〔21〕 梁启超:《清代学术概论》,上海古籍出版社,1998 年,第 15 页。

〔22〕 漆永祥:《乾嘉考据学研究》(中国社会科学出版社,1999 年)、葛兆光:《七世纪至十九世纪中国的知识、思想与信仰》、艾尔曼:《从理学到朴学——中华帝国晚期思想与社会变化面面观》(江苏人民出版社,1997 年)等,都认为清代对士大夫的压制被夸大了。而余英时则提出了学术发展的"内在理路",认为清代的考证学应该远溯至明代晚期的程、朱和陆、王两派的义理之争,从理学到考证学的转变其实乃是儒学由"尊德性"折入"道问学"的一个内在发展的历程。参见其《论戴震与章学诚》内篇三;钱穆也认为:"学术之事,每转而益进,图穷而必变","有清三百年学术大流,论其精神,仍延自宋明理学一派。"见《中国学术思想史论丛》第八辑《清儒学案序》,台北,东大图书公司,1980 年,第 366 页。

〔23〕 阮元:《研经室集》一集卷二《拟国史儒林传序》,中华书局,1993 年,第 37 页。

〔24〕 王重民辑《办理四库全书档案》上册,国立北平图书馆 1934 年印本,第 1 页。

〔25〕 清代考据学与汉学的关系自不待言,但也有学者指出考证校勘之学,其实也是宋学的一个部分。参见漆永祥:《乾嘉考据学研究》,第 13 页。

〔26〕 《研经室集》续一集卷一《释敬》,第 1016 页。

〔27〕 艾尔曼《从理学到朴学——中华帝国晚期思想与社会变化面面观》曾提到有人甚至呼吁从科举考试使用并得到官方尊奉的经典中删除《尚书》古文部分,这也许是乾嘉考据学介入官方思想体系的一个举动。参见此书中译本,第 11 页。但据《清史稿·选举志》记载,清代科举考试,基本上还是承明制用八股文,四书五经的命题仍主要是依朱注。也就是说,在科举考试中,考据学还无法与性理制义之学抗衡。

〔28〕 梁启超:《清代学术概论》,上海古籍出版社,1998 年,第 74 页。

〔29〕 《研经室续集》卷二下《王石臞先生墓志铭》,《续修四库全书》影印道光阮氏文选楼刻本。

〔30〕　王鸣盛:《十七史商榷序》,上海书店出版社,2005 年,第 1 页。

〔31〕　《与是仲明论学书》,《戴震集》,上海古籍出版社,1980 年,第 183 页。

〔32〕　段玉裁:《戴东原集序》,《戴东原集》,上海商务印书馆,1934 年,第 1 页。

〔33〕　《研经室集》一集卷二《拟国史儒林传序》,中华书局点校本,第 37 页。

〔34〕　同上书,《论语一贯说》,第 53 页。

〔35〕　关于乾嘉考据学的流派,通常分为吴派、皖派、扬州学派等,但陈祖武《清代学术拾零》(湖南人民出版社,1999 年)一书反对吴、皖派的划分,漆永祥《乾嘉考据学研究》则认为不存在扬州学派。

〔36〕　参见洪榜:《初堂遗稿》,《戴先生行状》,1931 年北平通学斋影印本;章太炎:《訄书》第十二《清儒》中称吴派偏于“尊闻”,皖派重“裁断”。《訄书详注》,上海古籍出版社,2000 年,第 139 页。

〔37〕　江藩:《国朝汉学师承记》卷二,中华书局,1983 年,第 34、36 页。

〔38〕　《孟子字义疏证》卷上《理》,《戴震集》,第 275 页。

〔39〕　翁方纲:《复初斋文集》卷七《理说驳戴震作》,《续修四库全书》影印清李彦章校刻本。

〔40〕　《清代扬州学记》,上海人民出版社,1962 年,第 2 页。

〔41〕　纪昀:《阅微草堂笔记》卷一《滦阳消夏录一》,上海古籍出版社,2005 年,第 8 页。

〔42〕　葛兆光:《七世纪至十九世纪中国的知识、思想与信仰》一书将这种消长描述为“真理性与真实性的对立,或者叫思想与学术的对立,以及‘义理’与‘考据’的对立”,颇中肯綮,但稍嫌过之。参见此书第 500 页。

〔43〕　梁启超:《清代学术概论》,上海古籍出版社,1998 年,第 33 页。

〔44〕　《勉行堂文集》卷一《正学论四》,《续修四库全书》影印乾隆六十年刻本。

〔45〕　《汉学商兑》卷首,《续修四库全书》子部第 951 册影印清道光十一年刻本。

〔46〕　《仪卫轩文集》卷一,同治七年刻本。

〔47〕　惠栋:《九曜斋笔记》卷二“汉宋”条,《丛书集成续编》影印聚学轩丛书本。

〔48〕　《四库全书总目提要》卷三五经部《四书集注》条。

〔49〕　参见《研经室集》一集卷二《拟国史儒林传序》。

〔50〕　朱熹:《晦庵先生文集》卷三九,《答陈齐仲》,《宋集珍本丛刊》影印宋刊浙本,线装书局,2004 年。

〔51〕　参见萧箑父、许苏民:《明清启蒙学术流变》,辽宁教育出版社,1995 年,第 652 页。

〔52〕　《孟子字义疏证》卷上,《戴震集》,第 265 页。

〔53〕　《绪言》卷上,《戴震集》,第 362 页。

〔54〕 钱大昕:《潜研堂文集》卷二五《卢氏群书拾补序》,上海商务印书馆,1936 年,第 373 页。

〔55〕《研经室集自序》,第 1 页。

〔56〕 阎若璩:《潜邱札记》卷二,文渊阁《四库全书》本。

〔57〕《答郑用牧书》,《戴震集》,第 186 页。

〔58〕 梁启超:《清代学术概论》,上海古籍出版社,1998 年,第 84 页。

〔59〕 钱大昕:《潜研堂文集》卷二一《抱经楼记》,第 310 页。

〔60〕 王引之:《王文简公文集》卷三《〈中州试牍〉序》,《续修四库全书》影印 1925 年罗氏铅印《高邮王氏遗书》本。

〔61〕 参见章学诚:《章氏遗书》外编卷三《丙辰札记》,《章学诚遗书》,文物出版社影印吴兴嘉业堂刘承幹刻本,1985 年。

〔62〕《潜邱札记》卷三。

〔63〕 见《四库全书总目提要》对胡渭的评论。

〔64〕 参见漆永祥:《乾嘉考据学研究》,第 88 页。

〔65〕 参见李约瑟:《中国科学技术史》第一分册,科学出版社,1978 年,第 312—313 页。另外,此书第 310 页还引述了另一位西方汉学家恒慕义(Hummel)的话,肯定了归纳法作为研究方法的重要性。

〔66〕 参见此书中译本,江苏人民出版社,1997 年,第 5、27、59 页。

〔67〕 王鸣盛:《十七史商榷序》,第 2 页。

〔68〕《潜研堂文集》卷二四《〈经籍纂诂〉序》,第 350 页。

〔69〕 章学诚:《章氏遗书》卷四《与汪龙庄书》。

〔70〕《汉学商兑》卷中《汉学师承记(外二种)》,三联书店,1998 年,第 311、321 页。

〔71〕 朱一新:《佩弦斋杂存》卷上《复傅敏生妹婿》,光绪二十二年顺德龙氏葆真堂刻本。

〔72〕《研经室集》一集卷八《论语论仁论》,第 176—194 页。

〔73〕 惠栋:《九经古义·述首》,《丛书集成初编》本,商务印书馆,1937 年,第 1 页。

〔74〕《蛾术编》卷一《史汉叙列五经行次多误皆传写刻镂之讹》。

〔75〕 参见王力:《汉语音韵学》第三编第五章,《王力文集》第四卷,山东教育出版社,1986 年,第 249—344 页。

〔76〕 参见李国新:《论乾嘉目录学》,《北京大学学报》1986 年 4 期。

〔77〕 赵翼:《廿二史札记》卷三一称:"近代诸史,自欧阳公《五代史》外,《辽史》简略,《宋史》繁芜,《元史》草率,惟《金史》行文雅洁,叙事简括,稍为可观,然未有如《明史》之完善者。"中华书局,1984 年,第 721 页。钱大昕《十驾斋养新录》卷九也称赞《明

史》"议论平允,考稽详核,前代诸史,莫能及也。"上海书店,1983 年,第 219 页。

〔78〕 赵翼:《廿二史札记》,钱大昕《序》,第 885 页。

〔79〕 参见钱锺书:《谈艺录》86《章实斋与随园》,中华书局,1984 年,第 261—266 页。

〔80〕 章学诚:《文史通义》内篇五《浙东学术》,中华书局,1994 年,第 524 页。

〔81〕 《研经室集》三集卷三《商周铜器说上》,第 633 页。

〔82〕 参见余英时:《论戴震与章学诚》,三联书店,2000 年,第 5 页。

〔83〕 《沈曾植七十寿庆序》,《观堂遗墨》卷上,1930 年海宁陈乃乾影印本。

〔84〕 《武进李申耆先生传》,《魏源集》上册,中华书局,1976 年,第 361 页。

〔85〕 《蒙古黄金史》的成书年代存在较大争论。较多的学者认为,它成书于 17 世纪末到 18 世纪初。参阅(蒙古)沙·比拉《蒙古史学史(十三世纪至十七世纪)》(陈弘法汉译本,内蒙古人民出版社,1988 年)第 199—204 页,包文汉、乔吉《蒙文历史文献概述》(内蒙古人民出版社,1994 年)第 74—77 页。

〔86〕 参阅杨亮才、陶立璠、邓敏文:《中国少数民族文学》,人民出版社,1985 年,第 54—58 页。潜明兹《中国少数民族英雄史诗》(商务印书馆,1996 年)第 22 页则说《格萨尔王传》有 200 万行。

〔87〕 《仓央嘉措情歌》由后人辑录成册,数量多少说法不一。较早的拉萨梵式木刻本收 57 首,赵元任、于道泉所编藏,汉、英对照本收 62 首,西藏自治区文化局资料室本收 66 首,1980 年青海民族出版社版本收 74 首。参阅马学良、梁庭望、张公谨:《中国少数民族文学史》下册,中央民族学院出版社,1992 年,第 332 页。

〔88〕 参阅强巴赤列:《中国的藏医》,中国藏学出版社,1996 年,第 100—120 页。

〔89〕 参阅蔡志纯、洪用斌、王龙耿:《蒙古族文化》,中国社会科学出版社,1993 年,第 180—181 页。

〔90〕 参阅马祖毅:《中国翻译简史——五四以前部分(增订版)》,中国对外翻译出版公司,1998 年,第 304—312 页。

第七章　西学东渐与中华文明的外播

考察人类文明的发展史,基本上可以认定,各大文明之间交光互影的信息、能量与资源的交流与共享,乃是它们得以存续和演进的重要外因之一。在论及内在因素与外在因素对于文明变迁的重要性时,史学家许倬云以考古学成果为基础,甚至这样断定:"外在因素的重要性不会逊于内在因素;两者都是促进人类文化演变的动能。"[1]也许正是出于同样的考虑,梁启超早就认为明清之际欧洲历算学的输入是中国学术史上值得大书特书的一段公案[2]。本章将扼要考察一下这段时期西学东渐的历史过程及其意义,同时分析一下当时中华文明的外传过程及其影响。

第一节　明末耶稣会士的入华与西学东渐

利玛窦的核心地位　　从西僧到西儒　　学术传教　　科学与宗教

在明朝之前,中西文化之间尚未发生实质性的互动。殆至明末,历史选择了欧洲天主教的耶稣会士充当一次颇有广度和深度的西学东渐的使者。

在明末的西学东渐中,来华的耶稣会士利玛窦占据着核心地位。此人于1583年进入广东,在肇庆定居。此后曾在韶州、南京、南昌等地居住。经多次尝试,于1601年1月到达北京,1610年死于北京。利玛窦之所以重要,主要有以下原因:第一,通过摸索,他制定了一套颇具示范性的、适应中国社会文化的传教策略,并因此而使得西学在中国的传播成为可能;第二,留下了大量颇有价值的中西文著述,对西学东渐做出了重要的贡献。

明帝国的实力使利玛窦意识到，当时在中国的传教活动绝无可能像此前西班牙人在菲律宾那样采取武力征服、强迫皈依的方法，而只能使用和平的路径。他的传教策略之精神内核可以归结为"适应"。其一是争取士大夫同情的上层路线。初入内地时，利氏穿和尚服装，自称"西僧"。不久，他发现中国官方对佛僧没有一点敬意，而通过科举考试进入国家统治机构的士大夫，才是最受社会尊敬的阶层。这促使利玛窦着手改变旧例。1594 年，他改换儒服，并自称儒生，行秀才礼。他还努力钻研儒家典籍，以表明他既是神学家，也

图 7-1 利玛窦像

是儒者，以此增加士大夫对他宣讲的教义的认同感。这种做法颇见成效。《明史·意大里亚传》言，利玛窦等进京后，"公卿以下……咸与晋接"。这些士大夫与利玛窦等传教士交游的原因及其态度各不相同，但他们给予利氏的友情却促进了利玛窦的传教活动（图 7-1）。如，士大夫中很多人乐于为传教士的著作撰写序跋。近人陈垣指出，仅见于《天学初函》这套丛书中的名家序跋就不下数十篇，"若并其他各书序跋，汇而辑之，可以作天主教之《弘明集》"[3]。

利氏与士大夫的友情甚至还深入到内阁，延续到他死后。他曾在南京赢得叶向高的友情，叶氏后来官至内阁首辅。在利氏死后，正是叶氏力主赐墓（图 7-2）。利玛窦乐与交游者皆有一定的地位，其中有王公贵族，如建安王、乐安王；有朝廷命臣和地方名宦如两广总督郭应聘、江西巡抚陆万垓、应天巡抚赵可怀、大学士沈一贯，以及肇庆、韶州、潮州、曲江、英德、南雄的知县、同知；学术界、思想界有李贽、章潢、祝世禄；文学界有袁宏道、袁中道、李日华、冯时可等；史学家有焦竑、沈德符；画家有张瑞图、程大约；历算学家有徐光启、周子愚、李之藻、孙元化；医学家有王肯堂；政界有浙党领袖沈一贯、东林党人叶向

图 7-2　利玛窦墓碑

高、邹元标,吏部尚书李戴、礼部尚书冯琦,楚变事件中的冯应京、赵可怀,援朝明军参军李应轼,等等。其中,徐光启、李之藻等人既信教,又传扬西方科学和文化思想。他们在利氏死后天主教受到排斥的时期,还曾起而护教,帮助落难的传教士。

　　利氏适应策略的第二方面内容,是在礼仪制度方面进行调和与变革。通过观察,利氏发现祭祖、敬孔在中国社会生活中是非常重要而且沿袭已久的传统礼仪。传教士对这些礼仪的态度,自然是中国人关注的焦点之一。利氏对此问题的态度是鲜明的,他认为这些礼仪不是宗教仪式。关于祭祖,利玛窦认为它是中国人用来维系孝道这一伦理原则的习俗,而且,从基督教的立场来看,它不是所谓偶像崇拜,不是非排斥不可的异教仪式。关于敬孔,利玛窦也采取了类似的评价。他认为,中国官员或士子到孔庙行礼,"是为了感谢他在书中传下来的崇高学说,使这些人能得到功名和官职。他们并不念什么祈祷文,也不向孔子求什么"[4]。在这些消解中国礼仪宗教意味的解释基础之上,他尊重中国人的祭祀习俗。这使得当时的中国教徒,特别是那些有一定地位的天主教徒,在需要参加敬孔和祭祖仪式时,不至于遭遇宗教上的阻滞。同时,利氏还以儒家经典中的天、上帝来称呼天主教的天主,认为二者是名异实同。后来的康熙皇帝称之为"利玛窦规矩"。

利氏确立的这些传教策略在当时得到了较好的贯彻,明末许多传教士都积极遵循这种传教策略,因而减少了当时西学东渐的障碍。至于利氏留下的中西文著述,则是他贯彻学术传教方针的成果。在其生活于中国的近三十年中,利氏一直勤于撰述,中文著作竟有二十多种。其中,关于宗教、神学、哲学、伦理等类的著作有:《交友论》《天主实义》《二十五言》《畸人十篇》《辩学遗牍》《西国记法》《西琴曲意八章》《斋旨》《四元行论》。此外,利玛窦还与罗明坚编纂过一部《葡汉字典》,并撰有以拉丁文为汉字注音的《西字奇迹》,此为中国最早的汉语拼音方案。晚年,利玛窦撰写了《基督教进入中国史》,该书虽非中文著作,但也是很有价值的研究资料,书中包含了利玛窦本人对中国各方面的真实看法。

利玛窦的学术传教引起的反响很大。与他同时或稍后来的传教士都积极著书,而很多士大夫也都是在阅读了他们的著作后投入"天主"怀抱的,或增进了对西学的了解;另一些士子僧徒在研读利氏及其他传教士的中文著作后,感到"圣学道脉"有被"邪教"取而代之的危险,于是奋起批驳天主教。

利玛窦还留下了一些科学著作,其中有在明末一刻再刻的《山海舆地全图》,更有中外学者交相称赞的《几何原本》(与徐光启合译),另有与李之藻合译的《圜容较义》一卷、《同文算指》十卷、《经天该》一卷,及利氏自著的《乾坤体义》二卷。在科学的传播方面,西洋历法是利氏等人赖以在中国立足的重要工具。明末修历之事和《崇祯历书》的编撰,虽然主要是在利玛窦死后,由徐光启、李天经在崇祯年间主持完成的,但利氏早就以此作为申请在北京留居的一个借口。利氏在写给欧洲上司的信中,经常要求罗马方面派遣精通天文历算等科学技术的传教士来中国以科学传教。

客观地说,当以利氏为代表的传教士用科学作为传教工具时,他们不仅激起了部分士大夫对西方科学的兴趣,而且在某种程度上满足了一些士大夫甚至皇帝的需要。正是这种需要和被需要的关系,才使得以传教士和士大夫为中介的中西文明之间的和平对话成为可能。

传教士们携来的是什么样的科学呢？他们传授给中国士大夫的既有中世纪托勒密体系中的天文学、宇宙观,如地球中心说,天有十重等;也有体现毕达哥拉斯精神的科学,如《几何原本》《同文算指》等;还有传播文艺复兴后期地理学思想的如《坤舆万国全图》(图7-3);也有从根本上改变了中国传统的近代天文学成果,如徐光启绘制的《见界总星图》[5],等等。当然,传教士输入中国并产生较大影响的主要还是希腊科学,可以说与近代科学理论和方法差距甚远,但对于缺乏公理化、系统化、符号化等科学体系的中国士大夫来说,它确实具有解放的意义,因而颇有吸引力。

明末天主教尽管曾在1616年遭遇过短暂的"教难",但由于利玛窦制定和实施的传教策略得到了较好的贯彻,也由于当时的学术思想界面对"天崩地解"的变局产生了对西学的兴趣和需要,以耶稣会传教士为媒介的西学东渐在明末一直没有中断。当时来华的传教士中较有影响的还有金尼阁、龙华民、庞迪我、艾儒略、毕方济、熊三拔、汤若望等人。借助于这些传教士而得以传播的西学,涉及的范围也相当广泛,其中包括天主教神哲学、古希腊哲学、伦理学、语言学、逻辑学、地理学、美术、音乐、西洋火器、历算、数学、水利、建筑、医学、生物学等等。因此,可以说这是一次全方位的、和平平等的西学东渐。

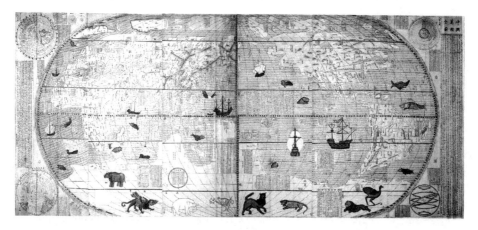

图7-3 《坤舆万国全图》,利玛窦绘制,明万历三十年刊行

第二节 明末士大夫对西学的接受和拒斥

拟同的接受方式 神圣道德与意义的输入 西方科学与实学 "会通以求超胜" 拒斥者的回应

明末的西学输入之所以能达到可观的广度和深度,除了传播方的原因外,就接受方而言,一个重要的原因是出现了一批文化心态较为开放且才识不凡的士大夫基督徒,如徐光启、李之藻、杨廷筠、王徵、李天经、孙元化、李应试、金声、瞿式耜等人[6]。其中徐、李、杨三人被称作明末教内"三大柱石",他们既奉教,对西学输入的贡献也较大。

为了尽量减少文化差异对西学东渐的障碍,传教士采用了附儒斥佛的传教方针,而接受"天学"的士大夫则采用类似的拟同的思维方式[7]。所谓拟同,指的是认知主体将已有的概念格局运用于客体,并赋予客体以认知性和价值性意义的过程,这个过程不必要求主体自身的认知架构发生变化就能适应其环境,较顺利地将新异的认知对象纳入其认知架构。从当时士大夫的相关著述中可以看到,为这种拟同的接受方式提供哲学基础的是陆九渊的"东海西海,心同理同"之说。

徐光启和李之藻都属于既接受西方宗教,又接受西方科技的士大夫。为了说明这种接受的正当性、合法性,他们非常自觉地使"天学"圣学化。首先,他们努力将西方科学纳入圣学的体系。徐光启说:"我中夏自黄帝命隶首作算,以佐容成,至周大备。周公用之,列入学官以取士。宾兴贤能而官使之。孔门弟子身通六艺者,谓之升堂入室。使数学可废,则周孔之教舛矣。"[8]这里的意思很明显,即作为圣学的周孔之教包括六艺,数学不能排除在圣学之外。因此,接受先进的西洋科学是正当的,因为它是圣学的一个组成部分。徐氏这样使西洋科学圣学化,还有一原因:当时的士大夫因受王学末流之影响,蹈空谈虚,"土苴"科技,以之为无益于身心。徐光启还以合忠孝大旨概述天主教之精神实质[9],实际上就是将"天学"儒教化。

中国传统的政教关系模式是，宗教不能独立于政治，必须成为世俗政治建构的一个部分，或自觉地置于普遍王权之下。皈依的士大夫也以同样的方法努力证明"天学"是符合这种传统模式的。徐光启非常真诚地证明："天学"可以补儒驱佛，即补益王化，左右儒术，救正佛法；杨廷筠则力图证明，天学不同于白莲、无为教，不是邪教，无害于大一统的社会政治秩序。皈依的儒生还以利玛窦等人附会的口吻说明天主教的崇拜天主实即儒教的事天敬天，认为天主教的"小心昭事大旨，乃与经传所记，如券斯合"[10]。

这种拟同的接受方式使得接受者在传播来自泰西的宗教、科学和学术思想成果时，赋予它们一种或者不仅无害于、反而有益于中国的圣学道脉，或者本身就是圣学之一部分的价值性意义。虽然这种接受方式与那种中国古已有之、学习和接受它们不过是"礼失求诸野"的文化自矜或自卫有相似之处，但在当时却极有益于营造一种开放的思想文化氛围，也使得积极接受的个体得到一种安全感，因为中国人有一习惯：将一切权威诉诸圣学。将天学圣学化可以在一定程度上避免人们视之为邪教、异端。

但是，接受和传播天学的士大夫采用拟同的接受方式，并不意味着他们的文化策略完全掩盖了他们对西学与中学之间的差异的认识。在接受和阐发天学中的神圣道德与意义系统方面，他们对二者的差异就做了明确的表达，从中可以看出他们是根据自身的文化境遇中特有的关切与需要赋予"天学"以意义的。

中国传统文化中实践理性相当发达。宗法社会的特性及人文教化传统使得中华民族非常关注人与人、人与社会之间的道德关系。这种心理定式也使得士大夫在接受天学时，往往以道德化的认知结构去阐释天学的意义。但在这种阐释中，一部分士大夫却以比较的眼光，发展出一种对传统人伦道德的反思和批判精神。

1616 年的南京教难发生后，徐光启以《辨学章疏》为天学进行了辩护。其中最重要者是徐光启把天主教理解为一种道德和政治教化理论，并从这个角度来赋予天学以意义。他真诚地相信，天主教具有一种道德功能，"其法能令人为善必真，去恶必尽"。其原因在于，"盖所言上主生育救拯之恩，赏善罚恶之理，明白真切，足以耸动人心，使人爱信畏惧，发于由衷故也"[11]。这里，徐光启显然是在探讨天主教伦理规范在道德生活中的所谓普遍有效性问题。他深信,由于西人心目中存念着一个具有生育救拯之恩的上帝,而上帝的赏善罚恶之理,明白真切,因此,其威慑力量强烈得"足以耸动人心",使人们爱信畏惧的宗教和道德情感真实地发自内心,"兢兢业业,惟恐失坠,获罪于上主"。天主教的伦理规范由此获得其普遍有效性,使人们"为善必真,去恶必尽"。他相信:"彼西洋邻近三十余国奉行此教,千数百年以至于今,大小相恤,上下相安,其久安长治如此。"

徐光启对西方乐土不疑的态度显然是由于传教士们的夸张性宣传所致。但不论如何,可以看到:徐氏强烈地渴望寻求或建构一种在道德实践中具有普遍有效性的伦理规范体系。令人惊异的是,他在比较的基础上竟得出了如下结论:他的目标在中国传统道德哲学中不能达到。他写道:"臣尝论古来帝王之赏罚,圣贤之是非,皆范人于善,禁人于恶,至详极备。然赏罚是非,能及人之外行,不能及人之中情。又如司马迁所云:颜回之夭,盗跖之寿,使人疑于善恶之无报。是以防范愈严,欺诈愈甚。一法立,百弊生。空有愿治之心,而无必治之术。必使人尽为善,则诸陪臣所传事之天学,救正佛法者也。"〔12〕

徐光启在疏稿中如此大胆地批判古来帝王之赏罚,批判被传承了几千年的圣贤之是非,与当时的李贽之非圣非贤颇为相似。谓其思想汇入了明末的批判思潮,应属不争之论。当然,徐的批判角度不同,他的出发点是比较和反思中国传统思想中的儒释道与西方的宗教伦理及其功用、效果。换言之,他是以一名天主教徒的身份,以西方宗教为参照系展开对儒学的批判的。在徐氏对传统的批判中,充溢着来自西方科学的分析精神。第一,他认为,传统儒家的伦理、政治规范虽然至详极备,但其客观效果却只能约束人的外在行为,不能使人在内心产生真实无伪的道德情感和善良意志。第二,现实生活中的善恶无报,如颜回之夭,盗跖之寿,更使人怀疑帝王圣贤的赏罚是非的有效性与公正性,由此导致道德和政治社会生活中普遍存在的虚伪欺诈现象。而信奉天主教的西方千百年来已成为无"悖逆叛乱"的乐土。理想与现实之间的这种强烈反差,至少惊醒了徐光启对古来帝王圣贤之赏罚与是非的普遍有效性的迷梦(图7-4)。

一部分士大夫还将天主教信仰理解为一种宗教意义系统,并予以传播。

图 7-4 明人绘徐光启画像

杨廷筠是其中的典型代表,他将信仰视为人生意义的终极根源与支柱。在《代疑续篇·定基》一章中,他引孔子之言曰:"人而无信不知其可也",并将这个"信"字解释为信仰,而信仰的对象则是天主。在他看来,信仰是获得天主恩宠的前提,人世间的善与恶、苦与乐只有在对天主的信仰的基础上方能各自获得其应有的意义,对天主的信仰才是人生意义的终极源头:"人不信天地之主,则已自绝于天主,即有他美,无可抵赎。"[13]士大夫和佛教徒虽习苦克己,但由于没有"敬畏天主之心,虽苦亦徒苦"[14]。

当然,明末士大夫宣传的西学中,对中国文化做出的有形可见的贡献还是在传播西方的科学方面。限于篇幅,这里不能一一介绍他们的具体贡献,而只能考察他们在传播和发展方面的一些做法与目的。

针对明末学风走向玄虚不实的趋势,一部分士大夫起而大倡实学,希冀以此振拔士风,挽救明末之颓局。明末皈依天主教的一些士大夫受时代精神之影响,亦孜孜探求实学,并将天学中的科学实学化。

"教中三大柱石"都批判过明末的玄虚学风,并且都希望借助天学来补偏救弊,但他们在使天学实学化时,又都各有特色。徐光启、李之藻二人精通西洋科学,因此,他们主要是从科学的角度赋予天学以实学的功用。在翻译介绍西洋数学、几何等基础科学时,有人认为这些东西不切实用,徐光启辩护道:"盖不用为用,众用所基",这些理论性的基础科学乃是一切应用科学的基础;"况弟辈所为历算之学,渐次推广,更有百千万有用之学出焉"。"度数之用,无所不通。"[15]他很注重将西学中实证、定量的分析方法引入对科学和社会问题如宗禄问题的分析,他对西方几何学中那种"以前提为据,层层印证,重重开发"的方法异常着迷[16]。他所欣赏的是其中"丝分缕解""分擘解析"的分析方法和精神,并热情洋溢地倡导运用这种新的治学方法和精神:"能精此书者(指《几何原本》),无一事不可精;好学此书者,无一事不可学。"即:几何精神的运用和功能是没有界限的,被几何精神武装起来的科学头脑"无一事不可精,无一事不可学"[17]。而这一切都有助于士大夫们从玄虚学风中"返本蹠实"。在论述启蒙哲学的特征时,卡西勒指出:"18 世纪……认定,只要把'几何精神'理解为纯分析精神,它的用途就是绝对不受限制的,就可以把它运用于任何特殊的知识领域。"[18]徐光启倡导的科学实学,实际上阐发了一种启蒙精神。当他坚持几何精神和方法在功用上的无限性,并将这种精神应用于对传统文化思想、学术的批判或"分擘解析",应用于一切实用科学时,他的理论工作确实具有文化思想和科学方法上的启蒙意义,此即高扬人类的分析理性。李之藻在将天学实学化时,也具有类似的特点。首先,他对"数"非常着迷,在《同文算指序》中,李之藻指出,数具有普遍性,其作用是奇妙的。它无所不在,已经存在的事物或发生过的事件,没有数则不能予以记录;必然性的真知,没有数则无由验证,而数的确定性更是诡辩掩盖不了的。可见,李氏将对知识的确定性的追求引入了中国文化思想和士大夫的精神生活中,并从这个角度对语绝于无验的玄虚学风展开了批判。比较一下李之藻的做法与稍晚的笛卡儿和斯宾诺莎将数理的方法引入对真理的探求,我们便难以否认李氏工作的启蒙意义。

士大夫们之所以将天学实学化,乃是从现实功用的层面说明皈依和传播天学的正当性。如此既可迎合时代思潮的要求,也可以将天学纳入传统的实用理性的认知结构之内,消解在接受时由天学的异质性所带来的心理张力。应该说,实学化较之圣学化而言,其文化策略的成分也许要少一些,这种做法赋予天学的认知性意义多于价值性的意义。

当时积极吸收西学的士大夫大多有其高远的文化战略。李之藻在吸收西学的过程中主张对西学"并蓄兼收"[19],希望"借异己之物,以激发本来之真性",达到"终实相生"的创造性结果[20]。这是一种建立在对本土文化的真性充满乐观信念的基础之上的开放心态,其最终目的是在中西文化的相互激荡砥砺中进行综合创新。

　　徐光启曾撰文明确反对中国的数学等领域中的"闭关之术",认为闭关自守是"谬妄"的直接原因之一[21],并因此主张虚心接受西方的科学成果,表现出一种健康开放的文化心态。但是,他并不亦步亦趋,而是抱着会通中西科学成果以求最终超胜西方的高远之志。不过,他并不因此而好高骛远,而是主张循序渐进,通过虚心切实的学习、吸收而逐渐达到这一宏愿。他说:"臣等愚心以为欲求超胜,必须会通"[22],"必若博求道艺之士,虚心扬榷,令彼三千年增修渐进之业,我岁间拱受其成"[23]。换言之,他主张先虚心接受西方科学,并在此基础上会通中西科学成果,最终超胜西学。勒文森曾经说过:"名副其实的旧式中国文化主义者是没有竞争观念的",因为"竞争的观念是国家主义的本质。"[24]而徐光启等人却突破了旧式文化主义那种华夏文明无不覆载的文化优越感,在对中西文化差别的深刻洞察和反省的基础上,将竞争观念引入科学和思想文化的实践活动中。这种观念具有前瞻性,并且将对天学的接受和信仰很奇特地与一种原初形态的国家主义结合起来了,因为它突破了文化取向的帝国政治观念体系,以军事强盛、科技发展、经济增长为重要取向[25]。这种试图通过会通而求竞争超胜的光辉思想为19、20世纪中国人学习西学提供了一种健康的文化心态原形。

　　然而,在肇端于16世纪末、延续了几个世纪的西学东渐的历史进程中,中国知识分子中始终奔涌着与这种健康的文化心态相反的潮流,其势力有时显得更加强劲。明末拒斥西学的知识分子也大有人在。从反映在《破邪集》中的反西学者的立场、方法、观念中,我们可以看到,拒斥者实际上彰显了天学与中国传统思想、制度文明之间的深刻差异。就方法而言,拒斥者一反传教士与接受天学的士大夫那种拟同的认知取向,竭力彰显差异,深挖二者之间的鸿沟,然后将与传统有差异的他者置于"无益""邪""恶"的价值判断下,并强调由差异可能会导致的对中国的圣学道脉的威胁,在此基础上夸大"用夷变夏"的危机感。而对西洋科技,他们则从传统的道器观出发,认定"夷技不足尚",对其表示出一种不屑一顾的俾睨,因而主张全盘拒斥之。

　　需要指出的是,明末一部分士大夫对天主教的排斥不能简单地以仇外心理予以解释。对人生的不同体验和哲学思辨,对宇宙、世界和人事进行哲学思考时采用的不同思维路向,都是士大夫们反对天学的重要原因。当然,完全以理性主义来概括明末反西学的士大夫的态度之本质,并不全然符合历史事实,因为造成他们全面反西学的更重要的原因是他们担心儒学道统有可能被心存补儒超儒之志的传教士以天学取代之。全面排外的士大夫们认为,消除这种隐患的唯一方式便是闭关排外。这种非此即彼的形而上学思维方式,与李之藻"以夷制夷"及徐光启试图通过开放性的和平交流、最终达到会通以求超胜的远见卓识相比,其间高下自然灼然可见。

第三节　清初传教士在华的传教活动与西学东渐

汤若望的短暂"辉煌"　从巅峰跌入深渊:历狱　南怀仁与天主教在华的"黄金时期"　礼仪之争与西学东渐的式微

如果说明末的西学东渐史可以描述为耶稣会士与士大夫(接受与反对天学者)的互动关系史,那么,清初的西学东渐史就不得不以传教士、皇帝以及接受和反对西学的世俗学者为主角了。其原因在于:清初已没有类似于"三大柱石"的信教之士大夫了。倒是雄才大略的康熙皇帝接受西洋科技的热情可与徐、李二人相若,但他只是从至高统治者的立场出发来处理传教士及其学艺,对天主教本身没有多少热情。而且,他决不允许有任何向王权提出挑战的企图。因此,谈论清初的西学东渐史,不得不关注中国的政教关系,也不得不更加关注传教士赖以在清廷立足的西方科学。

在明清鼎革之际,崇祯年间受徐光启推荐进入历局的汤若望不仅使西学东渐未因改朝换代而中断,而且使之达到了一个高潮。德国人汤若望来华前已是灵采研究院院士,1622 年来华,1630 年应召入京,参与修历。清兵入京后,强令城内居民在三日内搬出禁城,而耶稣会的住院恰在应当搬迁之列。为了保住城内的居留权,汤氏于顺治元年五月上疏清廷,以住院中有历书多帙、西洋书籍甚多、仪器不易搬动为由,请求继续在住院留居,并如愿以偿。此后,传教士在清廷中地位的上升,则主要靠汤氏等人利用西洋科技,为解决中华帝国的第一大事——制历授时竭尽其能。换言之,传教士们主要是借科学方面的"通天"之才而使得天学通行中国的。

按照惯例，在取明而代之后，清廷要颁布新历。当时钦天监仍因袭大统历推算制历，汤氏已参与修历工作多年，深知个中机妙，乃一一指出监官们所献历书之谬误。摄政王多尔衮于是决定顺治二年的历书由汤氏制定，汤氏很快便呈上了历书，并进献了一些科学仪器，由此而开始了与清廷之间交织着希望、宠幸与危险的生死之交。

宠幸的降临要归功于汤氏对一次日食的准确推测。1644 年 7 月 29 日，汤若望预报了 9 月 1 日的日食，钦天监监官则依大统历和回回历做了预报。但观测结果证明，汤氏的推测密合天行，依回回历和大统历所作的推测则均有差误。这大大提高了西洋科技与汤若望的声誉，皇上甚至传批于历册封面"依西洋新法"五字。元年 11 月，奉上谕，着汤若望掌管钦天监印信。此后，汤若望屡获封赏，顺治帝还称汤若望为"玛法"（爷爷），准许他随时入宫觐见（图 7-5）。可

图 7-5 西方传教士绘油画《汤若望与顺治帝》，德国慕尼黑博物馆藏

见,正是西洋科技既使汤若望本人一度如日中天,也使其传教工作获得极大便利,天主教在华的传教事业因此而一度跃至巅峰。至 1664 年,全国天主教徒达 15 万人,耶稣会住院有 20 余所,耶稣会士有 25—30 人。据统计,从 1581 年罗明坚来华始,至 1664 年杨光先为难天主教止,来华传教之耶稣会士共 82 位,这期间,耶稣会士共刻印天主教的宗教书籍 131 种,历算类书籍 100 种,学术、伦理、物理类 55 种,卓有成效地推进了西学东渐。

当西洋历算把汤若望推向耶稣会在华传教事业的巅峰时,等待他的却是近在咫尺的万丈深渊。发难者是安徽歙县人杨光先。杨氏善诉讼,顺治十六年五月,杨光先将其所著《摘谬论》递呈礼部,指斥汤若望所制历书有十谬,违背中华古法。其中最严重的一项是指控"汤若望进二百年之历",意在咒清朝短祚[26]。顺治十七年底,杨光先再出奇招,奏称汤若望所献时宪历书封面题"依西洋之正朔,毁灭我国圣教"[27]。礼部以改封面题字为"礼部奏准"了事。但时事移易,情况朝着对汤若望不利的方向转变。顺治帝驾崩后,继位者康熙皇帝年仅 8 岁,大权旁落于辅政大臣鳌拜之手。鳌拜对传教士远远谈不上亲善。更有传教士利类思不讲策略,以《天学传概》力驳杨光先,"杨光先见之如疯似狂"[28],乃于康熙三年七月再次上疏,控告西教士潜谋造反,邪说惑众,历法荒谬三大罪状。礼部经过长达半年多的审判,于康熙四年三月对历法之争做出模棱两可之断定:"各言己是,历法深微,难以分别。"同时对汤若望做出判决:"汤若望传天主教,邪说惑人,为首,应革职,监候绞。"李祖白等五名钦天监官员被判凌迟处死,另有五人斩立决。利类思、安文思和南怀仁充军,各省传教士悉数押往广州,递解出境。汤若望虽因地震而得免处死,但历狱的结果却非常严重:清廷宣布禁教,废除新历,恢复大统历,后又改用回回历。杨光先出任钦天监监正,汤若望则于次年郁郁弃世。这是汤若望时代的结束。

汤若望的时代虽然结束了,但这并不意味着西洋科学在中国的生命力亦随之而去。事实上,正是西洋科学把传教士们从绝望的深渊中救起,并为天主教在华的传教事业带来一个"黄金时代"。而在这出历史活剧中扮演主角的,是在历法之争中激发了对西学的兴趣的康熙和比利时传教士南怀仁。

历狱之后,杨光先虽攫取了钦天监监正的职位,但他对天文历算实为外行,所进之历,差错甚多。康熙六年,已亲政的康熙皇帝对此已有觉察。次年

12 月 26 日，上谕杨光先、南怀仁等人："天文最为精微，历法关系国家要务，尔等勿怀夙仇，各执己见，以己为是，以彼为非，互相竞争。孰者为是，即当遵行，非者更改，务须实心。"[29]次日，传上谕："历法以合天象为主，其不合天象者，必不可用。尔等悉心考察，谁人合天象，谁人不合天象，据实奏闻。钦此。"[30]经过多次观测比试，结果都是南怀仁所言逐款皆符，杨光先部下吴明烜所言逐款皆错。1669 年 2 月，议政王会议判定"杨光先……应革职交刑部从重议罪"[31]。南怀仁由此在历法之争中初战告捷，并于 1669 年 3 月被任命为钦天监监副。而那位坚持"宁可使中夏无好历法，不可使中夏有西洋人"的杨光先则被遣回原籍。

康熙九年，清廷决定恢复使用西洋新法，南怀仁从此得到康熙的信任和重用，并乘胜追击，试图借平反汤若望冤狱，恢复传教士在华传教的自由。为此，他向康熙上一奏疏，力证天主教不是邪教，传教士与谋反无涉，汤若望等人理当昭雪。疏上，议事大臣最后决定为汤若望平反，并首次正式认定天主教不是邪教。但是，康熙仍出于各方面考虑而禁教。其御批曰："其天主教除南怀仁照常自行外，恐直隶各省复立堂入教，仍着严行晓谕禁止。余依议。"[32]此即康熙八年的禁教令，一直沿用至 1692 年之前。

康熙对传教士们虽然一时"禁传其学"，却热衷于"节取其技能"。正是他对西洋科学的热情，既为南怀仁带来了无上的荣宠，也带来了西学东渐的热潮。在 1671 年前后，康熙着南怀仁进讲天文学和欧氏几何学（彩图 10）。南怀仁进宫讲科学、经常谒见皇帝，甚至随康熙巡幸的荣宠增进了他与皇帝的个人友谊，并影响康熙皇帝对传教士及天学的政策。康熙八年，南怀仁领钦天监监副衔，治理历法；十三年加太常寺卿，十七年加通政使司通政使，二十一年加工部右侍郎职衔，居二品。

通过南怀仁的周旋，康熙于九年开释了拘押于广州的二十多名传教士。南怀仁不失时机地推荐耶稣会士闵明我和徐日升到钦天监供职，又于 1685 年推荐他的比利时同胞安多到京接替他本人为康熙进讲几何学、算术。南怀仁于 1688 年殁后，康熙因信任南怀仁而对传教士都有好感，并且器重他们。他对天主教的态度则颇为宽容：不信天主，但尊敬天主，将天主教与邪教区别开来。这些都是南怀仁努力的结果。

在天主教教会内部,南怀仁于 1677 年被推举为中华传教区的副省长。为使耶稣会在华传教事业经久不衰,他多次致书其上司,请求派遣更多的同会会士来华传教。其中一封写道:"中国人所重视的科学中有天文学、光学、力学、最感兴趣的是数学……看来,在这个国家,用天文学装饰起来的基督教易于接近高官们。"[33]这封信在欧洲颇有影响,并为法国太阳王路易十四所知,太阳王下令派遣法籍耶稣会士赴远东传教,以增加法国在世界的影响。中选者有洪若翰、李明、刘应、白晋和张诚。1688 年 3 月,康熙皇帝召见了这五位法国籍耶稣会士,决定张诚和白晋留京伴驾,其余 3 人赴外省传教。稍后,又有蒋友仁等耶稣会士来华传教。由于南怀仁的推荐,也由于传教士自身的能力、学识,这些人都得到了康熙皇帝的信任和重用。另外,由于南怀仁生前的推荐,徐日升与张诚参与了中俄边境问题的谈判,促成《尼布楚条约》最终于 1689 年 9 月签订,这是中欧关系史上第一个平等条约。此外,南怀仁等人所制西洋火炮在收复台湾和雅克萨战役中都发挥了重要作用。

凡此皆促使康熙皇帝从根本上改变对天主教的政策,并于 1692 年决定弛禁。3 月 17 日,康熙发布谕命:"西洋人治理历法,用兵之际修造兵器,效力勤劳,且天主教并无为恶乱行之处,其进香之人,应仍照常行走,前部议奏疏,着掷回销毁,尔等礼部满堂官满学士会议具奏。"3 月 19 日,又下谕命,强调"将伊等之教目为邪教禁止殊属无辜",要求内阁会同礼部议奏。礼部于 3 月 20 日议奏,对康熙的弛禁政策作了阐发。3 月 22 日,"奉旨依议"。这样,此前的禁教令便被废止。上述文件被称为"康熙宽教敕令"。

从宽教令中可以看到,清廷使天主教得到传教自由实际上是康熙对耶稣会士的贡献的回报,康熙因其功绩乐于像容纳僧道一样正式认可天主教。换言之,只要天主教自觉地将自身定位为一种受传统政教关系准则约束的边缘宗教,不凌驾于王法之上,且不为恶作乱,清廷乐于使其与西方学术一起自由传播。康熙一朝也确曾因宽教令而出现过天主教在华的黄金时期与西学东渐的高潮,但随之而来的礼仪之争却又使之面临新的播弄。

礼仪之争指从 17 世纪 30 年代到 18 世纪 40 年代 100 余年间发生的关于中国礼仪和译名问题的争论,其核心问题包括:是否应允许中国天主教徒参加敬孔祭祖仪式? 是否可以用中国典籍中的"天""上帝"及西文 Deus 之音译

"陡斯"称呼天主？后者实际为译名问题,故礼仪之争的全称当是"中国礼仪与译名之争"。争论涉及以下四方:对中国礼仪持宽容态度的耶稣会士和由天主教各传教修会皈依的中国信徒;反对耶稣会传教策略的其他来华传教的修会,如多明我会、方济各会等修会;只能依据各修会的报告了解中国文化因而难以决断是非,但在各方压力下又不得不做出裁决的罗马教廷;捍卫自己文化传统和利益的中国皇帝。

1704 年,教皇克莱芒十一世迫于反耶稣会势力的巨大压力,签署了谴责中国礼仪的谕令,并派遣铎罗主教为特使赴中国颁布之。1707 年,铎罗在南京以公函形式对全体在华传教士颁布禁止中国教徒敬孔祭祖的"南京教令"。先前曾与铎罗在北京讨论过中国礼仪问题的康熙皇帝闻讯后大怒,他下令驱逐了部分传教士,并传令传教士,只有遵守"利玛窦规矩",领取"印票",发誓永不回复西洋的传教士,方可在华传教。1715 年,教皇克莱门特十一世再次签署谕令《自登基之日》,重申前禁,并要求彻底结束礼仪之争。但他不得不考虑天主教在中国的前途,乃于 1719 年任命嘉乐为特使,出使中国,以改善与中国朝廷的关系。嘉乐抵京后,见康熙捍卫中国礼仪的立场非常坚定,决定妥协。他拟定了八项准许,主要内容是允许中国教徒祭祖敬孔。康熙见此"八项准许",态度略有缓和。但在得知嘉乐怀揣着克莱门特十一世于 1715 年颁布的通谕后,康熙着人索取该禁约之底稿,令人译出。在禁约译稿上,康熙愤然加以朱批谕旨:"览此告示,只说得西洋人等小人,如何言得中国之大理……今见来臣告示,竟是和尚道士异端小教相同……以后不必西洋人在中国行教,禁止可也,免得多事。"

1742 年,教宗本笃十四世再次颁布通谕,肯定了 1715 年的通谕,宣布嘉乐的"八项准许"无效。该通谕还以严厉的措辞禁止中国教徒行中国礼仪,禁止再讨论礼仪问题。

在中国方面,康熙禁教后,雍正乾隆两朝的禁令更为严厉。乾隆时,虽然传教士中有宫廷画家郎世宁、天文学家戴进贤和天文兼地理学家蒋友仁等颇受礼遇,但西学东渐的广度与深度均难与康熙朝相比。总体而言,从雍正至道光中期,西学东渐陷入低迷时期。究其原因,有以下几点。首先是由于礼仪之争导致的清廷禁教,其次则是由于康熙后的几位皇帝对西学不像康熙皇帝那样有浓厚的兴趣,而士大夫中再也没有人像明末徐光启等人那样,热情接受西学,希望"会通以求超胜"。另外,清廷的禁令甚是严苛,官绅上行下效,西学西教的传播因此失去了接受者。此外,耶稣会在 1773 年被解散也是重要原因之一。明末清初来华的耶稣会士大多博学专精,多才多艺,因而能在北京以其所提供的多方面的服务而立足于朝廷,及至耶稣会解散,虽然有遣使会的接替,但其会士的学识与热情都难与耶稣会士相提并论。

第四节　清初士人与西学的流播

　　康熙皇帝的示范作用　理学名臣的回应　历算名家的中西会通　启蒙学者对西学的吸收　西学中源说的流行

　　清初的西学东渐虽然没有得到明末"教内三大柱石"那样的士大夫的推动,但由于传教士们延续了利玛窦的学术传教策略,知识界则在天崩地解之后大倡实学,并因此接续了明末徐光启等人以来对经世致用的西学的需要与运用,再加上康熙皇帝对西学热情颇高,一些士大夫上行下效,使得当时的西学东渐达到了前所未有的高潮。

　　康熙皇帝对西学的热情是在历法之争中被激发出来的。晚年康熙承认当时他对"举朝无有知历者""心中痛恨",从那以后,"专志于天文历法二十余年",并因此达到了"略知其大概,不至于混乱"的境界[34]。关于康熙传习西学的情况,耶稣会士留下了详尽的记载。据白晋所说,在历法之争尘埃落定后的两年期间,"南怀仁神父给他(康熙)讲解了一些主要数学仪器的应用,并讲解几何学、静力学、天文学中最有趣和最容易理解的东西,还专门编写了一些通俗易懂的书籍"[35]。南怀仁于 1688 年去世后,康熙又不间断地召用了另外一些耶稣会士,其中安多以汉语给他讲解数学仪器的使用,以及几何与算术运算;张诚和白晋则于 1690 年初开始以满语进讲几何学。应康熙之要求,安多以汉文编写了一本算术和几何运算纲要,白晋和张诚以满文编写了一部实用几何学纲要。在白、张给康熙讲完实用几何学与理论几何学之后,康熙命人将

图 7-6　几何多面体模型,康熙年清宫造办处制,故宫博物院藏

讲稿从满文译为汉文。康熙对西学的热情还表现在他的刻苦用功上,除了每天与那些传教士们一起学习两三个小时外,他还花了不少时间用于自学,如做习题、预习等。在历算的学习方面,康熙还培养了一种科学精神,即测量与推算并重。旺盛的求知欲、孜孜不倦的刻苦用功,使得康熙在一段时间的学习后,便能自诩"少得历根三角勾股之精微"[36](图 7-6)。

　　康熙对西学的兴趣还旁及西学的其他学科。在学完几何之后,他提出学习西方哲学,并授命白晋和张诚用满文编写纲要,白、张选用了法国皇家科学院院士杜阿梅所著的《古今哲学》作为讲稿。虽然由于康熙大病而未能系统学习,但他仍然浏览了其中的逻辑篇。康熙对解剖学也颇有兴趣,为了向他传授西方医学知识,白晋和张诚编写了近 20 种西学书籍[37]。康熙对西洋火器也很有兴趣,曾下令传教士铸造很多战炮,训练炮手。他对西方音乐、机械制造也有涉猎。而他对地理学的兴趣更导致他派遣传教士采用西法测绘《皇舆全览图》,使中国首次在世界上完成了一次大规模的全国性三角测量,并为证实当时英国学者牛顿的地球扁圆说提供了有力的实测数据,这一工程属当时世界一流成果[38]。康熙还曾制定过一套引进西方科学并在帝国内加以推广的计划。1693 年,康熙派遣白晋返回欧洲,令其招募更多的耶稣会科学家来华。

1699年，白晋与他在欧洲招募的
另10名耶稣会士抵达北京。此举
为康熙在位期间西学东渐热潮的
持续与高涨奠定了基础。

　　康熙主动学习推广西学的热
情影响了士风、扭转了部分士大
夫的学术宗尚（图7-7）。他对李
光地的影响就是典型的一例。李
氏于康熙九年成进士，官至直隶
巡抚、吏部尚书、文渊阁大学士。
李氏原为一理学名臣，他对西学
的热衷完全是受康熙影响所致。
在学术宗尚发生较彻底转变之
前，他也曾与耶稣会士有过来往，
但当时他对中西天文历算的知识
还相当肤浅，且有偏见，没有全面
接受西洋科学知识的迹象。但

图 7-7　康熙帝西洋版画像

是，康熙二十八年二月二十七日的召对，改变了这一切。关于这次召对，《康熙
起居注》和李光地本人都有详细记载。李氏将康熙在召对中对他近乎刁难的
有关西学知识的考问，解释为政敌熊赐履等人阴谋策划的结果，而真正的原因
可能是他当时的学术宗尚犹豫于朱王之间，未与康熙崇奖朱学、力倡西学的趋
向相合。召对后，其仕途受到直接的不利影响，被降职使用[39]。此后，他开始
揣摩上意并逢迎之，以笃信朱学相标榜，并对西学中的天文历算孜孜以求。降
职后，李光地很快在北京遇到了历算名家梅文鼎，于是从其受学。由于这位大
家的指导，李氏在历算方面的知识日增月进。三年后，在康熙三十一年的召对
中，李光地竟能自称于历算"识梗概"了[40]。在随后的多次召对中，李光地更
能以内行的口气从容对答，并因此再次赢得康熙的重用。

　　李光地在学习、传播历算知识方面并无独创性的贡献，但是，他的热情并
非毫无意义。他的主要贡献有以下几点：(1)促成梅文鼎撰写和刊刻了一系列

历算方面的著作,如《古今历法通考》《历学疑问》等;(2)通过聘请梅文鼎传授历算之学,招揽了一批颇有志于历算之学的学子,如魏廷珍、梅氏之孙梅珏成等。这批历算专才后来参与了《律学渊源》的编撰,迎合了康熙的需要;[41](3)以著述的形式揄扬西学精妙实用的名声;(4)作为当时的理学名家,其接受、传扬西洋历算之学,本身就表明西学已经凭借其精妙,渗透到了正统的儒学传统之内。而正统儒家在一定程度上对西学的开放,又反过来以其巨大的示范作用,推动了西学东渐热潮的高涨。

如果说李光地对西学东渐的积极回应与推助,在某种程度上显示出当时正统儒学的开放性,因而具有较多的思想史意义,那么,下文要讨论的几位历算名家对西学的吸收与传播,则具有更多的学术史与科技史意义。这里,只拟简要介绍与分析薛凤祚、王锡阐、梅文鼎在会通中西历算方面的情况。

如上所述,明末徐光启在传播西学时,曾提出会通以求超胜的宏大理想。但他只是提出了这一文化战略,尚未来得及将其付诸实践,而清初的历算学家们则自觉地接续了这一事业。

薛凤祚与王锡阐在清初历算学家中即以会通中西而著称。薛氏最初从守旧派魏文魁游,后又从波兰籍耶稣会士穆尼阁受西方新法,发现西法较传统中法更为精妙,于是尽传穆氏之术。他协助穆氏翻译了《天步真原》,首次将对数表传入中国,还采纳了属于哥白尼日心体系的行星运动图形与行星位置的计算方法。因此,薛氏接受的是当时西方最新的历算知识[42]。薛氏的主要代表作有《历学会通》,其中,薛氏继承了徐光启的学术遗产,提出"熔各方之材质,入吾学之型范"的会通之法,并做过尝试,如将西方的度分六十进位制改为中国传统的百进位制。当时输入中国的西方天文学理论与知识,有的属于托勒密体系,有的属于第谷体系,也有的属于哥白尼体系,主张会通者自然要面对这样一个问题:究竟以哪种西法与中学会通? 薛氏受穆尼阁影响,对各种体系的利弊颇有了解。他对这一问题的对策是:"欲言会通,必广罗博采,事事悉其原委,然后能折衷众论。"[43]

王锡阐之吸收西方天文学是从《崇祯历书》入手的(图7-8),通过潜心钻研,终于达到了能"兼通中西之学,自立新法"的境界[44]。主要著作有《晓庵新法》《五星行度解》《寰解》《历策》《历说》等。他自觉地检讨了徐光启以来输

图 7-8　明崇祯年间钦天监刻本《崇祯历书》书影

入西方历算的得失,认为徐氏的会通理想并未实现[45]。他对明末以来历算界专用西法、数典忘祖的现象颇为不满,对于历算界尽堕成宪的现象,王锡阐列述了一些他不满的缘由:"吾谓西历善矣,然以为测候精详可也,以为深知法意未可也;循其理而求通可也,安其误而不辨未可也。"[46]他曾在《晓庵新法》自叙中列述了西法不知"法意"者五端,又列举了西法中"当辨者"十端。在为中法辩护的同时,他批评西法之不当者,以证明"《大统》未必全失,西人未必全得"[47]。事实上,王锡阐的所谓中西会通虽是兼采中西,但更多的是摘西法之谬,扬中法之长。而当代科学史专家已证明,王氏对西法的批评并非全部正确,而他为中法所作的辩护,则大多是错误的[48]。饶有意味的是,在会通中西方面与王氏持类似观点的阮元对其理念极力表彰,而对更集中精力于吸收和传扬西学的薛凤祚却多所贬抑[49]。这说明,在当时的接受者中已经出现一股对西学东渐具有侵蚀性的潜流。

　　与薛、王一样,梅文鼎也是清初的布衣历算学家,但其贡献与影响则远在前二人之上。仅其著述之丰,就令人瞠目。梅氏的历学著作多达 62 种,算学著作 26 种,其中至少有 30 多种曾在清初广为刊刻流传。更有"裹粮走千里,往见梅文鼎",或"鬻产走千里,受业其门"者[50],一时弟子众多,门庭若市,导致西学东渐的热潮更为高涨。

　　梅氏的主要学术资源是《崇祯历书》与南王北薛的历算学著作。在广搜博求的基础上,梅文鼎站在清初中西会通的最前沿,成为领一时之风骚的历算名家。他在会通中西方面之所以能卓尔不群,是因为他抱持着健康的开放理念。他认为:"法有所采,何论东西? 理所当明,何分新旧?"这是一种超越时空界限、以追求科学真理为宗旨的会通思想[51]。正是在这种健康的思想基础之上,他在吸收西方科学成就和中西会通方面都达到了清初第一人的境界。

　　近人对梅文鼎在科学方面的具体成就多有研究,有人将其贡献综述为以下数端:在天文学方面,梅文鼎的贡献之一是在《五星管见》中提出了一种旨在调和托勒密和第谷体系的新理论"围日圆象说",目的是建立一个和谐的行星运动理论模型,并且引用在《崇祯历书》中只简略提及的开普勒磁引力说,支持其具有创造性的理论;贡献之二是系统地整理和介绍了西方星表。在数学方面,梅文鼎的贡献之一是创造性地介绍了西方计算方法和工具;贡献之二是针对当时输入中土的西方数学中的国人最难理解的三角学知识,编写了中国科学史上第一套介绍三角学的教科书《平三角举要》和《弧三角举要》,还研究和阐述过球面三角学,对西方数学的传播和普及做出了不可磨灭的贡献;贡献之三是针对当时《几何原本》仅有前六卷,未将原书中立体几何部分包括在内的情况,梅氏依据自己所接触到的相关科学著作,独立探讨了立体几何学的一部分内容,并将其成果表述在《几何补编》之内[52]。

　　清初积极传扬西学者中,还有一类人,即思想史上所说的明清之际的启蒙思想家,包括黄宗羲、顾炎武、王夫之、方以智等人。限于篇幅,这里只对方以智在传扬西学方面的情况作些分析。

　　方以智是明清之际与传教士有过较多接触的士大夫之一,他曾问学于毕方济,成进士后在北京结识了汤若望,由此而得西人真传,最终达到精通天学的境界。据统计,方以智的重要著作《物理小识》中约有5%的资料取自西学著作,其中有50多段文字取自艾儒略的《职方外纪》[53]。明清之际西学传播的一大障碍是夷夏之辨,为了突破这种文化心理上的藩篱,方氏提出了"借远西为郯子"的口号,意在说明,既然儒教圣人孔子曾问学于东夷郯子,时人尽可吸收西学之长处。他认为,可以从远西郯子那里学习"质测"。他阐发了一种关于学科分类的观念：首先是研究事物变化的深微根源的学问，谓之"通几"（即哲学）；其次是对实际事物进行精细考察以发现事物运动变化规律（"常变"）的学问，谓之"质测"（自然科学）；再次是研究"治教"的"宰理"（社会政治哲学）。在此分类的基础上，方以智断言："万历年间，远西学入，详于质测，而拙于言通几。"[54]考虑到当时传教士输入的西方哲学大多为中世纪的经院哲学，方以智轻视西学中的哲学也许不无道理。当然，方氏揄扬泰西质测之学，并予以研究和传播，其积极意义更值得肯定，因为他倡导一种具有近代方法论意义的实证精神。也正是在这种意义上，可以认为他是早期启蒙思想家。在比较中西学术的基础上，他对中国传统的象数之学与儒家学术思想不实不真的缺点都作了深刻的批判。他批判了儒者缺乏科学知识，甚至不屑为之的精神风貌，而泰西人不仅重视这些学科，并且发明精确的工具（如望远镜）进行观测，故西洋历法精妙，对天体的认识亦无臆说。在其代表作《通雅》和《物理小识》中，他介绍和解释了很多他所接触到的西学知识，内容涉及天文历算、地理学、音韵学、矿冶学、解剖学等等。在总结中西文明发展经验的基础之上，方以智阐发了一种独特的科学哲学思想：质测与通几是相辅相成的，脱离质测的通几，一定会陷于空虚[55]。这种观念既包含着对中国传统学术思想的批判，也包含着在会通中西的基础上对一种新的知识体系的建构。

以上叙述旨在说明，在清初，研究、传播和运用西学乃一时之风尚，西学对当时的中国学术思想的发展，起到了不可忽视的推助作用。尤其值得注意的是，清初的天文学研究空前时髦，数学研究亦空前兴盛。据统计，在《四库全书》所收自然科学著作中，1600 至 1770 年间出现的天文学著作在历代天文学著作总数中占 74%，而同一时期出现的数学著作在历代数学著作总数中占44%。更可喜的是，此前一直局限于朝廷的天文学，其重心首次转移到了民间[56]，上述的南王北薛和梅文鼎等人，都是布衣历算学家。中国前近代历算知识主体的这种变化，其意义之深远是不容低估的。

在西学热如火如荼的情况下，中国的科学似乎有望摆脱明末以来的衰颓，走上近代化之路，或至少不至于落后西方太多。然而，"翻一下哥白尼以来大大小小的天文学成就清单，没有一项是清代中国人做出的。而且，当欧洲进入天体力学和数学分析方法的时代，中国天文学仍长期停留在古典几何体系阶段……到 1911 年清朝结束时,中国天文学水平与西方的距离已经大得惊人了"[57]。其原因何在? 大概没有哪一种单一的因素能够说明上述现象。这里可以指出的是,清初流行的另一股具有侵蚀性的思潮——"西学中源"说,使得士人们标榜的中西会通走入歧途,在客观上阻碍了中国学术与科学的近代化。

所谓"西学中源"说,就是认为传教士们输入中国的西学,都是窃自中国或从中国传入西方而不断发展起来的,如断定西方天文学和数学是中国古代"周髀盖天之学"传入西方后发展而成的。这种观念不论是在拒不与清政府合作的黄宗羲、方以智等人那里,还是在康熙皇帝以及梅文鼎等历算名家那里,都成了一种不约而同的共识,直到 19 世纪的阮元还在那里推波助澜,大倡此说[58]。如果说明末徐光启、李之藻等人所使用的拟同方法尚具有为西学的传播开辟道路的积极意义,那么,清初的西学中源说,不仅在认知意义上是荒谬的,而且在价值意义上亦是消极的。在当时西学大行其道的热潮中,并不需要这类谬说来发挥所谓增强民族文化自信心的功能。这种思潮的消极意义表现为以下两点:一是以一种虚幻的满足感取代危机感,将"会通以求超胜"的文化战略置之度外[59];二是使得士人将会通的功夫花费在论证"西学中源"上,从而使得中西会通误入歧途。这里仅举一例,王锡阐在《历策》一书中论证道:"今者西历所矜胜者不过数端……孰知此数端者悉具旧法之中而非彼所独得乎!……西人窃取其意,岂能越其范围?"[60]王氏断定,西法实际上"悉具旧法之中",而且都是从中法中窃取的。中法虽然详于法而不著其理,但理具法中,好学深思者可以努力求索而得之,窃取中法的西人就是通过求索而得之的。若推衍此说,则当时之习历算者也可从中法中力索而得之。这样,连传习西学都可有可无了。据研究,王锡阐第一个为黄宗羲等人稍早提出的西学中源说提出了证据[61],此后,梅文鼎、阮元等人亦推波助澜。消耗于为"西学中源"说提供证据的热情,使得"会通中西"完全步入了歧途,西学的接受主体的创造性也因此而退隐不显。尽管稍后的江永等人在此问题上持客观和健康的观点,却抵挡不了主流思潮对西学东渐的侵蚀。

第五节　中学西渐

中欧贸易与罗柯柯风格　法国启蒙思想家与中国文化　德国启蒙思想家与中国文化　文化交流中的误读及其意义

明清之际中西文化交流并不只是单向的西学东渐,与之相伴相随的还有另外一个过程,即中学西渐。对于这一文化传播过程对欧洲文明的意义,同样应该予以充分的肯定。

明末清初中国文化之远播欧洲,与西学东渐始于天主教这一文化的精神层面、由传教士充当媒体不同,它是始于器物层面,而且是由贸易促成的。葡萄牙人1557年租借中国澳门,在远东建立了贸易据点。从此以后,各种中国产品,如陶瓷、漆器、生丝、锦缎,便通过葡萄牙人输往欧洲。接踵而至的是荷兰、英国、法国等海上强国,它们纷纷建立远东贸易公司。到了18世纪,通过日益频繁的中欧贸易,中国产品,尤其是工艺美术品被不断地输往欧洲,由此开始了中国文化影响近代欧洲文明的历程。而谈到上述物化形态的中国文化对欧洲的影响,便不可避免地要论及18世纪的罗柯柯风格。

在18世纪初之前,统治欧洲美术的是罗马式的巴洛克风格,它力图复活古罗马帝国的庄严、宏伟和富丽堂皇,其特点是雄浑。据学者们所作的意识形态解读,可以说巴洛克风格是文艺复兴后的宗教反改革运动和专制王国的艺术,是一种骄傲和力量的艺术[62]。而罗柯柯风格的特征则"具有纤细、轻盈和繁琐的装饰性,变化多端,但仍保留一种巧妙的统一平衡,喜欢用中国式的 S 形、C 形或漩涡形自由曲线,力求把所有直角都改为曲线;爱好轻巧和跳跃的形式……避免呆板和夸张;重视表面效果的光泽,爱好清淡柔和和精美雅致的色彩,苍白的基调和没有明显的色界使其清新明亮但不强烈"[63]。学者们常常对这种艺术风格作如下的意识形态解释:反宗教改革运动和新专制制度失去俘获人心的能力之后,充满怀疑主义和幻灭感的欧洲上层贵族只能沉湎于一种优美的文化艺术之中,以尽可能小的宏伟风格为自己制造一个想象中的光明、空想、精致、娴雅、欢乐和自由的世界[64]。诚如赫德逊所说的那样,"罗柯柯风格直接得自中国,这在一定程度上是美术史家公认的"[65]。利奇温更指出,中国清脆的瓷器和各种丝绸上绚艳悦目的光泽暗示欧洲 18 世纪社会以一种想象中快乐的人生观,带来启发新风格的灵感(彩图 11)。具体而言,"罗柯柯艺术风格和古代中国文化的契合,其秘密即在于这种纤细入微的情调"[66]。由此还可以引申出另一结论:罗柯柯时代欧洲对于中国的概念不是通过文字得来的,而是通过中国瓷器的淡雅纤细和丝绸的雾绡轻裾等视觉印象获得的[67]。众所周知,正是由于对物化形态的中国文化的青睐在当时的欧洲成为人们趋之若鹜的风尚,也由于下文要加以分析的精神层面的中国文化在欧洲一时成为知识精英最感兴趣的话题之一,18 世纪的欧洲出现了空前的"中国热"。其影响之深远,欧洲的汉学家们至今还津津乐道,著名法国汉学家艾田蒲甚至将 18 世纪的欧洲称作"中国之欧洲"[68]。18 世纪欧洲的思想精英,尤其是启蒙思想家们对中国的概念,主要是通过文字获得的。换言之,谈论精神层面的中国文化在 17、18 世纪欧洲的传播及其对欧洲文化的影响,不能不从有关中国的各类著述开始。

由于明清之际来华的天主教传教士在中欧文化之间充当着有效的沟通媒介,"17 世纪欧洲关于中国的消息十分迅速地增长"[69]。前述的礼仪之争虽然导致了西学东渐的式微,但在欧洲,知识界对中国思想文化的兴趣却因此而大增,启蒙思想家们从封建的中国文化中汲取了大量的思想资源。兹将当时在传播中国思想文化方面发挥过重要作用的书籍列述如下:

利玛窦在他的《中国传教史》(1615 年,Augusburg)中,将中国描绘为一个花园般宁静祥和的理想的共和国,将孔子比拟为古希腊的大哲学家,更认为中国人虽然失去了天神崇拜这一古老的宗教传统,却在儒家思想的指导下,遵循自然理性的指引,过着良善的道德生活。该书在 17 世纪的欧洲产生了巨大的影响。曾德昭的《中国通史》,又称《大中华帝国志》(1642 年,马德里;1645年,巴黎),全面介绍了中国历史、地理和思想史等方面的情况。卫匡国写有《中国新图》(1655 年,阿姆斯特丹)、《中国上古史》(1658 年,慕尼黑)和《鞑靼战纪》(1654 年,安特卫普)。安文思写有《中国新纪闻》(1687 年,巴黎)。殷铎泽著有《中国传教概况略》(1672 年,罗马),另外,他还与柏应理等人合著了

《中国哲学家孔子》(1686—1687,巴黎)。李明写有《中国现状新志》(1696—1698年,巴黎,两卷)。白晋出版了《中国现状志》(1697年,巴黎)和《中国皇帝传》。1703年至1776年陆续在巴黎出版了《耶稣会士书简集》。杜赫德主编了《中华帝国全志》(1735年,巴黎,4卷),该书是在27位传教士的报告基础上编成的中国百科全书,全面地介绍了中国各方面的情况,影响极大。在介绍儒家典籍方面,传教士郭纳爵、殷铎泽、柏应理、雷孝思、白晋等人都有译作在欧洲出版,他们将儒家经典如《大学》《中庸》《论语》《孟子》《周易》《书经》《孝经》《诗经》《春秋》《礼记》等翻译为西文出版。此外,还有一些从未到过中国的人,却根据得自传教士的传闻编纂了一些影响颇大的著作,最典型的是门多萨的《大中华帝国史》(1585年,罗马;1586年意大利文版,1588年法文版和英文版,1589年拉丁文版和德文版,1595年荷兰版)[70]。

向欧洲传播中国文化的传教士的根本目的是希望其大本营能理解和接受他们对中国文化的界定及其传教策略。而接受和运用中国思想文化的欧洲思想界却导演了一部"理性的狡狯"的活剧,其中尤其值得指出的是,启蒙思想家们利用中国文化中充满理性精神的思想资料,批判宰制欧洲人生活的宗教,论证理性对人类生活的至关重要性。

培尔(Pierre Bale,1647—1706)是法国启蒙运动的先驱之一,他的思想虽然有不少取自笛卡儿哲学,但也从中国文化中吸收了不少资源。培尔对中国的知识主要来自一些游记以及礼仪之争中控辩双方出版的著作,他在其影响巨大的《历史批判辞典》中,将这些知识作为有力的证据,以论证无神论的合理性以及他本人对宗教宽容的倡导。如在"Sommona Codon"词条下,培尔明确地写道:儒者尊重古说,认苍天之灵、其他万物之灵,均为缺乏智力之一种动的物质,而将人类行动之唯一判断者归之于盲目的命运,命运有如全智全能的法官,天网恢恢,祸福自召,而其结果自然合于天理天则。由此可见,儒者毕竟和伊壁鸠鲁的思想不同,伊氏否认摄理,肯定神的存在,儒者则肯定摄理,而否定神的存在[71]。培尔断定中国人无神论最为彻底,实际上是在隐晦地攻击耶稣会的立场,并批判天主教。尤有意味的是,培尔可能是试图以中国为例,证明"由清一色的无神论者所组成的社会是可能存在的"[72],换言之,一个健全的社会不一定需要宗教的维系。因为"中国的无神论永远没有阻止中华民族的形成和生存下来,这种无神论似乎帮助它维持生存和繁荣昌盛"[73]。这种观念在当时是相当激进的。

　　培尔曾是支持耶稣会的天主教徒,后改奉新教。历史上,天主教会对其他教派的迫害可谓屡见不鲜,作为新教徒的培尔自然会大力倡导宗教宽容。在此过程中,他很敏锐地引用中国的情况作为例证。在得知康熙皇帝曾颁布宽教令后,他感慨颇深地写道:"我不知道基督徒为什么会很少思考在那些异教徒王国中盛行的宽容思想,它们已被我们公开认为是蒙昧和残暴的国度。"[74]宗教宽容是信仰自由和宗教多元主义等现代思想的先声,其在整个文明史上的意义是不容忽视的。因此,仅根据以上两点,如果有人认为培尔的《历史批判辞典》是整个启蒙哲学的思想库,那是并不过分的结论。

　　如果说培尔思想的革命性还比较隐晦,那么,百科全书派则以对旧有的宗教、道德、社会知识体系和社会制度的坚决的否定态度登上了启蒙运动的舞台。而这些思想家大多将他们所张扬的理性精神溯源于希腊和中国,有时,中国的理性哲学在某些思想家中比希腊哲学更为凸显。尽管他们对中国哲学的态度可能有所不同,但他们大多从中国哲学这一丰富的资源中各取所需,借用这种异域的哲学语言,表达他们对理性的知识与社会的崇尚与追求。那是法国人经常谈论儒学的世纪,是孔子的世纪,"孔子成为这个世纪的庇护神"[75]。

　　这些思想家大多以批判天主教为头等大事,他们在搜寻批判的武器时,可谓不遗余力。曾经诅咒《圣经》"只是一个由疯狂病的无知者在一个极坏的地方所写的著作"的伏尔泰,就是通过比较儒学和基督教来阐述他的思想的。他认为,中国文化是《圣经》以前的文化,更是《圣经》以外的文化。这种文化与基督教大异其趣,它不讲灵魂不朽,不谈来世生活。这种文化的集大成者孔子并不以神或弥赛亚自命,他不语怪力乱神,真理在他那里绝不与迷信混同。这种比较使伏尔泰得出这样的结论:基督教完全是虚伪的迷信,是人类不幸的根源,应该从根本上废弃[76]。

　　伏尔泰在批判欧洲的传统宗教时,还以儒学为参照系倡导建立一种新的宗教——理性的、人道的宗教。尽管伏尔泰相信在华传教很久的耶稣会士傅圣泽的话:中国很少无神论者![77]但他认为,只有中国的宗教才是真正的有神论,它只祭天和崇拜公道。它不是基督教意义上的宗教,而是一种普世性的人道宗教。在《风俗论》一书中,伏尔泰引用耶稣会士李明的《中国现状新志》中的话说:"此国人民二千年来,即保存真神的知识,在欧洲陷入迷信腐败的时候,中国人民已经实行最有道德的纯粹宗教了。"[78]在伏尔泰看来,中国宗教即是他所向往和倡导的人道的、理性的宗教。

在法国启蒙思想家中,还有狄德罗、卢梭、霍尔巴赫、孟德斯鸠等人都曾受惠于中国文化和思想;此外,强调遵守自然法、以魁奈为代表的重农学派,其"全部理论均是中国哲学的产物"[79]。

在德国启蒙思想家中,莱布尼茨和沃尔夫在创造性地解释和运用中国文化思想方面,比法国同伴并无丝毫逊色。莱布尼茨最初站在耶稣会的对立面,斥责中国人为无神论者。但是,经过与闵明我、白晋的晤谈和通讯接触,他转而接受耶稣会士的中国文化观,从而成为当时欧洲对儒学最有研究的中国文化赞同论者。他曾将孔子称为中国哲学家之王。他着力批判了龙华民认为中国人皆为无神论者的观点,坚持中国人是以理为神,中国宗教是他所倡导的自然神论。莱氏之青睐于中国的自然神论,与他对宋明理学的解释有关。他一反龙华民对中国儒学的无神论解释,认为儒学的理是神而不是物质,是不与物质完全分离的精神本体。中国人的气则是理这个最高精神本体和第一原理之下的物质生成之原理;这个理是太极、上帝,是有生命、感情和灵魂的;理又是统摄一切的,它充满一切,是万有之神。如果说中国缺乏启示神学,那么,她的自然神学却使中国人过着良善的道德生活。通过比较,莱氏得出如下结论:"谁人过去曾经想到,地球上还存在着这么一个民族,它比我们这个自以为在所有方面都优越的民族更加具有道德修养。……如果说我们在手工艺技能上与之相比不分上下,而在思辨科学方面要略胜一筹的话,那么,在实践哲学方面,即在生活与人类实际方面的伦理以及治国学说方面,我们实在是相形见绌了。"[80]他还深信,中国人合乎理性的道德规范是救治人类罪恶的良药,并将中国描绘为一个至治的理想国。他对当时的康熙皇帝极其赞赏,认为他有雄才大略,使得欧洲的科学和技术能顺利地输入中国,把欧洲的文化与中国文化结合在一起。

对中国思想文化和社会现状的赞美,使得莱氏由衷地向欧洲人发出了这样的倡导:"我想首先应当学习他们(中国人)的实践及合乎理性的生活方式。

鉴于我们的道德急剧衰败的现实,我认为,由中国派教士来教我们自然神学的运用与实践……是很有必要的。"[81]对中国文化的赞赏,还使得莱布尼茨认为中华民族是最杰出的民族[82]。

当莱布尼茨根据文明史的事实来裁定东西文明孰为优胜时,他的学生沃尔夫却提出了另一种判别原则:辨别真伪。他展示了这样一块试金石:"哲学的真正基础就是与人类理性的自然性相一致的东西,违背人类理性的自然性的东西不能被看作是真正的基础,它是伪。"[83]他断定:"运用这块试金石来判断,中国哲学的基础有其大真。"[84]他认为中国人在实践生活中不强迫人有所为,"己所不欲,勿施于人"。中国人相信,对于培养道德风尚,至关重要的因素是与人的理性相吻合,他们所做的每一件事情,其根据都在人的自然理性中。中国人在促进培养道德风尚的时候,仅仅运用自然力量,这种力量不以敬神为基础,因为中国人对万物的造物主,对神灵的启示一无所知。

沃尔夫认为,中国人不仅发现了,而且非常善于运用自然理性的力量。在《关于中国人道德学的演讲》里,沃尔夫对他的听众说:"中国人……总是注意理性的完善的一面,这样他们就可以认识自身自然的力量,从而达到自然力所能让他们达到的高度。"[85]他认为中国人的性善论基于对理性的崇尚,可以不依靠神的启示,不注重外在的根据,完全靠人们运用自然理性的态度来区别善恶,以善为快,以恶为厌。他相信,中国人的这种不依靠外在根据的道德行为,"不是出于习惯,出于对主子的畏惧,而是出于个人的自由意志"[86]。因此,"中国人的行为包含着一种完全的自然权力,而在我们欧洲人的行为中,这种权力只有几分存在"[87]。

不难看出,沃尔夫对中国哲学的褒扬带有鲜明的夸张色彩。在当时高度专制的中华帝国,很难想象有如此美好的图景。但他却借着他想象中理想的王国,为人性、自然理性和人的权利谱写赞歌。沃尔夫因上述关于中国道德学说的演讲而被解除了大学教授的职务,还被勒令在 48 小时内离开国境,由此可见他借中国思想表达的观念的革命性之一斑。

在启蒙运动中,还有很多欧洲思想家创造性地借用了中国思想文化,这里仅列举了其中较有代表性的几位,不免挂一漏万,但从中足以见出当时中国文化对欧洲的影响之深远。

　　在明末清初的中西文化交流中,不论是在西学东渐,还是在中学西渐中,都有一现象值得注意,那就是跨文本的误读。无论是传教士或中国的儒者基督徒将天主教的天主理解为古儒经典中的上帝,或是徐光启将欧洲描绘为理想的乐土,还是后来的启蒙思想家将中国文化理解为一种完全遵守自然法的思想体系,或认为中国人的行为中充分体现了自然权力,等等,都很难说是一种切近天主教或中国儒学的本真面目的准确理解。如果追究当时中西方人士对对方的理解是否准确,我们将会屏蔽掉这一充满误读的文化交流的重要意义。事实上,当时中西方的知识精英都是借想象中的对方形象,来发现自身文化的缺陷与需要,进而阐发了一系列推进了当时中西文明之演进的思想。如果说他们对对方的读解充满了误读,那么,这正是布鲁姆在《影响的焦虑》一书中所说的有意的、而且是具有创造性的误读。借助于这种误读,知识精英们廓清了他们的想象空间,在比较的视域中发现了建设新文化的资源,并且创造性地解释和运用了这些资源,从而卓有成效地推进了中西文明的交流和演进。

注　释

〔1〕　许倬云:《论学不因生死隔》,载《读书》2002 第 2 期,第 74 页。

〔2〕　梁启超:《中国近三百年学术史》,中国书店,1985 年,第 8 页。

〔3〕　《陈垣学术论文集》,第一集,中华书局,1980 年,第 210 页。

〔4〕　《利玛窦全集》,光启出版社、辅仁大学出版社联合发行,1986 年,第一册,第 85 页。

〔5〕　潘鼐:《梵蒂冈藏徐光启〈见界总星图〉考》,载《文物》1991 年 1 期。

〔6〕　除了这些士大夫基督徒外,一些东林党人和复社成员在营造一种对西学开放的思想氛围方面,也发挥了重要作用。

〔7〕　"天学"是当时士大夫对包括天主教、西方学术和科学在内的整个西学的称谓。

〔8〕　徐宗泽:《明清间耶稣会士译著提要》,中华书局,1989 年,第 265 页。

〔9〕　徐光启:《跋二十五言》,见《明清间耶稣会士译著提要》,第 328 页。

〔10〕　李之藻:《天主实义重刻序》,见徐宗泽:《明清间耶稣会士译著提要》,第 146—147 页。

〔11〕　《天主教东传文献续编》(一),学生书局,1976 年,第 23—26 页。

〔12〕　同上。

〔13〕　《代疑续篇》,我存杂志社,1936 年,第 25—26 页。

〔14〕 《天释明辨》，《天主教东传文献续编》（一），第 368 页。

〔15〕 同上书，第 497 页。

〔16〕 徐光启：《译几何原本引》，见《徐光启著译集》第 5 册，上海古籍出版社，1983 年。

〔17〕 《徐光启集》，上海古籍出版社，1984 年，第 76 页。

〔18〕 卡西勒：《启蒙哲学》，山东人民出版社，1988 年，第 14 页。

〔19〕 李之藻：《同文算指序》，见《明清间耶稣会士译著提要》，第 267 页。

〔20〕 李之藻：《代疑篇序》，见《天主教东传文献》，第 473 页。

〔21〕 徐光启：《刻〈同文算指〉序》，见《徐光启集》，第 84 页。

〔22〕 徐光启：《历书总目表》，见《徐光启集》，第 374 页。

〔23〕 徐光启：《简平仪说序》，见《徐光启集》，第 74 页。

〔24〕 勒文森：《梁启超与近代中国》，四川人民出版社，1986 年，第 148 页。

〔25〕 参见爱森斯塔得：《帝国的政治体系》，阎步克译，贵州人民出版社，1992 年，第 233 页。

〔26〕 《天主教东传文献续编》（三），第 1179 页。

〔27〕 同上书，第 1078 页。

〔28〕 徐宗泽：《中国天主教传教史概论》，第 220 页。

〔29〕 转引自顾卫民：《中国天主教编年史》，上海世纪出版集团、上海书店出版社，2003 年，第 181—182 页。

〔30〕 萧若瑟：《天主教传行中国考》，上海书店，1989 年，第 35 页。

〔31〕 《清圣祖实录》卷二八。

〔32〕 同上。

〔33〕 转引自樊洪业：《耶稣会士与科学》，中国人民大学出版社，1992 年，第 155 页。

〔34〕 上海古籍出版社影印《四库全书》第 1299 册《圣祖仁皇帝御制文集》三集卷一九《三角形推算法论》，第 156 页。

〔35〕 白晋：《康熙帝传》，珠海出版社，1995 年，第 28 页。

〔36〕 同上引《四库全书》第 1299 册，《圣祖仁皇帝御制文集》三集卷一九《量天尺论》，第 157 页。

〔37〕 白晋：《康熙帝传》，珠海出版社，1995 年，第 34—35 页。

〔38〕 参徐海松：《清初士人与西学》，东方出版社，2000 年，第 40、46 页。

〔39〕 同上书，第 241 页。

〔40〕 李清馥：《榕村谱录合考》卷下康熙三十一年条。转引自徐海松：《清初士人与西学》，第 243 页。

〔41〕　徐海松:《清初士人与西学》,第 246 页。

〔42〕　同上书,第 322 页。

〔43〕　同上书,第 323—324 页。

〔44〕　阮元:《畴人传》卷三四"王锡阐上",中华书局丛书集成初编本第六册,1991 年,第 422 页。

〔45〕　上海古籍出版社影印《四库全书》第 793 册《晓庵新法》,第 453—455 页。

〔46〕　《晓庵新法》,第 453 页。

〔47〕　《晓庵遗书·历策》,转引自徐海松:《清初士人与西学》,第 328 页。

〔48〕　江晓原:《王锡阐及其〈晓庵新法〉》,载《中国科技史料》1986 年 6 期。

〔49〕　《畴人传》,第 449—450 页。

〔50〕　同上书,第 504—506 页。

〔51〕　参徐海松:《清初士人与西学》,第 345—346 页。

〔52〕　同上书,第 348—349 页。

〔53〕　Willard J. Peterson, Fang I-Chih: Western Learning and the "Investigation of Things", in *The Unfolding of Neo-Confucianism*, ed. by Theodore de Bary, New York, Columbia University Press, 1970, pp. 394-396.

〔54〕　方以智:《物理小识·自序》,王云五主编《四库全书珍本》十一辑,第 532 册,台北商务印书馆,1969 年,第 3 页。

〔55〕　参上引《物理小识》,第 9 页。

〔56〕　参江晓原:《天文西学东渐集》,上海书店出版社,2001 年,第 390—393 页。

〔57〕　同上书,第 396 页。

〔58〕　同上书,第 375—387 页。

〔59〕　同上书,第 397 页。

〔60〕　阮元:《畴人传》,第 438—439 页。

〔61〕　江晓原:《天文西学东渐集》,第 377 页。

〔62〕　赫德逊:《欧洲与中国》,中华书局,1995 年,第 250 页。

〔63〕　张国刚等:《明清传教士与欧洲汉学》,中国社会科学出版社,2001 年,第 32—33 页。

〔64〕　赫德逊:《欧洲与中国》,第 251 页。

〔65〕　同上书,第 247 页。

〔66〕　利奇温:《十八世纪中国与欧洲文化的接触》,商务印书馆,1962 年,第 20 页。

〔67〕　同上书,第 20—21 页。

〔68〕　艾田蒲:《中国之欧洲》,河南人民出版社,1995 年。

〔69〕　帕尔默等:《近现代世界史》,商务印书馆,1988 年,第 189 页。

〔70〕　以上综述参考了朱谦之的《中国哲学对欧洲的影响》和张西平的《中国与欧洲早期
　　　　宗教与哲学交流史》中的相关部分。

〔71〕　朱谦之:《中国哲学对欧洲的影响》,河北人民出版社,1999 年,第 212 页。

〔72〕　《马克思恩格斯全集》第 2 卷,人民出版社,1957 年,第 162 页。

〔73〕　维吉尔·毕诺:《中国对法国哲学思想形成的影响》,商务印书馆,2000 年,第
　　　　372 页。

〔74〕　同上书,第 363 页。

〔75〕　Adolf Reichwein, China and Europe: *Intellectual and Artistic Contacts in the Eighteenth*
　　　　Century, New York, A. A. Knopf, 1925, p. 77.

〔76〕　朱谦之:《中国哲学对欧洲的影响》,第 289—290 页。

〔77〕　同上书,第 292 页。

〔78〕　同上。

〔79〕　这是一位法国作者的观点,转引自李肇义:《重农学派受中国古代政治经济思想影
　　　　响之考证》,中山大学《社会科学》1 卷 3 期,第 12 页。

〔80〕　夏瑞春编:《德国思想家论中国》,江苏人民出版社,1989 年,第 4—5 页。

〔81〕　同上书,第 9 页。

〔82〕　同上。

〔83〕　同上书,第 32 页。

〔84〕　同上书,第 33 页。

〔85〕　同上书,第 34 页。

〔86〕　同上书,第 40 页。

〔87〕　同上书,第 42 页。

第八章　宗教信仰：观念与实践

明代中叶后，传统宗教发展的突出特点是多元融合，传统的儒、释、道都在达到其发展的巅峰之后开始逐渐衰落，三教合一思潮成为一种趋势。与此同时，藏传佛教达到了它的发展高峰，宗喀巴所创立的格鲁派在西藏改革了佛教，并建立起政教合一的政权体制。在中国流传的伊斯兰教开始了本土化，从而与本土的其他宗教和谐相处，儒、释、道、伊四教并列的新格局逐步形成。与传统宗教的发展并行，以白莲教、罗教、三一教为代表的民间宗教教派广泛兴起。它们从佛教、道教中脱胎出来，在民众生活中吸取营养，并且与明中叶后新的社会现实紧密结合，很快形成一股洪流。民间宗教在历史上一直延续和发展，明清时期最为突出，在中国宗教史上占有重要地位。明清时期作为一种宗教文化而存在的民间信仰也广泛流传，以城隍、关帝、碧霞元君、妈祖等为代表的民间信仰，构成了明清时期独特的宗教与民俗风景。

第一节　国家宗教祭祀的完备

国家宗教祭祀　大、中、小三祀　满族祭祀　祭祀先农、先蚕　祭孔及对儒家学派的礼敬　坛庙建筑

国家的宗教祭祀隶属于传统礼制，历代王朝都非常重视，它继承和发展了自古以来的礼乐文化，作为中华文明的主要象征之一，表现出丰富的人文意蕴和灿烂的艺术光辉。

礼乐传统渊源久远，从传统上说，儒家思想一直在这个领域中占主导地

位,但在历代的发展中逐渐产生了许多歧义,甚至混入释、道以至异域的内容,使流传下来的礼乐越来越庞杂,也越来越形式化,难以实现格上下、感鬼神、成教化的政教目的。宋代以后,以理学为中心的新儒学兴起,为礼乐正本清源提供了思想基础。明清的礼乐建设以恢复儒家的古礼并充实儒家思想内涵为主要特色。明朝建立伊始,明太祖就在李善长、傅瓛、宋濂、詹同、陶安、刘基等儒臣的协助下,"斟酌古今",对历代遗留的礼乐做了大胆的改革,革除了对天皇、太乙、六天、五帝一类的祭祀,诸神的封号也都改为本称,一洗矫诬陋习,使明朝礼乐"度越汉唐",达到前所未有的水平[1]。清朝前期修礼,也很重视礼、乐的思想内涵,历朝修礼,都以康熙御定的《日讲礼记解义》、乾隆御定的《三礼义疏》为指导纲领。明清两朝在天地、宗庙、社稷三大祀之外,非常重视祭孔,祭祀的规格也不断提升,到光绪末,升祭孔为大祀。孔子与众多从祀儒者地位的提高,从一个方面表明,在明清两朝的礼乐制度中,儒家思想增加了分量。

在国家礼乐的吉、嘉、宾、军、凶五礼中,吉礼包含了系统的宗教祭祀制度。这一制度在明清两朝逐步发展,臻于完备。明清时的宗教祭祀,有庞大的祭祀体系,分大、中、小三祀。按《明史》所载,明初所定的大祀有圜丘、方泽、宗庙、社稷、朝日、夕月、先农;中祀有太岁、星辰、风云雷雨、岳镇、海渎、山川、历代帝王、先师、旗纛、司中、司命、司民、司禄、寿星,后将大祀中的朝日、夕月、先农降为中祀;小祀有司灶、中霤、司门、司井一类的诸神[2]。《清史稿》载清初所定的大祀有圜丘、方泽、祈谷、太庙、社稷,后又加常雩;中祀有天神、地祇、太岁、朝日、夕月、历代帝王、先师、先农、先蚕;群祀有先医、贤良、昭忠。保留满族的祭祀旧俗,是清朝宗教祭祀的一个显著特点,如"堂子之祭""坤宁宫祭神",都源自满洲,入关以后在宫中仍然延续[3]。

天地、宗庙、社稷三大祀都是由天子亲自主持的最隆重的祭祀(彩图12)。洪武元年冬至,祀昊天上帝于圜丘,由皇帝亲自行祭,经历"迎神""奠玉帛""进俎""初献""亚献""终献""彻馔""送神""望燎"等礼仪步骤,并由协律郎等配合着演奏"中和""肃和""凝和""寿和""豫和""熙和""雍和""安和""时和"等典礼音乐[4]。祭祀方泽、宗庙、社稷,也都要经历类似的礼仪过程,其中祭祀社稷是上自天子,下至王国、州、府、县都要举行的全国性活动。举行三大祀的宗教意义在于一种政教上的宣示。首先是表明皇朝的正统。以清初为

图 8-1　清朝皇帝祭天朝服

例,在满族初兴的时候,礼乐都是沿用东北旧俗。至崇德元年建大清国号,才开始行国家大祀,礼制上还很简陋。顺治元年定燕都,大祀天地、宗庙、社稷,则全面继承中原自古相延的礼制,而将满洲旧俗退留在宫中。皇朝的更迭很多情况下会涉及民族的融合,一方面,民族的融合会造成礼制的某些改变,另一方面,对于原来处于边疆而入主中原的民族来说,选择了中原自古相延的礼制,等于开始一个由外而内的转变过程,这一转变对于文明的延续与统一来说,具有重大的意义(图 8-1)。

　　因为中华文明一直是以农业为本,所以祭祀先农、先蚕对于中华文明来说很有象征意义。祭祀先农、先蚕与人们的实际生产生活关系密切,这样的祭祀,宗教性比较弱,更接近于表达人们美好愿望的传统风俗。祭祀先农是自汉代开始,一直延续下来的传统祭祀。明初,太祖皇帝和礼官一起议定新的祭祀先农的礼仪,建先农坛于南郊,仲春,由皇帝亲祀先农,然后行耕藉礼,礼毕后,还在坛所宴劳百官耆老[5]。清雍正初,谕言:“国以民为本,民以食为天。礼,天子藉千亩,诸侯百亩。是耕藉可通臣下,守土者宜遵行,俾知稼穑艰难,察地

图 8-2　清代皇帝亲耕藉田仪式图

力肥硗,量天时晴雨。养民务本,道实由之。"于是定议,自顺天府至全国各地都立农坛藉田。祭祀先农的礼制遂同祭祀社稷一样扩展到全国(图 8-2)[6]。先蚕是在明嘉靖时定制祭祀的,先蚕坛建在紫禁城之西苑,由皇后率领宫中妃、嫔,及宫外的命妇等妇女们祭祀,祭后还要行亲蚕礼[7]。此后明清两朝都祭祀先蚕。乾隆末年,特别把祭祀浙江轩辕皇帝庙的蚕神,以及祭祀杭、嘉、湖等地的蚕神祠的蚕神,列入了祀典[8]。这一措施充分体现出国家对蚕桑生产的重视,连宗教祭祀都为之服务了。

自明洪武元年始,每年仲春、仲秋的上丁日,皇帝降香,遣官祭祀至圣先师孔子于国学,丞相初献,翰林学士亚献,国子祭酒终献[9]。清雍正四年,定春秋二祀皇帝亲祀孔子之制,五年,又定八月二十七日为孔子诞辰[10]。明永乐初年所建的北京孔庙,是此后明清两朝祭孔的专门场所。对孔子的祭祀,其实是对孔子及儒家学派的整体礼敬,众多的从祀者都是儒家学派中的精英。以清代顺治二年祭孔为例,正中祀先师孔子,然后排列的是颜子、曾子、子思子、孟子四配,闵子损、冉子雍、端木子赐、仲子由、卜子商、冉子耕、宰子予、冉子求、言子偃、颛孙子师十哲,先贤有众多孔门弟子,及左丘明、周敦颐、张载、程颢、程颐、邵雍、朱熹等 69 人,先儒则有公羊高、穀梁赤、伏胜、孔安国、毛苌、后仓、高堂生、董仲舒、王通、杜子春、韩愈、司马光、欧阳修、胡安国、杨时、吕祖谦、罗从彦、蔡沈、李侗、陆九渊、张栻、许衡、真德秀、王守仁、陈宪章、薛瑄等 28 人。后来的各朝在祭孔时，对从祀者经常有所增减，其中突出的例子如增加了清人最为尊崇的汉代经师许慎、郑玄，还增加过刘宗周、黄道周、吕坤、孙奇逢等明清之际的大儒[11]。对汉代以来的从祀儒家的选择，各朝的增减很有讲究，一定程度上反映出国家意识形态对儒家正统的理解在不断变化。

堂子祭天是满族内部的重要宗教祭祀。满族旧礼中除了堂子祭天，还有月祭、杆祭、浴佛祭、马祭等一系列祭祀。"堂子"是供奉着社稷诸神祇的静室，堂子之祭是由皇帝亲祭的大祀。顺治时在长安左门外修建了"堂子"，每年元旦，以及出征凯旋时，皇帝都要率领亲王、藩王等满族王公在"堂子"祭祀[12]。满族流传下来的宗教祭祀，就其源出的萨满教传统说，有一些原始性的痕迹，但为清朝所继承下来的部分宗教祭祀，与中原旧有的宗教祭祀大体上具有同等的宗教意义，只是来自不同的文明传统，礼仪上有所不同（图 8-3）。满族的统治者在入主中原之后，同时秉持来自两个文明传统的宗教祭祀，这也表明清朝在宗教政策上的多元化和包容性。后来清朝在对待喇嘛教、佛教、道教、伊斯兰教、基督教等宗教时都体现出这样的特点。

明清两朝的国家宗教祭祀，在本着儒家思想更定礼制的方面做得比较显著，在礼乐上则发明不多，基本是延续旧有的礼乐，大抵集汉、唐、宋、元之旧，而稍更易其名。清康熙皇帝精于乐律之学，有志于制礼作乐，他诏求魏廷珍、梅毂成、王兰生等专家，在蒙养斋一起修律吕诸书，于康熙五十二年编成《律吕正义》一书，上编二卷曰"正律审音"，下编二卷曰"和声定义"，续编一卷曰"协韵度曲"。乾隆十一年又补修了《律吕正义》后编 120 卷，记述了各种典礼音乐，并录有舞谱、曲谱。这部大型的著作，集古代乐律学之大成，但个别地方也遭到后世的非议。明万历时朱载堉已经发明了十二平均律，而康熙却斥之为非，另搞了一套十四律，实在是弄巧成拙[13]。这部著作的第三部分"协韵度曲"，吸收了西洋传教士西班牙人徐日升和意大利人德礼格所传来的西洋音乐的声律节度方法，可以说这是西洋音乐学在中国第一次受到重视。

作为明清两朝的国家宗教祭祀的重要组成部分，坛庙建筑取得了中国古代历史上最辉煌的成就。明成祖迁都北京后，在兴建紫禁城的同时，大规模兴

图8-3　清紫禁城坤宁宫内皇族祭祀萨满的神堂

建了太庙、社稷坛、天坛、山川坛等坛庙。后来的嘉靖皇帝,以及清朝诸帝,又增建增修了部分坛庙。最后形成了天坛、地坛、日坛、月坛、社稷坛及太庙、宗庙、孔庙、关帝庙等构成的坛庙系统。在中国历代都城中,北京的坛庙建筑最系统,艺术性也最高。坛庙建筑要体现宗教性与艺术性的有机结合。以天坛的圜丘为例,它的宗教象征性就非常强。圜丘是天坛建筑的中心,是举行祭天礼的地方。它是由中央的圆形圜丘及三层圆形的白色石台构成,这些建筑都是按天圆之形来象征天。三层石台第一层直径九丈,象一九之数,第二层石台直径十五丈,象三五得十五之数,第三层石台直径二十一丈,象三七得二十一之数,均是阳数。用阳数来象天,是当时修建圜丘的宗教性要求,就连铺地的石板都是按九的倍数一圈圈排列[14]。整个天坛建筑都具有宗教性与艺术性有机统一的形象特点,也可以说,不仅天坛,所有的坛庙建筑都有相应的宗教性的文化内涵(图8-4)。

图 8-4　明清时期的天坛圜丘

第二节　传统宗教的多元发展与融合

传统宗教的多元发展　明末佛教四大师　三教合一　大藏经刊刻　宗喀巴与格鲁派　道教盛衰　伊斯兰教经堂教育　汉文译著　清初四大家

明清的佛教发展可以分汉传佛教与藏传佛教两大系统。

佛教的发展可以从国家的管理和佛教自身的演变两方面来看。明朝初期，太祖皇帝对汉传佛教有所扶持，禅宗、净土、天台、贤首、律宗等佛教宗派均逐渐恢复，改变了元代喇嘛教独尊的局面。明初采取了很多整顿佛教的措施，仿照宋制设立了各级僧司、僧官，在京设僧录司，各府设僧纲司，州设僧正司，县设僧会司，以此加强对佛教的管理。又规定寺院为禅、讲、教三类，并以不同颜色的僧服加以区别。在佛教中还引入了考试制度，命各地沙门讲习《心经》

《金刚经》《楞伽经》等经典,定期考试,不通经典者淘汰。

明代佛教各宗派中,禅宗最为盛行。元末禅僧楚石梵琦入明后仍受到极高的推重,被称为"国初第一宗师"。明中叶后,笑岩德宝等传续禅宗之临济宗法系,德宝门下出幻有正传,正传门下有密云圆悟、天隐圆修、雪峤圆信等著名禅师,各传道一方,时称为临济中兴。慧经传续禅宗之曹洞宗法系,其法嗣以博山元来、鼓山元贤二系最盛,主要在江西、福建、广东等地传衍,在这些地区曹洞禅与临济禅平分秋色。除禅宗而外,华严宗、天台宗也有流传。唯识宗虽然在宋代即已断绝,但唯识之学却在明代中后期成为一时显学,一些禅宗与其他宗派的法师及居士学者重新研究唯识旧典,写作了一批解释唯识学的著作,从中阐发性相合一的佛教思想。律宗也一度有重兴之象。净土宗则发展泛化,逐渐融入各宗之中,成为佛教各派的共同信仰。

明万历时期,佛教名匠辈出,形成佛教的复兴气象。其中最重要的人物,是云栖袾宏、紫柏真可、憨山德清、蕅益智旭,号称明末四大师[15]。在整个明清时期,这四位佛教大师都称得上是最杰出的代表。在佛教上说,他们都反对空疏谈禅,力图结合禅、净二宗以及结合法性和法相两系教义,以恢复佛教日渐缺失的宗教特质。他们都在教义、戒律、经典等多个方面做出贡献,且以他们在教内、教外的身体力行,为世人言行表率,希望收拾已经渐趋散漫的佛教信仰。

云栖袾宏致力于弘扬净土宗,力主念佛,在他的著作中梳理了儒、释二教的关系,对于刚刚传入中国的天主教,则予以激烈的排斥,他曾连作四篇《天说》,批评天主教。万历时,紫柏真可与法本等人共同发愿,刊刻方册本大藏经,始刻于山西五台山,后南移至浙江余杭径山续刻,并由嘉兴楞严寺负责流通。憨山德清有功于禅宗的曹溪祖庭南华寺的恢复,他到寺后,选僧受戒,设立僧学,订立清规,一年之间,百废俱兴,被尊为曹溪中兴祖师。蕅益智旭历时20年撰成《阅藏知津》一书,按经、律、论、杂四藏分类,共收录并解说了1700余部佛教经典,是进入佛教世界的津筏。

整体来看,明中叶的佛教信仰已经呈衰落之势,但在一般社会文化上说,佛教的文化却十分流行,一个突出表现是明中叶后居士对佛教的研究形成风气。明末李贽、袁宏道、瞿汝稷、王宇泰、焦竑、屠隆等人都于佛学有所阐说,入清则有彭绍升、罗有高、汪缙三人结为法友,从事佛学研究。从此居士佛学成为中国佛教史的一个重要组成部分。明末清初,明朝的遗民出家为僧的颇多,其中很值得一提的有八大山人、石涛、石溪、渐江"四大画僧"〔16〕,在他们的绘画中,晚明的时代精神得到了淋漓尽致的表现。

明清两代多次刊刻大藏经,在整理佛教文献上成就很大。明初洪武至永乐年间先后在南京和北京刻了《南藏》和《北藏》,在这以后有刻于杭州的《武林藏》和《嘉兴藏》(彩图13)。明代还有藏文藏经《甘珠尔》的刊行,在永乐和万历时代,前后曾翻刻过两次。清顺治、康熙年间,民间各地所刻的僧传、语录等都被收集到嘉兴楞严寺,分别辑为《续藏经》《又续藏经》。雍正至乾隆间刻成《龙藏》。康熙、雍正间又刊《丹珠尔》,即今之北京版《西藏大藏经》。乾隆中又刊《蒙文大藏经》和《满文大藏经》。佛教的经典空前完备。

在藏传佛教方面,从元代开始,历代王朝对喇嘛教都给以很高的优遇。永乐时,宗喀巴在藏传弘佛法,名称普闻。明成祖派大臣前去邀请他,宗喀巴派遣上首弟子释迦智前来京师,成祖给了他"大慈法王"的称号。后来释迦智回西藏创建拉萨三大寺之一的色拉寺,又再度至京,任永乐、宣德两代国师。

宗喀巴(1357—1419),原名罗桑扎巴(善慧称吉祥),宗喀巴是后来人对他的一个尊称。青海湟中人。藏传佛教格鲁派的创始人。宗喀巴生于青海塔尔寺附近的宗喀地区,十六岁进藏,先后跟很多藏传佛教的大师学习佛法。宗喀巴继承了由阿底峡所传述的龙树思想,对于龙树的中观广为阐明。后来对西藏佛教进行改革,创立了格鲁派。格鲁派逐渐成为藏传佛教的正统派,并渐次由西藏传播到西康、甘肃、青海、蒙古等地。

因为从宗喀巴开始,格鲁派僧人头戴黄帽,所以格鲁派又被称为"黄教"。嘉靖二十一年,格鲁派开始采用活佛转世制度,藏传佛教的两大活佛——达赖喇嘛和班禅活佛——都从格鲁派产生。清顺治九年,达赖五世受邀进京,次年被清廷册封为"西天大善自在佛所领天下释教普通瓦赤喇怛喇达赖喇嘛"成为藏蒙佛教总首领。康熙五十二年,清廷又册封班禅五世为"班禅额尔德尼",与达赖共同管理蒙藏佛教。受西藏本教的影响,藏传佛教除格鲁派外,大多允许僧侣娶妻生子,从事寺外职业,与家庭保持联系。宗喀巴所创格鲁派则严格要

图 8-5 拉萨哲蚌寺雪顿节举行的展佛仪式

求出家修行,独身不娶,并加强了寺院的组织和管理,先在由格鲁派创立和控制的寺院内形成了政教一体的寺院组织。被称为拉萨三大寺的哲蚌寺、色拉寺、甘丹寺,都是西藏的宗教中心和政治中心。随着格鲁派的势力壮大,清政府下令,将西藏的行政大权交给达赖,由此整个西藏建立了以达赖为最高领袖的政教合一的社会制度(图 8-5)。

从佛教自身的历史看,格鲁派的佛教思想和学术代表了西藏佛教发展的最高峰。格鲁派对历史上的藏传佛教做了全面的总结,提倡显宗与密宗并重,经、律、论三藏不可偏废,戒、定、慧三学必须全修。格鲁派的寺院还承担了西藏的文化教育使命。在格鲁派寺院中建立了系统的教育制度,僧侣除了学习佛教经典和各种佛教事务之外,还可以学习"五明学处"——声明、因明、医方明、工巧明、内明。他们可以从中学习到满足寺院的各种实际需要的专门知识,成为有用的人才。在佛教教育中包括了文化知识和实际技能的教育,这是藏传佛教的一个突出优点。在藏文大藏经《甘珠尔》《丹珠尔》中,包括了大量反映西藏各方面文明进步的文献,涉及文法、诗歌、美术、逻辑、天文、历算、医药、工艺等等多方面的内容。

藏传佛教创造了辉煌的文明成就,藏传佛教的中心布达拉宫就是一个突

图8-6 拉萨布达拉宫

出的例子(图8-6)。布达拉宫的所在地,原本是唐代松赞干布王时期的宫殿,松赞干布和文成公主在这里举行过婚礼,后来改建成喇嘛寺院,历世达赖喇嘛都在此居住。顺治二年,五世达赖开始兴建布达拉宫,历时50余年才基本建成。布达拉宫在建筑上,藏汉合璧,它依山而起,缘山砌平楼13层,上有金殿三座,整座宫殿借山起势,像在山冈上生长出来的一样,高大雄伟,光彩夺目。整座宫殿内部结构复杂,里面布满了壁画和其他艺术装饰,是藏族艺术的一座宝库[17]。布达拉宫是世界建筑史上最伟大的作品之一,不愧是青藏高原上的一颗明珠。

明中叶以前,道教仍继续处于兴盛时期,到嘉靖年间达到高潮。

明初道教延续元代北方全真道、南方正一道的均分格局。太祖皇帝征江南时,得到了正一道的支持,太祖因此贵重正一道,正一道也因此逐渐显赫,超过了全真道,成了全国道教的主导。第四十二代天师张正常被授“正一教主、嗣汉四十二代天师、护国阐祖通诚崇道弘德大真人”之号,永掌天下道教。

图 8-7 山西水陆画中的道士形象

鉴于元末道教发展较滥,致有道士腐化堕落,太祖特在京师设道录司,隶属于礼部,作为管理道教的最高机关。在地方上,府设道纪司,州设道正司,县设道会司,分别掌管府、州、县道教事。在龙虎、阁皂、三茅、武当等道教名山,均设有不同的道官,分掌各山道教事。在道教内部,正一道天师张宇初编撰了《道门十规》,系统阐述道教教义和教制,试图以此整顿正一道,并把全真道的性命双修之学也吸收进来,逐步实现南北两派道教的融合(图8-7)。

成祖在发动"靖难之变"时,宣称真武显灵,此后即尊信真武大帝,在武当山建真武祠,最终修造成包括 8 宫、2 观、36 庵堂、72 岩庙的庞大道教建筑群,使武当山成为中国最著名的道教圣地。成祖对道教经典的修纂十分积极,但未及完成。至英宗正统间继续编辑,正统十年刊板流布,共5305 卷,称《正统道藏》。后来神宗万历三十五年,又敕第五十代天师张国祥编印《续道藏》180 卷,称《万历续道藏》。这两部《道藏》的修纂对于道书的保存和传播起了巨大的作用。

从明初开始,各朝皇帝一直奉行三教并用和对道教的优宠政策。在明代诸帝中崇道最笃的是世宗皇帝,道教于此时攀上高峰,随后则开始了不可遏止的衰落。嘉靖皇帝非常宠信道士,其中最突出者为龙虎山上清宫道士邵元节,被授予高官厚禄,不仅被封为"致一真人",总领道教,后又拜礼部尚书,赐一品服。嘉靖皇帝还深居西苑,每天斋醮,不理朝政,后来竟发展到"经年不视朝"的地步。举行斋醮需用青词,顾鼎臣、夏言、严嵩等,皆先后以擅长为嘉靖写青词而获宠,甚至有"青词宰相"之称。嘉靖皇帝信奉道教,在正统的儒家士大夫看来是违背儒家传统的。大臣海瑞在上疏中直截了当地指责他薄于父子、君臣、夫妻之伦常,违背自古圣贤安身立命、顺受其正的垂训。很多正直的大臣都上疏,请世宗斥退道士,回到儒家礼教的正统上来。这时的道教因为逢迎皇帝,专事符箓斋醮等迷信活动,忽视了在性命双修上提高信仰和道德境界,又只知贪求富贵,且骄奢淫逸,日益腐化,不能自我约束和不断革新,道教在金元时期建立起来的崇高声望被迅速瓦解。还有一点十分重要,即儒家士大夫开始轻视乃至敌视道教,这使道教在传统的儒、道、释三教格局中逐渐地位下降。

与正一道依附皇帝,大起大落不同,明代的全真道在隐遁潜修中稳步发展,创出了许多新流派,也有新的道教著作。明清之际,全真道经过长期沉寂之后,以龙门派为主体又呈复兴之势。龙门派第七代律师王常月,清整戒律,建立了公开传戒制度,并得到清廷的支持。一时南北道派纷纷来京求戒。全真道经过这一番努力,势力有所回升。这一时期的道教,也迎合时代要求,打破教派的壁垒,相互交流,对教外的儒家和佛教思想也有融合。但入清以后道教面临的整体颓势已经不可逆转,由于清朝的满族上层素无道教信仰,清朝诸皇帝逐步采取种种限制措施,从而加速了道教衰落的进程,最终只能从走上层路线转为走下层路线,以通俗的形式向民间扩散,融进民间宗教的大潮中。

明清时期是中国伊斯兰教发展的重要时期,中国伊斯兰教在各方面都进一步发展完善,并形成了自己的本土化的特点。

中国伊斯兰教在明代中叶得到较大的发展,得力于嘉靖年间由陕西咸阳渭城人胡登洲所创始的经堂教育。胡登洲一改过去伊斯兰教教育只在家庭内部传承的旧习,参照中国的私塾与学校,以清真寺为经堂,阿訇为教师,经典为读本,招收回族子弟,进行规范化的伊斯兰教教育。到清初,经堂教育发展到全国的回族地区,并形成以阿拉伯文、波斯文为主要教学语言,"十三本经"为主要教学内容[18],"经文小学"和"经文大学"为两个主要教学阶段的完备的教

图 8-8 陕西西安大清真寺

育体系。经过经堂教育,一批又一批有学、有传、有德、有言、有守的新的中国
伊斯兰教学者出现了。围绕经堂还形成了很多中国伊斯兰教的学术流派,最
著名的有以胡登洲为代表的陕西学派,以常蕴华、舍蕴善为代表的山东学派,
王岱舆、刘智为代表的东南学派等等。这些学派在传播伊斯兰教,并创立中国
伊斯兰教的思想学说等方面,做出了很大贡献。经堂教育这一源自阿拉伯又
有中国本土特色的伊斯兰教教育制度,为中国伊斯兰教的发展奠定了深厚的
思想与文化基础(图 8-8)。

　　伊斯兰教汉文译著的出现始自明末。在利用汉文译著使伊斯兰教本土化
方面,清初的王岱舆、马注、刘智、马德新四大家[19]最负盛名,贡献最大。

　　王岱舆在崇祯十五年印行了第一部汉文伊斯兰教著作《正教真诠》,其中
提出"真一""数一""体一"的思想体系。马注撰成《清真指南》十余万言,述及
造化、修身、后世等伊斯兰教教义。刘智编写《天方典礼》,详述伊斯兰教之源
流,伊斯兰教念、礼、斋、课、朝五功,夫妇、父子、君臣、兄弟、朋友之间的纲常,
以及居处、财货、冠服、饮食、婚丧之礼仪。又作《天方性理图解》,参照儒家性

理之学解说伊斯兰教思想,创造了独特的"天方性理"学说。马德新因参加回民起义而牺牲,其所作《四典会要》,在伊斯兰教的后世复生观念上阐发尤多。中国的伊斯兰教学者结合本土的思想传统来阐释伊斯兰教思想,一方面借此使伊斯兰教实现了本土化,另一方面中国伊斯兰教学者的创造性的思想成果汇入了中国固有传统之中,形成了中国传统宗教与文化多元互补的局面。

　　从中华文明史的角度看明清时期中国伊斯兰教的发展,除了宗教思想之外,还应看到伊斯兰教文化在天文历法、陶瓷、建筑等文化方面的杰出贡献。自元代以来,伊斯兰教徒在天文历法上达到了当时最高水平,元代时由伊斯兰教徒所创的"回回历"一直沿用到明代。明初太祖皇帝多次征用伊斯兰教徒至司天监任职,并准许他们世袭相传。伊斯兰教对于明代陶瓷之贡献始于成化时"回青"由云南传到中原,正德、嘉靖时期,出产了很多高品质的"回青"瓷器,成为明代瓷器中的名贵品种,至今仍传为珍品[20]。自明初太祖皇帝敕建礼拜寺于南京,此后清真寺建筑蔚然成风,全国各地均有兴建。明代兴建的清真寺,大致采用了当地汉族的建筑形式,如西安华觉巷清真寺即是按照中国的宫殿建筑改作而成。在这些清真寺中,都保持了伊斯兰教的重要特征,如伊斯兰教特有的八角形建筑省心楼(在伊斯兰教建筑中通称"密那楼"),礼拜殿中的窑龛指向西方,以使教徒朝着麦加的方向礼拜,清真寺的装饰多用几何纹、植物蔓纹、文字,禁止使用动物图案等等[21]。伊斯兰教建筑以其独有的建筑风格,给中国建筑史增添了新的光彩。

　　总体来看,传统宗教在明代中叶以后的发展以成熟和完善为主要特点。各种传统宗教在宗教的制度和经典上都进行了大量的建设性的工作,宗教的教义也都适应时代的需要进行了调整和完善。各种传统宗教都进入了稳定的成熟期。佛教、道教、伊斯兰教都积极地协调与正统儒家思想以及相互之间的关系,从而形成儒、道、释、伊四教和谐会通的宗教发展的大格局,为此后宗教的多元化发展奠定了基础,这可以说是中华文明的一个伟大的成就。另一方面,明代中叶之后,宗教与社会的联系更加紧密,宗教更多以文化的形式影响到高层的士人生活和底层的民众生活,从而使宗教的超越精神和世俗的文化理想、生活追求相结合,使宗教的色彩浸染到广泛的社会领域之中。

第三节　香烟缭绕:民间宗教与民间信仰

民间宗教与社会　罗教　形形色色的民间信仰　行业神

从文明史的角度看,民间宗教应当被放置在广义的宗教生活和社会生活之中来看待其意义。民间宗教一直与佛教、道教等传统宗教保持着伴生关系。在明清时代,各种民间宗教迅猛发展,究其原因,有来自宗教与社会的两大方面因素。

从宗教的方面说,传统宗教的发展是沿着一条上行的路线。传统宗教总是企图与政治和文化的上层结合:一是与皇权统治相结合,例如在明初,无论佛教、道教都有一个依附皇权的时期;二是与士大夫、文人相结合,使谈佛论道成为一件文化上的风雅之事。这些都导致传统宗教与下层民众生活的逐步脱离,传统宗教已经不大能满足下层民众的需要。一般说来,下层民众文化水平低,而传统宗教的教义被发展得非常深奥复杂,没有很高的文化基础,很难掌握其宗旨。而传统宗教又很少针对下层民众开展过宗教教育,因此很多下层民众跟不上它们的步调。下层民众的宗教需要还处在以基本的宗教信仰和宗教情感为主导的层面,只是希冀通过偶像崇拜和巫术迷信等等低级宗教形式来禳灾祛病,满足生活中的精神需要。而传统宗教的发展越来越理性化或者说哲理化,宗教中的一些原始遗留被逐渐排除掉了。当传统宗教从其发展的高峰往下衰落时,往往一味迎合下层民众的需要,表现得非常势利,并向民间宗教扩散下滑,这一转化的浪潮也促进了民间宗教在明清间的大发展。

从社会的方面说,明清时期社会的两极分化加剧,社会分工和社会生活也越来越多样化,这些也是促使民间宗教发展扩大的原因。各种民间宗教虽然都有佛教、道教或其他宗教的来源,但同时它们都与特定的社会条件相关(图8-9)。由于社会的两极分化,贫苦农民,特别是流民队伍的壮大,为民间宗教的兴起和传播提供了社会基础。在民间宗教的宗旨中,大多有专为贫苦大众服务的内容,常常要施医送药,赈济穷人,这些善举为民间宗教赢得了人心,吸

图8-9 清人绘《众仙图》

引了广大的信众。从表面上说,民间宗教都是普度众生,但从其逐步发展出来的组织形态和人员构成看,还是可以看出某种民间宗教或其支派与某种社会阶层、团体、行业、大家族等等的结合,从而构成一种民间宗教与民间会社相混杂的特殊形态。民间宗教与民间会社相结合,造成了一些民间的特殊的社会组织原则、道德原则乃至法律原则,因此我们也可以说,民间宗教是明清时期新的社会现实的一个组成部分。在民间宗教的发展过程中还形成了很多文化产物,像五花八门的庙宇,内容庞杂的宝卷,在逐渐洗脱掉历史的风尘之后,现在都已成为中华文明的宝贵遗产。

明代中叶,民间宗教的发展进入一个新时代,除宋代以来的白莲教继续发展之外,罗教、黄天教、三一教、大乘教、弘阳教、圆顿教等等数十个民间宗教的教派涌现出来,这些民间宗教一产生,就盘根错节地扎根在社会中,并广泛传播[22]。

明代中叶新兴起的罗教是明清时期影响最大的民间宗教教派。罗教的创始人罗梦鸿,祖籍山东莱州府即墨县,自幼父母双亡,成年后到北直隶密云卫当戍军。罗梦鸿的生活一直陷在极度困苦之中,他不愿浑浑噩噩地度过一生,虽然没有受过什么正规教育,却凭着天生的聪颖,苦思冥想生死大事。在他的冥想中逐渐地产生出自发的宗教体验,神奇的宗教体验的巨大吸引力使罗梦鸿一往直前,不惜放弃俗世生活,经过13年的苦修,终于在成化十八年"悟道成真",罗教也由此创立。罗教的长处在于它是从最底层的苦难生活中诞生的,宗教体验的发源历来都在苦难之中,且容易在同样身处苦难的下层民众中引发共鸣。

在明清民间宗教中广泛流传的"真空家乡""无生老母"八字真言,就是从罗梦鸿所述的罗教经典"五部六册"中最早出现雏形的。罗梦鸿把宗教的彼岸世界称为"家乡",而把创化世界的本源称为"老母",这种比喻的说法把宗教超越说成是回归家乡,依偎老母,从而把深奥的宗教感情和人的日常思乡情结和念母情结结合在一起。罗教之后,"真空家乡""无生老母"成为所有民间教派共同的信仰。"无生老母"在明清宝卷文学中被演绎成神话人物,成了最高的女神。

民间信仰是一种特殊的宗教现象,其起源可以追溯到自远古以来村社祭祀传统，其间包含着对祖先、社稷、鬼神、人物、自然等各方面的崇拜，它是复杂的多神崇拜，并且与民间的生活习俗紧密联系在一起。在佛、道二教出现后，民间信仰受到很大影响，特别是宋、元、明、清民间宗教诸教派兴起后，民间信仰和宗教往往纠葛在一起，难分难解。如果从严格的宗教意义来看，民间信仰没有明确的创始人，也没有固定的教义、教规、教团和宗教仪轨等，并不形成一个社会实体，因此不能说它是一种宗教。民间信仰是体现在民众生活中的一种带有宗教意识的社会文化。

自古以来中国就有祭社的传统，每个村落都要在春秋两季举行隆重的祭社礼。社的标志最初是立一束茅草，上面涂上血，后来变成立木，再变成一棵活的树，下面建造土坛。在祭社时，通常人们祈求风调雨顺、五谷丰登，在祭社的大会上要举行歌舞，还有乡宴饮酒、各种竞赛等等。祭社一直是中国民间最盛行的信仰活动。

在祭社活动中，总要有巫觋的活动，而唐宋以来，巫觋在村社祭祀中的活动越来越显著，他们把众多的神鬼信仰带入了祭社活动，有些神鬼信仰来源于古代的泛神崇拜，有些则是从佛、道二教，神话传说，历史故事中引申出来的，经过唐、宋、元各代的不断演变，发展出独立于古老的祭社礼的一套民间诸神的谱系。民间信仰有很强的功利性，民间的诸神一般都各有所职，具有特定的社会功能，有些神是专门护佑人们的生活的，有些神沟通生死两界，还有些神是护佑地方和国家的。

明清时期的民间信仰中，城隍、关帝（图 8-10）、碧霞元君、妈祖的影响最大。

城隍信仰大约从南北朝时就开始了，《北齐书·慕容俨传》记载慕容俨镇守郢城，常到城中的城隍神祠祈祷。隋唐时在吴越一带流行，到了宋代已经传遍天下，每个州县都有了城隍庙，朝廷也多次敕封城隍，将祭祀城隍列入国家的祀典。明初，太祖皇帝特别对祭祀城隍的礼制加以完善，他非常重视城隍信仰对地方政治的作用，在北京设都城隍，再按地方行政的建制，分别设某府城隍、某州城隍、某县城隍，并仿照相应级别官府衙门的规模建造城隍庙。太祖明确地说："朕设京师城隍，俾统各府州县之神，以鉴察民之善恶而祸福之，俾幽明举不得幸免。"[23]传说城隍都是由死去的正人直臣担任，他们能和阳间的

图 8-10 山西解州关帝庙春秋楼

官员互相配合,共同治理地方。官府的各级官员上任,首先要拜祭城隍庙,对城隍神发誓忠君爱民,以此借重神道的力量。这是利用神道为政治服务的典型。从民间信仰的角度说,城隍一方面护佑百姓,无论晴雨、水害、旱魃、疾病、科举,都可以祈求城隍。城隍更重要的一个职能是掌管冥籍,他处在生死两界的交接点,人死之后,首先要到城隍那里点录,然后才能进入冥界。遍布所有乡村的土地庙,也有和城隍庙相同的职能,既护佑众生,又掌管冥界。土地源自古老的社神,本来与城隍并列,秦汉时曾盛行一时,宋代以后由于城市的广泛兴起,使祭祀城隍成了主流,土地就变成了城隍的下属,只在乡村中祭祀。

三国时蜀国大将关羽,后来逐渐由人变神,成为全国上下人人崇拜的关圣帝君,经历了一个漫长的造神过程。关羽之祠兴于荆州,据说,在关羽父子殒命的当阳玉泉寺,最早有人奉祀关羽。后来关羽的神灵遇到了智者大师,大师为之济度,使他成了佛教寺院的伽蓝神,各地的寺庙都有祭祀。北宋时期,国家面临外族入侵,国难之际,关羽的忠义和勇武精神受到重视,关羽也因此一再提高神格,宋徽宗时封为忠惠公,后又加封武安王、英济王,以后的元、明、清一路加封，最终成了"忠义神武关圣大帝"，成了护佑国家的最高武神。关羽还被塑造成一个广义的财神。北宋的正一派道士编造了一个关公战蚩尤的故事。相传关羽的家乡河东解州靠近中原经济的宝库——盐池，祥符七年，盐池减水，盐业出现灾害，据说是蚩尤作乱，关羽遂与蚩尤大战五日，击败蚩尤，使盐池重新出盐。由此关羽又成了经济的保护神。明代的北京既有尊关羽为护国武神的白马庙，又有把他尊为道教财神的月城庙。此后关羽逐渐成了能管世间一切吉祥祸福的大神。从明代开始，每年五月十三，国家和民间都要举行盛大的祭祀活动。官吏、武夫、僧尼、道士、妇女儿童，全都供奉关羽。加上宋元以来戏曲小说的影响，关羽信仰日益盛行，遍及全国，"南极岭表，北极寒垣，凡妇女儿童，无有不震其威灵者。香火之盛，将与天地同不朽"[24]。

碧霞元君又称泰山娘娘，她的来历众说纷纭，有的说是泰山之女，有的说是传说中的黄帝时的玉女，有的说是汉代民女石玉叶，在泰山修炼成仙。据《文献通考·郊社考》说，泰山的太平顶上有玉女池，宋真宗封禅泰山的时候，在水池中得到了已经断成两截的玉女像，于是让人重新雕刻成玉女的像，以奢石为龛，奉置旧所，并令王钦若致祭，宋真宗为之作记[25]。明朝成化时把宋时建立的昭真祠扩建为宫，弘治间更名为灵应宫，嘉靖时又更名为碧霞宫。碧霞元君信仰由此逐渐在北方地区传播。按道教的说法，碧霞元君受玉帝之命管领着泰山的天将神兵，能照察人间一切善恶生死之事，是一位普佑众生的大神。民间更多看重这位女神能使妇女多子，还能保护儿童，所以妇女对她的信仰尤为虔诚。泰山的碧霞元君祠在极顶南面，宋代创建，明清均有增修。殿内正中供奉碧霞元君铜像，为明代所铸。北京的碧霞元君信仰最盛，京城内外建有十多座碧霞元君庙，永安门外的碧霞元君庙建于明末，称为"南顶"，东直门外的碧霞元君庙称为"东顶"，蓝靛厂的碧霞元君庙称为"西顶"，安定门外的碧霞元君庙称为"北顶"，右安门外草桥的碧霞元君庙称为"中顶"，妙峰山的碧霞元君庙最有名，称为"金顶"。妙峰山的碧霞元君庙每年春天四月初一至十五日、秋天七月十五至八月初一，举行两次香火会，从明代以来，一直举行，是北京最有名的民间古庙会。

妈祖是中国东南沿海供奉的保护神，又称天妃、天后、天妃娘娘、天上圣母等等。像所有民间的神一样，妈祖的出身扑朔迷离："或称天妃为福建莆田县都巡检林愿女,或称浙江温州方士林灵素女,或称闽中蔡氏女;其生或称在唐玄宗朝,或称在五代间,或称在宋太祖时,或称在宋徽宗朝。其地福建、浙江相隔两省,其时自唐迄宋,相距数百年"[26]。不过后世为妈祖所编造的生平的常见说法,说妈祖是莆田林氏女,名默娘,生于宋太祖建隆元年,殁于宋太宗雍熙四年,仅活了二十八岁。妈祖主要神迹是救助海上遇难的船只和船民。宋宣和五年,给事中路允迪率领八条船出使高丽,遇到风浪,有七条船沉没,只有路允迪的船因为妈祖降临在船桅上,才得以幸免。事后朝廷得知,于是建顺济庙供奉妈祖。此后妈祖在救援海难、抵御海寇等事上不断显灵,因此不断得到敕封,从绍兴二十六年封"灵惠夫人"始,逐渐上升等级为妃、天妃。明代郑和七次下西洋,行航前都要祭祀妈祖,顺利返航后,遂由朝廷敕封妈祖为"护国庇民妙灵昭应弘仁普济天妃"。清代的妈祖信仰更盛。康熙朝,因为统一台湾,对妈祖信仰尤其重视,康熙十九年,加封福建妈祖为"护国庇民妙灵昭应弘仁普济天妃","师征台湾,神涌潮以济师,遂克厦门。及平台湾,亦显灵异"[27]。台湾统一后,海峡两岸广建妈祖庙,据统计,康熙二十二年之后,台湾新建妈祖庙222座,可见其兴旺。每年三月二十三日是妈祖神诞之日,福建莆田妈祖庙和台湾北港朝天宫等妈祖庙,都要举行祭祀妈祖和妈祖像巡街活动,妈祖信徒人数之多,香火之旺,至今依然。

在明清时期,民间信仰中的行业神崇拜发展最为兴旺。当时三百六十行都有拜神的习俗,所拜的神有些是流行的大神如真武、关帝、财神等等(图8-11),也有一些神只和本行业有关。行业神的神庙往往建在从业或生产的场所,或者行业的会馆,也有在家中祭神的。最著名的行业神是鲁班,从明初开始,木工、瓦工、石匠就都供奉鲁班,后来木雕业、锯木业、铁木轮车铺、搭棚业、札彩业等等也都信奉鲁班。随着陶瓷业的兴盛,与陶瓷有关的神也出现了许多,如很多窑神庙都供奉舜、老子、雷公三位主神,还有山神、土地、牛王、马王四个小神。明代景德镇供奉师主庙和风火仙庙。师主庙的神主是晋朝的赵慨,据说他道通仙秘,法济生灵,有很多神异的事迹。明初建设御器厂,把他作为佑陶之神来祭祀。据说风火仙庙的神主童宾是万历时的窑工,因以身投窑,烧制出神奇的瓷器,故而被窑工们修祠祭祀。明清时苏杭的丝织业发达,机户们大多供奉机神。苏杭一带供奉的机神一般有传说在黄帝时发明衣服的伯余,还有唐代褚遂良的后裔褚载。传说褚载移居钱塘,把纺织绫锦的方法教授给乡里,使后来的杭州以机杼甲于天下。松江、太仓一带棉纺业发达,"松郡之布,衣被天下",这首先得力于元代发明织棉法的黄道婆,黄道婆也就理所当然地为棉纺业供奉,到处都有黄道婆庙。明朝嘉靖时,上海有顾儒、顾秀兄弟发明了"顾绣",此后流传至苏州,上海、苏州的刺绣业也就建

图 8-11　清代民间年画财神

祠,奉顾氏兄弟为刺绣业的祖师。染业、颜料业所供奉的神是梅葛二仙,梅是西汉末的梅福,葛是晋代的葛洪,二人都是著名的炼丹家,也许古代以为颜料出自炼丹,故而把他们两位拉来做祖师。明清梨园业供奉的梨园神,有"二郎神""老郎神"。明代梨园供奉的清源祖师,据说就是西川灌口的"二郎神"。清代以后梨园多供奉"老郎神",即是梨园的创始人唐玄宗李隆基,这种习俗流传很广。北京的梨园业还拜喜神,梨园同人常到妙峰山娘娘庙的喜神殿聚会。

　　在中华文明史上,宗教是一个由国家政教、传统宗教、民间宗教、民间信仰构成的从高到低的完整体系,民间信仰处在底层的地位,但却是和民众生活结合最紧,也是信仰者最众的。民间信仰虽然包含了不少迷信的东西,但和正规宗教信仰相比,它更自由、生动,巧妙地结合在生活的方方面面,小到行业、地方,大到国家、民族,民间信仰往往是一种人与人可以相互沟通,人群和社群之间可以相互融合的无形的凝聚力。

注　释

〔1〕　参见《明史·礼志》,《明史》卷四七,上海古籍出版社、上海书店出版《二十五史》第

十册,1986 年,第 132 页。

〔2〕　参见《明史·礼志》,《明史》卷四七,第 132 页。

〔3〕　参见《清史稿·礼志》,《清史稿》卷八五,上海古籍出版社、上海书店出版《二十五史》第十一册,1986 年,第 346 页。

〔4〕　参见《明史·乐志》,《明史》卷六一,第 163 页。

〔5〕　参见《明史·礼志》,《明史》卷四九,第 137 页。

〔6〕　参见《清史稿·礼志》,《清史稿》卷八三,第 342 页。

〔7〕　参见《明史·礼志》,《明史》卷四九,第 137—138 页。

〔8〕　参见《清史稿·礼志》,《清史稿》卷八三,第 342 页。

〔9〕　参见《明史·礼志》,《明史》卷五〇,第 140 页。

〔10〕　参见《清史稿·礼志》,《清史稿》卷八四,第 343—344 页。

〔11〕　参见《清史稿·礼志》,《清史稿》卷八四,第 343—344 页。

〔12〕　参见《清史稿·礼志》,《清史稿》卷八五,第 346 页。

〔13〕　参见廖辅叔:《中国古代音乐简史》,人民音乐出版社,1964 年,第 135—136 页。

〔14〕　参见《中国建筑简史》第一册《中国古代建筑简史》,中国工业出版社,1962 年,第 199—204 页。

〔15〕　云栖袾宏(1535—1615),杭州人,俗姓沈。紫柏真可(1543—1603),字达观,号紫柏,世称紫柏尊者,俗姓沈,江苏吴江人。憨山德清(1546—1623),字澄印,别号憨山,俗姓蔡,安徽金椒人。蕅益智旭(1599—1655),字素华,晚号蕅益老人,俗姓钟,江苏吴县木渎镇人。

〔16〕　八大山人(1626—1705),明末江西人,系明宗室朱权后裔。本名朱耷,字雪个,号驴、个山驴、传綮、拾得、雪衲、人屋等。石涛(1630?—1708),本名朱若极,为明朝宗室,明亡之后,剃发为僧,法名原济,旋改称道济,号大涤子、清湘老人。晚号瞎尊者、老涛、枝下叟,自称苦瓜和尚。以画法阐明佛理,融禅法于渲染之绘画技巧中。石溪(1612—1692?),湖南武陵人,俗姓刘,法名髡残,字石溪,一字介丘,号白秃,自称残道人,电住道人、石道人。性情高峻,其写山水造境奇辟,气韵苍浑。渐江(1610—1663),俗姓江,名韬,又名舫,字鸥盟、六奇。清兵入关后,即入武夷山依古航剃发为僧,改名弘仁,字渐江,自号渐江学人、渐江僧,又号无智。以酷爱梅花,世称梅花古衲。

〔17〕　参见《中国建筑简史》第一册《中国古代建筑简史》,第 292—295 页。

〔18〕　伊斯兰教的"十三本经":《连五本》《遭五·米斯巴哈》《满俩》《白亚尼》《阿戛伊德》《舍莱哈·伟戛业》《海瓦依·米诺哈吉》《虎托布》《艾尔白欧》《古洛司汤》《米

尔萨德》《艾什阿·莱麦阿特》《古兰经》,内容包括阿拉伯语、波斯语的教本和教义。

〔19〕 王岱舆(约 1584—1670),名涯,以字行,别号真回老人,金陵人。马注(1640—1711),字文炳,云南通西人。刘智(约 1655—1745),字介廉,晚号一斋,江苏上元县人。马德新(1794—1874),字复初,云南大理人。

〔20〕 参见傅统先:《中国回教史》第五章"明代之回教",宁夏人民出版社,2000 年。

〔21〕 参见《中国建筑简史》第一册《中国古代建筑简史》,第 311—312 页。

〔22〕 关于明清时期民间宗教的发展史,可以参见马西沙、韩秉方:《中国民间宗教史》,上海人民出版社,1992 年。

〔23〕 《续文献通考·群祀》三,《十通》,浙江古籍出版社,2000 年。

〔24〕 赵翼:《陔余丛考》卷三五,中华书局,1963 年。

〔25〕 参见《文献通考·郊社考》二三,《十通》。

〔26〕 黄斐默:《集说诠真》,《中国民间信仰资料汇编》,台湾学生书局,1989 年。

〔27〕 《清朝文献通考·群祀考》二,《十通》。

第九章　文艺创作的新走向

明中叶以前,文学艺术的主要形式基本上都已定型了。形式上的古与今、风格上的雅与俗,内容上的情与理,这三大矛盾,与在新的历史条件下所获得的新内涵,相互对立与补充,形成了明中叶以后文艺发展的内在动力。明中叶以后的文艺家们所创造的艺术世界很难说有前人完全没有涉足的领域。不过,在林林总总的创作中,却有两个异常鲜明的走向。一是对以市井社会为中心的"世情"的揭示较以往有较大的开拓;一是对以知识阶层为中心的"性情"[1]世界的抒发有所强化。前者主要是满足世俗社会的文化渴望,后者主要源自文人自身的精神诉求。这两者看似无关,实际上却又相互影响。当个性解放的思想以强劲的姿态显现,如何面对活生生的现实社会以及个人应当承担怎样的社会责任,就成为摆在文学艺术家面前的新课题。而对这一新课题的思索与求解,也就必然成了这一时期文艺发展中最引人注目的地方,并由此构成它们在中华文明史上的特殊地位。

第一节　通俗文学的迭兴与变奏

尊情·崇俗·尚真·求趣　《西游记》的文化内涵　《金瓶梅》和三言二拍中的世态人情　古今世界一大笑府　小说家的寒儒意识与才子心态　情与理的冲突与折衷　《聊斋志异》:花妖狐魅的精神天地　《儒林外史》:文人命运的自我反思　武侠小说的源流　花部与雅部　小说界革命

明中叶以后的通俗文学在宋元通俗文学的基础上有了长足的发展,并使

"雅"与"俗"的文化对立空前尖锐地呈现出来。本来,"雅"与"俗"的区分,在中华文明史上并不是一个全新的命题。但是,它们在明中叶以后,无疑具有了新的特点。通俗文学依托日益兴盛的商品经济以及由此形成的新的社会观念,迅速在全社会广泛传播。其影响之大,使维护正统的社会舆论与各级政府都如临大敌,总是希望加以禁毁[2]。他们所针对的当然不是那些新鲜活泼的文艺样式本身,实际上,他们也常常成了那些文艺样式的享受者。他们所担心的是与那些文艺样式相伴出现的非正统的思想意识,说得简单点就是所谓"海淫海盗"。从这样的角度说,正是历史上从未有过的尖锐的思想冲突,才使得"雅"与"俗"的文化对立比以往任何时候都更清晰地凸显出来,从而成为本时期文艺发展的一个主题。

这当然有一个发展过程。经过宋元的蓬勃发展之后,以小说戏曲为代表的通俗文学曾一度向雅文化靠拢。《琵琶记》等作品就以"不关风化体,纵好也枉然"相标榜。《三国演义》《水浒传》的人物塑造与思想观念也比它们的前身《三国志平话》《宣和遗事》中的"水浒"故事更加儒化了。但这只是发展中的短暂曲折。当明中叶社会发生重大转变时,通俗文艺迎来了它的又一个繁荣时期,而且很可能由于有过上述向雅文化的靠拢,使它在艺术水平上,表现出了更成熟的形态,以致在整个社会产生更大的影响。

明中叶开始出现的俗文化热潮是全面的。各类通俗文化方面的出版物非常多,从与经商活动密切相关的地理书籍,到百科全书性质的通俗类书,适应了社会上不同阶层的文化需求。商品经济的发展与俗文化的繁荣,自然渗透到文人的创作中。当时作家为商人作寿序、传记、墓志之类文章极为常见,而在江浙地区,许多著名作家都出身于商贾家庭[3]。至于小说戏曲的创作,其商业性更为明显。小说编刻本身就是一种有利可图的商业活动,书商越来越成为左右小说创作的不可忽视的因素。有不少小说其实就是书商自己组织的创作。而戏曲也是如此,"人家做戏一本,费至十余金,而诸优犹恨嫌少"[4]。在这一背景下,逐渐形成了一些新的审美标准与艺术趣味,尊情、崇俗、尚真、求趣成为许多文学家的共识。

尊情、崇俗、尚真、求趣的创作动机并不意味着传统政教理论的全面退却,毋宁说,在情、俗、真、趣中,无不渗透着正统的道德观念。最突出的表现是道德劝惩的思想在小说创作中成了无所不在的旗子或幌子,连"淫书"《金瓶梅》也有所谓"曲终奏雅"之评。这是社会对通俗文学容忍的底线,也形成了通俗文学创作的一种规范。所以,至少在作品的结构层面,我们看到的通常是正统思想与非正统思想奇妙的结合。也正因为如此,通俗小说在社会文化生活中的影响变得越来越突出。有人甚至说:"古有儒、释、道三教,自明以来,又多一教,曰小说。小说演义之书,未尝自以为教也,士大夫、农、工、商贾,无不习闻之,以至儿童、妇女不识字者,亦皆闻而如见之,是其教较之儒、释、道而更广也。"[5]虽然这是从批评的角度来说的,但把小说作为一种新的意识形态,将其文化作用与儒、释、道并举,以喻其对民众影响之深广,正与明中后期如袁宏道等高抬小说于经书之上殊途同归了。

重要的是,我们在这些小说的形象世界中,可以生动地把握时代的变化。

图9-1 明万历世德堂刊《西游记》插图

比如《西游记》[6],这一宗教题材的小说在形象构成的方式上给人以荒诞不稽的感觉,而实际上,它却具有鲜明的世俗化倾向。如果这种倾向出现在一部普通的世情小说中也许并不显眼,但在这部神魔小说中,就注定了它只可能出现于明中叶以后思想解放的时期(图9-1)。较之以前的小说,《西游记》更自觉地以人物为情节的中心。作者以幻想的形式描绘了一个具有悠久历史的民族在漫长而曲折的过程中,所显示出的精神风貌。加上飞扬生动的想象所创造出来的虚实相生的艺术世界,使这部小说超越时空界限,获得不同时代、不同年龄甚至不同民族读者的喜爱。

至于那些描写市井社会的作品,就表现出了更浓厚的市民意识。《金瓶梅》[7]的出现就是一个鲜明的例证。这部小说从《水浒传》纷繁的英雄传奇中,单单演绎出一个商人家庭的故事,在中国文学史上是前所未有的创造,其间对世态人情的描写,特别是对西门庆这一商人复杂性格的刻画和对他众妻妾矛盾的表现,全面而生动,为小说史由英雄、神魔转向普通人,

图9-2　明崇祯刊本《新刻绣像批评金瓶梅》插图

开辟了一条道路。万历间谢肇淛是最早对《金瓶梅》作出全面评价的人,他称赞此书:"其中朝野之政务,官私之晋接,闺闼之媟语,市里之猥谈,与夫势交利合之态,心输背笑之局,桑中濮上之期,尊罍枕席之语,驵侩之机械意智,粉黛之自媚争妍,狎客之从谀逢迎,奴怡之稽唇淬语,穷极境象,骇意快心。"[8]这是对所谓"世情"的最全面概括,也反映了对世情的关注已成为一种普遍的社会审美取向(图9-2)。

在"三言二拍"[9]中,我们也可以看到很多普通市民的形象,他们真正成了文学作品的主人公。例如《喻世明言》中的《蒋兴哥重会珍珠衫》,极其细致地刻画了商人蒋兴哥和他的妻子王三巧与另一对商人夫妻复杂的感情纠葛,作者以同情的态度描写了为正统观念所排斥的情欲。在《拍案惊奇》中,《转运汉遇巧洞庭红》则饶有兴致地讲述了一个商人在海外贸易中侥幸致富的传奇

经历。如果与此前的文学作品相比较,我们可以更具体地感受到商人地位的提高。在《醒世恒言》之《卖油郎独占花魁》中,一个小商贩竟然迎得了"花魁娘子"的芳心,而在以往的爱情作品中,商人从来都是作为鄙俗的反面角色出场的;在《二刻拍案惊奇》之《叠居奇程客得助》中,美丽多情的海神竟然光顾商人的卧室,而在以往的小说中,这类仙女一向只垂青于淳朴农民、本分书生。最值得重视的是,"三言二拍"在取材与描写中,虽然仍保留了早期话本小说重视情节离奇曲折的特点,但又强调在"庸常"中见"真奇"[10],显示出对待现实生活的更为客观的态度。

明中后期还有一类文学现象特别值得注意,那就是笑话文学的发展。我们今天所看到的中国古代笑话集主要出自这一时期。此前的笑话集在这时重新编刊而广为流行;此后的笑话集也多少受到了这时笑话的影响。此前的谐谑在"戏而不谑"观念的支配下,往往表现为一种文人的"雅趣"。而明中后期则不同,许多文人的"善谑"是与他们"疏狂"的精神状态联系在一起的,而市井社会的放纵也为笑话的发展添油加醋。虽然在当时流传的笑话中有不少格调不高,但也有相当多的笑话内容深刻、耐人寻味。更重要的是,笑话所取笑的范围广泛,经常超出了正统观念的束缚。徐渭(1521—1593)在《东方朔窃桃图赞》中提出了"无所不可,道在戏谑"[11]的命题,就表现了一种随情适意、睥睨一切的思想作风。对晚明文人来说,谐谑主要是对神圣庄严的一种消解,所谓"笑能疗腐","眼孔小者,吾将笑之使大;心孔塞者,吾将笑之使达。"[12]所以他们把世界看成一大"笑府",用冯梦龙(1574—1646)在《广笑府序》中的话来说,就是:

> 尧与舜,你让天子;我笑那汤与武,你夺天子;他道是没有个傍人儿觑,觑破了这意思儿,也不过是个十字街头小经纪。还有什么龙逢、比干伊和吕,也有什么巢父许由夷与齐,只这般唧唧哝哝的,我也那里工夫笑着你。我笑那李老聃五千言的《道德》,我笑那释迦佛五千卷的文字,干惹得那些道士们去打云锣,和尚们去打木鱼,弄儿穷活计。那曾有什么青牛的道理,白牛的滋味,怪的又惹出那达摩老臊胡来,把这些干屎橛的渣儿,嚼了又嚼,洗了又洗。又笑那孔子的老头儿,你絮絮叨叨说什么道学文

章,也平白地把好些活人都弄死。又笑那张道陵、许旌阳,你便白日升天也成何济,只这些未了精精儿,到底来也只是一淘冤苦的鬼。[13]

在这里,一切神圣的东西都成了笑柄。这种前所未有的放肆,不但冲击了以往高高在上偶像,也瓦解了种种清规戒律。

明末清初,小说界最突出的变化也许是小说家身份的转变。此前的小说家更多是与民间说书人相结合的下层文人,或者就是民间说书人。而随着小说创作的兴盛,小说家虽然大多数仍是些不得志的文人,但是他们作为文人的角色意识时时屏蔽着他们作为小说家的角色意识。所以他们在作品中表现出极为鲜明的寒儒意识与才子心态。这使得他们在社会文化结构中实际上处于一个不上不下的尴尬位置。寒儒身份使他们既对上可能采取一种批判的姿态,同时又免不了有一种跻身上层的企盼,他们的批判主要是发泄对社会不公的不满。而才子心态则使他们对下也就是所谓"愚夫愚妇"持一种轻蔑的态度,这种轻蔑与儒者身份相结合,自然使他们更容易以教训者的口吻叙事。由于寒儒本色与才子心态的混合,他们对上对下都有一种若即若离的感觉,从而形成了这时期小说雅与俗对立交融的另一种面貌,即文人精神与世俗载体的矛盾[14]。尽管他们仍强调自己的作品"是编皆从世情上写来,件件逼真"[15]。但为了逞一己之"快心",作品的情节设计、人物塑造,都带有更突出的主观色彩。

如果说明中后期文坛强烈地突出了"情"与"理"的冲突,并极为鲜明地体现了以情反理的思想倾向,这一思想观念在清代却发生了一个转折。表面上清初的小说戏曲仍在宣扬情,但内涵已经有所改变,"发乎情、止乎礼"的基本观念虽然为情保留了一定的空间,但在"礼"的制约下,"情"最终回归了正统。这一点在当时十分流行的才子佳人小说中表现得最为明显。李渔(1611—约1679)的一些小说戏曲可以说是其中的代表。在《慎鸾交》传奇中,他塑造了一位风流道学的典型——华秀实,此人一上场便声称:

小生外似风流,心偏持重。也知好色,但不好桑间之色;亦解钟情,却不钟偷外之情。我看世上有才有德之人,判然分作两种:崇尚风流者,力排道学;宗道学者,酷诋风流。据我看来,名教之中不无乐地,闲情之内也尽有天机,毕竟要使道学、风流合而为一,方才算得个学士文人。[16]

他的小说代表作如《十二楼》中的《合影楼》等,也是这一观念的翻版。

不过,明清之际的小说在文学史上只是一个过渡。由于金圣叹、毛宗岗、张竹坡等人对小说的热心评点,使小说创作的自觉意识和小说为社会所关注的程度有了较大的提高。此后,小说创作很快就出现了一个高峰。自魏晋南北朝的志怪、志人小说和唐代的传奇小说之后,文言小说久已缺少惊人之作,《聊斋志异》的问世便显得格外重要。此书的作者蒲松龄(1640—1715)的生活方式与思想观念显然与上文提到的"才子"不同,他代表了中国文化界的另一类人,也就是乡村知识分子。这类人在文明史中的地位很少为人关注,他们中的相当一部分人往往被讥讽为"三家村先生"。客观地说,他们的文化创造力在总体上也许不那么突出或引人注目,更多地充当着基层的文化传播者的角色。但是,即使不从所谓"礼失求诸野"的角度高看他们的贡献,我们也不能否认他们在文化整体中的特殊地位和作用,这种地位与作用最终实现了文化的有效性。蒲松龄就是这样一位卓越的乡村知识分子。他也有怀才不遇的愤懑,但这种愤懑没有变成毫无意义的孤芳自赏,而是转化成了向大众普及文化知识的热情[17]。而在小说创作中,充沛的才气则时而化为一种幽默,时而化为一种理想,成了他反抗压迫、玩味生活的审美态度和能力,简单的生活经历可能造成的视野狭窄最终被他对现实的精雕细刻和对幻想世界的真切展示所弥补。于是,我们看到了那一个个美丽聪慧的花妖狐魅和志诚清狂的书生。在他们身上,作者凝聚了深沉的文化传统,也隐约表现了永恒的人生理想。当《公孙九娘》把战乱之后鬼魂渴求幸福的愿望生动地表现出来时,当《婴宁》为一个狐女在人世间失去了她天真烂漫的欢笑而遗憾时,读者会深刻地感受到这部貌似荒诞的小说所具有的思想深度和艺术魅力(图9-3)。

《儒林外史》则是一部文人写文人的小说,它在思想上的深邃,使之迥异于此前的任何一部通俗小说。它没有贯穿全书的主人公。传奇性和戏剧化的描写让位于现实性和性格化的表现。作者吴敬梓(1701—1754)——这也许是明清长篇小说中我们最清楚其创作过程和心态的作者——把自己的经历和情感熔铸在小说创作中,冷静地解剖了旧时文人或崇高或卑微或超脱或无奈的灵魂,从而对培养这种文人的文化乃至整个社会作了深入的分析和批判。这种分析和批判的深刻性,使清代人已有"慎勿读《儒林外史》,读竟乃觉日用酬酢之间,无往而非《儒林外史》"的感叹[18]。

当吴敬梓这样的小说家沉涵于对历史与现实的文化思索时,另一类更具娱乐性的小说也同时流行开来,这就是武侠小说。如果要追溯武侠小说的源头,至

图9-3　清人绘《聊斋志异》图"讨孤救母"

少可以从汉魏六朝时的有关小说算起[19]。此后,历代绵延不绝,到清代则形成一个高峰。社会黑暗,法制不彰,固然是武侠小说兴盛的一个原因。但这一原因历代皆有,所以它并不是唯一的原因。鲁迅在《中国小说史略》中说:"是侠义小说之在清,正接宋人话本正脉,固平民文学之七百余年而再兴者也。"[20]这是一个很精辟的论断,它启示我们对武侠小说的勃兴应从市民文学的"正脉"去理解。所谓"正脉",一是鲁迅所谓的"为市井细民写心",一是此类作品的娱乐性。比较而言,也许后一点更为重要。也就是说,武侠小说公式化的描写,不只表现了普通市民对仗义行侠、报仇雪恨的憧憬,更成为他们的一种不可替代的消遣。

就在小说蓬勃发展的同时,戏曲也不断发展,高潮迭起。与小说创作略有不同的是,戏曲一方面不断吸收来自民间的养分,另一方面又有很多著名文人参加到戏曲的创作中来。而后一点与元代戏曲家的情况完全不同,也是同时

小说家所不及的。明代,很多官僚士大夫,以度曲填词为风雅之举。沈德符说:"近年士大夫享太平之乐,以其聪明寄之剩技。吴中缙绅留意音律,如太仓张工部新、吴江沈吏部璟、无锡吴进士澄,俱工度曲,每广座命伎,即老优名倡俱皇遽失措,真不减江东公瑾。"[21]这使戏曲创作更多地受到了雅文化的影响。昆曲后来在四大声腔[22]中独领风骚,与文人剧作家的创作密不可分。自梁辰鱼的《浣纱记》起,从明万历到清中叶,昆曲流传达到鼎盛。它以优雅的艺术风格,将传统戏曲的抒情性发挥到了极致。(图9-4)

汤显祖(1550—1616)的《牡丹亭》是一部至今仍广受欢迎的传奇。这出戏的剧情奇异到了令人叹为观止的程度。作者在《牡丹亭题词》[23]说:"情不知所起,一往而深,生者可以死,死可以生。生而不可与死,死而不可复生者,皆非情之至也。"作者就是有意通过近乎荒诞的情节弘扬人的美好感情。他在"情"与"理"的关系上,反对宋明理学家的以理制情,比之于泰州学派更为激进、彻底[24]。

需要强调的是,戏曲真正的生命还是在民间,在舞台上。而由于它在表演中所面对的接受者身份、修养各不相同,为了取悦视听,不可避免地要趋俗媚俗。实际上,民间演剧始终是戏曲的一个极其重要的组成部分[25]。明末清初,职业戏班日渐昌盛。这些戏班的戏曲演出,包括剧目选择和舞台表演,更突出商品性、技术性、娱乐性等大众审美文化的基本特征[26]。在此基础上形成的"花部"与"雅部"之争,则为雅俗的对立与交融注入了新的内容。所谓"雅部",仅指昆曲;所谓"花部",则指昆曲之外的各种声腔剧种。卢前曾概括地指出它们的区别:

> 昆戏者,曲中之戏。花部者,戏中之曲。曲中戏者,以曲为主。戏中曲者,以戏为主。以曲为主者,其文词合于士夫之口;以戏为主者,本无与于文学之事,惟在能刻画描摹,技尽于场上,然其感动妇孺,不与案头文章相侔也。[27]

除了表现形式典雅与俚俗的区别外,更值得注意的是丰富多彩的地方文化以其生动活泼,成为戏曲发展的动力。清代朴学大师焦循在《花部农谭》中,

图9-4　明人演戏图

极力称赞花部。他特别提到幼年时曾随长辈连看了两天戏曲。第一天演的是昆曲传奇剧目，"观者视之漠然"，而第二天演的是花部剧目，观众"无不大快"，甚至"归来称说，浃旬未已"。表明了"花部"已经在群众中赢得了广大的市场。这种巨大的感染力，即使是清廷百般禁毁，也无法抑止[28]。四大徽班进京，终于为后来被称为国剧的京剧奠定了基础。京剧的出现，是中国戏曲史上的一个重大事件，它标志着"花雅之争"的结束，花部取得了决定性的胜利。而朝野并存、五方杂处的京师文化，使京剧融会了宫廷趣味与民间精神、南方风情与北方神韵，成为古代戏曲艺术的光辉总结。不过，与元杂剧和明清传奇相比，京剧的成就似乎主要在表演艺术方面。就剧目创作而言，京剧没有出现过能与关汉卿、汤显祖等相媲美的剧作家，多数剧目是从昆曲剧本改编而来的。

戏曲在中华文明史上的意义并不只限于它是一种民众喜闻乐见的艺术活动。实际上，它在展示历史、传承文化，进而形成中国民间基本的价值观念与道德标准方面，也发挥了举足轻重的作用。与此相类似，明清时期兴盛一时的弹词等众多说唱文学，也都是寓教于乐的艺术形式，只是由于它们更为零散，至今还没有得到充分的重视与研究。

尽管小说戏曲等艺术形式在明清社会有广泛的群众基础，但社会的变革仍然对它们的发展提出了新的要求。1904年，《二十世纪大舞台》创刊，柳亚子在《发刊辞》中，正式打出了"戏剧改良"的大旗，与当时其他方面的改革相呼应，其意义当然不只在于戏曲的变革，而且揭开了传统文艺迈向新世纪的序幕。但最突出的变化恐怕还是来自小说。小说界革命来得如此地迅猛，以致完全改变了人们对这一文体长期的歧视。梁启超、严复等人是小说观念变革的发动者。最初，他们还只是把小说看成对大众进行初级教育的一种手段。由于受到西方民主思想，特别是日本维新成功的影响，他们开始把小说看成"国民之魂"的体现，认为"小说为文学之最上乘"[29]，在此基础上，他们重新审视了明清小说对整个社会的巨大影响力。由于他们把古代小说看成是"吾中国群治腐败之总根源"[30]，所以，他们认为改良社会应从小说开始，把小说作为改良社会的最有效的方式。由此，推动了小说创作的又一次繁荣。据《中国通俗小说总目提要》著录，从道光二十年（1840）至光绪二十六年（1900）的六十年间，一共出版小说133部，平均每年2.2部，而从光绪二十七年（1901）至宣统三年（1911）的十年，却产生了通俗白话小说529部，平均每年52.9部。特别值得注意的是，相当一批小说与现实政治密切相关。可以说，中国小说乃至中国文学从来没有这样全面、直接地介入现实社会，而"雅"与"俗"的界线也被抹平了。

一向受压制的卑微文体骤然由边缘跃入中心,成为全社会关注的焦点。小说也就从传统的娱乐文化与劝惩意识中超越出来,充当起社会改良的工具。

第二节　独抒性灵与赋到沧桑

复古与革新:文学观念的变化　徐渭:心灵的挣扎　《童心说》　小品文的天地　性灵的世界:从袁宏道到袁枚　时事忧患与历史兴亡　诗词的中兴与诗学发展　一剑一箫:诗坛殿军的独特意象

明中叶以后通俗文学的迭兴与变奏,强烈地刺激了文学艺术家的创作热情,并引发了他们对自身创作的变革欲望。这种变革欲望的深层意义在于中国人的精神世界受到越来越自觉的审视。在和平时期,它表现为一种躁动不安的情绪,或对现状——不一定是政治意义上的,也可能是日常生活的——强烈不满,或在感性追求中寻找欲望的释放口。而当国家处于激烈动荡时,自我与社会的矛盾也就比以往任何时候都显得更加突出。

如果说此前不久,前后七子还因力倡"文必秦汉,诗必盛唐"的复古而把诗文创作引入了一个进退两难的泥潭,明中后期,诗文革新的主张就日占上风。倡导复古的文人也意识到了"真诗乃在民间",并日益成为一个广泛的共识[31]。而"情"的问题也越来越为人们所关注。徐渭对当时的诗歌创作提出过这样的批评:

> 古人之诗本乎情,非设以为之者也,是以有诗而无诗人。迨于后世,则有诗人矣,乞诗之目多至不可胜应,而诗之格亦多至不可胜品,然其于诗,类皆本无是情,而设情以为之。……审如是,则诗之实亡矣,是之谓有诗人而无诗。[32]

此后,对"情"的提倡成为明代后期诗文理论最突出的现象,如汤显祖说:"世总为情,情生诗歌。"[33]冯梦龙说:"我欲立情教,教诲诸众生。"[34]就这一点而言,可以说在观念上与当时的小说戏曲对"情"的弘扬是殊途同归的。

在创作上,这一时期的诗文则表现出了对主体意识的更强烈的关注。如上所述,文人所面临的困境并不总是政治层面的,在日常生活中,同样有足以导致他们心力交瘁的冲突,也许由于资料的匮乏,我们往往无由得知他们在这种状态下的精神世界。徐渭几乎是一个特例。他当然也有文人常有的"英雄失路托足无门之悲",但他的思想包含了更多的个性化的因素。他在《自为墓志铭》中写道:

> 山阴徐渭者,少知慕古文辞,及长益力。既而有慕于道,往从长沙公宪王氏宗。谓道类禅,又去扣于禅。久之,人稍许之,然文与道终两无得也。贱而懒且直,故悃贵交似傲,与众处不浼袒裼似玩,人多病之,然傲与玩,亦终两不得其情也。

接着,他回忆了一生求学应试不售的经历,称"人且争笑之,而己不为动",一旦为胡宗宪罗致幕府,"人争荣而安之,而己深以为危":

> 至是,忽自觅死。人谓渭文士,且操洁,可无死。不知古文士经入幕操洁而死者众矣。乃渭则自死,孰与人死之!渭为人度于义无所关时,辄纵疏不为儒缚。一涉义所否,干耻诟,介秭廉,虽断头不可夺。故其死也,亲莫制,友莫解焉。[35]

在这里,我们可以看到徐渭的弃世实际上是与他一生都不为人所理解的痛苦联系在一起的(图9-5)。他的诗、文、书、画、戏剧创作,无不表现了他对社会的独特感受。比如据称是他作的《歌代啸》是一部荒诞喜剧,剧情根据"丢了冬瓜拿瓠子出气","丈母牙疼灸女婿脚跟","张冠李戴","只许州官放火,不许百姓点灯"四个成语敷衍而成,在谐谑嬉笑之中,寄寓了对世态人情的讽喻。[36]他的《狂鼓史》实际上是一出抒情剧。全剧剧情极其简单,完全是祢衡从头到尾痛斥曹操,剧中悲愤激越、刚烈倔强之气如决堤之流,奔腾而下,正是徐渭内心痛苦的集中宣泄。而像徐渭这样特立独行的文人,在明中后期并不在少数。

李贽（1527—1602）疏狂怪异、孤高傲世的个性特征就比徐渭有过之而无不及。所不同的是，徐渭主要是通过自己的创作抒发内心的不平，而李贽则把这种激情化作了思想探索的动力。也许，充沛的激情使得他的思想探索没有上升到更高的理论的层面，但也正因为如此，他的思想却以鲜活的感染力刺激了一个时代的思维。在题为《童心说》的文章中，李贽强调："夫童心者，绝假纯真，最初一念之本心也。若失却童

图 9-5　浙江绍兴市现存徐渭的青藤书屋

心，便失却真心；失却真心，便失却真人。"虽然所谓"童心"之说，与老子的婴儿之论有相通的地方，但由于李贽异常鲜明地把童心之失与"道理闻见"联系起来，其特定的时代意义昭然若揭。他声称：

> 苟童心常存，则道理不行，闻见不立，无时不文，无人不文，无一样创制体格文字而非文者。诗何必古选，文何必先秦。降而为六朝，变而为近体，又变而为传奇，变而为院本，为杂剧，为《西厢记》，为《水浒传》，为今之举子业，皆古今至文，不可得而时势先后论也。[37]

这是一种极为通达的文学观。师事李贽的袁宏道（1568—1610）继承了他的这一思想，不过，他的语言更感性。他在《叙陈正甫会心集》中说"世人所难得者唯趣"，而这种"趣"的迷失也是由于"闻见知识"所致，所谓"入理愈深，然其去趣愈远矣"。[38]所以，他们总是力图以自己的创作维护与弘扬所谓童心与真

趣。袁宏道主张文章新奇,无定格式。"大都独抒性灵,不拘格套,非从自己胸臆流出,不肯下笔"[39]。最能反映这一时期文人思想情趣的是所谓小品文。作为一种"文类",它包括了许多具体的文体,诸如序、跋、记、尺牍等都可以成为"小品"。虽然在中国历史上,小品文的创作可以说是源远流长,但明代后期小品文还是占有突出的位置。这是因为:一、在数量上,晚明小品文特别多,几乎所有著名的文人都有这方面的创作;二、更重要的是,晚明小品文表现出了一种与此前不尽相同的思想倾向与艺术风格。比如袁宏道的《西湖一》这样写道:

> 从武林门而西,望保叔塔,突兀层崖中,则已心飞湖上也。午刻入昭庆,茶毕,即棹小舟入湖。山色如娥,花光如颊,温风如酒,波纹如绫,才一举头,已不觉目酣神醉。此时欲下一语描写不得,大约如东阿王梦中初遇洛神时也。[40]

作者从色、态、情等方面,用形容女性的词采来表现水光山色的秀丽,显示出对自然的爱恋。而这与作者的生活态度息息相关。事实上,明中叶很多文人在小品文中是把自然与官场、世俗社会相对比的。虽然这样的对比并不是从他们开始的,但在对比中,流露出不是刻意追求超凡脱俗,而是对生活,甚至对欲望的一种新的发现与体验,这也使他们的烟霞之癖不同于一般的寄情于山水。袁宏道在另一篇游记《开先寺至黄岩寺观瀑记》中说:

> 既至半,力皆惫,游者皆昏昏愁堕。一客眩思返,余曰:"恋躯惜命,何用游山?且而与其死于床笫,何若死于一片冷石也。"[41]

正是这种生死以之的投入,使得大自然成了他们生命的体现,而不仅仅是作为一种陪衬而与官场或世俗对立。当一些晚明士人不再把道德完善作为至关重要的理性追求,甚至大胆地将离经叛道的生活方式当成一种理想时——如袁宏道所谓的"快活论"[42]——他们就在个人的"性情"与"世情"上画了一个等号。除非自然生命极限的警示,没有什么能使他们放弃这种选择。从这一角度看,我们对他们所强调的"性灵"也可以有更深切的理解。所谓"性灵",可以作种种剖析,但其核心却是与生俱来的自由意志与真实感情。清代袁枚(1716—1797)可以说是深得其中三昧的,所以他特别重视文学的个性。提出"诗者,人之性情也"[43],"作诗不可无我"[44]。在此基础上,他明确提出:"自三百篇至今日,凡诗之传者,都是因于性灵,不关堆垛。"[45]在这里,袁枚彰显了"性灵"在文学创作中的不可替代的历史地位,这与传统的"诗言志"的观念显然是有区别的,与陆机以来的"诗缘情"说也有所不同。最主要的是,无论袁宏道还是袁枚,他们强调,"性灵"不只是一种正面提倡,他们的观点有明确的针对性,从人生观上说,是个性解放;从文学观上说,则是对复古主义的反驳。问题不在于这种说法是否深刻、准确,而在于文学家对个性的重视已经到了如此强烈的程度,它不但有可能冲击传统的政教理论和由此形成新的诗学理想,而且有可能冲击受儒家思想支配的理想人格与价值观念,五四时期的一些文学家对公安派、性灵说的欣赏与肯定正是基于这一思想根源。

但是,性灵说也有与生俱来的弱点,毕竟每个人都生活在特定的社会中,文人也不可能总是沉湎于自我的精神世界。明清易代的甲申之变,带给文人的冲击是空前的。因此,明清之际的文坛迅速地从晚明文坛对个性的弘扬转向了对时事的忧患和对历史兴亡的反思。从明中叶以后那些"独抒性灵"的诗歌一路读下来,我们仿佛忽然掉进了一个充满痛苦和愤慨的海洋。由于这些诗作有意识地借鉴了历代文人对时代变迁的抒写,特别是杜甫感时忧世的诗风,又屡屡提及历史上的朝代更迭,特别是宋代灭亡的史实,使得这一时期的诗无论在内容上,还是在形式上,都给人一种厚重感。对一个朝代覆灭的悲哀很容易提升为对历史兴亡的感喟。如陈忱(1613—?)的《叹燕》翻用刘禹锡《乌衣巷》的诗意:"春归林木古兴嗟,燕语斜阳立浅沙。休说旧时王与谢,寻常百姓亦无家。"陈恭尹(1631—1700)的《崖门谒三忠祠》:"山木萧萧风更吹,两崖波浪至今悲。一声望帝啼荒殿,十载愁人拜古祠。海水有门分上下,江山无地限中华。停舟我亦艰难日,畏向苍苔读旧碑。"借宋末抗元名臣事迹抒发充满历史感的忧伤。屈大均(1630—1696)的《过石冈州崖山吊永福陵》也不约而同地用到了宋亡的典故:"万古遗民此恨长,中华无地作边墙。可怜一代君臣骨,不在黄沙即白洋。"就在不久之前文人还对诗歌创作缺少内在的感情而焦虑,更为极端的袁宏道还在诗中讥讽过"自从老杜得诗名,忧君爱国成儿戏"。并声称自己"诗中无一忧民字"(《显灵宫集诸公以城市山林为韵》)。而转瞬之间的清初诗坛却以充沛的感时忧世之情,震撼着当时与后世的读者。如归庄(1613—1673)的《观田家收获》:"稻香秫熟暮秋天,阡陌纵横万亩连。五载输粮女真国,天全我志独无田。"这种充满了对国家、民族热切关注的诗歌,气节崇高,感人至深,难怪稍后的评论家赵翼(1727—1814)在《题元遗山集》中有这样的名句:"国家不幸诗家幸,赋到沧桑句便工。"对一些遗民来说,确实是在有意识地以诗为"史"。屈大均就说过:"士君子生当乱世,有志纂修,当先纪亡而后纪存。不能以《春秋》纪之,当以诗纪之。"[46]

清初开始的诗词创作的中兴,还带动了诗学的发展,使中国古代诗歌的特点从理论上得到了全面的总结与阐释。[47]在神韵说、性灵说、格调说、肌理说等诗学主张的流行中,我们既可以看到清人对诗歌文体意识的新自觉,也可以感受到清代文化发展的集大成趋向。

如果说,诗歌的容量终究有限的话,那么,在小说和戏曲中,我们就看到了对时代悲剧更全面的表现。就戏曲而言,在关汉卿之后,对社会矛盾的关注逐渐在戏曲舞台淡化,"传奇十部九相思"曾经使戏曲成为主要是消遣娱乐的工具,而明末清初的社会巨变再度唤醒了剧作家的社会责任感。从题材上看,有两种表现形式。一是借助历史寄托,一是直接敷演时事。前者如李玉(约1610—1671后)的《千忠禄》和洪昇(1645—1704)的《长生殿》。当时社会上流传的所谓"家家收拾起,户户不提防",就是分别指这两部剧作中抒发兴亡之感的两段曲子。而时事题材的作品在明清之际则形成了当时文学创作的一个热点。几乎所有重大的现实政治斗争都有相应的作品加以表现,中国古代作家从来没有如此迅速地在创作中对现实政治作出反应。虽然大多数此类作品在思想上都归于正统,艺术上也较为粗糙,但它们充分表现了作家对现实的关注,特别是一些作家变时事忧患为历史反思,使作品的思想主题有所提升。如孔尚任(1648—1718)的《桃花扇》直接取材于南明王朝的故事,是时事类戏曲的代表作。作者的创作意图十分明确,就是要通过南明的覆亡总结历史的教训。实际上,作品的意义已经超出了一朝一代的衰亡,从中观众可以领悟到一些社会发展的规律。剧中通过老艺人苏昆生之口唱道:

　　　　俺曾见金陵玉殿莺啼晓,秦淮水榭花开早,谁知道容易冰消。眼看他起
　　朱楼,眼看他宴宾客,眼看他楼塌了。这青苔碧瓦堆,俺曾睡风流觉,将五十
　　年兴亡看饱,那乌衣巷不姓王,莫愁湖鬼夜哭,凤凰台栖枭鸟。残山梦最真,
　　旧境丢难掉,不信这舆图换稿。诌一套哀江南,放悲声唱到老。[48]

这种故国兴废的感叹虽然在古诗中屡见不鲜,但作者将其与所谓"为末世之一
救"的创作旨趣联系在一起时,就更具有一种悲怆、严峻的意味。

　　当社会动乱终于平静下来后,紧接着的却是"万马齐喑"般的沉寂。龚自
珍(1792—1841)的出现打破了这一沉寂,至少在诗歌创作中,他既是古典诗歌
精神的总结,又是新思想的先驱。21 岁时,他在《湘月》词中曾说自己"怨去吹
箫,狂来说剑",这一剑一箫可以说是他心理与个性的代表。他一生经常用此
意象来表现自己的人生追求和心路历程。如《又忏心一首》:"来何汹涌须挥
剑,去尚缠绵可付箫。"《丑奴儿令》:"沉思十五年中事,才也纵横,泪也纵横,
双负箫心与剑名"等。48 岁时,龚自珍辞官南返途中,在《己亥杂诗》中这样写
道:"少年击剑更吹箫,剑气箫心一例消。谁分苍凉归棹后,万千哀乐集今朝。"
诗中,他仍以击剑和吹箫来象征少年时代的狂侠般的豪爽之气和悱恻的怨抑
之情。其实,这种由剑气、箫心所代表的"侠骨柔情"的人生禀赋,"名臣""名
士"兼而得之的人生追求,不只是龚自珍完全个人化的性格特征,而是他接受
传统文化多种成分熏陶所养成的、二元对立统一的精神诉求[49]。换言之,它
们也折射着古代文人普遍具有的文化心理。在中国古代诗歌中,"剑"往往象
征着慷慨激昂的报国雄心,如屈原的《国殇》:"带长剑兮挟秦弓,首身离兮心
不惩",李白的《赠张相镐》:"抚剑夜吟啸,雄心日千里。"而"箫"则代表了文人
的不平之鸣,常常用来抒发个人郁郁不得志的情怀。如杜甫的《城西陂泛舟》:
"横笛短箫悲远天。"从龚自珍来说,他一方面以天下为己任,纵论国计民生;另
一方面选色谈空,以风怀与禅悦自娱。这两种精神状态本来在传统文人身上
是普遍存在的,只不过龚自珍表现得更鲜明,并有意识地将其糅合成一种亦刚
亦柔、刚柔相济的诗美。更重要的是,龚自珍的"一剑一箫"还具有时代特点,
比如面对时弊,他力倡改革,所谓"剑气",绝不只是个人建功立业的志向而已,

而是与国家命运紧密相联的崇高责任感。同样,所谓"箫心"也就不单是个人的不遇之感,而是在社会黑暗面前的无奈。所以,当他感慨人才的难得时,就有"气寒西北何人剑,声满东南几处箫。"(《秋心三首》)这样廓大的诗句,其中包含的是对整个国家与民族的忧虑。独抒性灵与赋到沧桑在龚自珍笔下得到了完美的结合。也正是在这种意义上,他成了古代诗歌光辉的殿军。

但是,这还不是龚自珍重要性的全部。由于他思想的不同流俗,他更多地被看作是改革思想的提倡者。梁启超曾在《清代学术概论》中这样评价他:"晚清思想之解放,自珍确与有功焉。光绪间所谓新学家者,大率人人皆经过崇拜龚氏之一时期,初读《定庵文集》,若受电然。"[50]不过,随后中国社会发生的巨变,包括在文学上引起的革命,恐怕还是大大超出了龚自珍的想象。

第三节　版画世界与翰墨丹青

版画世界　陈洪绶的贡献　董其昌的南北宗论　"四王"　八大山人　石涛　郑板桥和扬州八怪　《芥子园画传》

自古以来,就有诗书画相通的观念。明中叶以后,文学与书画的关系比以往更密切,据陶望龄《徐文长传》载,徐渭曾这样评价自己的创作:"吾书第一,诗二,文三,画四。"在他的创作理念中,诗文书画是可以相提并论的,都是他精神世界的体现。许多明清文人也都是诗文书画兼长的。不但如此,他们还在创作中采用诗书画相配合的形式,使不同艺术形式相映成趣,相得益彰。本来,中国古代画家作画早就有在画幅空白处题诗烘托画旨、平衡疏密的传统,而明中叶以后书画艺术家尤精此道。如明代的文徵明(1470—1559),作画与写诗经常打成一片,诗书画兼美。人们在欣赏他的画的同时,又欣赏他的诗及题诗的书法[51]。清代石涛(1641—1707)《黄牡丹图轴》甚至以五分之三的篇幅题诗兼作跋,他的《淮扬洁秋之图》也题有一首淮扬怀古的长诗。可见,诗在绘画中占有十分重要的位置。郑板桥(1693—1765)有大量的墨竹图,这些竹子虽千姿百态,但毕竟是抽象的艺术符号。只有在欣赏画面的同时,吟咏郑的题诗,接受者才能更好地体味出其间不同的意趣。如:"咬定青山不放松,立根原在破岩中。千磨万击还坚韧,任尔东西南北风。"此是以竹喻坚定不移的品格。"无多竹叶没多山,自有清风在此间。好待来年新笋发,满林青绿翠云湾。"表现的则是一种期待。"衙斋卧听萧萧竹,疑是民间疾苦声。些小吾曹州县吏,一枝一叶总关情。"[52]是借题发挥,寄寓了画家关心民瘼的思想感情。凡此种种,不一而足,都表现出诗画一体的创作特点。也正因为如此,在书画领域,我们同样可以感受到与明中叶以后文学类似的变化。当然,这种变化不只是所谓诗画一体,更重要的是,一方面,绘画在与小说戏曲等联姻中,显示出了与世俗文化一样的大众化、甚至商业化的品格。另一方面,书画家们又不断在艺术创作中追求个性化与文人精神的表现。

在上一节,我们提到了小说戏曲的繁荣,而与小说戏曲相伴而生的还有版画的兴盛。为小说戏曲加插图在明中叶以前已出现,《全相平话五种》上图下文,首尾相连,总计有 228 幅图,制作古朴,为明中后期建安派上图下文式小说的刻印提供了范本。明代弘治戊午年金台岳家刊印《新刊大字魁本全相参增奇妙注释西厢记》画面达 273 幅之多。即使抛开《西厢记》原文,也可以根据画面来获知故事的情节。明中后期,小说戏曲附有大量插图,尤为普遍。它们往往逐回逐段插画,依文变相,图文并茂,展现小说戏曲中的人物与情节,富于生活气息,较之传统的山水画所表现的意趣与主题迥然不同。如《新刻批评绣像金瓶梅》有图 100 叶 200 幅,是明末徽派版画的代表作[53]。《金瓶梅》人物众多,情节复杂,镌图者悉心体会原著所描写的市井豪门的家庭生活场景,以写实的手法一一捕捉在图版中,细密繁复而又富于变化。值得注意的是,小说戏曲的版画并非完全依附原著,实际上也是对文学作品进行的一种再创造。

由于版画技术的成熟和影响的扩大[54],一些技艺高超的专业刻工开始与著名画家通力合作。陈洪绶、王之衡、郑千里等杰出的画家,都为雕版绘制过高质量的画稿,与此同时,也产生了项南洲、刘素明、刘龙田等优秀的刻工。这两类人的精诚合作,为中国艺术的雅俗交融提供了一种新的形式,并直接促成了中国历史上版画鼎盛局面的出现,孕育了一批传世佳作。如陈洪绶(1598—1652)作画、徽州黄氏木刻的"博古叶子""水浒叶子"(图 9-6)[55]及《离骚》插图,历来为人们所称道,其中有的作品更达到了极高的艺术水准。在文人画家

图9-6 《水浒叶子》,明陈洪绶画,崇祯年间刊本

喜画山水花鸟而少画人物的环境中,这些以人物为中心的版画弥足珍贵。如他所作《西厢记》之《窥简》在使戏曲情景转化为画面时,就作了大胆的发挥。他在画中安排了四扇普救寺不可能有的屏风,为莺莺的偷阅张生书信和红娘的偷看莺莺表情造成了一个装饰性极强的环境,而屏风上四幅春夏秋冬的花鸟画,又以极富传统文化神韵的方式,含蓄地象征着崔张爱情的成长过程。如此丰富的内容,显示了作者独特的艺术匠心。本来,版画广泛表现小说戏曲内容,使其题材与艺术形式都大大世俗化了,但士大夫的大量介入版画创作则又使它在构图、用笔、意境上向文人绘画的艺术情趣靠拢。"下里巴人"的民间艺术,日趋专业化,成为一门文人案头清赏的独立艺术[56]。崇祯年间《新镌全像通俗演义隋炀帝艳史》之《凡例》说:"兹编特恳名笔妙手,传神阿堵,曲尽奇妙。展卷而奇情艳态,勃勃如生,不啻顾虎头、吴道子之对面,岂非词家韵事,案头珍赏哉!"当然,从根本上说,这些版画的运用是为了迎合市民的欣赏口味,以在竞争中占得一席之地。不过,版画最具大众性的还是年画。木刻年画的历史虽然至少可以

追溯到宋代,但到明中叶前后才开始发展成为一种独立的艺术形式,而清中叶则达到高峰。北方以杨柳青为中心,南方以苏州桃花坞为中心,各地均有生产。年画的内容丰富多彩,充满了生活气息,是艺术走向大众的生动体现,与明中叶以后艺术发展的大趋势也是一致的。

与此相应的是明清文人书画的发展。明代文人,大多通晓或兼擅书画。他们认为书画是人的智慧技巧的最高体现:"人之技巧,至于画而极,可谓夺天地之工,泄造化之妙。""凡百技艺,书上矣。"[57]其热衷程度,清人钱泳指出:"大约明之士大夫,不以直声廷杖,则以书画名家,此亦一时习气也。"[58]因此,一方面,绘画取得了长足的进步。这是一个与当时流行的版画完全不同的艺术世界。如徐渭以简笔写意的画法,创造了一个个充满个性的境界。他的名画《杂花图》打破时空界限,撷四时之精英于一图,丰润的牡丹、孤傲的霜菊、高洁的寒梅等,无不充溢着强烈的表现性。《墨葡萄图》,水墨葡萄一枝,叶不勾脉,干不皴擦,均以水墨点染,不求形似,画上还有徐渭题诗曰:"半生落魄已成翁,独立书斋啸晚风。笔底明珠无处卖,闲抛闲掷野藤中。"[59]一枝普通的葡萄成了怀才不遇之士的精神写照。另一方面,书法也达到了一个空前繁荣的局面[60]。徐渭、王铎、傅山、朱耷、倪元璐、黄道周等人愤世嫉俗,放浪笔墨,在书法创作中表现出狂放不羁的生命力,把艺术个性发挥到了极致。

明代中后期绘画艺术的发展,有着与文学发展相似的背景。随着手工业的发达,城市经济的繁荣,苏州成为全国较富庶的大都市,画坛也十分活跃,出现了以文徵明、沈周、仇英、唐寅四大家为代表的吴派,从学者甚众,据《吴门画史》一书统计,超过八百人,成为明清两代最大的画派,莫是龙、董其昌、陈继儒等实际上都是此派的继起者。值得重视的是董其昌(1555—1636)等提出的"南北宗论"。所谓"南北宗论"大略是说山水画南北分宗始于唐代;南宗创始者是王维,北宗创始者是李思训;两派区别主要在风格;南宗是文人画,北宗是行家画。这些论点虽不完全符合绘画史实,但对探讨中国山水画派还是有一定参考价值的[61]。从本质上说,南北宗论实际上是文人画思潮的一种反映。尽管苏轼早已提出了"士人画"的说法,但使其内涵得到充分体现的却是在元代绘画中,而在理论与实践相统一的高度达到对文人画内涵全面、成熟的认识和总结,董其昌却有不容忽视的贡献[62]。董其昌明确提出要将"士气"融于绘画,不但如此,他在创作中也贯彻了这种主张,如他的《昼锦堂图》,画面上青山绵亘,天明水净,树色苍黛,屋宇闲静,意境萧疏。其上有作者自识:"宋人有《温公独乐园图》,仇实甫有摹本,盖画院界画楼台,不有郭恕先、赵伯驹之意,非余所习。兹以董北苑、黄子久法写《昼锦堂图》,欲以真率当其钜丽耳。"[63]所谓"真率",正是他对"士气"的理解。所以,在对南宗山水文化底蕴的推崇中,凸现的其实也是文人的个性精神,只不过这种个性精神是以一种流派,也就是共性所表现出来的。所以,伍蠡甫指出:"董氏'二宗'之说是为了标榜门户。"[64]由于文人画以写意、传神为主,与画院画之以形似、精工取胜有明显的不同,它更能适合个性解放的思潮。如果置于明代后期的社会文化背景下看,董其昌的艺术思想实与李贽、袁宏道等人是声息相通的[65]。

绘画发展到明清之际,文人画几乎在画坛上压倒一切。虽然文人画都以传统绘画为基础,但是对待传统的态度却有模仿与创新之别。约略划分,有两大流派。一派以"四王"——王时敏、王翚、王鉴、王原祁——为代表,加上吴历、恽寿平,号称"清六家"。他们相继领袖画苑,画风以精致温穆为尚,追摹古人,就其本旨而言,也是要树立文人画的模式,实际上,这也是自董其昌以来的传统[66]。比如王原祁(1642—1715)在其《麓台题画稿》中强调:"画法与诗文相通,必有书卷气,而后可以言画。"但在发展进程中却衍变成了清代宫廷山水画的流行样式。王翚(1632—1717)主持绘制的《康熙南巡图》就是一个代表。这一历时8年绘制的12巨卷,画面自北京永定门始,至绍兴大禹庙,再经金陵回京城,沿途城乡风光、社会生活、山川景色及康熙南巡盛况,无不尽收笔底,既是"盛世"的反映,也是宫廷画的典型。

另一派则以清初的朱耷(1626—1705)、石涛等人和清中期的扬州画家为代表。他们敢于摆脱清初的临古风气,不受因循守旧画风的影响,大胆创新,更具个性。如前所述,南北宗论的提出,有文人标榜的性质,在理论上并非天衣无缝。当朱耷、石涛等人以更鲜明的个性出现时,这种理论其实也就完成了它的历史使命。朱耷在《题石涛疏竹幽兰图》中就称赞石涛在南北宗之外"自成一家"。石涛本人也说:"今问南北宗,我宗耶?宗我耶?一时捧腹曰:我自用我法。"[67]他们画写意山水花鸟,不事模仿,不拘成法,构图大胆,笔墨奔放,重在抒发身世之感与抑郁之气,更富于个性色彩。

"横涂竖抹千千幅，墨点无多泪点多。"[68]朱耷生逢明清易代，在国破家亡时不能有所作为，深感愧痛。他以擅长水墨淋漓的花鸟画和山水画著称，运用简约、夸张的笔法，表现了被压抑的心态。因此，他笔下的鱼、鸟、猫，形态怪异，眼睛有时竟画成方形，眼珠点得黑且大，往往顶在眼眶近上角，显示着一副对现实不屑一顾的神情，折射出他内心的孤独、悲凉、倔强和愤怒。（图9-7）

石涛则在理论与实践中，都表现了强烈的创新意识。他的《搜尽奇峰打草稿》，以长卷的形式，运用移步换景的手法，展示壮阔的山川，使人有平中见奇、咫尺千里之感，是他创作思想的鲜明反映。他在《画语录》中曾将其创作活动分为两个阶段：一是"山川脱胎于予"的阶段，一是"予脱胎于山川"的阶段。他的寄情山水，是在自然中找到了自我，又使自我回归了自然。他很有感慨地说："古人未立法之先，不知古人法何法？古人既立法之后，便不容今人出古法，千百年来，遂使今人不能出一头地也。"[69]在此基础上他大胆宣称：

我之为我，自有我在。古之须眉不能生在我之面目，古之肺

图9-7　朱耷《荷花水鸟图》轴

腑不能安入我之腹肠。我自发我之肺腑,揭我之须眉。纵有时触著某家,
是某家就我也,非我故为某家也。[70]

这些观点如果置之明中后期文人思想解放的时代看,也许并不显眼。但
置之清初学术思想界已开始转向的时期,就弥足珍贵了。

稍后的郑板桥在精神上与石涛等人可以说是相通的。他最喜画兰、竹、
石,用他的话来说,"四时不谢之兰,百节长青之竹,万古不败之石,千秋不变之
人"是所谓"四美"[71],而人之美则往往寄托在兰、竹、石上。如他的《竹石图》
画面简括,三五枝竹竿依着瘦石一块,神态挺拔潇洒,充满生机,而老竿新篁,
墨有浓淡,层次分明。他还一反题款总是写在画幅空白处的惯例,于左下角竹
石空隙间,高低不平地挥写了一段长跋,称:"画竹之法,不贵拘泥成局,要在会
心人深神,……盖竹之体,瘦劲孤高,枝枝傲雪,节节干霄,有似士君子豪气凌
云,不为俗屈。"[72]正如他在《仪真客邸复文弟》信中说:"本来画墨竹,幽人韵
士,聊以抒写性情。"他笔下的兰、竹、石等也是他精神的象征。所以,他一再反
对画"盆栽兰花",认为"此画本是山中物",其实这就是他自由意志的体现。
与郑板桥旨趣相近,并同被视为"扬州八怪"[73]的还有金农、黄慎等人,他们同
样表现出不愿随波逐流的精神气质。只是当时绘画界摹古风气正盛,这些卓
然不群的画家被视之为"怪"。

虽然在绘画思想与风格上,明中叶以来的画家有不同的追求,但有一点却
是共同的,即他们都面对并参与了绘画越来越普及的事实。这当中,清代沈因
伯主持刊印的《芥子园画传》是值得提一笔的,它不但在版画史上有重要的意
义,而且也折射出绘画艺术的新发展(图9-8)。这部书分门别类地汇编了各类
物象成画的程式,共四集,每集首列画法浅说,后附有各派名家图式,极便于后
学参考模仿。实际上,它是"四王"后人在学习过程总结出来的学习门径和心
得。这一标准教科书的诞生,标志着中国画的普及有了现实的可能,也标志着
中国画开始面向大众和世俗[74]。原本崇古尚雅的"四王"流派却成了大众化
的先导,这是具有喜剧意味的。

与此相关,艺术的实用化也有所发展,最突出地表现在瓷器中。明清瓷器
工艺已非常成熟,在瓷器的造型、釉彩、花绘、图案等方面,都取得了空前的成

图9-8 《芥子园画传》,清康熙四十年沈心友刊彩色套印本

就(图9-9)。就艺术风格而言,其间也折射着时代的变迁。如明代的"青花"瓷器,以色浓画工为特点,清代的则以色淡而艳为特点[75]。还有一点似乎也应该注意到,那就是书画作品越来越多地作为商品流通,大量的人经营、收藏书画作品。在某些地区,如扬州,甚至有"家中无字画,不是旧人家"的说法。这也间接地导致了作伪风气的流行,赝品遍天下。这一风气也就必然影响到书画的创作。"扬州八怪"就多以卖画为生[76]。他们的作品主要是以写意的方式表现梅兰竹石花鸟,构图往往比较简单,又常加题识,主题鲜明,易于理解。不但如此,他们还常画一些正统派所不屑的日常生活题材,诸如残垣、破盆、乞丐、纤夫、鬼趣、葱蒜、鱼虾等等。金农就曾在一幅画上仅画了三片红瓤黑子西瓜,并题自度曲:"行人午热,得此能消渴,想着青门门外路,凉亭侧,瓜新切,一钱便买得。"诗画相映成趣,极富生活气息[77]。因此,他们的作品深受当时以商人、收藏家及一般市民为主的消费群体的喜爱。从这一意义上也可以

图 9-9 明成化斗彩缠枝莲纹高足杯

说,书画这种传统的高雅艺术,与通俗小说等一样,以作品的商品化方式实现了自身的大众化、世俗化。所不同的是,它们在大众化、世俗化的同时,依然力图保持着文人的个性,可以说,世情与心灵的碰撞,正是书画艺术发展的一个动力。

第四节 《红楼梦》:一部小说折射的文化史

忆语体文学的流行和曹雪芹的怀旧气质 神话思维与写实主张 大观园的象征意义 "大旨写情"的精神内涵 性别:现实体验与历史观照的一个切入点 理想与现实的矛盾 末世感与"美人黄土"的悲剧意识 叙事与抒情

这部小说的重要性已经达到了这样的程度:在它产生的清代,就有"开谈不说红楼梦,读尽诗书也枉然"的说法[78];而在随后的社会政治与思想观念的变迁中,它又总是充当了一个被利用的精神资源。换言之,当它问世之后,就几乎是中华文明发展的一个缩微版。这一切显然都与它丰厚的文化底蕴分不开。

自从《金瓶梅》问世后，小说家开始把目光转向家庭。但是，就创作而言，《金瓶梅》还是一部从世代累积型向文人独创型过渡的作品，这不仅在作品的叙事中造成了诸多矛盾[79]，更重要的是作者的个性因素还受到多方面的牵制。当作者对他所描写的题材缺乏深刻的感受时，恐怕更多地需要求助于外在情节的夸张性表现。这部小说为人诟病的性描写很大程度上即是由此造成的。而被认为"深得《金瓶》壶奥"的《红楼梦》显然与此不同。这部小说的题材与作者关系之密切，在小说史上是空前的。尽管我们不能把书中的贾府等同于现实中的曹家，但有种种迹象表明，曹雪芹的创作与他的亲身经历与感受有着千丝万缕的联系。这种联系绝不只是表现在情节与素材间，更值得重视的是作者对描写对象充沛的感情体验，使他在创作中流露出难以遏制的忧伤和忏悔，而这恰是此前小说所缺乏的，甚至也是整个传统文化所少见的。

在有关曹雪芹（约1715—1763或1764）并不多的直接记述中，我们可以很容易地发现，他是一位十分敏感的小说家。敦诚在《赠曹雪芹》中称他"废馆颓楼梦旧家"，敦敏则在《赠芹圃》中称他"秦淮风月忆繁华"，至于《红楼梦》开篇中"忽念及当日所有之女子"云云，都表明了他强烈的怀旧气质。这使我们很自然地联想到明末清初兴起的"忆语体"文学。较早的有张岱的《陶庵梦忆》、余怀的《板桥杂记》等，他们都是明代遗民，在对往日富丽生活的眷恋中，寄托着故国之思。而叶绍袁的《窃闻》诸作，冒辟疆的《影梅庵忆语》，以及此后的陈裴之的《香畹楼忆语》、蒋坦的《秋灯琐忆》、沈复的《浮生六记》等，则无不在对往日女性的追忆中，抒写了自己的忧伤。曹雪芹处于这种感伤主义的时代氛围中，他的一些构思甚至与上述有的作品存在着惊人的相似[80]。但他对过去的记忆与其说是对自己家族辉煌历史的怀恋，不如说是对一种生命体验的追索。因此，他的创作才超越了个人狭小的心灵空间，而在更广大深邃的精神世界里，再现了一出悲喜交加的故事。这就是为什么小说一开始即遥承古代神话，将主人公的命运置于缥缈的岁月中的原因。这种描写不但在艺术上为忧伤的情节构造了一个恰到好处的审美距离，也极大地提升了小说的思维水平，使之摆脱了一般小说就事论事的叙事习惯，而令接受者有可能随着作者如泣如诉的描写，感受到中华文明具体而微的流动。

曹雪芹非常强调作品的真实性,他说自己的小说"其间离合悲欢,兴衰际遇,俱是按迹循踪,不敢稍加穿凿,至失其真"。尽管曹雪芹之前的小说家也重视真实性,但那种真实性往往是与历史相联系的。同时,受市场的左右,中国小说家又总是矜奇尚异,以"奇书"相标榜。而曹雪芹则不然,他开宗明义就声称自己所写只不过是些"家庭琐事,闺阁闲情",它借书中人物之口说:

> 据我看来,第一件,无朝代年纪可考,第二件,并无大贤大忠、理朝廷、治风俗的善政,其中只不过几个异样女子,或情或痴,或小才微善,我纵然抄去,也算不得一种奇书。(第一回)

这里,曹雪芹实际上把自己的作品与以"野史"自居和以"奇书"自诩这两种最普遍的小说创作倾向划清了界线。显然,这意味着观念的转变。正是在这种观念支配下,曹雪芹又强调了自己是"大旨写情"。他所说的"写情"不是单纯的男女之情的表现,而是对人的精神心理的探究(图9-10)。

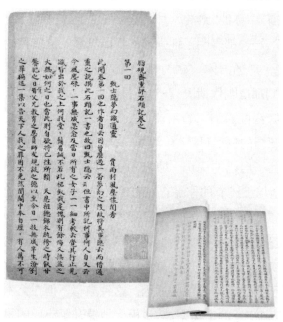

图9-10 《脂砚斋重评石头记》书影,北京大学图书馆藏

性别问题无疑在《红楼梦》中占有重要的位置,可以说是作者现实体验与历史观照的一个出发点,所谓"千红一窟(哭)""万艳同杯(悲)"。性别在这部小说中至少有两层意思。一是现实生活中的女性问题,一是具有哲理意义的人生问题。曹雪芹在开篇就表明了他描写女性的意图,作品中的女性形象各具性格特征,但结局都是不幸的,其中包含了作者深刻的怜悯。不过,曹雪芹并没有为自己

的感情所左右,而是进一步揭示了造成这种种不幸的个人的与社会的原因。《红楼梦》对女性的这种同情,不但远远超越了《三国演义》《水浒传》那种对女性的轻蔑与糟践,就是描写了众多优美女性形象的蒲松龄也无法相比,因为在后者的笔下还流露着过于明显的男性中心主义思想。例如在一篇题为《嫦娥》的小说结尾,蒲松龄称:"然室有仙人,幸能极我之乐,消我之灾,长我之生,而不我之死。"女性生命的意义要完全通过男性才能得到实现与认可。而曹雪芹不然,他对女性的同情是基于一种对女性的格外尊重。这又使得《红楼梦》中的女性描写另具一层象征意味。比如贾宝玉,他的思想认识就是与他对女性的感受联系在一起的。最初,他认为:"女儿是水做的骨肉,男人是泥作的骨肉。""天地间灵淑之气,只钟于女子,男儿们不过是些渣滓浊沫而已。"(第二十回)所以,他对女性的膜拜达到了登峰造极的地步,声称:"这女儿两个字,极尊贵、极清净的,比那阿弥陀佛、元始天尊的这两个宝号还更尊荣无对的呢!"(第二回)这样的思想虽然不是他的发明,《西湖游览志余》里就记载宋谢希孟也说过"天地英灵之气,不钟于男子,而钟于妇人"的话,[81] 但由于贾宝玉的执着,使得这一观点几乎成了他接人待物的基本立场。不言而喻,这种观点是幼稚的。但看得出来,作者宁愿肯定这种幼稚的观点,也不愿肯定貌似成熟、实际上却是被扭曲的人性。所以,后来贾宝玉也不断调整自己的看法。当宝钗等人劝他致力功名时,他感到好好的清白女子,也学的沽名钓誉,是"真真有负天地钟灵毓秀之德了"。(第三十六回)后来,他更发现生活中有不少女子并不那么可爱,深感困惑:"奇怪,奇怪!怎么这些人,只一嫁了汉子,染了男人的气味,就这样混账起来,比男人更可杀了!"进而认定:"凡女儿个个是好的了,女人个个是坏的了。"在宝玉眼里,所谓男人不过是世俗之恶的体现,而"染了男人的气味"不过是善良本性的恶化。

　　正是基于作者对人性的认识,《红楼梦》又深刻地表现了理想与现实的矛盾。从大的方面看,太虚幻境与荣宁二府就是理想与现实的一种折射,而大观园则是二者的交汇。从小的方面看,人物的设置也隐约反映了这样的矛盾。小说在第五回有一个暧昧而又具有象征意味的描写,贾宝玉在梦中呼唤一个名叫"兼美"的女性,一旦醒来,他就不得不在林黛玉与薛宝钗之间作出选择。这种选择并不是西方式的"灵"与"肉"的选择,虽然作者也有意突出了林黛玉的灵性与薛宝钗的容貌，但其中还有中国传统的"才"与"德"的选择，所谓"可叹停机德，堪怜咏絮才"（第五回，金陵十二钗册子上薛、林二人的判语），"空对着山中高士晶莹雪，终不忘世外仙姝寂寞林"（《红楼梦曲子》）。在现实中，才与德间的抉择也许比灵与肉间的抉择更折磨人，因为它们并不是矛盾的关系。因此，可以说，《红楼梦》所创造出来的艺术形象，深刻地展示了当时中国人的精神困境，这是它最值得珍视的思想价值之一。

当理想与现实的矛盾达到无法排解的程度时，悲剧就不可避免地发生了。最先明确指出《红楼梦》这一性质的是王国维[82]。虽然他对《红楼梦》的解读有许多牵强的地方，但对这部小说基本性质的把握却是准确的。

悲剧的一个表现是《红楼梦》中浓重的末世感，比如书中经常有这样的字句，王熙凤的判词是"凡鸟偏从末世来"，探春的判词是"生于末世运偏消"。在脂评中也经常有类似的批语，如第二回冷子兴演说时夹批反复提醒读者："记清此句，可知书中之荣府已是末世了。""作者之意愿只写末世。""此已是贾府之末世了。"十八回批语也有"又补出当日宁荣在世之事，所谓此是末世之时也"等等。可见，末世感是作者有意强调并给读者留下了深刻印象的。显然这不只是字句的问题，而是作者对生活的一种领悟。中国古代本来就有"君子之泽，五世而斩"的说法，《红楼梦》中贾府由盛而衰的过程实际上是这一规律性现象的反映。所以，我们在《红楼梦》中看到了种种衰败的症候，既有令旧时代正统人士痛心疾首的所谓"牝鸡司晨，唯家之索"的现象，也有"一代不如一代"的事实；既有"一个个象乌眼鸡似的"的争斗，也有对"抄家"的不祥预感。腐朽、虚伪是这一家庭的基本特征，而年轻人所珍视的美好感情也成了痛苦的牺牲品。不过，《红楼梦》的意义并不只是描写了一家一族的兴衰荣枯，由于作者对社会生活的深刻认识和准确描写，小说中的末世感也昭示了整个社会的衰败。在《金瓶梅》的结尾，作者曾别有用心地安排了一个叫张二官的人，他实际上是西门庆第二，这个人物的出场使这部小说由兴而亡的封闭式结构获得了一种开放的意义。而《红楼梦》现在的所谓"兰桂齐芳""家道复初"是高鹗续补的结果，从作者的本意来说，他所设想的"白茫茫大地一片真干净"原是彻底的否定或绝望。

曹雪芹深厚的悲剧意识一方面来自现实生活的感悟，另一方面也来自他对人的生命与人生意义的思索。这一层意思在小说中被从正反两个方面作了揭示。从反面来说,小说最初的命意可能就与此有关。《红楼梦》第十二回中一个道士给正在妄动邪念的贾瑞送来一面"风月宝鉴",并叮嘱他不可照正面,只照反面。贾瑞向反面一照,只见一个骷髅儿立在里面。他很生气,就不听劝告地照了照正面,"只见凤姐站在里面点手儿叫他。贾瑞心中一喜,荡悠悠觉得进了镜子……"当然,他因此而死了。从《红楼梦》原名《风月宝鉴》可以看出作者对这一构想是很重视的。实际上,曹雪芹是有所借鉴的。唐谷神子《博异志·敬元颖》写到有人坠井溺死:

> 仲躬异之,闲乃窥于井上,忽见水影中一女子面,年状少丽,依时样妆饰,以目仲躬。仲躬凝睇之,则红袂半掩其面微笑。妖冶之资,出于世表。仲躬神魂恍惚,若不支持然,乃叹日曰:"斯乃溺人之由也。"[83]

后来井枯竭,获古铜镜一枚,名"夷则之镜"。《史记·律书》云:"夷则者,言阴气之贼万物也。"可见,所谓"夷则之镜"主要表示女色溺人,而这正好也是"风月宝鉴"的本义,也就是己卯本脂批所指出的:"好知青冢骷髅骨,就是红楼掩面人。"另外,佛教的"马郎妇"故事也很流行[84]。同样是以骷髅和红颜象征着人类的死亡与情欲。实际上,类似的意象在中国古代诗文中也屡见不鲜。唐代诗人杜甫的五古《玉华宫》、刘禹锡的《和乐天题真娘墓》都抒写了"美人黄土"的感慨。宋人将这一意象表现得更惊心动魄,苏轼曾作过一首《髑髅赞》云:"黄沙枯髑髅,本是桃李面。而今不忍看,当时恨不见。业风相鼓转,巧色美倩盼。无师无眼禅,看便成一片。"在青春不可恃的感叹中,有一种佛教的对色相的了悟。南宋初年一位享有盛名的径山宗杲禅师,有一篇《半面女髑髅赞》,其中说:"十分春色,谁人不爱。视此三分,可以为戒。"希望借此劝谕世人悟出色即是空的道理。而南宋吴文英[思佳客]《赋半面女髑髅》却在同样的题材中,寄托了对不幸女子青春生命的哀悼。当这种感受与自己的亲身经历联系在一起时,就不是轻易可以超脱的。陆游在他的前妻去世多年后仍感叹:"也信美人终作土,不堪幽梦太匆匆。"(《春游》)而当这种感情与国破家亡这样的巨变密切相关时,其意义又更深厚了,如前面提到的《板桥杂记》中屡用此语抒写沧桑之感,如"楼馆劫灰,美人尘土。盛衰感慨,岂复有过此者乎!""嗟呼!俯仰岁月之间,诸君皆埋骨青山,美人亦栖身黄土。河山邈矣,能不悲哉!"所以,直到近代王国维,还在词中将瘗玉埋香的"美人黄土"喻为"千秋诗料"[85]。而鲁迅在论及文学的鲜明与持久时也曾说:"恰如冢中的白骨,古往今来,总要以它的永久来傲视少女颊上的轻红。"[86]

可见,"美人黄土"是传统文化中常见的一个思想,而曹雪芹在继承与运用这一意象时,却入乎宗教,出乎宗教,没有堕入否定生命的虚无中,当然也不是一般地抒发红颜薄命的感慨,而是处处表现出一种对青春、对生命的深深眷恋,可以说这也是作者创作这部椎心泣血的悲剧作品的一个心理基础。对人的生命的珍视,在这种鲜明的对比中得到了无以复加的突出。在所谓"皮肤滥淫"之外,他更多地从正面渲染了"美人黄土"的思想。如书中对宝黛命运的感叹,常有"昨日黄土陇头埋白骨,今宵红绡帐底卧鸳鸯"(《好了歌注》)、"黄土陇中,卿何薄命"(《芙蓉女儿诔》)等字句,寄托了作者的无限同情和忧伤。

如果从更广大的范围来考察,这可能也不只是中国文学家才意识到并加以表现的主题。钱钟书在《管锥编》中曾提到古代欧洲艺术中也多有此类意象,如"欧洲17世纪又尚双面画像,正面为其人小照,转画幅之背,则赫然示髑髅相,所以儆生死无常、繁华不实"。与《红楼梦》"不谋而合"[87]。而最早传入中国的欧洲小说之一,并被当时的人认为是"外国《红楼梦》"的《茶花女》[88]在开篇描了亚猛为情侣马克迁墓,而马克的尸骨已腐烂,作者特别提到"此即当年坐油壁车脸如朝霞之马克也"。这种令人毛骨悚然的"美人黄土"对比,与《红楼梦》中传统意象可以说也有异曲同工之妙。只不过曹雪芹的描写更含蓄,也更深刻。不少红学家相信,曹雪芹是在旧稿《风月宝鉴》的基础上写作《红楼梦》的。果如此,则曹雪芹在扬弃旧意象的同时,实际上也完成了一次文化史上的飞跃。他更愿意展示的是对人生的思索,而不只是一种惊心动魄的对比。从这一角度看,《红楼梦》具有人类共同的精神价值,而这种价值又是与中华文明的特点和发展联系在一起的(图9-11)。

如果只是沉溺于个人的玄想,《红楼梦》当然不可能具有如此强烈和持久的艺术感染力。作为小说,《红楼梦》属于叙事文学的范畴,但是,它又是中国古代小说中抒情性最强的一部作品。叙事与抒情的完美结合,形成了这部小说的无与伦比的魅力。从叙事的角度说,《红楼梦》最令人赞叹的恐怕还是其中真实而丰满的细节描写。因为中国古代小说从魏晋小说的粗陈梗概到宋元说书的矜奇尚异,细节描写往往失之简单,而《红楼梦》则不然,它完全是以丰富的生活细节构成了小说叙事的主体。这些细节不但真实可信,而且内涵深刻,充分显示了中国古代小说家对现实生活敏锐的观察力和表现力。更令人称道的是,《红楼梦》没有停留在

图 9-11　清光绪刊本《红楼梦图咏》

琐屑的生活细节中,而是深入挖掘了日常生活中的诗意,使整部作品始终洋溢着充沛的抒情性。这种抒情性不仅表现在它对中国古代小说传统的韵散结合手法的娴熟运用,更表现在它对传统诗学理想的汲取。用脂评的话说,就是"此书之妙皆从诗词句中泛出者"。而它之所以能做到这一点,则与作者对人性的深入剖析和对人的命运的热切关注分不开。因此,无论是叙事,还是抒情,对《红楼梦》来说都不只是艺术手段或表现方式而已,它们实际上从不同方面,反映出一位伟大的小说家对传统的继承与对现实的认识。而当我们读到那些既琐细又显然经过作者做过精心的艺术加工的故事时,一种在日常生活中领悟人生真谛的快感便油然而生。

　　总之,《红楼梦》的出现,标志着中国古代文学在经历了漫长的演变之后,

终于以其博大、细腻的风格,达到了艺术的极致。如果说,一部文学作品的产生与整个文明的发展息息相关的话,那么,包罗万象的《红楼梦》只能出现在中华文明发展的后期,而它所折射出的历史文化内涵,也就必然成为了解这一文明的一个完整而形象的文本。

注 释

〔1〕 "性情"一词是中国古代哲学和文学的一个常用术语,含义游移不定。与传统儒学的尊性抑情有所不同,明代以后的诗文作家在标举此词时,往往更重视人的自然感情。所以,有人又用"情性"(如李贽),或只用一个"情"字(如汤显祖),相关的则有用"性灵"的(如屠隆、袁宏道及清代袁枚等)。兼而用之的,也不在少数。其间强调的侧重点虽可能不一样,但基本思路与核心指向是大体一致的,即主要指"诗人进行创作时那一片真情,一点灵犀"(袁行霈:《中国文学概论》,高等教育出版社,1989 年,第 137 页)。

〔2〕 参见王利器编:《元明清三代禁毁小说戏曲史料》,上海古籍出版社,1981 年。

〔3〕 参见陈建华:《中国江浙地区十四至十七世纪社会意识与文学》,学林出版社,1992 年,第 334—335 页。

〔4〕 徐树丕:《识小录》卷四《吴优》,《笔记小说大观》四十编第三册,台北:新兴书局,1986 年。

〔5〕 钱大昕:《正俗》,《潜研堂文集》卷一七,上海商务印书馆,1936 年,第 250 页。

〔6〕 今存万历二十年(1592)世德堂刊本为最早的百回本《西游记》,署"华阳洞天主人校",一般认为作者是吴承恩,但也有不同看法。

〔7〕 今存万历序刻本《金瓶梅词话》及崇祯年间刊《绣像金瓶梅》是两种较早的有代表性的版本。

〔8〕《金瓶梅跋》,《小草斋文集》卷二四,《四库存目丛书》影印明天启刻本,齐鲁书社,1997 年。

〔9〕 冯梦龙编"三言"之《喻世明言》初刊于 1624 年,《警世通言》初刊于 1624 年,《醒世恒言》初刊于 1629。凌濛初著"二拍"之《拍案惊奇》初刊于 1628 年,《二刻拍案惊奇》初刊于 1632 年。

〔10〕 笑花主人:《今古奇观序》,《今古奇观》,《古本小说集成》影印上海图书馆藏本,上海古籍出版社。

〔11〕《徐渭集》第二册,中华书局,1981 年,第 582 页。

〔12〕 韵社第五人:《题〈古今笑〉》,《古今笑》,河北人民出版社,1985 年。

〔13〕 据《中国历代笑话集成》第一册,时代文艺出版社,1996 年,第 542 页。

〔14〕 参见刘勇强:《文人精神的世俗载体——清初短篇白话小说的新发展》,《文学遗产》1998 年 6 期。

〔15〕 天花藏主人:《快心编·凡例》,《古本小说集成》影印课花书屋本,上海古籍出版社。

〔16〕 《李渔全集》第五卷,浙江古籍出版社,1992 年,第 424 页。

〔17〕 蒲松龄编过许多面向农民的通俗书籍,如《日用俗字》《药祟书》《农桑经》等。

〔18〕 卧闲草堂本《儒林外史》第三回评语,《古本小说集成》影印本,上海古籍出版社。

〔19〕 参见刘荫柏:《中国武侠小说史》,花山文艺出版社,1992 年。

〔20〕 《中国小说史略》,人民文学出版社,1975 年,第 250 页。

〔21〕 沈德符:《万历野获编》卷二四,中华书局,1959 年,第 627 页。另,明代进士及第并入仕途的戏曲家有陈沂、李开先、胡汝嘉、秦雷鸣、谢谠、汪道昆、王世贞、张四维、顾大典、沈璟、陈与郊、屠隆、龙膺、郑之光、汤显祖、谢廷谅、王衡、施凤来、阮大铖、魏浣初、叶宪祖、范文若、吴炳、黄周星、来集之等,清代依然有不少进士戏曲家,如蒋士铨等。一些戏曲家虽然没有功名,但同样是著名的文人,如徐渭等。陈大康《明代小说史》(上海文艺出版社,2000 年)曾列表说明明代官员、名士与通俗小说的关系,确实值得重视。但总的来说,他们所涉及的作品主要只是《三国演义》《水浒传》《金瓶梅》等数种,与官员士大夫参与戏曲的深度和广度还是有明显差异。

〔22〕 明代戏曲四大声腔是余姚腔、海盐腔、弋阳腔、昆山腔。

〔23〕 《汤显祖诗文集》下册,上海古籍出版社,1982 年,第 1093 页。

〔24〕 参见楼宇烈:《汤显祖哲学思想初探》,载《汤显祖研究论文集》,中国戏剧出版社,1984 年。

〔25〕 参阅田仲一成:《中国的宗族与戏剧》,上海古籍出版社,1994 年。

〔26〕 参见郭英德:《明清传奇史》,江苏古籍出版社,1999 年,第 497 页。

〔27〕 卢前:《明清戏曲史》第七章,上海商务印书馆,1935 年。

〔28〕 参见廖奔、刘彦君:《中国戏曲发展史》第四卷第五章第二节,山西教育出版社,2000 年。

〔29〕 语见梁启超:《论小说与群治之关系》(《新小说》第一号,1902 年)。狄葆贤的《论文学上小说之位置》(《新小说》第七号,1930 年)也有类似的提法。

〔30〕 梁启超:《论小说与群治之关系》。

〔31〕 李梦阳在《诗集自序》(《空同集》)中十分赞赏友人王叔武提出的"真诗在民间"的观点。李开先也明确说过"真诗只在民间",见《李开先集·市井艳词序》,中华书

局,1959 年,第 321 页。此外,徐渭、冯梦龙等,都对民歌推崇有加。但其间也略有差异,冯的观点更具有批判性。

〔32〕 《徐文长三集》卷一九《肖甫诗序》,《徐渭集》,中华书局,1983 年,第 534 页。

〔33〕 《汤显祖诗文集》卷三一《耳伯麻姑游诗序》,上海古籍出版社,1982 年,第 1050 页。

〔34〕 冯梦龙:《情史序》,《情史》,春风文艺出版社,1986 年。

〔35〕 《徐渭集》第二册,中华书局,1981 年,第 638 页。

〔36〕 此剧是否徐渭所作,因无确据,尚存争议。

〔37〕 《焚书·续焚书》,中华书局,1975 年,第 98 页。

〔38〕 《袁宏道集笺校》上册,上海古籍出版社,1981 年,第 463 页。

〔39〕 《袁宏道集笺校》卷四《叙小修诗》,上海古籍出版社,1981 年,第 187 页。

〔40〕 《袁宏道集笺校》上册,上海古籍出版社,1981 年,第 422 页。

〔41〕 《袁宏道集笺校》下册,上海古籍出版社,1981 年,第 1145 页。

〔42〕 参见《袁宏道集校笺》卷五《龚惟长先生》,文中提出了放纵情欲的五种"快活"。

〔43〕 袁枚:《随园诗话补遗》卷一,《随园诗话》,人民文学出版社,1982 年,第 565 页。

〔44〕 《随园诗话》卷七,第 216 页。

〔45〕 《随园诗话》卷五,第 146 页。

〔46〕 《东莞诗集序》,《翁山文钞》卷一,《屈大均全集》,人民文学出版社,1996 年,第 3 册,第 279 页。

〔47〕 清代诗学流派纷呈,约略言之,则有"神韵""性灵""肌理""格调"诸说。另外,如叶燮的《原诗》等,也是诗学史上的重要著作。关于清代诗学的发展与成就,可参阅张健:《清代诗学研究》,北京大学出版社,1999 年。

〔48〕 《桃花扇》,人民文学出版社,1982 年,第 260 页。

〔49〕 参见吕凡:《龚自珍诗艺发微》第四章第四节,山东大学出版社,1996 年。

〔50〕 梁启超:《清代学术概论》,上海古籍出版社,1998 年,第 75 页。

〔51〕 刘纲纪:《文徵明》,吉林美术出版社,1996 年,第 171 页。

〔52〕 以上均引自郑燮:《郑板桥集》,上海古籍出版社,1979 年。第 168、206、156 页。此集收录郑板桥题画竹七十余则。

〔53〕 明代中后期版画各地风格不尽相同,学界一般分为建阳、金陵、徽州、苏州、杭州、吴兴等派,参见冯鹏生《中国木版水印概说》(北京大学出版社,1999 年)、周心慧《中国古代版刻版画史论集》(学苑出版社,1998 年)等书。

〔54〕 明代后期饾版和拱花术的发展,将中国雕印术提高到了一个新的高峰。其中饾版也就是今人所说的木版套色印刷,这是印刷史上的一个重大飞跃。成书于明末的《十

竹斋书画谱》《十竹斋笺谱》等,集雕印技艺于一炉,充分显示了明末彩色套印的艺术成就,堪称版画史、印刷史上的丰碑,参见前揭《中国木版水印概说》,第 52 页。

〔55〕 所谓"叶子",是民间的一种酒令牌子,始于宋宣和年间,晚明颇为流行。

〔56〕 周心慧:《中国古代版刻版画史论集》,学苑出版社,1998 年,第 57 页。

〔57〕 谢肇淛:《五杂俎》卷七,上海书店,2001 年,第 140 页。

〔58〕 钱泳:《履园丛话》卷一〇,中华书局,1979 年,第 263 页。

〔59〕 《徐渭集》第二册,中华书局,1981 年,第 401 页。

〔60〕 朱仁夫:《中国古代书法史》称这一时期"书法大家比任何一个历史时期都多,书法风格流派比任何一个历史时期丰富,书体比任何一个历史时期齐备,帖学碑学比任何一个历史时期都要勃茂。"北京大学出版社,1992 年,第 449 页。

〔61〕 对董其昌的南北分宗论,颇多争论,而否定的较多,如童书业:《中国山水画南北分宗论辨伪》(见《童书业美术论集》,上海古籍出版社,1989 年)等。但也有在批评之外,略加肯定的,如葛路《中国古代绘画理论发展史》第六章(上海人民美术出版社,1982 年)等。

〔62〕 参见樊波:《董其昌》,吉林美术出版社,1996 年,第 230 页。

〔63〕 兹据樊波《董其昌》附录《董其昌画论辑要》,吉林美术出版社,1996 年,第 429 页。

〔64〕 伍蠡甫:《中国画论研究》,北京大学出版社,1983 年,第 154 页。

〔65〕 参见张少康:《董其昌的文艺美学思想》,载香港《中华国学》1989 年 1 期。

〔66〕 童书业认为,董其昌、四王等人所谓的"师古",不过是"托古改制",在他们的画中,古法实在少而又少(见《童书业美术论集》,上海古籍出版社,1989 年,第 739 页)。陈履生:《王石谷的"模仿"辨》(载《清初四王画派研究论文集》,上海书画出版社,1993 年)则用统计学的方法,对王石谷所模仿的前代画家和作品进行系统统计,指出他把模仿提升到了一种艺术创造方法。

〔67〕 石涛:《大涤子题画诗跋》卷一,李万才《石涛》附录五,吉林美术出版社,1996 年,第 234 页。

〔68〕 郑板桥:《题屈翁山诗札石涛、石溪、八大山人山水小幅并白丁墨兰共一卷》,《郑板桥集》,第 107 页。

〔69〕 石涛:《大涤子题画诗跋》卷一,第 240 页。

〔70〕 石涛:《石涛画语录变化章第三》,李万才《石涛》附录三,第 183 页。

〔71〕 周积寅:《郑板桥》附录四《郑板桥题画录》,吉林美术出版社,1996 年。

〔72〕 《郑板桥集》,上海古籍出版社,1982 年,第 224 页。

〔73〕 扬州八怪,又称扬州画派,指的是清乾隆年间活跃在扬州的一批画家,具体人数因

记载有别而多寡不一。或谓他们由于画风奇异而被一些人视为怪物,殆如俗语"五八怪"。

〔74〕 参见朵云编辑部编:《清初四王画派研究论文集》,上海书画出版社,1993 年,第 234 页。

〔75〕 参见寂园叟:《陶雅》卷下。

〔76〕 前揭《郑板桥集》中有一篇《板桥润格》对画幅大小都明码标价,并称:"凡送礼物食物,总不如白银为妙。公之所送,未必弟之所好也。送现银则中心喜乐,书画皆佳。"第 184 页。

〔77〕 参见张光福:《中国美术史》,知识出版社,1982 年,第 447—449 页。

〔78〕 得舆:《京都竹枝词》,载一粟编《红楼梦卷》,中华书局,1963 年,第 354 页。

〔79〕 参阅刘勇强:《〈金瓶梅〉的本文与接受分析》,《北京大学学报》1996 年 4 期。

〔80〕 如叶绍袁的创作心态与曹雪芹多有相似之处。《窃闻》中记人生死的"秘册",《续窃闻》中"葬花魂"的诗句等,都可以在《红楼梦》中找到对应的描写。

〔81〕 《西湖游览志余》卷一六,上海古籍出版社,1980 年,第 308 页。

〔82〕 参见王国维:《红楼梦评论》,《王国维文学论著三种》,商务印书馆,2001 年。

〔83〕 《博异志·集异记》,中华书局,1980 年,第 2 页。

〔84〕 马郎妇故事的记载很多。唐李复言《续玄怪录》中"锁骨菩萨"事是其远因,宋志磐撰《佛祖统纪》卷四一叙马郎妇故事即由此敷演而来,此后成为禅宗习用的话头。小说戏曲也多有用为题材的。

〔85〕 《青玉案》,《王国维文集》,北京燕山出版社,1997 年,第 595 页。

〔86〕 鲁迅:《三闲集·怎么写》,《鲁迅全集》第 4 卷,人民文学出版社,1981 年,第 19 页。

〔87〕 钱锺书:《管锥编》第一册,中华书局,1979 年,第 34 页。〔德〕莫芝宜佳《〈管锥编〉与杜甫新解》一书在钱著的基础上,又补充了若干欧洲镜中美女成髑髅的事例。她认为《红楼梦》的画面象征是爱情与生命幻觉的佛教观念,而欧洲的却产生于对末日审判的恐惧和对冥府的关切,参见此书中译本,河北教育出版社,1998 年,第 131 页。

〔88〕 林纾译:《茶花女遗事》,此书的翻译在中国翻译史上具有里程碑的意义,它使中国人认识到外国也有《红楼梦》式的优秀小说,参见郭延礼:《中国近代翻译文学概论》,湖北教育出版社,1998 年,第 266—271 页。

第十章　社会生活的因循与躁动

明代中后期及至清代前期，虽然经历了王朝更替，异族入主中原，但在社会结构和社会伦理层面，并没有太大的变化。而当我们深入到社会生活层面，关注不同社会阶层的衣食住行、婚丧嫁娶，便能体味到迥然不同的生活方式和社会风尚的变化。商人精神的浸润成为这一时期鲜明的特色，物质利益的诱惑使原本宁静的社会生活变得躁动不安，对世俗的追求驱动了人生价值观念的时代性超越。在宗法社会貌似坚硬的外壳之下，潜流暗动，社会风尚的变迁，社会伦理的背离倾向，商人地位的提升，文人士大夫遂情达欲的生活旨趣，虽然不足以立即改变总的道德秩序和社会面貌，但却持续不断地腐蚀和动摇着传统社会的基石。中国社会正在冲破传统，跨入近代社会的门槛。

第一节　礼教背景下的宗法家族生活

祠堂、族田与宗谱纂修　　族规家训与族人的生活　　社会伦理的背离倾向

宋代理学家认为，由于上古宗法制度的败坏，造成了纷繁的社会失序和道德失衡，因而需要重建宗法制度。他们希望通过加强宗族的血缘凝聚力，防止族人的过度贫富分化，维护宗族内部的尊卑贵贱，达到稳定封建统治秩序的目的。张载、程颐、朱熹均对此进行了理论阐述，而政治家范仲淹则进行了"收族"的社会实践。宋代以后，理学成为社会主流思想，并制度化为封建礼教，在朝廷的大力扶植下，以建宗祠、置族田、修宗谱、定族规、立族长为主要特征的宗法家族制度得以全面复兴，并渗透到社会的细枝末节，成为组织民间社会生

活的重要因素,影响到几乎每个社会成员。明代中叶开始,由于商品经济的发展,对植根于小农经济的宗法关系造成极大冲击,出现了背离传统社会伦理的倾向,封建礼教也逐步走向涣散。

祠堂,又称宗祠,是供奉祖先神主,进行祭祀活动的场所。明代初年鉴于民间祭祖的现实情况,"权仿朱子祠堂之制",庶民无庙的规矩逐步被打破。明世宗采纳大学士夏言的建议,诏令天下臣民冬至可以祭祀始祖,实际等于允许各支同姓宗族联宗祭祖。从此祠宇建筑遍及天下,几乎没有不立祠堂的宗族[1]。据乾隆二十九年(1764)统计,江西省同一族姓合建的宗祠89处,各州县村镇各姓所建分祠凡8994处,江西共计78个州县,几乎所有大村镇都有祠堂[2](图10-1)。由于省会南昌建造总祠的数量太多,致使南昌的故家旧宅卖尽,变作祠堂。[3]祠堂是宗族的标志,宗族规模大小不一,庞大的可以达到上千人丁。宗族人口多,内部血缘关系自然复杂,需要分出许多房派、支派,相应的祠堂也要区分宗祠、房祠、支祠、家祠等层级结构。支祠、房祠是族中各支派所

图 10-1　浙江诸暨边氏祠堂内景

建,供奉本支、本房的祖先,家祠则是一家或兄弟数家所建,只供奉二三代直系祖先。除合族共祀的宗祠外,还有所谓的统宗祠或大宗祠,是散居于不同省、府、县的同一远祖所传族人,通过联宗修谱结成宗族合建而成。如江西新安皇呈徐氏统宗祠,下统38族,远族有距祠三百里者。湖南平江叶氏系由湖北蒲圻迁出,蒲圻仍为平江叶氏本宗,乾隆间两地族人互认同宗,联合修谱。祠堂是为追远报本而建,是合族祭祖的神圣场所,因此在建筑形制上就要体现出礼尊而貌严。虽然规模大小不一,但无不是倾尽自身财力,用上好木料、石料建成。特别是一些官僚豪绅、富商巨贾所在之族,依仗其政治权势和经济实力,营建高大雄伟、富丽堂皇的宗祠建筑群,其建筑形制多是以大门、享堂(厅事)、寝堂(龛堂)为中轴线,并有许多附属建筑。安徽歙县棠樾鲍氏是明清著名的商人世家,资财雄厚,其宗祠建于棠樾村口,祠前石路上至今仍耸立着七座由明清两代帝王御赐匾额的石牌坊,足以想见当年之壮观。大族巨室不惜耗费资财营建祠堂,其目的无非是“炫耀乡邻,以示贵异”[4];而一些寒门小族,限于财力,祠堂往往比较简陋,有的就设在宅院的中央,四隅是族人住宅。

祠堂祭祖是宗族最重要的活动,仪式隆重,名目繁多,在官方礼制和私家宗谱中都有具体规范。祠堂祭祀活动,由族长或宗子主祭,并以年辈、官爵较高者为陪祭,另设司赞、司祝、司爵、司筵、纠仪等执事人员,负责赞礼、奉献祭品和纠察纪律等事,有时还配有钟鼓和歌诗生。族中16岁以上的男子必须出席祭礼,不得无故迟到、早退和缺席。参加祭礼时要衣冠端正,依辈次的先后和身份的尊卑,井然有序地随主祭、陪祭之后,在赞礼声中拈香行礼,跪拜如仪。祭祖完毕,举行族人的相拜礼和族众会餐。会餐就是依次享用祭祖供品,称为“饮福”“享胙”,或是“饷俊余”。祠堂是宗族活动的中心,除了作为祭祀场所外,还是处理宗族事务,执行族规家法的地方。族人违犯族规家法,要在祠堂以祖先的名义执行处罚。祠堂在此意义上又成了衙门,具有一族“公堂”的性质。祠堂还是宗族子弟接受教育的场所,许多宗族用族产收入在祠堂开办家学,聘请族中“品学兼优”的士人担任塾师,培养光宗耀祖的人才。

宗族为了祭祀祖先,维持祠堂的各种费用,修纂族谱,赡养和教育族人,需要一定的族产作为经济基础。族产又称祠产,名义上是合族公有的财产,包括山林、土地、房屋等,其中最主要的是年年有地租收入的族田。族田的来源主要是私人捐置和合族置办两类,此外还有绝嗣族人的遗产和犯了过失的族人的罚没田产。元明以后族田普遍设置,高官豪绅、富商巨贾为了缓和族内贫富矛盾,实现"收族"和富贵长住,自愿捐置田产。在徽州、广东、福建和江浙等地,商人捐置田产的现象尤为突出。清乾隆、嘉庆年间,歙县棠樾村鲍志道、鲍启运兄弟在扬州经营盐业致富,先后捐资购置族田1400余税亩[5]。《竹溪沈氏家乘》明确规定族人凡得秀才以上功名及出仕者,都要报捐从一两到五十两不等的钱财,作为续置祭产之资,现任官员也要捐银添置义田。《苏州彭氏宗谱》根据官员品级规定了具体捐银数量。因为族田可以安抚贫民,避免社会矛盾激化,故封建朝廷把购置族田当作"义举"而大力提倡,对捐资较多者往往予以旌表。族田是合族公产,各宗族往往都要立约严禁典卖[6],土地买卖契约中常注明"非族田"。有些宗族还将族田在政府备案,防止流散。政府对此也予以支持,清律中就有"子孙盗祭田五十亩以上者,发边远充军"的条文。族田的收入除祭祖、办学和公益事业开支外,主要用于赡族。明清时代的赡族,主要是救济族中贫穷者,或是有婚丧等特殊事情者[7]。但是违背封建礼教,有不轨言行者,不在救助之列。如歙县棠樾鲍氏的义田条例就规定聚赌酗酒者,妇人打街骂巷不守规法者,干犯长上、行为不端者都要"停给"。族田是实现"敬宗收族"的经济基础,它的存在强化了族人对宗族的依赖,起到了凝聚宗族的作用。

宗族是具有相同血缘的人依据一定的原则聚合而成,谱牒主要用于区分宗族成员的血缘承传,明了统系,免于混淆。明清时期,纂修宗谱成为一种普遍的社会行为,不但名门著族皆有谱牒,寒门小族也视修谱为族中大事,乐此不疲。在聚族而居的农村社会,甚至可以说没有无谱之族,除少数从事"贱业"者以外,也可以说几乎没有不入谱之人。明清宗谱与宋元宗谱相比,具有明显的变化:首先是强化了政治色彩。皇帝的劝民谕旨,体现伦理教化的宗规家训,纷纷列入宗谱。在纂修体例中,则明确惩恶扬善之教化目的[8]。对于妇女贞节的特殊要求和对族人充当贱业、有不轨行为的削名,更是体现了明清宗谱的伦理教化意义。其次是宗谱体例更加完善。特别是增加了族规家训、族田等反映宗族制度发展的内容,并且借鉴正史和地方志编纂体例,增加了"志"这一新的体裁。明清时期,还出现了会通谱、统宗谱,即把分布于各地的宗支统贯到一起的宗谱。如明弘治时程敏政编纂的《新安程氏统宗世谱》合 44 支，通 53 代，入谱者逾万人。嘉靖时张宪、张阳辉等主修的《张氏统宗谱》则记载了全国 15 省的 117 个支派，更是皇皇巨制。会通谱、统宗谱的出现，既是宗族组织发展、宗族交往扩大的结果，也是族谱体例完善的表现(图 10-2)。

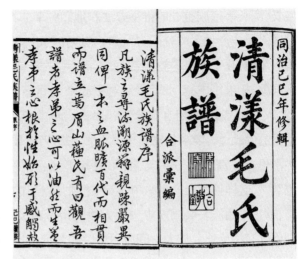

图 10-2　浙江江山市档案馆藏《清漾毛氏族谱》

族规又称族训、族约、宗规、宗约、家规、家训、家礼、家范、祠规等等，相当于宗族的成文法，对族众具有一定的约束力。明清时代经常将族规与国法相提并论，"王者以一人治天下，则有纪纲；君子以一身教家人，则有家训。纲纪不立，天下不平；家训不设，家人不齐矣"[9]。《云阳涂氏族谱·族范志序》则直言"族宜有范，犹国之不能无法制也"，声称族规"正以辅国家法制之所不及也"。族规的来源主要有二：一是某位著名祖先的遗训，累世相传，永不更改；二是在修谱或续谱时，由族中士绅共同议定，形诸文字。族规一般要刊刻在宗谱中，祠堂读谱，主要就是读宗谱中的族规。族规家训也有单独汇编成册的，有些著名家族的族规、著名人物的家训，其影响甚至超出本宗族的范围，在社会上广为流传。族规的内容非常庞杂，不同宗族由于传统、经历、地域、势力等因素的差异，形成不同风格内容的族规。有人曾就 14 省 30 份清代宗谱进行统计，族规共有 456 条，其中有关血缘伦理者 238 条，有关衍过行为者 106 条，有关持家立业者 58 条，有关报效国家者 54 条[10]。显然维持血缘伦理是族规的主要任务。族规与族人的生活密切相关，在族规的约束之下，族人对上要尊崇君权，履行对封建国家的义务，对内要敬奉族长，遵守宗族的规章制度，为人处事、言行举止必须合乎封建伦理的要求。

族规把尊祖、敬宗、收族的宗法原则具体化，规定了祭祀祖先的种种礼仪，族长、房长等宗族首领的推举办法和他们应享的特权,宗祠、族产、宗学的管理制度以及族产收入的分配办法等。针对宗族内部贫富分化的现实,为了缓和阶级矛盾,几乎所有的族规都规定了一些敦本睦族的措施。要求族众顾念同本同源,相求相应,互助互爱。对于族众之间存在的贫富差别,许多族规又进行"人生贫富贵贱,自有定分"[11]、"夫均一本,荣悴亦属偶然,何得生心异视"之类的说教[12],要求贫富各守本分。富贵者不要藐视贫贱者,贫贱者不要嫉妒富贵者,"富者时分惠其余,不恤其不知恩;贫者知自有定分,不望其必分惠"[13],这样就不会产生纷争,从而达到"睦族"的目的。如果族人之间发生纠纷,首先应由族长会同族中头面人物在宗祠审议裁决,不得擅自告到官府,否则将以家法论处。族人之间应尽量以和为贵,避免家丑外扬,"事有不平,无论大小,先鸣本房房长处分。如处分不当,许鸣族首凭族理处,不可动辄兴讼"[14]。为了保证宗族血统的纯正,许多宗规都制定了有关立嗣和承继原则的条款,对互认本家、收养义子、结拜干亲、义结金兰等"拟制血亲"也予以严格限制。异姓乱宗是宗法社会的大忌,因而多数宗规都禁止异姓冒姓入谱和继承财产。为了避免图财争嗣而在宗族内部引起纠纷,许多宗规还对立后的具体次序预先作了安排。但是,宗族内部争嗣争财的闹剧时有发生,族长在仲裁过程中拥有很大的权力,从中渔利的事例屡见不鲜。

宗族对族人日常的人际关系、衣食住行、闲暇娱乐、嫁娶丧葬、职业选择等方面也都有具体要求。在职业选择方面,有的宗族承袭正统观念,重士农,轻工商。但是明代后期的族规家训中出现了"工商皆本"的观念,将士、农、工、商四业都视为"生理"。宗族反对族人成为不务正业的游民,更禁止族人从事贱业。在婚姻方面,族规要求定亲要取得宗族同意,"男子定婚,女子许字,必谋于尊长,既决则告庙"[15]。重视门当户对,强调良贱不婚,反对婚姻论财及卖女为妾,更禁止同姓婚媾。万历《溪南江氏家谱·祠规》规定:"凡嫁娶须择门第相等并父母性行醇笃者,方许结婚,毋贪厚奁重费,毋为鬻骨重索。惟求婿妇得人,自可相安,克昌家道。其有卖女为妾,贻辱家门,竟削本枝,不许入祠。"宗族规定应当尽己所能安葬死者,但要遵守礼制,反对停丧不葬。"治丧须依家礼,富厚者毋得过制,贫乏者毋得停殡在家,丧中不得建醮用乐。"[16]在日常生活方面,宗族倡导勤俭,反对奢靡。归安稽氏要求:"勤俭为起家之本,子孙自壮至老,当一遵之,凡一切游观无益之费皆勿为,庶身安而家可保也。"[17]广东五华缪氏为保证勤俭淳朴的家风,甚至坚持居住乡下,反对到城里居住,认为:"累世乡居,悉有定业,子孙不许移家住城,三年后不知有农桑,十年后不知有宗族,骄奢游惰,习俗移人,鲜有能自拔者。"[18]对于赌博、嫖娼、吸食鸦片等恶行,族规中自是严厉禁止,就是日常生活方式、文化娱乐,也加以种种限制。宗族对于违反族规家训,败坏纲常名教,损害国家和家族利益的族人,制定了具体的惩罚条例,这些条例也明文载于族规家训之中。

明清时期,宗族是民间社会生活的重要组织调节机制,宗法社会伦理影响到几乎所有的社会成员。但是,在社会政治经济的变局之下,宗法的约束效力逐步涣散,特别是明代中叶以后,由于商品经济的冲击,社会伦理的背离倾向日趋明显,家庭结构、婚姻生育形式、尊卑关系和财产观念诸方面,都发生了新的变化。在传统社会,维系家族的规模是宗法伦理所倡导的,因而许多人以为,中国的大家庭形式是非常发达的。但是经过社会学研究者的统计,至少在清代前期,大家庭所占比例已不是很高[19]。最为普遍的家庭还是由父母和子女结合成的三角,即基本的家庭形式。人口数量的较快增长,人口压力加大,人口迁移频率提高是大家庭解体的主要社会原因。而从档案资料上看,家庭分异所受道德、法律的约束也已经微乎其微。如祖父母、父母在而子孙别立户籍分异财产者,唐律定为徒罪,明律改为杖罪,明中叶之后实际流于形式。顾炎武引《陈氏礼书》说:"间有纠合宗族,一再传而不散者,则人异之,以为义门。"[20]广东四会县,清代前期,农民即"急于生理,轻于逃窜,父子各爨,兄弟异籍"[21]。四川各州县,据道光年间记载,兄弟分财异居,"其父母分食诸子,按月计日,不肯少逾期",兄弟之间为争夺遗产,每争讼不已[22]。清代理学家李绂认为,在悌道日趋沦丧的情况下,如坚持同居同爨,反而会产生"财相竟,事相诿,俭者不复俭,而勤者不复勤,势不能以终日"的恶果,"反不如分居者各惜其财,各勤其事,犹可以相持不败也"[23],反映出顺应时势的进步思想。

在宗法社会的礼教观念下,夫妇为人伦之始,夫妻名分一定,就终身不能改变,再嫁是无法见容于宗党的行为。元明以来,朝廷把守节的寡妇和贞女表彰为"节烈""贞烈",清朝做得尤其认真,"贞女坊""烈女祠"遍布天下,成为宗法社会的表征。然而,明清各类文献中屡屡旌表的守节、殉葬者,实际只是社会上层家庭的少数妇女,而且往往还是迫于家族内部的强大舆论和道德压力[24]。而在中下层家庭中,妇女再婚是普遍存在的现象。因为当时社会存在着一个数量可观的男性待婚群体,妇女再婚行为能够对男性婚姻困难起到一定的缓解作用[25]。另外,家境贫寒的独身妇女也很难承担生存的压力,所以"闾阎刺草之家,因穷饿改嫁者十之八九"[26]。即便在富裕的家庭,因为有财产继承的利益,妇女再婚的障碍也并不大,甚至有强迫再婚的现象。清规定,寡妇改嫁,"夫家财产及原有妆奁,并听前夫之家为主"[27]。为了霸占财产,有的不良族人会逼迫寡妇改嫁,甚至将其卖掉换取财礼。在社会舆论方面,不但下层社会对妇女改嫁持认可的态度,士绅当中也有逐步宽容的趋势。"其再嫁者不当非之,不再嫁者敬礼之斯可矣。"[28]清人钱泳认为阻挠改嫁是"讲道学之误",应否再婚,应该"看门户之大小,家之贫富,推情揆理,度德量力而行之"[29]。当然妇女再婚走的并非是一条和谐温存之路,与妇女初婚由父母一重包办相比,妇女再婚,特别是寡妇再婚,则是多重包办,甚至被视作私有财产加以买卖。但是毕竟冲击了宗法礼教的禁锢,显现出社会伦理取向的新变化。

明清时期,妇女的地位也确实有了改善的迹象,在家庭中的地位也有所提高。如果说通俗小说中的才女佳人形象尚属虚构,那么李香君、董小宛、柳如是、顾横波诸名伎精通琴棋书画,成为明末清初引人注目的"明星",社会名流争相交接的对象,却是有据可考。在妇女教育方面,尽管"女子无才便是德"在普通民众中仍很流行,但在一些士绅家庭中,女子读书作文,吟诗诵词,早已成为一种时尚。袁枚招收随园女弟子虽然颇受讥讽,但这些女弟子大多出身名门闺秀,她们的家庭似乎并不以为嫌。社会对才女佳人的推崇和赞美,实际反映了对女性教育的重视。我们还可举"妇女出游"为例(图10-3),在"男女授受不亲"的礼教约束下,妇女抛头露面被认为是有伤风化,但是明代中叶之后,面对繁华的城市生活,即便是家教严厉的名门闺秀,也已经受不住诱惑,纷纷出游,观山赏景,拜庙进香,甚至私结姻缘。在卫道之士眼里,这是严重的社会问题,江苏巡抚陈宏谋就曾深加痛斥[30]。

社会伦理背离倾向的潜在背景还是社会经济因素在起作用,家庭结构的调整,婚姻观念的变化,妇女地位的改善,无不导源于此。明代中叶之后,由于商品经济的发展,财富逐渐成为主导社会伦理价值取向的重要因素,腐蚀着宗法社会的森严壁垒。清人汪琬说:"今之父兄子弟,往往争铢金尺帛,而至于怨愤诟斗,相戕相杀者,殆不知其几也。"[31]在风俗淳厚的山东,也出现了"一父一子多有分爨者""财利相见,虽兄弟,锱铢必形于色"的现象[32]。在祠堂祭祀中,按辈分排列祖先的地位,这是宗法制度尊祖敬宗原则的体现。但是清代有些宗族祠堂是根据贵贱而不是尊卑长幼排序,丧失了宗法的旨意。清代早期,江苏宜兴任氏祠堂把德、爵、功作为

图 10-3 清焦秉贞绘《仕女图册》,故宫博物院藏

入祠配享的条件,爵是指官位高低,功的衡量标准是捐助祠堂银钱数量。因而该祠堂的祭祀对象,除一族先祖之外,其次即是官员和有钱财的人,再次则是所谓有一善一行的人,最后才是本宗族的一般平民祖先。武进庄氏道光二十年(1840)重修宗祠,也有类似的规定[33]。显然此类现象并非个例,所以引起了当时卫道之士的批评。明清商人发家致富之后,往往特别热衷于在家乡或寄居地建宗祠、置族田、修宗谱,成为宗法文化的主要倡导和身体力行者,可见不仅仅是夸显财富,还有很现实的功利目的。而商人的受尊崇,也恰恰预示着宗法社会重农轻商观念的瓦解。

第二节 商人精神与社会风尚

社会观念的更张　商贾与世风　社会文化的繁荣

中国传统有士、农、工、商四民之分,经商被视为末业,商人是"市井小人",社会地位最低。这一观念即便到城市生活颇为发达的宋代,仍极有市场。陆游的家训有一条就说:"子孙才分有限,无如之何,然不可不使读书。贫则教训童稚以给衣食,但书种不绝足矣。若能布衣草履,从事农圃,足迹不至城市,弥是佳事。……仕宦不可常,不仕则农,无可憾也。但切不可迫于衣食,为市井小人之事耳,戒之戒之。"[34]类似的文字在明代以前文献中可以找出不少。明人董含说:"曩昔士大夫以清望为重,乡里富人,羞与为伍,有攀附者,必峻绝之。"[35]反映出士、商关系的对立。然而这一根深蒂固的观念在明代中期开始发生动摇,出现四民不分、士与农商常相混的状况。其背景原因,据余英时分析,有两点特别值得注意:第一,中国的人口从明初到 19 世纪中叶增加了好几倍,而举人、进士的名额却并未相应增加,因此考中功名的机会自然越来越少,"弃儒就商"趋势的增长可以说是必然的;第二,明清商人的成功对于士人也是一种莫大的诱惑。明清的捐纳制度又为商人开启了入仕之路,使他们至少也可以得到官品或功名,在地方上成为有势力的绅商[36]。因此,士人科举不第,转而从商,不再是耻辱的事情,明清著名文士学人的文集中就充满了商人的墓志铭、传记、寿序。王阳明的《节庵方公墓表》的传主就是商人方麟(节庵),其文略云:"苏之昆山有节庵方公麟者,始为士业举子,已而弃去,从其妻家朱氏居。朱故业商,其友曰:'子乃去士而从商乎?'翁笑曰:'子乌知士之不为商,而商之不为士乎?'"王阳明就此生发出一段议论,他说:"古者四民异业而同道,其尽心焉,一也。士以修治,农以具养,工以利器,商以通货,各就其资之所近、力之所及者业焉,以求尽其心。其归要在于有益于生人之道,则一而已。士农以其尽心于修治具养者,而利器通货,犹其士与农也;工商以其尽心于利器通货者,而修治具养,犹其工与商也。故曰:四民异业而同道。"[37]明末清初思想家黄宗羲则正式提出了"工商皆本"的观念。"四民异业而同道""工商皆本",实际是否定了四民之间尊卑贵贱的等级观念。而在商人本身,也逐步建立起了道德自尊。著名思想家唐甄在苏州从事牙行经营,针对有些人的责难,他理直气壮地回答说:"我之以贾为生者,人以为辱其身,而不知所以不辱其身也","吕尚卖饭于孟津,唐甄为牙于吴市,其义一也。"[38]理学家陈确认为"勤俭治生洵是学人本事",作为士人必须把"仰事俯育"看作自己最低限度的人生义务,"决不可责之他人",必须先有独立的经济生活才能有独立的人格[39]。对此,清代学人钱大昕的态度是"与其不治生产而乞不义之财,毋宁求田问舍而却非礼之馈"[40]。新安商人甚至说出了"良贾何负闳儒""贾何后于士"的傲慢话语,这在此前是不可想象的。

　　传统价值取向的变迁,导致明代中后期社会出现了崇商的趋势,所谓做官的"觉得心里不耐烦做此道路",便告脱了官职去经商[41]。读书人"为士不振,俱失养",便"凑些资本,买办货物……图几分利息"[42]。即使官居首辅的松江人徐阶,也摆脱不了商业利润的诱惑,家中"多蓄织妇,岁计所积,与市为贾"[43]。清代崇商之风依然不减,明遗民的领袖人物顾炎武"垦田度地,累致千金"[44],且相传与山西票号有关。清初吕留良因行医和从事刻书业,而被同辈攻击其"市廛污行"[45]。清代学者中,杭世骏爱财成癖[46],王鸣盛有贪财之名[47],朱舜水在日本与诸商贸易往来[48]。反观清代商人也是经常与文人士大夫平起平坐,诗酒唱和。士绅商人化,商人士绅化,士商的对立关系在商品经济的作用下逐渐消除,于是对利的追求就成为天经地义的事情(彩图14)。商人的社会地位发生更显著变化,在四民排列中,超越农工,甚至有士不如商的极端言论。在经济活动频繁的地区,社会风俗也随之改变。黄省曾《吴风录》载:"至今吴中缙绅士夫多以货殖为急。"[49]崇祯本《二刻拍案惊奇》卷三七云:"徽州风俗以商贾为第一等生业,科第反在次着。"清雍正二年,山西巡抚刘于义奏折云:"山右积习,重利之念甚于重名。子孙俊秀者多入贸易一途,其次宁为胥吏。至中材以下方使之读书应试。以故士风卑靡。"雍正朱批道:"山右大约商贾居首,其次者犹肯力农,再次者谋入营伍,最下者方令读书。朕所悉知,习俗殊可笑。"[50]"弃本逐末"的社会风气和"右贾而左儒"的观念变化,反映在文学作品中,不再只是描摹帝王将相、英雄豪杰和才子佳人,以商人为主体的市民生活,他们发家致富的事迹,也成为描述的对象,"三言""二拍"就是此类作品的力作。在文人为商人所作的行状、寿序、墓表、祭文之类文字中,我们还可以看到许多有情有义、勤俭创业、慷慨好施、诚信不欺的正面商人形象。

在商品经济发展的背景下,社会消费观念也发生了新的变化,特别是在江南地区,出现了追求奢侈享乐的风尚。在中国传统伦理观念中,奢与俭历来是衡量社会道德标准的依据,面对奢华之风,道学之士痛心疾首,斥之为越分、僭礼,感叹世风日下,人心不古。清康熙二十三年(1684),理学名臣汤斌出任江苏巡抚,到任即颁布了《抚吴告谕》,以"化民成俗""正人心"为首务,对日常生活中逾礼越制的奢侈风气加以禁止[51]。不久张伯行抚苏,"禁吴俗奢侈及士女出游"[52]。乾隆二十四年(1759),江苏巡抚陈宏谋立《风俗条约》,重点仍是禁奢倡俭[53]。但是也有些人敢于正视现实,为社会趋奢之风进行理论辩护。早在明代中期,松江人陆楫在其《蒹葭堂稿》中,就提出了富有创见的"奢易为生""奢能致富"的观点。他认为奢俭风气与社会经济的发达程度相关。"先富而后奢,先贫而后俭,奢俭之风,起于俗之贫富",富是奢的前提。苏杭之所以奢靡,在于天下财富所聚。除非把社会财富倾于沟壑,"则奢可禁",否则,"虽圣王复起,欲禁吴越之奢难矣"。其实,奢俭之风与百姓生计存在辩证的关系,"大抵其地奢则其民必易为生,其地俭则其民必不易为生"。因为奢侈生活需要多方面提供服务,可以促进手工业、商业和服务业的发展,从而解决千千万万人的生计问题。陆楫举例说:"只以苏杭之湖山言之,其居人按时而游,游必画舫肩舆,珍羞良酝,歌舞而行,可谓奢矣。而不知舆夫舟子,歌童舞妓,仰湖山而待爨者不知其几。"反之,尽管宁、绍、金、衢之俗,"最号为俭",但"彼诸郡之民,至不能自给,半游食于四方"。世人通常认为市场导致奢侈,陆楫则更强调奢侈对市场的促进作用,奢侈促进了商品流通。"吴越之易为生者,其大要在俗奢,市易之利,特因而济之耳。"[54]陆楫的观点在清代得到不少人的响应,清初顾公燮有引文说:"有千万人之奢华,即有千万人之生理。若欲变千万人之奢华而返于淳,必将使千万人之生理亦几于绝。"[55]非常有意思的是,清雍正、乾隆皇帝也有类似的观念。雍正皇帝指出:汤斌等人在江苏转移风俗的举措,不但无济于事,反而招致百姓的怨恨。苏州等地的酒船、戏子、匠工之类行业,养活了许多人,如果骤然禁止,令他们失去生计,必然会走向邪路[56]。

乾隆皇帝在谈到自己南巡,允许商人大兴土木之役时说:搭建彩亭、灯棚等"一切饰观之具","此在苏扬盐布商人等,出其余赀,偶一点缀,本地工匠贫民,得资力作,以沾微润,所谓分有余以补不足,其事尚属可行"〔57〕。可见"奢易为生""奢能致富"绝不是少数人的标新立异之说,而是有着深刻的社会经济背景。

明代初年,礼制严密。朱元璋认为元败亡的重要教训,就是"贵贱无等,僭礼败度",而"昔帝王之治天下,必定礼制,以辨贵贱、明等威"〔58〕。洪武十三年颁行的《明律》中专列"服舍违式"条,对于越级僭用服饰、车舆、房舍、器用者予以惩处,庶民笞五十,官宦杖一百。在严格的礼制约束下,社会生活表现得拘谨、守成、俭约,形成普遍的"不敢从新艳"的社会心态。但是明代中期开始,僵滞的文化格局渐趋松动,社会风尚发生了显著的变化。正德以前风俗淳厚,"万历以后迄于天、崇,民贫世富,其奢侈乃日甚一日焉"〔59〕,"风俗自淳而趋于薄也,犹江河之走下,而不可返也"〔60〕。明代中后期的社会生活,一改明初"非世家不架高堂,衣饰器皿不敢奢侈"的"简质"风尚〔61〕,靡然向奢,甚至"以俭为鄙"。此风明末清初一度有所收敛,但不久又愈演愈烈,较之晚明有过之而无不及。

在明代中期开始的社会风尚变迁中,扮演先导人物的主要是商贾,其次才是缙绅士大夫〔62〕。明清时期,商人俨然成为引人注目的社会阶层,他们拥有巨资,"藏镪有至百万者"〔63〕,"非数十万不能称富"〔64〕。而在盐、典、木、米、布诸商业行当中,又以淮扬的盐商最为风光。明宋应星《野议·盐政论》记载:"万历时,资本在广陵者不啻三千万两,每年子息可生九百万两,只以百万输帑,而以三百万充无端妄费,公私俱足,波及僧、道、丐、佣、桥梁、梵宇,当余五百万,各商肥家润身,使之不尽,用之不竭。至今可想见其盛也。"巨额利润造就了名副其实的暴发户,他们通过挥金如土显示自己的阔绰和不同凡响,借助财富弥补社会地位和个人声望的不足,生活的奢侈铺张成为普遍的现象。"扬州盐务,竟尚奢丽,一婚嫁丧葬,堂室饮食,衣服舆马,动辄费数十万"〔65〕,以至雍正帝在上谕中斥责说:"奢靡之习莫甚于商人,内实空虚而外事奢侈。衣服屋宇,穷极华丽;饮食器皿,备求工巧;俳优伎乐,醉舞酣歌;宴会嬉游,殆无虚日。甚至悍仆豪奴,服食起居,同于仕宦,越礼犯分,罔知自检。"〔66〕清代前期,

图 10-4　苏州拙政园内景

为了迎接皇帝驾临,江南商人重资广延名士创稿,修治园林亭池。扬州城外名胜 26 处,共 39 个风景点,"率皆商人自修其业,供奉宸游之所"[67]（图 10-4）。据《扬州行宫名胜全图》统计,当时盐商富贾共建楼廊达 5154 间,亭台数则有 196 座,花费金钱无数[68]。苏州则早在明成化年间即已"亭馆布列,略无隙地",明清两朝城内园林最多时达 270 余处,有"城里半园亭"之说。明清商人根据地域分成徽商、晋商、江右商、闽商、粤商、吴越商、关陕商等不同的帮派,足迹遍及大江南北。其中以徽州和山西商人势力最著,俗称徽商和晋商。晋商虽不像徽商那么挥金如土,但节俭之风也为之一变。李梦阳描述道:"今商贾之家,策肥而乘坚,衣文绣绮縠,其屋庐器用,金银文画,其富与王侯埒也。"[69]晋商和徽商的共同特点是都具有浓厚的乡土情结,衣锦还乡、荣耀故里是人生价值的重要体现,其巨额利润的相当部分回馈到故乡,或购置田产、建造园林宅第,或兴办学校,修筑庙宇、祠堂、桥梁,或设置义田,敬宗睦族,收恤贫乏。徽州有句俗谚:宁发徽州,不发当地。通过现存徽州的建筑精美的明清宅第、宗祠,晋中规模盛大的晋商大院,我们仍可感受到商人当年的财大气粗和奢华。

商人事业的成功和豪侈的生活方式,引发了社会各阶层的心理躁动和追求物质利益的欲望。在江南等经济发达的地区,出现了全民经商的热潮。生活于明代后期的松江人何良俊称:"余谓正德以前,百姓十一在官,十九在田,盖因四民各有定业,百姓安于农亩,无有他志。……今去农而改业为工商者三倍于前矣。昔日原无游手之人,今去农而游手趁食者又十之二三矣。大抵以十分百姓言之,已六七分去农。"[70]经商的热潮导致城镇规模扩大,市面繁荣。明代中叶之后,江南数千户上万户的繁华市镇比比皆是。市镇人口的主体部分是商人(包括牙侩、客商与小商小贩)、手工业工匠及脚夫、游民。市镇交通方便,经济发达,信息灵通,也吸引着邻近地区的士大夫阶层向它聚集。杭州、苏州、扬州等繁华城市不仅是商业都会,而且成为远近闻名的旅游城市,游子过客无不盘桓流连。"居斯土者,大多安乐无事,不艰于生"[71],冶游风气日盛。扬州有首歌谣唱道:"扬州好,侨寓半官场,购买园亭宾亦主,经营盐、典仕而商,富贵不归乡。"[72]

城市生活依赖行业分工和商品交换,迥然有别于自给自足的乡间生活。达官商贾云集城市,促进了手工业和社会服务行业的繁荣。钱泳描写道光年间苏州是"商贾云集,宴会无时,戏馆、酒馆凡数十处,每日演剧,养活小民不下数万人"[73]。在商人的引领之下,城市成为社会时尚的策源地,并迅速刮起奢侈消费之风。时人如此记录万历之后日常生活的变化:"往时履袜之属出女红,今率买诸市肆矣;往时茶坊酒肆无多家,贩脂胃脯者恒虑不售,今则遍满街巷,且旦陈列,暮辄罄尽矣;往时非贵显不乘轩,今则肩舆塞路矣。"[74]奢侈风气涵盖了社会生活各个层面。以服饰为例,质料由布素而追求锦绣绫罗,颜色由黯淡趋于鲜艳明丽,式样由划一单调而追求奇异翻新,一向为人君至尊的团龙、立龙,竟也成了普通百姓衣服上的花纹。有些自认"最贫,最尚俭朴"的儒生也在"习俗移人"的冲击下,"强服色衣"[75],卷入"靡然向奢"的大潮。在饮食方面,讲究新鲜精致,追求花色名品。"富室召客,颇以饮馔相高,水陆之珍常至方丈,至于中人亦慕效之,一会之费,常耗数月之食"[76]。《清嘉录》记载苏州"居人有宴会,皆入戏园,为待客之便,击牲烹鲜,宾朋满座"[77]。居住方

图 10-5　扬州瘦西湖

面的奢侈表现为崇栋宇、治园林。范濂称松江"士宦富民竞为兴作,朱门华屋,峻宇雕墙,下逮桥梁、禅观、牌坊,悉甲他郡"[78]。杭州地方,居人"踵事奢华,增构室宇园亭,穷极壮丽"[79]。在苏州、扬州的带动之下,园林之好几乎风靡江南所有市镇。明人何良俊评价三吴城市建园风气说:"凡家累千金,垣屋稍治,必欲营治一园。若士大夫之家,其力稍赢,尤以此相胜。大略三吴城中,园苑棋置,侵市肆民居大半。然不过近聚土壤、远延木石,聊以矜眩于一时耳。"[80]城市的繁华促进了游乐风气的滋长,杭州的西湖、苏州的虎丘、南京的秦淮河和扬州瘦西湖(图 10-5),都成为远近闻名的市民活动中心和游玩胜地。《吴县志》谓"吴人好游,以有游地,有游具,有游伴也。游地,则山、水、园、亭,多于他郡。游具,则旨酒嘉肴,画舫箫鼓,咄嗟而办。游伴,则选伎声歌,尽态极妍"[81]。清乾隆时期,扬州瘦西湖上有名的画舫就达 250 余艘。即便是普通民众,游山进香也成为日常生活的一部分。人们出行的交通工具也发生了变化,何良俊说:"祖宗朝乡官虽见任回家,只是步行,宪庙(成化)时士夫始骑马,至弘治、正德间皆乘轿矣。"[82]到了晚明,"至优伶之贱,竟有乘轩赴演者"[83]。在饮食器具上,"设席用攒盒,始于隆庆,滥于万历。初止士宦用之,近年即仆夫、龟子皆用攒盒饮酒游山。郡城内外始有装攒盒店"[84]。由于达官贾客、帮闲篾片的聚集,城镇茶馆日益增多,而且兼具信息、娱乐、赌博等多项功能,成为城市生活的缩影。"俗遇不平事,则往茶肆争论曲直,以凭旁人听断,理屈者则令出茶钱以为罚,谓之吃讲茶。"[85]茶客来源复杂,难免鱼目混珠,"地棍游食之徒,一日率二时踞其中,故浮浪不根之说,及图财利、探事情,率由于此"[86]。

明清时期社会风俗的变迁,奢侈风气的盛行,具有普遍性。其表现首先是社会各阶层的广泛参与。"原其始,大约起于缙绅之家,而婢妾效之,寝假而及于亲戚,以逮邻里"[87],最后即便贩竖肩挑之辈,虽然"逐日营趁,生计艰难,而妻女亦皆绸缎金珠,不肯一着布素"[88]。其次表现为影响波及城市与乡村。嘉靖时人何良俊指出:"年来风俗之薄,大率起于苏州,波及松江。"[89]生长于桐乡县的李乐在《续见闻杂记》中说:"余生长青镇,独恨其俗尚奢,日用会社婚丧,皆以俭省为耻。贫人负担之徒自不必言,妻必好饰,夜必饮酒。"再次,奢侈风气由江南开源导流,通过频繁往返于各地的商人为媒介,迅速蔓延到全国。在北直隶宣化府隆庆州,"士民竞以华服相夸耀,乡间妇女亦好为华饰"[90]。四川嘉庆州洪雅县,"其服饰则日多朴素,近则妇女好为艳装,髻尚挺心,两袖广长,衫几曳地"[91]。山西虽处西北,"而奢靡风,乃比于东南"[92]。河南、山东,"婚丧嫁娶之间,衣食宴会之际,不知检束,任意靡费"[93]。明清的都城北京,因为南方举子和达官贾客的云集,更是盛行南风。清代不但皇帝屡下江南,满洲贵族也把江南作为常来常往的游览胜地,有些还到江南做官久住。曹雪芹的家族就因长期在江南居住,即便回到北京,生活习惯还留有江南的风俗好尚。南方的漕运粮船,不但把粮食运到北京,还带来了江南的大量货物。因而在社会上,人们饮爱南酒,食重南味,曲尚南曲,糖称南糖,衣着讲南式,园林效苏杭,书画文玩、娱乐戏剧、岁时节令、看花饮酒、品茗弈棋,无一不以江南为尚,江南风俗在北京成为最高贵、风雅的时尚[94]。

传统的中国社会主要还是通过功名、官位和文采获取声望和地位,即便在明清时期,如果仅凭财富的积累,还是很难获得相应的社会地位。囊丰箧盈的商人,往往反被视作暴发户,缺乏文化修养,为清高的文人士大夫所藐视。为了改变自己的身份地位,明清富商巨贾通过将财富转化为科举及第,以及仕宦上的成功,既可以获得社会声望,还可以自立为官商,保护其利益。徽州地区本来就有"亦儒亦贾"的传统,"虽为贾者,咸近士风"[95]。商人汪道昆如此阐述儒贾关系:"人毕事儒不效,则弛儒而张贾;即则身飨其利矣,及为子孙计,宁弛贾而张儒。一弛一张,迭相为用,不万钟则千驷,犹之转毂相巡,岂其单厚然乎哉? 择术审矣!"[96]因此"歙之业鹾于淮南、北者,多缙绅巨族,其以急公议叙入仕者固多,而读书登第,入词垣,跻朊仕者,更未易仆数。且名贤才士往往出于其间,则固商而兼士矣"[97]。许多商人家族,文人辈出,世代簪缨。据何炳棣《明清社会史论》的统计,1371—1643 年间,两淮盐商中出的进士多达 106名;及至清代,1647—1804 年间产生的进士数为 139 名。明清时期的江南地区,即便是中小型市镇,也可谓文风昌盛,科第兴旺。如浙江湖州南浔镇,不但丝业闻名天下,而且科第极盛,明嘉靖、万历年间就出了 7 名进士,有"九里三阁老,十里两尚书"的民谚[98]。入清以后,共有进士及第者 16 人,乡试中举者50 人[99],保持着"书声与机杼声往往夜分相续"的传统[100]。此外,诸如棉布业市镇南翔、蚕丝业市镇菱湖,苏州附近的唯亭、用直,常熟东南的唐市等等市镇,无不是人文蔚起,文人学士丛集,江南成为名副其实的全国文化中心。

　　江南富商巨贾为了跻身地方名流之列,大都风雅好客,借结交名士显宦以自重。他们基于个人兴趣、品行、爱好的不同,拿出部分消费资金,构筑园亭馆舍,延致名士,结社吟诗,主持诗文之会,刊刻贮藏图书,修建书院、学校,扶助贫穷文士,收买书画作品,营造出高雅的文化氛围。盐商马曰琯出身祁门县诸生,在扬州筑有小玲珑山馆,喜结交文人雅士。四方游士过访,"适馆授餐,终身无倦色"[101]。杭州人厉鹗,至扬州为马氏食客,利用其丰富的藏书,广事著述,蔚成大家。厉氏年届六十尚无子嗣,马氏为之割宅蓄婢。同时寓于小玲珑山馆的全祖望,偶染恶疾,马曰琯出千金招聘医师,加以治疗。马曰琯还曾经为著名学者朱彝尊刊刻《经义考》,花费千金装潢蒋衡所写的《十三经》,又刻《说文解字》《玉篇》《广韵》《字鉴》等工具书,时人称为"马板"。袁枚有《扬州游马氏玲珑山馆感吊秋玉主人》赞叹说:"横陈图史常千架,供养文人过一生。"[102]盐商汪棣出身仪征廪生,工诗文,与两淮盐运使卢见曾为友,"多蓄异书,性好宾客,樽酒不空",当时的著名学者戴震、惠栋、钱大昕和王鸣盛等人,都与之过从甚密。在富商巨贾的崇尚之下,乾隆年间,淮扬文风达至极盛。"邗上

图 10-6　清人绘《巨富盐商聚会图》

时花二月中,商翁大半学诗翁"[103],商人与文人交相唱和,游宴觞饮(图 10-6)。一时,"文人寄迹,半于海内",天下文人稍能言诗,辄思游食维扬,以至有"扬州遍地是诗人"的说法。清代经学的扬州学派就是诞生在这样的文化氛围,梁启超《清代学术概论》甚至指出,以徽商为主体的两淮盐商对于乾嘉时期清学全盛的贡献,与南欧巨室豪贾之于欧洲文艺复兴,可以相提并论。不可否认,富商巨贾的吟风弄月,很大程度上是附庸风雅。但是确实有一批商人的文化造诣,丝毫不逊于文人学士。苏扬商人对于园林艺术和戏曲艺术的追求,已经极富文化意蕴。盐商马曰琯好古博学,考校文艺,评骘史传,旁逮金石文字。他和其弟曰璐还雅好藏书,且多善本佳椠。乾隆三十七年开四库馆,马氏后人进呈藏书 776 种,位居当时江、浙四大藏书家之首。乾嘉时期,收藏书画、古董的风气颇盛,商人中出现了不少收藏、赏鉴的专家。如江恂收藏的金石书画,就在东南地区首屈一指。乾嘉学派的主将、著名盐商江春的甥孙阮元,撰录金石学巨著《积古斋钟鼎彝文款式》时,就得益于许多商人的藏品。

在商业繁荣的社会背景之下,以戏曲为代表的通俗文化也得到高度发展。明成化年间,"素号繁华"的苏州已有"丝竹讴歌,与市声相杂"的风气。明中叶以后,士绅商贾蓄养戏班的风尚,由兴起而至极盛。张岱家先后蓄养的声伎

图 10-7　清陈枚等绘《清明上河图卷·观戏场景》，台湾故宫博物院藏

就有可餐班、武陵班、梯仙班、吴郡班、苏小小班、平子茂苑班等名色[104]。李渔培训姬妾充当优伶，并曾带着她们"游燕适楚，之秦、之晋、之闽，泛江之左右，浙之东西"，四方演出。或应人邀召，出演堂会；或在朋友举行酬应宴席时携班前往，人谓之"打抽风"[105]。清代前期，为了供邀宸赏，应付官府酬宴，淮扬盐商不但巨资征聘名优、名角充实戏班，还聘请精于词曲的蒋士铨、金兆燕等名家，长期供养，为之制曲、作剧（图 10-7）。盐商中甚至涌现了不少精通工尺四声之学的戏曲高手。籍贯徽州的程蓥，经商于扬，"嗜音律，顾曲之精，为吴中老乐工所不及，凡经指授者，皆出擅重名，遂为法部之冠"[106]。由于盐商的组织培育，"苏班名戏淮扬聚"，"老昆小旦尽东吴"，苏州、扬州一时成为全国的戏曲中心。1790 年，乾隆皇帝八十寿辰，扬州盐商江鹤亭组织三庆戏班晋京献演，此后四喜班、春台班、和春班又陆续到京，"四大徽班"进京孕育了中国的国

剧——京剧。山西商人同样有戏曲之好。晋中有句民谣,"祁太溜子,蒲州戏子",溜子即是钱铺、票号的代称。晋商爱好戏曲,与"演戏酬神"的商业习俗有关,"演戏酬神"是晋人纪念、供奉关公的重要形式。晋商出资自筹戏班,弘扬地方梆子戏,除了自身嗜好外,还作为交结权臣、拉拢生意的公关手段。梆子戏随着晋商的足迹传及全国,光绪年间甚至在京城盛极一时,并进入清宫。

在士绅商贾的崇尚之下,戏曲成为明清时期全社会的普遍爱好。上至宫廷,下至市井,包括穷乡僻壤,都以戏曲为主要娱乐形式。民俗节日,民众游乐,士绅宴集,甚至社会交际,都离不开戏曲。戏曲对社会生活、思想、风俗产生了深刻影响。明人祁彪佳在日记中记当地百姓看戏,常用"观者如狂"加以形容。清初刘继庄感慨地说:"优人如鬼,村歌如哭,衣服如乞儿之破絮,科诨如泼妇之骂街,犹有人焉,冲寒久立以观之,则声色之移人,固有不关美好者矣。"[107]江南都会苏州,专门的戏馆、戏院不下数十所,仅阊门一带就有十多家。戏曲之外,还有"杂耍诸戏,来自四方,各献所长,以娱游客之目"[108]。乾隆时期江南地区流行的《苏州竹枝词》中有首《艳苏州》,词云:"剪彩镂丝制饰云,风流男子着红裙。家歌户唱寻常事,三岁孩童识戏文。"清代的北京,因为会聚诸多地方剧种,成为戏曲艺术交流的渊薮,观戏听曲蔚然成时尚。"宗室八旗,无贵贱贫富上下,咸以工唱为能事。"[109]大户人家,经常邀请戏班,搭台唱戏。寻常百姓则在茶馆、戏院和游乐场所观看演出。虽然品味有雅俗之分,但都成为日常生活的重要内容。

第三节　文人士大夫的清雅生活

遂情达欲的人生理念　张扬个性的生活方式　清雅的生活情趣　文人雅集

明代中后期,在工商业经济和城市文化发展的背景之下,程朱理学存天理、灭人欲的道德信条愈显苍白无力,社会道德价值体系面临深刻的危机。有悖于正统道学的理欲观念,成为明清文人士大夫张扬个性、满足精神和物质欲望的生活方式的思想基础,但肯定情欲、利欲的自然人性论,在客观上也助长了追求声色犬马的享乐之风。早在弘治、正德年间,吴中地区就出现了祝允明、唐寅为首的一批"狂简"之士,"并以任诞为世指目"[110]。祝允明"玩世自放,惮近礼法之儒"[111],他的《祝子罪知》一书,推翻传统定论,重新评价历史人物和文学史,极富异端色彩。唐寅放荡不羁,自号"江南第一风流才子",他有首《桃花庵歌》,略云:"桃花坞里桃花庵,桃花庵里桃花仙……酒醒只在花前坐,酒醉还在花下眠……但愿老死花酒间,不愿鞠躬车马前。"表露出"淡泊自甘,狷介自处"的独行趣味。因为放诞自负,不拘礼教规范,祝允明、唐寅一般狂士在民间留下了不少逸事。明代后期,政治黑暗,官场失意的文人士大夫,钟情于闲居避世,追求优雅闲适的生活。嘉兴人李日华,性情"和易安雅,恬于仕进",居家二十余年,以诗文、书画、鉴赏古董为乐,"一时士大夫风流儒雅、好古博物者",集于门下[112]。秀水人冯梦祯,遭劾免官后,在西湖边"筑室"闲居,学道人装束,与弟子"钳锤评唱",有"禅灯丈室,清歌洞房"之胜,"四方学者日进","海内望之以为仙真洞府"[113]。明代最著名的山人陈继儒,自称"清懒居士",29岁就焚弃儒冠,隐居昆山。他的理论是做官"劳劳扰扰",心为形役,不能真正享受生活的无穷韵味。而山居胜于城市,因为可以"不责苛礼,不见生客,不混酒肉,不竞田宅,不问炎凉,不闹曲直,不征文逋,不谈仕籍"[114]。晚明山人与传统的隐士有很大的区别,在追求奢侈享乐的社会风气影响之下,安贫乐道、重义轻利的传统观念已经非常淡薄。有隐士之名,却无清贫寂寞之苦;有达官之荣华,却无案牍之劳形,才是晚明山人理想的隐逸生活。因此不但要有闲情逸致和审美天性,还得有经济上的保障,诗文书画的特长成为许多山人谋生的重要手段。陈继儒还独辟蹊径,借助自己的名气谋取利益。他曾广延吴越"穷儒老宿隐约饥寒者","寻章摘句,族分部居,刺取其琐言僻事,荟蕞成书",然后以"眉公之名","流传远迩"[115]。虽然陈继儒的作为颇遭后人讥刺[116],但如果放在晚明商业社会的背景之下,恰恰体现了他世事通明、人情练达的人生哲学。明清之交,政局混乱,隐逸避世,甚至遁入空门,成为文人士大夫躲避社会动荡的方式,但是面临民族危亡,王朝更替,闲适的生活旨趣为家国沦丧之痛所取代。乌程人董说,清初出家为僧,作诗甚多,"耽情于方外,合社于渔樵,游梦于山经,孤癖于香法"[117],实际始终未能排遣世俗。明宗室朱耷,明亡后出家,自号八大山人,"竖佛称宗师",有临川令胡某"延至官舍",一年多后,忽发狂,哭笑无常,"裂浮屠服焚之","倡佯市肆间"[118],流露出深深的家国之痛。黄宗羲、顾炎武、王夫之等一批杰出的学者、思想家,入清后拒不出仕,或授徒讲学,或隐居著述,其价值取向和生活方式体现出更加积极的时代意义。

清代经过近百年的发展,到乾隆年间社会经济进入鼎盛时期。丰盈的社会财力支持,崇尚奢靡的社会氛围,成为文人士大夫滋生遂情达欲观念的温床,但是对物质享受的过度追求,也导致他们个人生活中出现了明显的纵欲倾向。钱泳对十八九世纪之交东南士人的奢靡生活作了如下描述:

> 时际升平,四方安乐,故士大夫俱尚豪华,而尤喜狭邪之游。在江宁则秦淮河上,在苏州则虎丘山塘,在扬州则天宁门外之平山堂,画船箫鼓,殆无虚日。妓之工于一艺者,如琵琶、鼓板、昆曲、小调,莫不童而习之,间亦有能诗画者,能琴棋者亦不一其人。流连竟日,传播一时,才子佳人,芳声共著。然而以此丧身破家者有之,以此败名误事者有之,而人不知醒,譬诸饮酒,常在醉乡,是诚何心哉![119]

在纵情享乐者中,东南士林领袖袁枚最具代表性。袁枚不但在理论上鼓吹性情说,宣扬人性自由,而且自己的生活也不受存理竭欲的约束。他纵竭口腹之欲,在修建随园时,极尽奢靡之能事,"崇饰池馆,高高下下,绚烂岩谷。蓄珍禽奇兽,张灯耸动游人"[120]。袁枚在乾嘉士林中,还有"风流放诞"之名,所谓"人不风流空富贵,两行红烛状元家"。他不畏世俗偏见,公开招收大量女弟子学诗,在当时可谓惊世骇俗。《随园轶事》作者蒋敦复称"先生(袁枚)爱花,一生不倦","至年近古稀,犹日以寻春为事",其姬妾中仅"斑斑可考"者,就达十人之多。袁枚的好友赵翼曾戏作"控词",嘲讽其人品和生活方式,结语是"虽曰风流班首,实乃名教罪人"[121]。袁枚之外,官至总督,"负海内重望,文章政绩自具国史"的毕沅,也是颇竭声色之欲。他不顾朝廷不许外官养戏之禁令,"家蓄梨园一部,公余之暇便令演唱"。钱泳质问其是否过奢,毕沅却辩解说:"吾尝题文文山遗像,有云:'自有文章留正气,何曾声妓累忠忱。'所谓大德不逾闲,小德出入可也。"〔122〕名人追逐风流,普通缙绅士人纷纷效尤,俨然成为风气,但遂情达欲原本具有的叛逆意义,演变为庸俗的享乐主义。《清史列传》云:"(袁枚)名胜而胆放,才多而手滑。后进之士,未学其才能,先学其放荡,不无流弊焉。"〔123〕

由于具有很高的文化修养,同时还有充裕的时间和优渥的物质条件,因此明清文人士大夫可以用艺术审美的眼光细腻地感受日常生活,体验花草树木琴棋书画中的诗意与禅悦。陈继儒《太平清话》罗列出焚香、试茶、洗砚、鼓琴、校书、候月、听雨、浇花、高卧、勘方、经行、负暄、钓鱼、对画、漱泉、支杖、礼佛、尝酒、晏坐、翻经、看山、临帖、刻竹、喂鹤诸种闲情雅趣,认为不但可以令人身心愉悦,还可以获得独特的审美体验,所谓"香令人幽,酒令人远,石令人隽,琴令人寂,茶令人爽,竹令人冷,月令人孤,棋令人闲,杖令人轻,水令人空,雪令人旷,剑令人悲,蒲团令人枯,美人令人怜,僧令人淡,花令人韵,金石彝鼎令人古"。陈继儒描绘的是山人的理想生活,因而有些不食人间烟火的味道,但是在文人士大夫的世俗生活中,同样存在着追求清雅的审美倾向。冒襄、董小宛是明末清初引导风流的才子佳人,《影梅庵忆语》记录了他们的许多清雅轶事。冒襄用"薄如蝉纱,洁比雪艳"的西洋布为董小宛制作"轻衫",围观如堵,惊艳一时。董小宛还是烹饪好手,她平时留心各地菜谱,又能细心钻研,"一种偶异,即加访求,而又以慧巧变化为之,莫不异妙"。她做的甜食小吃,不仅美味可口,而且充满了诗情画意。《陶庵梦忆》是张岱对昔日生活琐事的一些回忆,其间不乏闲情雅趣。如他招募安徽歙县茶工,按照著名的"松罗茶"制法,加工浙地"日铸茶",然后"杂入茉莉,再三较量,用敞口瓷瓯淡放之。候其冷,以旋滚汤冲泻之,色如竹箨方解,绿粉初匀,又如山窗初曙,透纸黎光。取清妃白倾向素瓷,真如百茎素兰同雪涛并泻也"。张岱把这一色、香、味俱佳的茶叶新品称为"兰雪",浙人为之所吸引,尽弃"松罗"而崇尚"兰雪"。为了迎合文人士大夫的好尚,江南都市还出现了许多讲究沏茶之道的茶馆。张岱在记其友人所开的茶馆时说:"崇祯癸酉,有好事者开茶馆,泉实玉带,茶实兰雪,汤以旋煮无老汤,器以时涤无秽器,其火候、汤候,亦时有天合之者,余喜之,名其馆曰'露兄',取米颠'茶甘露有兄'句也。"在这些讲究的茶馆里,文人士大夫"一壶挥麈,用畅清谈。半榻焚香,共期白醉",充满清雅之气(图10-8)。茶与酒都

图 10-8　明唐寅《事茗图卷》局部

是文人士大夫的喜好之物,但与饮茶的清雅相比,饮酒就颇有些放纵的味道。清人张潮说:"脱略形骸,高谈雄辩,箕踞袒跣,嬉笑怒骂者,酒人也;峨冠博带,口说手写,违心屈志,救过不暇者,官人也。斯二者,其道相反,故居官者必不可以嗜酒,嗜酒者必不可以为官。"[124]可见是酒给了文人放荡不羁的理由。明清文人士大夫中,不乏放浪形骸的豪饮狂醉者。清顺治十七年(1660),朱彝尊与屈大均在杭州酒楼"拍浮屡日,大醉题壁云:'毋轻视此楼,秀水朱十,南海屈五,曾留此信宿,后有登者,作仙人黄鹤楼观可也'"[125]。风雅之中流露出内心的自负。乾隆时代,有士人甚至以豪饮为荣。洪亮吉立身正直,但常常纵酒自娱,"性狂妄,嗜酒纵饮",自伊犁放还,"亦纵酒自娱,不数载,卒于家"[126]。纪昀虽才绝一时,但因不善饮酒而为人所讥笑[127]。当然更多文人士大夫只是把酒作为清谈的媒介,周亮工"性嗜饮,喜客,客日满座,坐必设酒,谈谐辨难,上下今古, 旁及山川草木, 方名小物, 娓娓不倦。觞政拇阵, 叠出新意, 务极客欢而去"〔128〕, 就是比较讲究学问和乐趣的饮酒形式。由于酒具有麻醉神经的特性, 怀才不遇的文人士大夫沉湎其中, 用杯中之物浇胸中块垒, 也是比较普遍的社会现象。不过纵酒寻欢作乐者, 就是等而下之了。

明清文人中最为讲究饮食起居的还要数袁枚。袁枚于江宁小仓山下, 修治随园, "拥书万卷, 种竹浇花, 享清福者四十余年"〔129〕, 吟诗会友, 引导风流, 成为东南上层名流之领袖。袁枚因为长袖善舞, 广交江南江北官僚、富商, 得以遍尝美味, 具有丰富的饮食阅历和体验。他的《随园食单》就是在平章百味的基础上撰成, 其序言说:"余雅慕此旨, 每食于某氏而饱, 必使家厨往彼灶觚, 执弟子之礼。四十年来, 颇集众美。"可见有别于抄撮旧籍、道听途说的平常食谱。全书分12类记述了326种菜肴饭点及其烹饪方法, 并总结出二十"须知"和十四"戒"的饮食理论。袁枚的饮食理论与其论诗重性灵异曲同工, 所谓"味欲其鲜, 趣欲其真"。他强调菜的本味和特色, 认为"凡物各有先天, 如人各有资禀", "物性不良, 虽易牙烹之, 亦无味也"。"善治菜者, 须多设锅、灶、盂、钵之类, 使一物各献一性, 一碗各成一味。嗜者舌本应接不暇, 自觉心花顿开"〔130〕。袁枚对茶酒也颇有心得,《随园食单》认为"天下之茶, 以武夷山顶所生冲开白色者为第一", "其次莫如龙井。清明前者号莲心, 太觉味淡, 以多用为妙。雨前最好, 一旗一枪, 绿如碧玉"。龙井之外, 袁枚以为可饮者, 如阳羡茶"深碧色, 形如雀舌, 又如巨米, 味较龙井略浓"; 洞庭君山茶"色味与龙井相同, 叶微宽而绿过之"; "此外如六安、银针、毛尖、梅片、安化, 概行黜落"〔131〕。

明清文人士大夫对居处的审美要求, 也达到了自觉的艺术境地。明人文震亨《长物志》有"室庐"一章, 认为士大夫"居山水间者为上, 村居次之, 郊居又次之", "混迹廛市, 要须门庭雅洁, 室庐清靓", "又当种佳木怪箨, 陈金石图书, 令居之者忘老, 寓之者忘归, 游之者忘倦。蕴隆则飒然而寒, 凛冽则煦然而燠"。在环境的清雅之外, 文人士大夫还要讲究居室的布置、装潢, 器玩的陈列、摆设, 审美取向是宁古无时, 宁朴无巧, 宁俭无俗, 反对单调呆板和华艳浓郁, 提倡新奇和变化(图10-9)。李渔自称生平有两绝技, 一是辨审音乐, 一是置造园亭。"创造园亭, 因地制宜, 不拘成见, 一榱一桷, 必令出自己裁", 他的观念是"居室之制贵精不贵丽, 贵新奇大雅, 不贵纤巧烂漫"〔132〕。张岱有书斋

图 10-9　明文徵明《真赏斋图卷》

名"不二斋",颇能反映文人士大夫的高雅情趣:

> 　　不二斋,高梧三丈,翠樾千重,墙西稍空,腊梅补之,但有绿天,暑气不
> 到。后窗墙高于槛,方竹数竿,潇潇洒洒,郑子昭"满耳秋声"横披一幅。
> 天光下射,望空视之,晶沁如玻璃、云母,坐着恒在清凉世界。图书四壁,
> 充栋连床,鼎彝尊罍,不移而具。余于左设石床竹几,帷之纱幕,以障蚊
> 虻,绿暗侵纱,照面成碧。夏日,建兰、茉莉芗泽浸人,沁入衣裾。重阳前
> 后,移菊北窗下。菊盆五层,高下列之,颜色空明,天光晶映,如沈秋水。
> 冬则梧叶落,腊梅开,暖日晒窗,红炉氍毹。以昆山石种水仙列阶趾。春
> 时,四壁下皆山兰,槛前芍药半亩,多有异本。余解衣盘礴,寒暑未尝轻
> 出,思之如在隔世。[133]

　　明清私家有修筑园林之风,文人士大夫积极参与其中,但是相对于达官富
贾园林规模的宏构巨制,艺术风格的繁缛富丽、刻意雕琢;文人营造的园林规

模多小巧玲珑,于方寸处展现大自然,艺术风格则或清新雅致,或简率野逸。清代乾嘉时文人钱泳,一生游览过各地许多名园,他认为"园亭不在宽广,不在华丽,总视主人以传","造园如作诗文,必使曲折有法,前后呼应,最忌堆砌,最忌错杂,方称佳构。园既成矣,而又要主人之相配,位置之得宜,不可使庸夫俗子驻足其中,方称名园"[134]。明末清初著名画家石涛,将画法画理融会于造园的技艺之中,其精妙的手法,为清代中期的园林所崇尚。相传为石涛手笔的扬州片石山房,就是 17 世纪后期江南小型园林的代表之作[135]。晚明文人李流芳,因为公车不第,遂绝意进取,读书养母。在所居嘉定县南翔里营造"檀园",一树一石都是亲自布置。"水木清华,市嚣不至","琴书萧闲,香茗郁烈",令人恍如置身图画之中[136]。文人园林追求的就是这种与繁华闹市隔绝的世外桃源境界。

明清文人士大夫的闲情雅趣,表现在许多方面,传统的诗词歌赋、琴棋书画之外,收藏鉴赏古董,也成为圈内通行的雅好。清朝虽有不尚玩好的所谓家法,但康熙、乾隆皇帝南巡,屡屡接受商民、官绅馈赠的古董,不但带动了收藏鉴赏古董的风气,还刺激了东南古董市场的繁荣。王渔洋说:"近日缙绅先生又有三好,曰:穷烹饪,狎优伶,谈古董。三者精,可以抵掌公卿矣。"[137]晚清同光年间,京城士大夫中流行金石之学。世宦子弟潘祖荫、翁同龢首倡此道,端方等朝廷要员纷然附庸,金石与诗文并列为社交场合的风雅主题。在此风影响之下,高官兼名士成为做官追求的境界,金石学成为士子博得名士头衔的敲门砖。王懿荣、吴大澂就是凭借金石学识而名动一时。同治九年,27 岁的缪荃孙进京会试,尚未入闱,就在"友朋之乐"中跟上时髦,开始摆弄金石[138]。三代钟鼎、秦汉砖瓦、魏晋碑帖以及宋版图书,成为士大夫广肆搜罗的对象,京城琉璃厂也因此得以兴盛,"清自咸丰庚申以后,人家旧书,多散出市上,人无买者,故值极贱,宋椠亦多。同治初元以后乃渐贵,然收者终少。至光绪初,承平已久,士大夫以风雅相尚,书乃大贵"[139]。光绪初年,朝中大臣早朝后逛厂甸甚至成为习惯,书铺门前往往"绿"鸦鸦的一片轿队。书铺的服务也颇为周到,"棐几湘帘,炉香茗碗,倦时可在暖炕床上小憩,吸烟谈心,恣无拘束。书店伙计和颜悦色,奉承恐后,决无慢客举动。买书固所欢迎,不买亦可;给现钱亦可,记账亦可"[140]。瞿蜕园描述的已是民国年间琉璃厂书市的图景,同光年间应该相去不远。

明清时期,物力丰裕,人文鼎盛,文人士大夫诗酒文会的雅集颇为流行。其中,明万历以降直至清初,由于政治权威的失落,民间社团活动空前发展,"文有文社,诗有诗社,普遍了江、浙、福建、广东、江西、山东、河北各省,风行了百数十年,大江南北,结社的风气,犹如春潮怒上,应运勃兴。那时候不但读书人们要立社,就是士女们也要结起诗酒文社,提倡风雅,从事吟咏,而那些考六等的秀才,也要夤缘加入社盟了"[141]。江南地区此风尤为繁盛,在清康熙二十五年(1686)朝廷明令查革社团以前,文人士大夫几乎都与社团保持着某种联系,社团生活成为他们重要的生活内容。在社团活动中,文人士大夫一方面"品校执政,裁量公卿",鼓动清议,有转变成为政治党派的倾向;另一方面又出没于风景名胜,风月场所,谈笑歌舞,流连诗酒,标榜清雅。复社在社团中规模最大,而且最富政治色彩,但集会时同样是画舫笙歌,酒食争逐。复社的支派国门广业社,在秦淮河上聚集复社同人近二千人,载酒征歌,赋诗演戏。侯朝宗、冒襄、黄宗羲等社内核心人物,"无日不连舆接席,酒酣耳热,多咀嚼大铖,以为笑乐"[142]。几社初创时只有六人,因此集会活动极为频繁,据杜登春《社事始末》:"几社六子,自三六九会艺,诗酒唱酬之外,一切境外交游,澹若忘者。"明亡之后,惊隐诗社继复社而起,以诗文会聚,在明遗民中颇有号召力。诗社每年正式集会两次,"岁于五月五日祀三闾大夫,九月九日祀陶徵士,同社麇至,咸纪以诗"[143]。社团成员雅集赋诗作文之后,一般都会把作品收集并选编刻印,称为"社稿"。复社的《国表集》,国门广业社的《国门广业集》,几社的《几社壬申文选》和《几社会议集》,都是这样的作品集。

清康熙之后,文人社团被取缔,但文人士大夫的诗酒文会并未消歇,由于有商贾的热衷和官员的积极参与,甚至更趋繁盛。扬州作为两淮盐业中心,经济发达,城市繁荣,达官富贾又喜欢招揽名士以自重,致使"文人寄迹,半于海内",雅集宴游蔚然成风。王士禛在扬州做过几年推官,《扬州画舫录》称其"日了公事,夜接词人",他组织的"虹桥修禊"雅集名闻遐迩,为清代文人所津津乐道。两淮盐运使卢见曾"筑苏亭于使署,日与诗人相酬咏,一时文宴盛于江南"[144]。乾隆二十二年,卢见曾组织的"虹桥修禊",前后达七千余人,和诗汇编成册,就有三百余卷。盐商为主的商贾也颇热衷于诗文之会。歙县盐商世家出身的郑元勋,晚明在扬州营造园林,因有山影、水影和柳影之胜,董其昌命名为"影园"。郑氏在园中延请名士,赋诗饮酒,且把唱和投赠之作结集为《瑶华集》。崇祯庚辰(1640年)夏,影园中黄牡丹盛开,郑氏"大宴词人赋诗,且征诗江、楚间,奉虞山钱宗伯(谦益)主坛坫,论定甲乙,以粤东黎美周十诗为冠,镂金罍遣僆致之,曰:贺黄牡丹状元。一时传为盛事"[145]。盐商马曰琯、马曰璐兄弟在扬州结邗江吟社,赋诗交友,人们比之为"汉上题襟""玉山雅集",一时称盛。兄弟二人与文士们的游宴唱和之作,结集为《邗江雅集》。此类诗文之会,其形式据《扬州画舫录》记载:"至会期,于园中各设一案,上置笔二、墨一、端砚一、水注一、笺纸四、诗韵一、茶壶一、碗一、果盒茶食盒各一。诗成即发刻,三日内尚可改易重刻,出日遍送城中矣。"[146]有如此风雅的氛围,难怪天下文人稍能言诗,辄思游食维扬,以至有"扬州遍地是诗人"的说法。

北京作为明清两代的首都,三年一度的科举会试,聚集了全国各地的优秀人才,而中央衙门的各级官吏也大多都是科举出身,因此北京可以说是文人士大夫最为集中的地方。明代嘉靖年间,北京已出现了为举子和官僚服务的各地会馆,供文人士大夫居住、聚会。清代北京实行满、汉分城居住的政策,宣武门外逐渐成为汉族文人士大夫聚居的社区,进京参加科举考试的举子大多下榻于此。在数平方公里的范围内,分布着三百余座士人会馆,大量名士显宦的宅第和为文人士大夫服务的文化街区。特有的文化氛围,在文人士大夫中形成了强烈的认同感,以至诗文中常以"宣南"自署[147]。夏仁虎《旧京琐记》云:"旧日,汉官非大臣有赐第或值枢廷者皆居外城,多在宣武门外,土著富室则多在崇文门外,故有东富西贵之说。士人题咏率署'宣南',以此也。"[148]作为全国名士显宦的荟萃中心,宣南社区各类雅集活动极其频繁,以文会友,诗酒唱和,蔚然成风。顺治年间,有"南施北宋"之称的两位著名诗人施闰章和宋琬,同官刑部。他们"敝车羸马相过从,饮酒赋诗为乐",风雨不辍,"一时都下盛传"[149]。清初,文华殿大学士冯溥建有万柳堂,经常举行修禊唱和活动。康熙二十一年(1682),他即将告老还乡,率门下士二十二人在万柳堂举杯对诗,度过了旅居京师的最后一个修禊节。康熙年间,户科给事中赵吉士的寄园颇为著名,海内名士入京,都要会集此园。康熙三十六年(1697年)七月七日,赵吉士在寄园"大会名流一百六十七人,以诗牌集字,用堂额相赏,有松石闲意为

图 10-10 清咸丰戊午年摹本《乙丑同年雅集图》局部,故宫博物院藏

韵,分赋五言七章。主人延宾治酒之余,即席诗成"[150]。可谓盛况空前。至于平时,志趣相投的名士,宅舍相邻的文人,往往结为诗友,过从酬唱,几无虚日。嘉庆年间,有著名的宣南诗会,也叫宣南吟社,林则徐曾经是其成员。此外,会试之后,以及送往迎来之时,同年、同乡或座师与门生往往举行联谊活动,也要诗酒酬唱,地点一般选择在会馆或者名寺(图 10-10)[151]。清同光年间,清流党人崇尚金石之学,相应地引起了文人士大夫交往方式的改变,聚会多选择在陶然亭、龙树寺以及松筠庵等精雅之处。"都门为人物荟萃之地,官僚筵宴,无日无之。然酒肆如林,尘嚣殊甚,故士大夫中性耽风雅者,往往假精庐古刹,流连觞咏,畅叙终朝"[152]。此类雅集一般是高官出资,名士捧场,而内容除了传

统的诗酒唱和之外,还增加了"拓铭""读碑""品泉""论印""还砚""检书"等名目,显示出高雅的情趣。

注 释

〔1〕 宣统《岭南冼氏宗谱·宗庙谱》记载:"明大礼议成,世宗思以尊亲之义广天下,采夏言议,令天下大姓皆得联宗建庙祀其始祖。于是宗祠遍天下,其用意虽非出于至公,而所以收天下之族,使各有所统摄,而不至散漫,而借以济宗法之穷者,实隆古所未有。"

〔2〕 辅德:《覆奏查办江西祠堂疏》,《皇清奏议》卷五五,清光绪间石印本。

〔3〕 张应昌编《清诗铎》卷二三《省祠堂》,中华书局,1960 年。

〔4〕 陆燿:《祠堂示长子》,《清朝经世文编》卷六六,中华书局,1992 年。

〔5〕 据《棠樾鲍氏宣忠堂支谱》,转引自李文治、江太新《中国宗法宗族制和族田义庄》,社会科学文献出版社,2000 年,第 171—172 页。

〔6〕 如民国《浦城高路季氏宗谱》规定,"如或有将祭田私卖者,合族控官告祖,人则不许入祠,名则不列宗谱。"

〔7〕 咸丰《胶山安氏家乘赡族录》开列的赡族条件有:年力已衰,家无恒产,不能经营生理者;孀居无子,或子幼贫不能养者;年幼父母俱亡,无兄长抚育者;孤贫不能自婚者;丧贫不能殓葬者;卧病危迫,贫不能自医药者;子弟有读书向进而家贫者。见多贺秋五郎:《宗谱的研究——资料编》,第 506 页,东洋文库 1960 年刊。

〔8〕 明万历福建建阳《考亭朱氏文献全谱·谱例》说:"尊祖莫先重谱,重谱莫急表贤,然必居官有实迹,处世有实行,没乃传其事,以为世劝。女德有经旌表可徵志行者乃录。"浙江绍兴《中南王氏宗谱》于乾隆时所定《凡例》则规定:"宗谱为劝善惩恶之书,淑慝皆宜标出,或有显蹈法纪、渎乱家规、干名犯义、不孝不节、作奸犯盗,大则谱上除名,小则直书示警。"

〔9〕 光绪《毗陵城南张氏宗谱·家规》。

〔10〕 朱勇:《清代宗族法研究》,湖南教育出版社,1987 年。

〔11〕 民国《云阳涂氏族谱·家训》。

〔12〕 光绪《敕旌义门王氏族谱·宗约》。

〔13〕 《袁氏世范》卷上,《文渊阁四库全书》本。

〔14〕 《白沙陈氏支谱·家训》,见多贺秋五郎:《宗谱的研究——资料编》,第 656 页。

〔15〕 民国《即墨杨氏家乘·家法》。

〔16〕 咸丰《甬上卢氏敬睦堂谱稿·宗约》。

〔17〕 道光《稽氏宗谱·条规》，见多贺秋五郎《宗谱的研究——资料编》，第 682 页。

〔18〕 民国《缪氏宗谱·兰陵家训》，见多贺秋五郎《宗谱的研究——资料编》，第 606 页。

〔19〕 乾隆《大清会典》记录，乾隆十八年(1753)各行省总户数 3884 万，《清高宗实录》记载，该年人口 18367 万，平均每户 4.7 人。道光九年(1829)福建户数 3999143，口数 19081872，平均每户也是 4.7 人。另据方志所提供的江苏吴县、江阴，安徽芜湖、太湖，浙江新昌、诸暨，江西于都、萍乡，福建云霄等县不同时期户口数字，计算结果，有的县每户平均高达 18.9 人，少的才 1.4 人，总平均每户 7.4 人。(相关数据引自冯尔康《清代家庭结构及其人际关系》，见《清人社会生活漫步》，中国社会出版社，1999 年 1 月)而王跃生据清刑科题本涉及的人口资料统计，18 世纪，代表小家庭的核心家庭和直系家庭分别占 57.02% 和 30.47%，代表大家庭的复合家庭仅占 6.75%，家庭规模平均在 4.5 人上下的水平。参王跃生：《十八世纪中国婚姻家庭研究》，法律出版社，2000 年。

〔20〕 顾炎武：《分居》，《日知录》卷一三，岳麓书社：《日知录集释》，1994 年，第 504 页。

〔21〕 嘉庆《广东通志》卷九三。

〔22〕 张澍：《蜀典》卷六，清道光十四年张氏安怀堂刻本，《续修四库全书》，第 735 册。

〔23〕 李绂：《别籍异财议》，《清朝经世文编》卷五八。

〔24〕 福建有首民歌唱道："闽风生女半不举，长大期之作烈女。婿死无端女亦亡，鸩酒在尊绳在梁。女儿贪生奈何死，断肠幽怨填胸臆。族人欢笑女儿死，请旌借以传姓氏。三丈华表朝树门，夜闻新鬼求返魂。"俞正燮《贞女说》，《癸巳类稿》卷一三，辽宁教育出版社，2001 年。

〔25〕 可参考王跃生：《十八世纪中国婚姻家庭研究》的相关统计数据。

〔26〕 同治《上海县志》卷二四。

〔27〕 光绪《大清会典事例》卷七八三，《续修四库全书》，第 809 册。

〔28〕 俞正燮：《节妇说》，《癸巳类稿》卷一三。

〔29〕 钱泳：《杂记上·改嫁》，《履园丛话》卷二三，中华书局，1979 年，第 612 页。

〔30〕 陈宏谋：《风俗条约》，《清朝经世文编》卷六八。

〔31〕 汪琬：《汪氏族谱序》，《清朝经世文编》卷五八。

〔32〕 康熙山东《濮县志》卷二。

〔33〕 据冯尔康：《清人社会生活漫步》，中国社会出版社，1999 年，第 156 页。

〔34〕 陆游：《陆放翁家训》，《知不足斋丛书》本。

〔35〕 董含：《三吴风俗十六则》，《三冈识略》卷六，辽宁教育出版社，2000 年。

〔36〕 余英时:《中国近世宗教伦理与商人精神》,安徽教育出版社,2001 年,第 213 页。

〔37〕 王阳明:《王阳明全集》卷二五,上海古籍出版社,1992 年,第 940—941 页。

〔38〕 唐甄:《潜书》上篇下,中华书局,1963 年。

〔39〕 陈确:《学者以治生为本论》,《陈确集》,中华书局,1979 年,第 158 页。

〔40〕 钱大昕:《十驾斋养新录》卷一八《治生》,《钱大昕全集》第七册,江苏古籍出版社,1993 年,第 506 页。

〔41〕 《初刻拍案惊奇》卷三《刘东山夸技顺城门》,上海古典文学出版社,1957 年。

〔42〕 《喻世明言》卷一八《杨八老越国奇逢》,人民文学出版社,1958 年。

〔43〕 于慎行:《谷山笔麈》卷四,明万历于纬刻本,齐鲁书社《四库全书存目丛书》子部第 87 册。

〔44〕 全祖望:《亭林先生神道表》,《鲒埼亭集》卷一二,《四部丛刊》本。

〔45〕 吕留良:《复姜汝高书》,《吕晚村文集》卷二,清雍正三年天盖楼刻本,北京出版社《四库禁毁书丛刊》集部 148 册。

〔46〕 洪亮吉:《书杭检讨遗事》,《更生斋集》甲集卷四,《洪亮吉集》第三册,中华书局,2001 年。

〔47〕 昭梿:《王西庄之贪》,《啸亭杂录续录》卷三,中华书局,1980 年。

〔48〕 朱舜水:《答安东守约书》之四,《朱舜水集》卷七,中华书局,1981 年,第 175 页。

〔49〕 谢国桢:《明代社会经济史料选编》中册,福建人民出版社,1981 年,第 113 页。

〔50〕 《雍正朱批谕旨》“雍正二年五月九日条”,文源书局影印本。

〔51〕 光绪《苏州府志》卷三,台湾成文出版社《中国地方志丛书》。

〔52〕 光绪《苏州府志》卷六八。

〔53〕 光绪《苏州府志》卷三。

〔54〕 陆楫:《兼葭堂稿》卷六,明嘉靖四十五年陆郯刻本,上海古籍出版社《续修四库全书》集部第 1354 册。

〔55〕 顾公燮:《消夏闲记摘抄》卷上《苏俗奢靡》,商务印书馆《涵芬楼秘笈》第二集,民国六年。

〔56〕 《雍正朝朱批奏折·鄂尔泰奏折》雍正二年六月初八。

〔57〕 《清高宗实录》卷六五七,乾隆二十七年三月癸亥。

〔58〕 宋濂:《洪武圣政记》,台湾新文丰出版公司《丛书集成新编》第 119 册。

〔59〕 康熙《吴江县志》卷三八。

〔60〕 范濂:《云间据目抄》卷三,台湾新文丰出版公司《丛书集成三编》第 83 册。

〔61〕 康熙《吴江县志》卷三八。

〔62〕苏州长洲县令李光祚云:"一切唱楼酒馆与夫轻舟荡漾,游观宴饮之乐,皆行户商旅迭为宾主,而本地士民罕与焉。"(乾隆《长洲县志》卷一一《风俗》)乾隆《山阳县志》卷四则断言:"淮俗从来俭朴,近则奢侈之习,不在荐绅,而在商贾。"

〔63〕谢肇淛:《五杂组》卷四,明刻本,《四库禁毁书丛刊》子部第 37 册。

〔64〕王士性:《广志绎》卷三,清康熙十五年刻本。

〔65〕李斗:《扬州画舫录》卷六《城北录》,中华书局,1960 年,第 148 页。

〔66〕萧奭:《永宪录》卷二下,中华书局,1959 年,第 135 页。

〔67〕魏禧:《重建平山堂记》,《魏叔子文集》,中华书局,2003 年,第 755 页。

〔68〕转引自王振忠:《明清徽商与淮扬社会变迁》,三联书店,1996 年,第 86 页。

〔69〕李梦阳:《空同集》卷四〇,《文渊阁四库全书》本。

〔70〕何良俊:《四友斋丛说》卷一三,中华书局,1959 年,第 111—112 页。

〔71〕康熙《扬州府志》卷七《风俗》。

〔72〕惺庵居士:《望江南百调》,见民国刊本《扬州丛刻》,台湾成文出版社《中国地方志丛书》。

〔73〕钱泳:《旧闻·安顿穷人》,《履园丛话》卷一,第 26 页。

〔74〕《陈司业集·风俗论》,见光绪《重修常昭志稿》卷六《风俗志》。

〔75〕范濂:《云间据目抄》卷二。

〔76〕万历《嘉定县志》卷二《疆域考·风俗》,台湾成文出版社《中国地方志丛书》。

〔77〕顾禄:《清嘉录》卷七,上海古籍出版社,1986 年,第 122 页。

〔78〕范濂:《云间据目抄》卷五。

〔79〕张瀚:《松窗梦语》卷七《风俗纪》,台湾新文丰出版公司《丛书集成续编》第 213 册。

〔80〕何良俊:《西园雅会集序》,《何翰林集》卷一二,明嘉靖何氏香岩精舍刻本。

〔81〕顾禄:《清嘉录》卷三,第 58 页。

〔82〕何良俊:《四友斋丛说》卷三五。

〔83〕龚炜:《巢林笔谈》卷四,中华书局,1981 年,第 104 页。

〔84〕范濂:《云间据目抄》卷二。

〔85〕光绪《罗店镇志》卷一《风俗》。

〔86〕道光《璜泾志稿》卷一《流习》。

〔87〕叶梦珠:《阅世编》卷八《内装》,上海古籍出版社,1981 年,第 178 页。

〔88〕陈宏谋:《风俗条约》,光绪《苏州府志》卷三。

〔89〕《四友斋丛说》卷三五。

〔90〕嘉靖《隆庆志》卷七。

〔91〕　嘉靖《洪雅县志》卷一《风俗》。

〔92〕　张瀚:《松窗梦语》卷四。

〔93〕　《清高宗实录》卷七七,乾隆三年九月。

〔94〕　邓云乡:《红楼风俗谭》,中华书局,1987 年,第 463—464 页。

〔95〕　戴震:《戴节妇家传》,《戴震文集》卷一二,中华书局,1980 年,第 205 页。

〔96〕　汪道昆:《海阳处士金仲翁配戴氏合葬墓志铭》,《太函集》卷五二,明万历刻本,《四库存目丛书》集部 117 册。

〔97〕　许承尧:《歙风俗礼教考》,《歙事闲谭》卷一八,黄山书社,2001 年,第 603 页。

〔98〕　"三阁老"指万历年间担任内阁大学士的朱国祯、沈灌、温体仁,"两尚书"指嘉靖年间担任礼部尚书的董份和万历年间担任南京刑部尚书的沈演。

〔99〕　道光《南浔镇志》卷六《科第》。

〔100〕　咸丰《南浔镇志》卷六《古迹》。

〔101〕　李斗:《扬州画舫录》卷四《新城北录中》。

〔102〕　袁枚《小仓山房诗集》卷二七,《袁枚全集》第一册,江苏古籍出版社,1993 年,第 594 页。

〔103〕　林苏门:《维扬竹枝词》,收入《扬州风土词萃》,扬州大学图书馆藏本。

〔104〕　张岱:《陶庵梦忆》卷四《张氏声伎》,上海古籍出版社,1982 年,第 37 页。

〔105〕　李渔:《笠翁一家言文集》卷二,《李渔全集》第一卷,浙江古籍出版社,1992 年。

〔106〕　嘉庆《江都县续志》卷六。

〔107〕　刘继庄:《广阳杂记》卷二,中华书局,1957 年,第 108 页。

〔108〕　顾禄:《清嘉录》卷一,第 10 页。

〔109〕　魏元旷:《蕉盦随笔》,民国《魏氏全书》本。

〔110〕　《四库全书总目》卷一七一,《怀星堂集》条,中华书局,1965 年。

〔111〕　顾璘:《国宝新编·祝允明传》,台湾明文书局《明代传记丛刊》第 21 册。

〔112〕　钱谦益:《列朝诗集小传》丁集下《李少卿日华》,上海古籍出版社,1959 年,第 638 页。

〔113〕　钱谦益:《列朝诗集小传》丁集下《冯祭酒梦祯》,第 620 页。

〔114〕　陈继儒:《岩栖幽事》,明万历《宝颜堂秘笈》本,《四库全书存目丛书》子部第 118 册。

〔115〕　钱谦益:《列朝诗集小传》丁集下《陈徵士继儒》,第 637 页。

〔116〕　清人蒋士铨《临川梦》有陈继儒出场诗云:"装点山林大架子,附庸风雅小名家","翻然一只云间鹤,飞来飞去宰相衙"。上海古籍出版社,1989 年,第 19 页。

〔117〕 陈田:《明诗纪事》辛签卷二八,《董说》,上海古籍出版社,1993 年,第 3458 页。

〔118〕 陈田:《明诗纪事》辛签卷二七下,《朱耷》,第 3442 页。

〔119〕 钱泳:《臆论·醉乡》,《履园丛话》卷七,第 193 页。

〔120〕 孙星衍:《袁枚传》,《清碑传集》卷一〇七,上海古籍出版社,1987 年。

〔121〕 梁绍壬:《瓯北挖词》,《两般秋雨庵随笔》卷一,清道光十七年汪氏振绮堂刻本。

〔122〕 钱泳:《耆旧·秋帆尚书》,《履园丛话》卷六,第 150 页。

〔123〕 《清史列传》卷七二,中华书局,1987 年。

〔124〕 张潮:《懒园觞政小引》,转引自胡山源编《古今酒事》,上海书店影印本,第 113 页。

〔125〕 陈康祺:《朱屈酒楼题壁》,《郎潜纪闻》初笔卷九,中华书局,1984 年,第 195 页。

〔126〕 昭梿:《洪稚存》,《啸亭杂录》卷七,第 186 页。

〔127〕 陈康祺:《纪文达公逸事》,《郎潜纪闻》初笔卷八,第 179 页。

〔128〕 王晫:《今世说》卷六,清道光光绪间南海伍氏刻粤雅堂丛书本。

〔129〕 钱泳:《耆旧·随园先生》,《履园丛话》卷六,第 145 页。

〔130〕 袁枚:《随园食单·须知单》,江苏古籍出版社,2000 年。

〔131〕 袁枚:《随园食单·茶酒单》。

〔132〕 李渔:《闲情偶寄》,《李渔全集》第三卷,第 156—157 页。

〔133〕 张岱:《陶庵梦忆》卷二,第 16 页。

〔134〕 钱泳:《园林·造园》,《履园丛话》卷二〇,第 545 页。

〔135〕 参见陈从周:《扬州片石山房》,《文物》1962 年 2 期。

〔136〕 钱谦益:《列朝诗集小传》丁集下《李先辈流芳》,第 582 页。

〔137〕 阮葵生:《茶余客话》卷八,台湾新文丰出版公司《丛书集成新编》第 86 册。

〔138〕 缪荃孙:《艺风老人年谱》,第 9 页,民国二十五年刻本。

〔139〕 云间颠公:《纪京城书肆之沿革》,见孙殿起辑《琉璃厂小志》第 37 页,北京古籍出版社,1982 年。

〔140〕 瞿蜕园:《北游录话》,上引孙殿起书,第 14 页。

〔141〕 谢国桢:《明清之际党社运动考》,中华书局,1982 年,第 8 页。

〔142〕 黄宗羲:《陈定生先生墓志铭》,《南雷文约》卷一,清雍正刻本。

〔143〕 杨凤苞:《书南山草堂遗集后》,《秋室集》卷一,清光绪十一年陆心源刻本。

〔144〕 李斗:《扬州画舫录》卷一〇《虹桥录上》,第 228 页。

〔145〕 《甲申朝事小记》初编卷九《郑元勋始末》,书目文献出版社,1987 年,第 231 页;参见沈起凤《谐说》卷一《黄牡丹状元》,载《明史资料丛刊》第二辑,江苏人民出版社,1982 年,第 28 页。

〔146〕 李斗:《扬州画舫录》卷八《城西录》,第 180 页。

〔147〕 因地处宣武门南,又有宣南坊存在,因而有"宣南"之称。

〔148〕 夏仁虎:《旧京琐记》,北京古籍出版社,1986 年。

〔149〕 陈康祺:《郎潜纪闻初笔》卷八,第 170 页。

〔150〕 钱仲联主编:《清诗纪事》第三册,江苏古籍出版社,1987 年,第 1807 页。

〔151〕 参见吴建雍:《清前期京师宣南士乡》,《北京社会科学》1996 年 3 期。

〔152〕 朱彭寿:《安乐康平室随笔》,中华书局,1982 年,第 282 页。

第十一章　学校教育与社会教育

　　明清是中国传统教育发展最完备、最成熟的巅峰期。从制度的层面看,明清学校教育制度的奠定主要在明初,故而对这一时期教育发展的追溯是必不可少的。从教育理念和教育内容的层面看,随着明朝中叶后的时代巨变,教育也发生了重大震荡,新生的启蒙思想促使教育领域呈现出新的面貌。书院和自由讲学的兴盛,成为中华文明史的一大亮点。中华文明一贯以教育为人与社会的根本,就人而言,以《周易》"蒙以养正"观念为核心的蒙学教育对人性发展的初始阶段进行了系统地培育,中华文明的基本价值观被根植在智慧初开的儿童的心里。就社会而言,融合在社会生活中的教育发挥出前所未有的效力,妇女以及士、农、工、商各个阶层都有相应的社会教育机制,使之得到良好的教育。这些教育比正统的学校教育更灵活多样,且更多地体现出特殊的价值和时代精神。

第一节　完备的学校与书院之兴衰

　　学校制度的完备　国子监　地方儒学　社学与义学　阳明心学与书院讲学　四次禁毁书院　经史书院　满族学校　康熙与算学教育

　　明朝建立伊始,太祖皇帝就非常重视学校,把由国家掌管的学校教育在唐、宋、元各代的基础上进一步加以完善。明初所确立的学校教育制度一直为明清两代沿用,在整个中国古代教育中最为完备。值得注意的一个问题是,因为学校教育自身的变化因素及其与明代中叶后出现的新的社会现实和新的思想观念相互作用,其发展过程一波三折,受时代的影响很大。

洪武初年,太祖推行文教治国政策,"治国以教化为先,教化以学校为本"[1]。丧乱甫定,即大兴学校,希望通过学校教育的机制,一方面为国家培养人才,尤其是满足明初百废待兴的政事需要,另一方面要化俗致治,使原来在元代蒙古治下"惟识干戈,莫识俎豆"的世风,回复到以儒家礼教为主导的华夏传统上来。

明初所确立的学校教育体制,分为中央国学、地方儒学及社学三级。中央国学即是国子监,是学校体系中的最高学府(图11-1)。国子监的前身是国子学。洪武元年,太祖即令官员子弟和民之俊秀者入国子学读书。至洪武十四年,国子学扩大,改称国子监。在明代之前,国子学和国子监是两个不同的机构,前者专司育才,后者专司选才,二者合并为国子监之后,将育才和选才的职能合为一体。当时的南京国子监规模宏伟,有教宫、藏书楼、学生住所等两千余间,"延袤十里,灯火相辉",人数最多时达到八千余人。永乐元年,北京设立北京国子监,由此明代国学有南监、北监两所。除国子监之外,属于中央的学校还有太学、宗学、武学、医学、阴阳学等学。明朝的文教兴盛之名播于海外,

图 11-1 北京国子监牌坊

高丽、日本、琉球、暹罗等国都派遣留学生入国子监学习。

洪武初年，国子监的学生主要以公侯子弟和品官子弟为主，称为官生，民间选拔的俊秀为辅，称为民生。此后不久，由于地方儒学不断向国子监输送优秀学生，即贡生，而贡生主要是民间俊秀，因此国子监中的民生比例逐渐增加，成为国子监学生组成的主体。国子监负责为国家培养和输送人才，与科举制度并行，且优于科举。明初，官吏的任用很多是从学校中直接选拔的。太祖很喜欢任用学校人才，多次选用太学生参与政事，或派到各州县为官，或行御史事，据《明史》记载："太祖虽间行科举，而监生与荐举人才参用者居多，故其时布列中外者，太学生最盛。"[2]宣德以后，国子监逐步与科举制接轨，大多数国子监生也要参加科举考试，使国子监变成了科举的储才之地。

洪武初年，太祖还下令地方办学，各府、州、县及各司均要设儒学，边疆和特殊地区设卫学，儒学之下还可以附设武学、医学、阴阳学等专门学校。地方儒学的兴办首先是国家养士选才政策的扩充，《太祖实录》载洪武二年太祖之谕曰："复我中国先王之治，宜大震华风，以兴治教。今虽内设国监，恐不足以尽延天下之俊秀，其令天下郡县，并建学校，以作养士类。"地方儒学所培养的人才，可以被选送到国子监深造，也可以直接参加科举考试，所以既与学校体制衔接，又可相对独立。地方儒学的另一个重要教育目标是教化风俗，学校负有教化民间的责任，在社会生活中发挥表率作用，即如《南雍志》所云："使人日渐月化，以复先王之旧，革污染之习。"明清两朝均在学校内立卧碑，明代的卧碑上镌刻太祖御制的八条"卧碑文"，清代的卧碑镌刻顺治御制的八条"卧碑文"。明代"卧碑文"曰：

第一，府、州、县生员，有大事干己者，许父母兄弟陈诉，非大事毋亲至公门。

第二，生员父母欲行非为，必再三恳告，不陷父母于危亡。

第三，一切军民利病，工农商贸皆可言之，惟生员不可建言。

第四，生员才学优赡，年及三十愿出仕者，提调正官奏闻考试录用。

第五，生员听师讲说，毋恃己长，妄行辩难，或置之不问。

第六，师生当竭诚训导愚蒙，毋致懈惰。

第七，提调正官务常加考校，敦厚勤敏者进之，懒怠顽诈者斥之。

第八，在野贤人有练达治体敷陈王道者，许所在有司给引赴京陈奏，不许在家实封入递。[3]

清代的"卧碑文"曰：

第一，生员之家，父母贤智者，子当受教；父母愚鲁或有非为者，子既读书明理，当再三恳告，使父母不陷于危亡。

第二，生员须立志求学，必为忠臣清官。务须互相讲究书史所载之忠清事迹，凡利国爱国之事，当多加留心注意。

第三，生员居心忠厚正直，读书方有实用，出仕必作良吏。如果心术不正，读书必无甚成就，为官必取祸患，行害人之事者，多自杀其事，常宜思省。

第四，生员不可干求官长，交结势要，希图进身。心善德全，上天自知，必赐以福。

第五，生员当受身忍性，不可轻入官司衙门。即使涉及自己之事，止许家人代告，自不许干预他人词讼，他人自不许牵连生员作证出庭。

第六，生员须尊敬师长。若讲说皆须诚心听受，倘有模糊，从容再问，不得妄行辩难。当然，教师亦应尽心教训，勿致怠惰。

第七，军民一切利病，生员不得上书陈言，如有一言建白，以违制论，黜革治罪。

第八，不许生员纠党多人，立盟结社，把持官府，武断乡曲。所作文字，不得妄行刊刻，违者听提调官治罪。[4]

清文基本是从明文中脱胎，只是去除了关于提调官职责的内容，更具体化了对生员的道德要求。总体上说，这两个"卧碑文"对学校学生在校、在家、在社会等各种场合下的行为规范和道德责任做了严格的规定，俾使学校成为地方乡里的风尚示范中心，并由此辐射影响至整个社会。

在传统社会中，乡里的士人对社会的影响至为深远。致仕的士大夫、绅衿以及学校的生员都在社会上起着表率作用。明人吴伟业曾说："世家大族，邦之桢干，里之仪型，其有嘉好燕乐，国人于此观礼焉，四方于此问俗焉。"[5]在推行移风易俗，实施乡里教化上，乡里的士人一直是不言而喻的榜样。

在地方儒学之下，从明初开始还广泛设立了社学，作为官学教育的最低一级，专门教育15岁以下的民间幼童。从明初开始，从社学到儒学，再到国子监，这样一个三级的教育体制，构成了一个庞大的教育网络，在全国铺开，从而使明代的教育比此前任何朝代都要普及。"盖无地而不设之学，无人而不纳之教，庠声序音，重规叠矩，无间于下邑荒徼，山陬海涯。此明代学校之盛，唐宋以来所不及也。"[6]清代在明代的基础上又有进一步发展。

教育是文明薪传的主要途径之一，明清时期完备的教育体制以及教育的空前普及，深远地影响了中华文明的传续和发展。但从明代以后的教育内容来看，学校教育较之唐宋时期有学术与思想单一化的弊端。唐宋时的学校教育比较多样化，例如中央一级的学校，一般并列地分为国子学、太学、四门学等等不同门类的学校。尽管是以儒学为主，但其他方面的学术与思想仍然保有一席之地。从明代开始，中央学校只有国子监一所，教授的内容只是儒学，而且仅仅是程朱理学这一特殊学派的儒学。明清国子监之下虽然也设有一些特殊学校，如宗学、武学、阴阳学等等，但不具有和国子监同等的地位，后来就名存实亡了（彩图15）。

明中叶之后，学校教育呈现出衰敝之象，主要表现在三个方面：一是由于科举日重，贡举日轻，科举给学校造成冲击；二是例监生的出现造成学生成分混杂，质量下降；三是教官的缺员[7]。在造成明中叶学校教育衰敝的众多原因中，程朱理学的思想专制及其与科举制的沆瀣一气是一个很值得重视的原因。

从明初开始，学校教育中即以程朱理学为准绳，非五经、四书不读，非濂、洛、关、闽之学不讲。明成祖颁降了《四书大全》《五经大全》《性理大全》等书，清代也颁降《朱子全书》《性理精义》等书。整个明清时期，被官学化了的程朱理学被认可为国家的统治意识形态，并且是学校教育中的唯一学术。程朱理学的专制化，压制了思想的进步。明初以来，儒学经过缓慢、谨慎的发展，才使反对程朱理学的具有启蒙色彩的新思想逐步脱颖而出。这中间包括与程朱理学针锋相对的阳明心学，也包括顺应时代变化的新朱子学。而学校教育则从始至终都僵守着旧的程朱教条,新思想只能在学校外传播,几乎任何新思想都不可能在学校中出现。

明代施行学校与科举交错的取士政策,"科举必由学校,而学校起家可不由科举"[8]。也就是说,要参加科举,必须先入学校,学校中的佼佼者,不经科举也可以给官。但不同时期,对科举和学校的重视程度不一样。宣德之后,朝廷选官开始向科举侧重,通过科举进身,要比从学校贡举得官优越得多。据《明会要》记载:"迨制科日益,内外要重之司皆归之;而举贡之在太学者,循资待选,年老始博一官,又积久不迁;于是与进士判若天壤。"明中叶之后,国学中的监生全都以科举为目标,使学校成了专门讲习时艺的科举演练之所,学校不是直接为国家输送人才的最高教育机构,而只是"储才以应科目"的临时阶梯。因为科举考试中以程朱理学为唯一标准,所以当时的学生只学习朱熹的《四书集注》,以此应付科举就足够了,其他经史百家的书籍则束之高阁。朱彝尊曾说当时学生只读四书而不读六经的情况:"世之治举业者,以四书为先务,视六经为可缓。以言《诗》,非朱子之传义弗敢道也,以言《礼》,非朱子之家礼弗敢行也。……言不合朱子,率鸣鼓而攻之。"[9]除了读四书,学生们把另外的精力都花在诵读科举时文,一时时文选本风行。顾炎武曾记苏杭所出"十八房"选本多达数百部,并且由商贾行销全国,"天下之人惟知此物可以取科名,享富贵,此之谓学问,此之谓士人,而他书一切不观"。他对此感叹说:"八股盛而六经微,十八房兴而廿一史废。"[10]科举之害甚于秦始皇的焚书(图11-2)。

与学校教育衰敝形成对照的是讲学书院从明中叶起开始勃兴。书院的兴起一个重要原因是救官学教育之衰敝,如叶向高《首善书院记》中说:"(学校)末流之弊,逐功利而迷本真,乃反甚于汉唐。贤士大夫欲起而维之,不得不修濂、洛、关、闽之余业,使人知所向往,于是通都大邑,所在皆有书院。"首善书院是明代最著名的讲学书院之一。明中叶兴起的讲学书院最大的特点是自由讲学,而不是为了科举。从教育史的角度看,兴起于宋代的书院,本来是不同于学校的私学,直到清代才开始部分地官学化。尽管在后来的发展中,书院也分化成讲学、藏书、祭祀多种功能形式,甚至出现了专为科举的书院,但是,书院最本质的特征是自由讲学,它是历代学者传播思想、昌明学术之地,是新思想、新学术的孕育和诞生之地。

图 11-2 《康熙帝南巡图卷·江南贡院》

　　明中叶书院的兴起是与王阳明创立心学以及阳明弟子传播心学的努力分不开的。王阳明讲学 22 年,所到之处开设书院,宣讲他的"致良知"。由王阳明亲手所建的书院有龙冈书院、贵阳书院、濂溪书院、稽山书院、敷文书院等多所,特别是江浙两广间,追随者很多,书院建的也多(图 11-3)。据《明史》记载:"正嘉之际,王守仁聚徒于军旅之中,徐阶讲学于端揆之日,流风所被,倾动朝野。于是缙绅之士、遗佚之老,联讲会,立书院,相望于远近。"[11]这是把讲学之风的兴起归因于以王阳明为首的王学。徐阶也是王学中人。与王阳明同时的学者湛若水也喜欢建书院,他讲学 52 年,在北京、南京和全国各地讲学、周游,"平生足迹所至,必建书院"。湛若水是陈白沙的弟子,也讲心学,与王阳明所论有所异同,常常有思想上的争论。

　　王阳明和湛若水的讲学与建书院活动受到了朝廷保守势力的攻击,嘉靖十六年御史游居敬上疏,弹劾王阳明、湛若水私创伪学,皇帝下诏"毁其书院",所禁毁的主要是南京的讲学书院。这是明朝第一次禁毁书院。不过,此时以阳明学为主的讲学书院已经遍地皆是,故而次年,又由吏部尚书许赞上疏,要求禁毁各司及府州的书院,禁毁的范围及于全国。这是第二次禁毁书院。

图11-3　龙冈书院的王文成公祠

这两次禁毁书院都是针对王阳明、湛若水的，也可以说是针对新兴起的心学思潮。实际上这两次禁毁书院的效果并不是很大，没有压制住阳明弟子以及其他自由讲学的学者建书院的热情，此后讲学书院仍不断出现。例如王阳明的弟子欧阳德讲学于六安龙津书院、泰州学派的罗汝芳讲学于山东见泰书院和江西明德书院，特别是嘉靖末王学中人徐阶升任内阁首辅后，在北京灵济宫召集数千人的讲会，使书院和讲会更加风行全国。

万历七年，由独揽大权的张居正力主，明朝进行了第三次禁毁书院。张居正禁毁书院的目的，一方面想通过压制书院来强化学校，把教育重新纳入到以学校为主的轨道，另一方面也是想借此排除异己，因为反对他专权的士大夫多数是自由讲学的学者。这次禁毁书院的规模逾于嘉靖时的两次。不过其时与内阁对立的士大夫的力量已越来越强大，所以基本没有削弱书院讲学之风。

在万历至天启初年这段时期，出现了著名的东林书院（图11-4）和首善书院，顾宪成、高攀龙等讲学于东林，邹元标、冯从吾等讲学于首善，他们都将书院讲学与政治清议相结合，使书院讲学具有浓厚的政治色彩，培育出士大夫不顾现实利害，坚持公道正义的精神，如黄宗羲所说："一堂师友，冷风热血，洗涤乾坤。"[12]与此同时，各地的讲学书院促成了明末早期启蒙思想的出现和发展。书院和讲会充满百家争鸣的自由气氛。万历二十年前后，南京是学者聚

图 11-4　清乾隆五年重建的东林书院石牌坊

会讲学最热闹的地方。其时泰州学派罗汝芳的弟子周汝登以"天泉证道记"为题专讲"无善无恶"之旨,湛若水一派的许孚远则作"九谛"力阐性善之说,反对"无善无恶";周汝登则作"九解"加以申辩。从此引出思想界的一大公案。这样的学术争辩时有发生,不同观点相互碰撞,形成多种思想的交响。

　　天启五年,魏忠贤残酷地镇压东林党人,东林书院等与东林党人有关的书院遭到禁毁,这是明朝的第四次禁毁书院。这次禁毁书院是激烈的政治斗争的组成部分,崇祯继位后,魏忠贤垮台,书院又相继恢复。在新兴起的诸书院中,由刘宗周主持的证人书院在当时最为著名[13],影响最大。刘宗周早年崇尚朱子学,中年之后才转信王守仁的学说,晚年更扬弃阳明之学,建立了自己的以慎独诚意为宗旨的思想体系,是宋明理学的集大成者。

明末清初,学者仍沿袭书院讲学传统。清初"三大儒"中,黄宗羲重建证人书院,讲学其中,大江南北的士人纷纷从学,孙奇逢讲学于百泉书院,"北方之学者,大概出于其门"[14],李颙讲学于关中学院,听者有官吏、乡绅、士子数千人,"三月之内,一再举行,鼓荡磨砺,士习丕变"[15]。以此为代表的书院讲学活动,既影响了当世的思想学术,也影响了当世的世道人心,并逐步地将明末空疏的高谈心性的讲学之习引入经世致用的实学之路。

一些新的学术在明代书院讲学中已经开始萌生,例如何景明在正学书院为士子讲授经学,不用诸家训诂,士子由此而知经学。黄宗羲晚年讲学也是以讲授经史为主。这些新学术持续到清代,逐渐形成大趋势,发展成清代学术标志性的朴学。至清朝乾嘉时期,书院风气和明末迥异,很多书院开始以讲授经史为主,甚至出现以经史为主业的专门书院,代表即是阮元所创办的诂经精舍和学海堂。诂经精舍建在杭州的西湖孤山,学海堂建在广州的粤秀山。这两个书院都是官办,选拔浙江、广东的高才生入学,不以科举考试为目的,而是在当时专擅经史的名师的指导下自由钻研学问。鼓励学生自由钻研学问是这两所书院在教育上的最突出的特点。在这两所书院近百年的历史中,通过自由钻研,在经史方面的人才层出不穷,据在诂经精舍中执教的孙星衍记述,前后培养出的"撰述成一家者不可胜数,东南人才之盛莫与为比"[16]。诂经精舍和学海堂这两所特殊的经史书院为清代学术的发展做出了巨大的贡献。

清初,国家统治力度加强,在教育上重振了学校教育,对书院则加以限制,并逐步使之官学化。清代的学校制度大体承袭明制,其与明代有显著不同的有两个方面:一是在维持以汉文为主的传统教育的同时,建立了系统的以满文为主的民族教育体制;二是在教育中重视算学,一定程度上弥补了明清科技教育不足的缺陷,并为中西文化的结合提供了一个有限但很有价值的范例。

清朝建立后,为了对满族宗室及贵族子弟进行与汉民族同等水平的教育,同时又能保持住满族的语言文化传统,清朝先后建立了宗学、觉罗学、八旗官学、满族义学等等一系列满族官学,形成了与国子监等主要学校系统既有联系又有区别的满族教育体制。满族教育的普及率是相当高的,北京和北方地区都广泛设立了满族官学,从宗室、贵族到普通八旗子弟都能得到比较好的教育。清代前期,满族人才辈出。擅长治理国家政治军事的人才姑且不论,列入《清史稿·文苑传》的著名满族诗人,如纳兰性德,以擅词名满天下,所作之词,"清新秀隽,自然超逸"[17],"人谓李璟后身"[18],又被称为满洲第一词人。宗室文昭,以擅诗享誉,时人称其诗"以鲍谢为胚胎,而又兼宗众有,撷百家之精华,其味在在酸美之外"[19]。多铎之后裕端,除精通诗画外,还通西蕃语,曾经自制西洋地球图,还用唐古特字校雠佛经译本。类似的满族人才还很多,这里举出的只是正史中所载的几个代表。

　　学校中设立算学,本是隋唐以来的传统,但自宋朝以后即告中断,元明两代都不重视算学,其直接后果即是天文、历法上渐至落后。明代严禁民间私习天文、历法,钦天监一职也是由监内子弟世袭,算学只能以父子相传的方式传习。明末清初,西方传教士陆续来华,与中国文化能够衔接而不致引发大冲突的即是西学中的科学知识。从明末起,朝廷招用西洋传教士协助修订历法,制定了新历。清初,传教士汤若望、南怀仁都被聘用在钦天监任职。康熙初年,吴明烜等钦天监官员用旧法擅改用西法制定的新历,致使天道不协。康熙皇帝对此十分重视,他让钦天监官员和南怀仁辩论,并在特定时间观测天象,最后证明吴明烜等人错误,南怀仁所说正确。正是康熙皇帝能在中西两学之间实事求是的开明精神,促进了清代算学研究的重兴。康熙皇帝本人对西学有着浓厚的兴趣,他先后请南怀仁、徐日升、白晋等传教士来教授西学,特别是算学,逐渐使自己成为一个专家,史称其"研究历算,妙契精微,一时承习之士,蒸蒸向化,肩背相望"[20]。他还选取满、汉学生专门学习历算,并组织学者编成《数理精蕴》五十六卷,其中基本上包括了当时所知的中西算学的全部成果。康熙五十二年,正式成立了算学馆,隶属钦天监。后来经雍正、乾隆两朝发展,算学馆逐渐扩大,改隶国子监,称国子监算学。清代算学教育的发展,是清代科技教育最突出的一个闪光点。

第二节　蒙学教育及其人文意蕴

　　社学、义学、私塾　识字与写字　讲书、诵读、背诵　属对　行为化的道德教育　启蒙思想与蒙学教育　中国传统文化基础中国古代的蒙学传统,可以追溯到先秦时代,源远流长。至明清时期,蒙学教育非常兴盛,在教育体制、教育内容和教育观念等方面都达到了前所未有的局面。

明代官办的蒙学教育主要是社学。社学始于元代民间,至明初由国家正式设置。洪武八年正月,命天下立社学,各府、州、县的城乡,都要设立社学,"但有三五十人家,便请个秀才开学,教军民之家子弟入学读书,不妨他本业,务要成效"[21]。于是社学大兴,据研究者统计,洪武时的社学总数可能多达数千所。此后,由于政府管理不力,社学的兴办主要靠民间力量,所以废弛得很快。直到明英宗时将社学的管辖权交给提学官,社学教育被纳入国家教育体制中,才使社学中兴。至嘉靖时,随着城市经济以及早期启蒙思潮的出现,社学也得到加速发展,社学的规模仅次于洪武时期。

明代大办社学,对蒙学教育做出贡献的人物很多,其代表首推魏校。魏校是明代中叶著名的理学家,他私淑于胡居仁,是胡居仁崇仁学派的继承者。据黄宗羲《明儒学案》所述,"其宗旨为天根之学,从人生而静,培养根基。若是孩提知识后起,则未免夹杂矣"[22]。由此宗旨出发,魏校非常重视蒙学教育,期望能从孩提起"蒙以养正",避免夹杂之病。嘉靖初年,魏校任广东提学副使时大办社学,促使广东社学突飞猛进地发展,新增社学 560 余所,在整个嘉靖朝居全国之冠。魏校强行将大量寺田、观田改为学田,以学田收入修缮学官及社学,延请社学教师,周济贫苦学童。他还亲自设计学校的课程和规章制度,其办学模式影响非常广泛。

清代初期的官办蒙学教育主要承袭明代社学,在康、雍、乾时期,又大力发展义学,逐步取代了社学,成为官办蒙学教育的主体。义学早在宋代就已经出现过了,原来是专为宗族内部的贫寒子弟设立的。清代义学的设立,一开始也是着眼于下层的穷苦阶层,主要是为无力受教育的孩子提供无偿的教育。义学教育最先是在京畿满族和西南少数民族中推行,康熙时正式向全国推广,"各省、府、州、县,令多立义学,延请明师,聚集孤寒生童,励志读书"(图 11-5)。经过长期发展,清朝的义学遍及全国,形成一个新的蒙学教育网络,特别是这一网络覆盖到边远地区,云南的义学教育就是其中的成功典范。雍正时陈宏

图 11-5　晚清公立性质的寺庙义塾

谋任云南布政使,广兴教育,筹设各府、厅、州、县义学七百余所,为云南的义学发展做出过突出贡献。

无论是社学还是义学,都是本着为天下所有儿童提供同等教育的精神而开办的,它的宗旨是不论贫富贵贱,不论人品才智的高下,一律给予义务的教育。明人陈献章在《程乡县社学记》中曾就社学宗旨说:"是学也,贫富、贵贱、才不才共之,无所择于其人。"明人邝彦誉在《琼台义学记》中曾解释义学之"义"的意义,他说:"曰义学者,使夫人之学而有贫贱贵富之分,而惟束修是计,非义也;使夫人之学而有中不中、才不才之择,而惟人品是论,非义也;使夫人之凡生于斯、流寓于斯者之子若孙,无贵无贱,无富无贫,无中无不中,无才无不才,是则谓之义也。"为达到这一目的,不仅是要向贫苦百姓家的适龄儿童敞开学校的大门,有时还会用刑罚手段强制家长让孩子上学,魏校就曾严令:"父兄如有故违,不送子弟入社学者,提问坐罪。"但是这样的教育理想在现实中总要打些折扣,比如同是魏校又曾下令:"倡优隶卒之家子弟,不得妄送社学。"[23]这和国家规定的倡优隶卒不得进儒学、不得参加科举考试的社会歧视政策是一致的,可以说是整个封建教育制度的一个弊端。

蒙学教育的私学形式是私塾。私塾是自先秦时开始,一直沿革下来的蒙学教育方式,明清时的私塾大体分为三种:一是"教馆"或"坐馆",是富裕人家

图 11-6　晚清私塾上课情景

在家设学,延请塾师,教导子弟(图 11-6);二是"门馆"或"家塾",是由塾师设学,招收学生;三是"村塾"或"族塾",是一村或一族,统一延师设学,村中或族中子弟都可以来上学。私塾是非常常见的蒙学教育,也最有中国传统特色。在很多私塾中,师生长期地生活在一起,蒙师不仅向学童传授知识,其一言一行也潜移默化地影响着学童的成长。中国古代教育最重视言传身教,这一点在私塾教育上体现得最充分。

明清时蒙学教育择师标准很严。明太祖曾有明令,"其经断有过之人,不许为师。"一般来说,行止不端的吏员和生员,以及僧道、巫师、邪术人都不可为师,要品行、学问都受人尊敬的人才能为师。官学中的蒙师,大多要经乡民推举或地方官选定,然后再由负责学政的提调官"具书致礼",正式聘任。私塾中的蒙师也会按照乡里最诚敬的礼节聘请。蒙师所负的责任是为学童一生成长打下基础,基础的好坏直接关系到未来的发展。崔学古曾经说:"为师难,为蒙师更难。蒙师失则后日难为功,蒙师得则后来易为力甚矣,不可不慎也。"[24]明清的蒙师虽然只是由下层的知识分子来担任,在社会上地位并不高,但对蒙师道德要求一直很严,蒙师必须符合端品、尽心、专严等师德标准。

明清蒙学教育的主要内容包括三个方面,即识字教育、知识教育和道德教育。在实施这些教育的过程中,明清蒙学表现出很高的创造性,并累积成传统。

识字教育对于几千年来一直使用汉字的中国来说,有重要意义。从先秦时代开始,识字就是蒙学教育的主要内容。《汉书·艺文志》说:"古者八岁入小学,故《周官》保氏掌养国子,教之六书,谓象形、象事、象意、象声、转注、假借,造字之本也。"[25]在汉代,学童就学,首先学习书法,能识 9000 字以上者,可以被选用为吏。汉代流传下来的《仓颉》《凡将》《急就》《元尚》等篇,都是让学童识字习字用的书。由宋代至明清,识字教育逐渐形成一个以《三字经》《百家姓》《千字文》为主的稳定系统,凡学童识字,都从《三》《百》《千》入手,集中识字,三者加起来大约有 2000 余个生字,正好符合明清蒙学在识字上的基本要求。教学童识字有很多方法,三四岁的学前儿童可以用卡片识字,方法是将《千字文》等书上的字写到一寸见方的小木板上,让孩子边识字,边玩耍,并用识出的字凑成句子,灵活性很大,非常有成效。

六七岁入学后的儿童通常采用汉代以来传统的六书识字法,按象形、指事、会意、形声、转注、假借六种汉字构成原则来识字,这种方法符合汉字规律,记得牢且能准确、扎实地理解字义。比如在明代桂萼设计的四堂教学法中,教儿童识字的"句读堂"要张挂"六书法"的示意图,以便能在儿童识字时用六书的规律进行讲解。清代王筠也极力提倡按六书识字,他专为学童识字而编辑了《文字蒙求》一书。这部书是他在深入研究《说文解字》中的文字学基本规律的基础上编成的,他挑选出能充分体现文字规律的两千余个基本汉字,分成象形、指事、会意、形声四大类,照顾到儿童识别形象能力一般早于抽象思维能力的心理发展特点,先教象形、指事等能够从字形上看出字义的纯体字,再教会意、形声等在纯体字基础上变化出的同体字,先易后难,执简御繁。在此基础上还可以将识字的量逐步增大,直到识完《说文解字》所载的全部汉字。中国的汉字系统具有丰富的文化内涵,在某种意义上说,它是其他以语言为载体的文化系统的源初意义基础。古代蒙学即把识字视为一种基础的文化教育,六书识字法尤其体现出对汉语的源初意义的把握,这一点比之今天的幼儿教育中只把识字看做一种工具学习在教育效果上不可同日而语,是今天的教育仍应当借鉴的。

识字教育还包括写字。中国文字特有的审美性要求写字不仅是会写,还要写好,所以说写字一开始就是与书法学习一体的。学童的很多写字法则同时也是书法艺术上的要求,比如,学童写字先书"上大人、孔乙己、化三千、七十士、尔小生、八九子、佳作仁、可知礼"这样笔画简单清楚的字,以便学童掌握字体的布局结构。写字时要先写大字,后写小字,以免将来写字有局促的毛病。还有扶手润字、描红、描影、跳格、临帖等从易到难的步骤。学童习字,一般用颜真卿等书法家的正楷字帖,对学童来说,通过习字可以打下中国传统艺术的基本功。中国传统艺术素有"书画同源"之说,其所同之源即在用笔。通过习字,学童可以练出心手相应的笔法,此后无论是写字还是绘画,都能收事半功倍之效。

除了识字,背书是知识教育的一个基本功。成功的蒙学教育并不要求死记硬背,而是先把要背的书讲通、诵熟。讲书有很多技巧,好的蒙师能在讲书中启学童之疑,然后由疑而悟,开动脑筋,学思结合;还能把书上的道理一一联系到日常生活中,让学童能就近取譬,有所体会。明代吕坤在其所著的《蒙养礼》中强调,蒙师讲书的语言要非常浅俗,"如闾阎市井说话一般",其目的无非是让学童对书上的内容由浅入深,举一反三。

在讲书之后,再要求诵读。蒙学教育中非常重视诵读,无论诗文,都要朗朗上口。诵读要求"读得字字响亮","勿高、勿低、勿疾、勿速","不可兴至而如骂詈、如蛙鸣,兴衰而如蛩吟、如蝇鸣"[26]。诵读在儿童教育中很有意义,一般来说,诵读的意义是在辅助记忆,所谓"自然上口,久远不忘",这是其一;更重要的是一种美学上的意义,中国文学的体裁本身具有音律性,不经诵读无以体会其中的音律之美。诵读也能使人加深对意义的理解,古人常说涵咏多遍,其意自现,在声声诵读之声中会自然地浮现出一种气象。诵读的意义不仅在蒙学中体现,即使是成人的教育中也总是要诵读。北宋谢显道曾说:"明道先生善言《诗》,他又浑不曾章解句释,但优游玩味,吟哦上下,便使人有得处。"[27]明代书院讲学,每讲过一章,按例总要师生一起歌诗,振奋精神。

诵读之后才是背书。学童背书有初背、带背、抽背、通背等几个环节,一套下来要让所背之书烂熟于胸,随时都可以将需要的辞句诵出。按明清时的观念,人的成长发育,15岁是个分界点,此前是儿童时期,多记性,少悟性,最适合背诵,"凡人当读书,皆当自十五岁之前,使之熟读"[28]。在今天看来,15岁这一分界点确定得未必准确,但说儿童时期适合背诵,基本符合心理学的规律。背诵不一定是掌握任何知识都必要的学习手段,但在掌握传统文化这一特殊领域,是非常必要的。一种传统文化,总要有其最基本的经典,这些经典要用最牢固的记忆方式把它记忆下来。记忆力的发挥可以是记,也可以是背,记在头脑里的东西是可以迁改的,而背下来的东西是固定不变的。就此来说,背诵是掌握那些最基本的经典的最好方式。通过蒙学教育,学童逐步背诵五经、四书等中国传统文化的经典,这会使他们终身受益。至于背诵时文,则是完全不必要的智力浪费之举。

识字与背书之外,教学童属对,即做对联,也是极有意义的传统知识教育,它是学童日后作诗作文的基础,因为属对要以汉语的音律特性为基础,所以它也是一种基本的语言艺术化的教育。教学童属对一般按循序渐进的原则,从一字对,到二字、三字、五字、七字、九字对。属对就像一种语言创造游戏,将丰富的语言和文化内容纳入其中。从形式上看,属对要求成对的两方在平仄、词性、结构、修辞、逻辑等各方面都相同;从内容看,属对涉及古今人物、历史、诗文、风物、典故等非常丰富的内容。小小一副对子实际上是中国文化的凝缩。今人陈寅恪指出:能对出好对子者,必有对汉语特殊的语言规律的深入了解,必有丰富的中国文化的语藏,必有通贯而有条理的思想[29]。由此也可见这一教育内容的深远文化意义。

在蒙学中的道德教育方面,教学童习礼是很值得重视的一项教育内容。习礼主要包括在学校中所行的祀孔礼、拜师礼,以及日常生活中所行的对父母、长辈之礼。揖让周旋之中逐步养成良好的举止。蒙学中一般都有以朱子《童蒙须知》为基础而制定的学童行为规范,内容涉及坐立、言行、容貌、衣冠、饮食、卫生等等。明清时期又有所发展,比如周凯《义学规则十八条》规定:居处必恭,步立必正,视听必端,言语必谨,容貌必庄,衣冠必整,饮食必洁,出入必省,读书必专一,写字必楷正,几案必洁净,相呼必以齿,接见必有定[30]。这些规定非常具体,条条都是可以施行,可以检查的。从道德教育的角度说,教学童习礼,能够促使学童在生活中自发地萌生道德感,并且一开始就融合在行为举止之中,就像根植在土壤中。这种道德感只能在儿童时养成,在此后的整个人生中都会不自觉地发挥作用,比灌输在头脑中的道德教条要宝贵得多。

明清蒙学教育之所以表现出很深厚的人文意蕴,是与宋代以来理学家与士大夫重视蒙学,在蒙学上投入巨大心力分不开的。尽管蒙学是最初级的教育,但古代至宋明时期的思想精华几乎都凝聚于其中,包含了中国传统文化的基本价值观念。《周易·象传》中所说的"蒙以养正",是蒙学传统一贯的核心,也是蒙学最高的教育理念。所谓"蒙以养正"是讲从人的先天根基开始,通过启蒙教育,使之逐步趋成于圣人的人格和境界,奠定一生发展的道德与文化基础。中国古代的蒙学从一开始就是一种以人为本的教育,它的目标是一种全面体现真、善、美的君子理想。朱熹所写的《小学》一书对上述理想有最好的表述,明人陈选曾说:"圣人之道,人伦而已矣,学之必自《小学》始,子朱子《小学》一书,其教在于明伦,其要在于敬身,盖作圣之基也。"[31]这是明代很有代表性的评论。明代大办社学的魏校、叶春及都把朱子《小学》列为社学的基本教材。因为朱子《小学》难字多,意思难懂,于是明清时期出现了很多注释小学的书,其中以清代理学家张伯行的《小学集解》最为著名,流传很广。还出现了一批将朱子《小学》通俗化的书,像《小学四字韵语》之类。

明中叶以后的思想家,从王阳明起,提出了很多极有价值的蒙学教育思想,也作了很多蒙学书,比较著名的如湛若水的《古今小学》,耿定向的《小学新编》,赵南星的《三字经注》,焦竑的《养正图解》(图11-7),吕得胜、吕坤父子的《小儿语》和《续小儿语》,陆世仪的《节韵幼仪》等等。这些书有的很流行,有的则并不流行,但是这些思想家的蒙学思想,或多或少影响了实际的蒙学教育。特别值得一提的是王阳明的蒙学思想,可以说是古代教育思想宝库中的一颗珍珠,直到今天都有它的闪光之处。

王阳明非常重视蒙学教育,强调蒙学教育在地方教化和移风易俗上的作用,他要求地方社学"视童蒙如己子,以启迪为家事,不但训饬其子弟,亦复化喻其父兄；不但勤劳于诗礼章句之间，尤在致力于德行心术之本；务使礼让日新，风俗日美，庶不负有司作兴之意，与士民趋向之心"[32]。王阳明把他心学上的创见都巧妙地发挥到蒙学中了。他由"致良知"说出发，认为儿童的天性中保存着自然的良知，这种自然的良知非常珍贵，应当爱护，要用正确的方法来引导和养育儿童的自然良知，而不是用严厉的管束，"鞭挞绳缚"，强使就范。他说："大抵童子之情，乐嬉游而惮拘检，如草木之萌芽，舒

图 11-7　明焦竑《养正图解》书影，清光绪二十一年武英殿刊本

畅之则条达，摧挠之则衰痿。今教童子，必使其趋向鼓舞，心中喜悦，则其进自不能已。譬之时雨春风，沾被卉木，莫不萌动发越，自然日长月化，若冰霜剥落，则生意萧索，日就枯槁矣。"[33]王阳明的"知行合一"说在蒙学教育中也有所发挥。王阳明曾说"知痛必已自痛了方知痛，知寒必已自寒了，知饥必已自饥了，知行如何分得开?"[34]又说："知之真切笃实处，即是行；行之明觉精察处，即是知。知行工夫本不可离。"[35]按照这些观点，学习不但是知，不是单纯的头脑的接受过程，还要是行，是用身体进行的体验，它应该是知行相得益彰的一种活动。

王阳明设想的蒙学教育过程是"诱之歌诗""导之习礼""讽之读书"。他说："今教童子，惟当以孝悌忠信礼义廉耻为专务，其栽培之方，则宜诱之歌诗，以发其志意，导之习礼，以肃其威仪，讽之读书，以开其知觉。""故凡诱之歌诗者，非但发其志意而已，亦所以其跳号呼啸于咏歌，宣其幽抑结滞于音节也；导之习礼者，非但肃其威仪而已，亦所以周旋揖让而动荡其血脉，拜起屈伸而固

束其筋骸也；讽之读书者，非但开其知觉而已，亦所以沈潜反复而存其心，抑扬讽诵以宣其志也。凡此皆所以顺导其志意，调整其性情，潜消其鄙吝，默化其粗顽，日使之渐于礼义而不苦其难，入于中和而不知其故，是盖先王立教之微意也。"[36]

明清蒙学教育的人文意蕴还体现在为学童奠定一个全面的中国文化基础。从明代开始，魏校制定了一种早、中、晚三学的课程结构，此后很多蒙学采用。一般来说，早学主要讲书，从最基本的《三字经》《小学》直到四书、经史；午学要学习歌诗，从《诗经》到汉魏乐府古诗；晚学要习礼、教琴、讲习六书、九数、五御之法，还可以讲古代的嘉言善行，有余力的还可以歌咏。这样的课程结构所涉及中国文化的面是非常广泛的。从各类蒙学教材看，涉的范围也非常广，哲理、歌诗、历史、名物无所不包。例如在流行的蒙求类的蒙学书中，有唐李翰的《蒙求》，专讲名物典故；宋胡继宗的《书言故事》，专讲典故成语；元虞韶的《日记故事》，专讲历史人物；宋王令的《十七史蒙求》、元陈栎的《历代蒙求》，则是讲历史的世系与事迹；明萧良友所编的《龙文鞭影》，取材于古代神话小说，故事神奇而丰富；明程登吉所编的《幼学琼林》，是一部儿童百科全书，分天文、地舆、岁时、朝廷、文臣、武职、祖孙父子、兄弟、夫妇、师生、朋友宾客、婚姻、妇女、身体、衣服、人事、饮食、宫室、器用、科第、制作、技艺、讼狱等等三十多类，既教儿童知识，又教儿童用语。文学类的蒙学书中最流行的有《千家诗》《唐诗三百首》，后来又出现了《古文观止》，这些书为无数的学童提供了理想的文学审美的启蒙。

第三节　融合在社会生活中的教育

女性教育与传统美德　明清才女　官箴书　"清""慎""勤"　官箴书与政治文化　士大夫与乡约　讲约会　善书　袁黄与《了凡四训》　立命说

除了学校教育之外，明清时期的社会教育也有很大的发展。所谓社会教育，即是融合在社会生活中的教育，它是多方面的，其突出之处可以举出妇女教育、官箴书、乡约、善书等方面，都是明清教育史上取得很大成就的例证。

在中国古代学校教育史上，女性一直被排斥在受教育者之外，对女性的教育在广义上说属于社会教育的范围。明清的女性教育较之前代有长足的进步。自汉代班昭作《女诫》，女性教育即围绕着"妇德""妇言""妇容""妇功"所谓"四德"进行，与占据主流地位的学校教育一样，是以塑造女性道德人格为主要旨归。在班昭《女诫》之后，关于女性教育的著作代代出现，其中最著名的唐代宋若华、宋若昭所作的《女论语》、明代仁孝文皇后所作《内训》、清初王相之母所作的《女范》（或称《女范捷录》），都是出于女性作者之手，在社会上流传广泛。后来王相将《女诫》《女论语》《内训》《女范》四书编辑在一起，称为"女四书"，在当时的女性教育中发挥了很大的影响。

明代的女性教育以明初仁孝文皇后之《内训》肇其端[37]。《内训》是仁孝文皇后专为"女教"而作的，所谓"女教"也就是道德人格教育，其核心是要求女性应该秉持最基本的"德性"，这种女性的"德性"可以用"贞静幽闲，端庄诚一"来描述，这是中国传统女性的优秀人格标准。从"德性"推广，还有"修身""谨严""谨行""勤励""警戒""节俭""积善""迁善""景贤范""事父母""事姑舅""母仪""睦亲""慈幼"等等众多条目，对女性日常生活中的行为进行了细致的规范，其中对中国传统女性所具有的很多优良品质，如孝敬父母、勤俭持家、和睦家庭、慈养儿女等进行了弘扬。

明中叶之后，出现了一部著名的女性教育著作，即吕坤所作的《闺范》[38]。吕坤的这部著作体例新颖，前列嘉言，采择孔子及历代圣贤语录；后载善行，把历代列女事迹罗列辅证，还绘制了图像，使图文并茂；最后则加上自己的论赞。这部书的内容针对性强，也很具体，其论女性，细分出女子之道、夫妇之道、妇人之道、母道、姊妹之道、姒娣之道、姑嫂之道等等，其中固然有很多封建礼教观念，但也有对中国传统女性优秀道德的阐扬。比如吕坤论"母道"，按为人之母的种种特征分为：礼母，即"教子以礼，正家以礼者也"；正母，即"望子以正者也，无儿女之情，惟道义是责"；仁母，即"以慈祥教子者也，一念阴德，及于万姓"；公母，即"责子而不责人者也"；廉母，即"以贪戒子者也"；严母，即"威克厥爱者也"；智母，即"达于利害之故者也"；慈继母，即"恩及前子者也"；慈乳母，即"乳母保他人子也，只以受人之托，遂尽亲之情"。"母道"是中国传统女性最伟大的道德之一。吕坤《闺范》出版后，影响广泛，当时的士林乐诵其书，摹印不下数万本，并且流传到皇宫内，得到郑贵妃的称赞。

在明代，"女子无才便是德"的观念非常流行，影响到女性教育上，导致很多家庭不教女子读书识字。与此同时，很多有识之士批判这种现象，如吕坤说："今人养女多不教读书识字，盖亦防微杜渐之意。然女子贞淫，却不在此。果教以正道，令知道理，如《孝经》《列女》《女诫》之类，不可不熟读讲明，使他心上开朗，亦见教之不可少也。"[39] 清陈宏谋说："天下无不可教之人，亦无可以不教之人，而岂独遗于女子耶？"[40] 这些都是理学家的看法，都是从女性的道德着眼，来说女性教育的必要性的。至如启蒙思想大师李贽，则对女性给予了前所未有的褒扬，他说："谓人有男女则可，谓见有男女岂可乎？谓见有长短则可，谓男子之见尽长，女人之见尽短，又岂可乎？"[41] 在他编辑的《初潭集》中，从《世说》《类林》等书中撷取了很多古代才女故事，对这些才女大加称赞，说她们是"才智过人，识见绝甚"，"李温陵长者叹曰：'是真男子，是真男子！'已而又叹曰：'男子不如也！'"[42] 在才智上肯定女性与男性具有平等地位。

事实上，与"女子无才便是德"的蒙昧观念相反，明清的女性教育在一些特殊的范围内还是很发达的，特别是明中叶之后，女性人才层出不穷。

一般来说，明清士大夫家庭的女性都能得到很好的教育，因为女性没有举业负担，故而把才华多发挥在文艺上，多擅长诗歌与琴棋书画（彩图16）。明清时期出身于士大夫家庭的著名才女很多。杨慎之妻黄峨，能诗词，散曲尤有名。桐城方氏之女方维仪，能诗善画，因命运坎坷，其诗画中表现的精神境界富有宗教情调，最擅长绘制观音、罗汉像。叶绍袁之妻沈宜修长于诗词，三女昭齐、蕙绸、琼章，皆有文才，使沈氏以一门才女闻名于世。康熙时大学士蒋廷锡家也以多才女著称，其妹蒋季锡自幼研习画艺，其花鸟画巧妙地吸收了西洋技法，追求工整细致、写实逼真的审美意趣。蒋廷锡之女蒋淑自幼秉承家教，亦以擅绘花鸟著称，常以逸笔作写生花卉，机趣天然。明代著名文人画家之女，往往能传其祖业，例如明代吴门画派画家仇英之女仇珠，擅绘仕女画，笔致工细精整，设色明丽鲜亮。文徵明之玄孙女文俶，精于花草虫蝶画，钱谦益曾称赞说："点染写生，自出新意，画家以为本朝独绝。"清初恽寿平之后恽冰，也擅长花鸟画，尤其擅长明暗处理，人称其作品"用粉精绝，迎日花朵具有光"。

诸如此类的书画才女不胜枚举。

明清时代的女性教育不仅局限在家庭,女性也可以有社会交往,乃至追随著名学者学习。李贽讲学有女弟子,在当时还算惊世骇俗,清代以后,前后有袁枚、陈文述招收女弟子,却已是风流雅事,他们还为这些女弟子编辑了诗集。袁枚的女弟子席佩兰、陈文述的女弟子吴藻都是清代有名的女诗人。

一个很值得注意的社会现象是明末清初江南的歌伎因为生存的需要也争取到很好的教育。江南名妓中马湘兰、李香君、柳如是、顾横波、薛素素等人,都精通琴棋书画,和士大夫交往,诗词唱和,有的还能创作传奇。在明清鼎革之际,还有像李香君这样深明大义的奇女子,后来被写入《桃花扇》,永远流传。

明代中叶之后,官箴非常盛行。所谓官箴,本是以箴规体写作的一些关于为官准则的格言,它主要是从传统道德出发,对为官者的言行加以警戒。明清时的官箴在内容上有很大的扩展,有些官箴是将古今兴亡的教训与历代为官者的经验汇成一编,或者结合不同职能的官吏为政的具体情况,一一讲明为官的要领和原则。

明清两朝的皇帝都很重视官箴。明宣宗曾御制《官箴》一卷,颁行中外诸司,揭诸厅事,朝夕览观。清顺治则御制《人臣儆心录》,凡八篇:一植党,二好名,三营私,四徇利,五骄志,六作伪,七附势,八旷官。这部书特别选取古今奸臣恶迹,且对明末清初的政治现实针对性很强,故尤其具有警戒意义(图11-8)。

除了皇帝之外,理学家也喜欢写作官箴,那些既有理学修养又有从政经验的理学家所作的官箴尤其受人推崇。明清时期最受推崇的官箴是宋代吕本中的《官箴》,后人评价说:"此书多阅历有得之言,可以见诸实事。书首即揭'清''慎''勤'三字,以为当官之法,其言千古不可易。"[43]康熙皇帝特书"清""慎""勤"三个大字,让内外诸臣刻石以为座右铭。在"清""慎""勤"三者中,尤以"清"为为官者最基本的品德要求,历来最受重视,南宋理学家真德秀曾说:"不廉之吏,如蒙不洁,虽有它美,莫能自赎。"[44]

明初理学家曹端曾对他将要为官的学生讲说为政之道,他说:"其公、廉乎!公则民不敢慢,廉则吏不敢欺。"这句话后来被改造成一句著名的官箴:"吏不畏吾严,而畏吾廉;民不服吾能,而服吾公。公则民不敢慢,廉则吏不敢

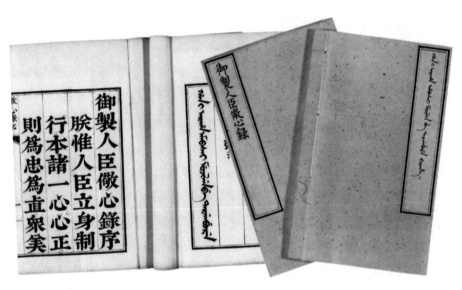

图 11-8 《御制人臣儆心录》,清顺治帝御定,大学士王永吉撰,顺治十二年内府刻本,
故宫博物院藏

欺。公生明,廉生威。"这则官箴被雕刻在石碑上,广为流行。

另一位明初的理学家薛瑄,根据他的理学修养和实际从政的经验,写作了
《从政名言》三卷。薛瑄秉持程子"视民如伤"的仁爱精神以为官,主张为官最
重要的是"公"。他说:"天之道,公而已。圣人法天为治,一出于天道之公,此
王道之所以为大也。"[45]他还指出:"治狱有四要:公、慈、明、刚。公则不偏,慈
则不刻,明则能照,刚则能断。"[46]薛瑄为官可谓至慎,他说:"慎动当先慎其几
于心,次当慎言、慎行、慎作事,皆慎动也。"[47]他还提出"一字不可轻与人,一
言不可轻许人,一笑不可轻假人。"[48]但至慎不是要明哲保身,而是修养出一
种清刚之气。薛瑄为官颇有正义精神,他曾因为和宦官王振抗争,被逮下狱,
差一点被处死。

明代中期的理学家吕坤对官箴尤其重视,他为官一地,总要整饬官吏,他
曾先后撰写《僚友约》《风宪约》《台宪约》等对上下各级官吏加以约束。他所
作《明职》一书,"专为申饬属吏而作,自弟子员至督抚,按职分为十八篇,于
省、府、州、县职官利弊得失言之甚悉"[49]。又编辑《实政录》,提倡"实政",所
录大部分是吕坤在任上所写公文,既有对官吏的道德训诫,也有实际政事的指

导。吕坤所作官箴书的特点是既有理学的道德教训的内容，又有实际政事的经验。应该说，吕坤这种在实际政事中形成的官箴书，有很高价值，相比明万历时祁承爜编辑的四十四卷《牧津》，仅仅采摘历代循吏故事分门别类加以罗列，要高明得多。从吕坤的官箴著作中，可以看出从政的实际经验日益受到重视。明清时的一些名臣都非常看重这些包含了实际经验的官箴，如明之海瑞，清之田文镜、陈宏谋，都写过官箴，其中陈宏谋汇编历代关于为官之道和治世之术的文字，纂成《学仕遗规》《从政遗规》《为官法戒录》等书，在当时影响很大。

　　明清时期的官箴书，已经成为庞大的政治文化系统。官箴书的发展，不仅仅表现在随着出版印刷业的兴起，此类书籍得以迅速广泛地流通，更重要的是在内容上，对应于官箴书的主体——官吏队伍的变化，官箴书中的职业化内容的逐步增加。明清的官吏队伍一般由朝廷正式委派的官员和在本地招募的胥吏、官员个人雇佣的幕僚等构成。这种官吏队伍的构成方式，给政治增添了新问题：一是要处理官员与朝廷之间的关系，二是要处理官员与胥吏、幕僚之间的关系。政治权力的运作要斡旋于这两重关系之间[50]。唐代以来的官箴书，其内容多是朝廷颁给掌握权力的所有官吏的，如武则天时代的《臣轨》。即如后来吕本中和理学家们所撰的官箴书，也多是为官的一般实用道德，多是一些普遍原则。明清时出现了大量掌握主要权力的官员写给下级胥吏和幕僚的官箴，如吕坤之《明职》。这些官箴书往往内容非常具体，既包括为官者应有的道德操守，也包括具体的行为要求，例如如何取得官职，如何跟上司、同僚及下属打交道，如何跟士、农、工、商各类人打交道，还有就是如何才能处事公正，如何才能为官廉洁，如此等等。再进一步，官箴书中开始包括具体的治理技术，特别是关于刑名与钱谷。在官箴书针对的对象上说，还出现了专为幕僚而作的幕学书，以及充满神秘色彩的"师爷秘本"。这些书实际上已经超出了官箴书的传统范围，但无可否认它们是由官箴书这一源头流衍出来的。

　　注意到官箴书的上述发展源流，有助于我们分析官箴书在中华文明史上的意义。从为官者的政治理念的角度说，明清政治逐渐表现出从道德至上向理性治理的变化倾向，官箴书的流行，突出并推动了这种变化。从官箴书中可以看出，官吏队伍中出现了新的价值观，这种新的价值观不仅继承传统的道德要求，特别是"清""慎""勤"三大原则，而且要求在实际治理过程中能体现明智的决策、合理的兴除、上下之条畅、富国富民的成效,以期通过政治的纯熟和效率得到朝廷的嘉奖和其他官员的尊重。就这一点说,官箴书不仅是传统的对官吏进行约束的道德原则,同时具有反映时代发展的政治哲学的意义。

明清乡村的社会教育主要是通过乡约来进行的。所谓乡约是乡村为了御敌卫乡、劝善惩恶、应付差役、敦睦乡里等公共目的依地缘或宗族关系而组织起来的民众组织。作为一种社会组织形态,它的构成和变化都很复杂。与乡村的社会教育有关的是乡约的教化职能,在明清时期这种职能发挥得尤其突出。明清的乡约中都包含乡民共同制订、共同遵守的道德行为与互助互劝的规条。北宋吕大钧首创的《蓝田吕氏乡约》是明清时制订乡约的样板,其中所说的"德业相劝,过失相规,礼俗相交,患难相恤"成了后世乡约的基本宗旨。此后,南宋朱熹又修改《吕氏乡约》而成《朱子乡约》,明清时很多乡村对这两个乡约做些因地制宜的修改,基本沿用下来。明代中叶乡约的重新兴起是由于王阳明、黄佐等士大夫的提倡。

正德时王阳明巡抚江西,鉴于南赣地区为民乱聚会之地,加力整治。在一系列整治措施中,立社学、举乡约是着眼于教育的治本之策。王阳明亲自制定了《南赣乡约》,在前面的谕民文告中,王阳明指出:"民俗之善恶,岂不由积习使然哉? 往者新民盖常弃其宗族,畔其乡里,四出而为暴,岂独其性之异,其人之罪哉? 亦由我有司治之无道,教之无方。尔父老子弟所以训诲戒饬于家庭者不早,熏陶渐染于里闬者不素,诱掖奖劝之不行,连属叶和之无具,又或愤怨相激,狡伪相残,故遂使之靡然日流于恶,则我有司与父老子弟皆宜分受其责。"[51]制定乡约的目的即是接受教训,从根本上改变民风乡俗,"自今凡尔同约之民,皆宜孝尔父母,敬尔兄长,教训尔子孙,和顺尔乡里,死伤相助,患难相恤,善相劝勉,恶相告戒,息讼罢争,讲信修睦,务为良善之民,共成仁厚之俗"[52]。这一措施成效显著,王阳明的《南赣乡约》也广为流传,为很多地方的乡约组织沿用。

嘉靖时,广东乡绅黄佐参照吕氏、朱子等宋代以来的多种乡约家礼著作,撰成《泰泉乡礼》一书,凡六卷,第一卷首举乡礼纲领,以立教、明伦、敬身为主旨,此后五卷分别讲乡约、乡校、社仓、乡礼、保甲五事。这部书在广东影响很大,广东布政使徐乾称许这部书为"医世良药",令广东书坊刊刻,广为流布。

　　乡村中广泛流行的乡约,以及士大夫的乡约著作的出现,表明明代中叶以后乡村的社会教育已逐步深入到中国社会的最基层。在这一教育工程中,乡绅的作用尤其突出。致力于乡村教育的乡绅,不仅以个人的道德修养和出处进退为转移,而且努力通过乡约、乡礼等教育形式,达到化乡的目的。在传统儒家的修、齐、治、平理想中,化乡是个人、家庭和国家之间的枢纽。

　　乡约不仅具有由乡绅主导的民众进行自我教育的机制,明清时朝廷也利用乡约进行统治意识形态的灌输和宣传,其主要形式即是在乡村中定期集会,称之为讲约会,宣讲皇帝为教化乡里而特别颁布的圣谕。明代的讲约会上要宣讲太祖皇帝的《圣谕六言》:“孝顺父母,尊敬长上,和睦乡里,教训子孙,各安生理,毋作非为。”清代的讲约会则宣讲康熙皇帝的《上谕十六条》:“敦孝弟以重人伦,笃宗族以昭雍睦,和乡党以息争讼,重农桑以足衣食,尚节俭以惜财用,黜异端以崇正学,讲法律以儆愚顽,明礼让以厚风俗,务本业以定民志,训子弟以禁非为,息诬告以全良善,诫窝逃以免株连,完钱粮以省催科,联保甲以弭盗贼,解仇忿以重身命。”

　　讲约会一般在每月的朔望日在文庙或祠堂等地举行。讲约会的礼节十分隆重,会所摆放香案,乡人按年齿分前后次序坐好,宣讲圣谕的过程中,要有行礼、钟鼓、唱诗等等礼仪。最后还要对照圣谕,评论乡人善恶,分别书入善、恶二簿中。这种宣讲圣谕的讲约会,初期有很强的社会教育作用,但逐渐地流于形式,乃至成为一种乡村娱乐的形式,在一些讲约会上,是由民间艺人以说唱的方式来宣讲那些严肃的圣谕的。

　　明清时代,善书的流行是一个值得重视的文化现象。善书又称劝善书,是由儒、道、释三教中衍生出来,对士大夫以及普通民众进行道德教化的小册子。这些小册子从基本性质来说,都借用了宗教的因果报应说,而旨归则在实现人的性善。

　　善书是从宋代开始出现的。南宋隆兴前后,李石撰写了《太上感应篇》,嗣后一直被视为善书的第一经典。在此后又出现了《文昌帝君阴骘文》和《关圣帝君觉世真经》,二者与《太上感应篇》合称“三圣经”,是善书中最为流行的。善书从出现时就表现出一种特性,比如三教合一,就拿“三圣经”说,《感应篇》道教色彩较浓,《阴骘文》佛教色彩多些,《觉世经》儒教色彩最重。无论儒、道、释,其内容都是以伦理道德为主,具有一定的宗教性,而更多的是世俗性,它们是宗教逐步走向民间化的产物。

善书的一个很重要的特点是附有功过格。功过格本来是单独出现的,最早的功过格是金大定十一年的《太微仙君功过格》,它按善事的大小,分别记功,又按恶事的大小分别记过,功过都逐日记载在一个特制的表格中。这种功过格的特点是将功、过都量化处理,是对中国传统的累积功德观念的具体化。

明代影响最大的善书是袁黄所作的《了凡四训》,它包括"立命之学""改过之法""积善之方""谦德之效"四篇,同时可以配合着功过格使用[53]。

《了凡四训》的核心思想是"命由己立"。袁黄的"立命"说自称来自云谷禅师所授,其内涵和当时流行的王阳明的"良知"说,特别是泰州学派王艮的"造命"说是一脉相承的。与王艮"造命者乃与天斗"的极端态度不同,袁黄"立命"说因为是以因果报应为前提,故在天人之间有很大的妥协性,这种妥协的效果是天对人的善行一定会有所酬劳,这种酬劳是相当现实化的,生子、登科、富贵、平安等等都可以向天祈求,然后通过积善以换取天的赐福。在某种意义上说,袁黄之学是对泰州学派"百姓日用之学"的现实发展,即不仅仅借用百姓日用来论道,而是道就在百姓日用之中。袁黄把道德与功利巧妙地结合在一起,在这一点上,他和李贽最近,也难怪后世的理学家把他看做是与李贽一类的异端。泰州学派的周汝登、陶望龄在袁黄的影响下也都提倡使用功过格作为道德修养的途径。

明代中叶后出现的新的社会现实,迫切需要在观念上解决道德与功利的问题。明中叶后的社会一直有一股自下而上的潮流,无论是士人追求科举,还是商人和市民要捐一个功名,都是一种向上的涌动。这种社会潮流虽然不是完全的新生事物,但较之前代来说更为突出。士子们为了科举,纷纷结社,揣摩时文,营织风气,朋党相比,这些活动都是公开进行的,且充满了进取的热情。袁黄的《了凡四训》可以说为这些功利性的追求提供了道德合理性的说明。袁黄的《了凡四训》在明末清初非常流行,清初张履祥曾说:"袁黄功过格,竟为近世士人之圣书。"[54]彭绍升说:"了凡即殁百有余年,而功过格盛行于世,世之欲善者,虑无不知效法了凡。"[55]这些话虽然是在批评,但也说明袁黄的《了凡四训》适应时代需要,在某些方面反映了时代精神,才得以广泛流行。

袁黄《了凡四训》的流行受到一些学者的批评,其中尤其以刘宗周的批评最为著名。刘宗周对袁黄的批评主要针对因果报应说和道德功利思想。刘宗周认为,儒家追求的至善是不能用大小来划分的,而且,行善是君子的本分,不应该以之求报,也不能以之掩盖过错,功过之间不存在相抵的关系。严格的道德修养一定要能够做到知错改错,而不是仅仅记下来,等着另外的善行来抵消它。刘宗周在其著名的《人谱》中特别制定了《记过格》,以此反省和改正人因为"独知""七情""九容""五伦""百行"等方面的偏差所造成的"微过""隐过""显过""大过""丛过""成过"六种需要改正的过恶[56]。功过相比,刘宗周尤其重视过,他认为道德修养应当"言过不言功,以远利也"。从而将道德和功利严格地区分开了。

无论是女性教育、官箴书、讲乡约、劝善书,还是其他多种多样的社会教育形式,都是一种社会自身的教育职能的发挥。从明中叶后的历史来看,社会教育并非仅是从国家意识形态的角度来教育社会,很大程度上是社会出于自身的需要而衍生出来的自我调控的机制,社会中精英士人积极地参与和推动社会教育,有利于将社会教育引导到良性发展的轨道上来。社会教育的共同特点是从实际出发,比之渐趋僵化的学校教育更灵活且富有成效,与学校教育构成了良好的互补、互动的协调关系。

注　释

〔1〕 《明史·选举志》,《明史》卷六九,上海古籍出版社、上海书店《二十五史》第十册,1986 年,第 184 页。

〔2〕 《明史·选举志》,《明史》卷六九,第 183 页。

〔3〕 《学校考·群国乡党之学》,《续文献通考》卷一五,《四库全书》史部政书类。

〔4〕 《学校考七》,《皇朝文献通考》卷六九,《四库全书》史部政书类。

〔5〕 《顾母施太恭人七十序》,《吴梅村全集》卷三八,上海古籍出版社,1990 年,第 811 页。

〔6〕 《明史·选举志》,《明史》卷六九,第 184 页。

〔7〕 参见周德昌主编:《中国教育史研究》"明清分卷",华东师范大学出版社,1995 年,第 10—14 页。

〔8〕 《明史·选举志》,《明史》卷六九,第 183 页。

〔9〕 《道传录序》,《曝书亭集》,《四部丛刊》集部。

〔10〕《十八房》，《日知录》卷一六，甘肃民族出版社，1997 年，第 727 页。

〔11〕《明史·顾宪成等传赞》，《明史》卷二三二，第 650 页。

〔12〕《东林学案一》，《明儒学案》卷五一八，中华书局，1985 年，第 1375 页。

〔13〕刘宗周（1578—1645），字起东，号念台，因讲学于蕺山，人称蕺山先生，浙江山阴人。

〔14〕《诸儒学案》"征君孙钟元先生奇逢"，《明儒学案》卷五七，第 1371 页。

〔15〕《历年纪略》"康熙十二年癸丑"条，《二曲集》卷四五，中华书局，1996 年。

〔16〕《诂经精舍题名碑记》，《平津馆文稿》，《丛书集成初编》文学类。

〔17〕《清史稿·文苑传》，《清史稿》卷四八四，上海古籍出版社、上海书店出版《二十五史》第一二册，1986 年，第 1528 页。

〔18〕蔡冠洛编著：《清代七百名人传》（下），中国书店，1984 年，第 1754 页。

〔19〕《清史稿·文苑传》，《清史稿》卷四八四，第 1528 页。

〔20〕《清史稿·畴人传》，《清史稿》卷五〇六，第 1596 页。

〔21〕《东乡县志·公署上》，转引自李国钧、王炳照主编《中国教育通史》，吴宣德所著"明代卷"，山东教育出版社，2000 年，第 263 页。

〔22〕《崇仁学案》"恭简魏庄渠先生校"，《明儒学案》卷三，第 46 页。

〔23〕《谕民文》，《庄渠遗书》卷九，《四库全书》集部别集类。

〔24〕崔学古：《幼训》，《檀几丛书二集》第二帙，康熙三十六年刊本。

〔25〕《汉书·艺文志》，《前汉书》卷三〇，上海古籍出版社、上海书店《二十五史》第一册，1986 年，第 165 页。

〔26〕崔学古：《幼训》，《檀几丛书二集》第二帙。

〔27〕《二程外书》卷一二《传闻杂记》，《二程遗书》《二程外书》合编本，上海古籍出版社，1992 年，第 56 页。

〔28〕陆世仪《论小学》，《思辨录辑要》前辑卷一，《陆桴亭先生遗书》，光绪二十五年太仓唐受祺京师刊本。

〔29〕参见陈寅恪：《与刘叔雅论国文试题书》，载《金明馆丛稿二编》，上海古籍出版社，1980 年。

〔30〕《义学规则十八条》，《内自讼斋杂刻》第三册"襄阳府属义学章程"，转引自李国钧、王炳照主编《中国教育通史》，马镛所著"清代卷"（上），第 322 页。

〔31〕《小学辑注》，《四部备要》子部儒家类。

〔32〕《颁行社学教条》，《王阳明全集》，第 610—611 页。

〔33〕《训蒙大意示教读刘伯颂等》，《传习录》卷二，《王阳明全集》，第 87—88 页。

〔34〕《传习录》卷一，《王阳明全集》，第 4 页。

〔35〕《答顾东桥书》,《传习录》卷二,《王阳明全集》,第 42 页。

〔36〕《训蒙大意示教读刘伯颂等》,《传习录》卷二,《王阳明全集》,第 87—88 页。

〔37〕《内训》一卷,《四库全书》子部儒家类。

〔38〕《吕新吾先生闺范图说》四卷,《吕新吾全集》,明万历中刊清同治光绪间修补印本。

〔39〕《吕新吾先生闺范图说》。

〔40〕《教女遗规序》卷三,《四部备要》子部儒家类。

〔41〕《答以女人学道为见短书》,《焚书》卷二,《李贽文集》,北京燕山出版社,1998 年,第 82 页。

〔42〕《初潭集》卷二,《夫妇》"才智",《李贽文集》,第 25 页。

〔43〕《四库全书总目提要》卷七九,史部职官类,吕本中《官箴》提要,中华书局,1965 年,第 687 页。

〔44〕《西山政训》,《丛书集成初编》社会科学类。

〔45〕《薛文清公从政名言》卷之三,《薛瑄全集》,山西人民出版社,1990 年,第 1548 页。

〔46〕《薛文清公从政名言》卷之二,《薛瑄全集》,第 1538 页。

〔47〕《薛文清公从政名言》卷之一,《薛瑄全集》,第 1533 页。

〔48〕《薛文清公从政名言》卷之一,《薛瑄全集》,第 1536 页,又称《从政录》。

〔49〕《四库全书总目提要》卷八一,史部职官类,吕坤《明职》提要,第 693 页。

〔50〕关于明清官吏队伍的构成与官箴书的关系,可以参看〔法〕魏丕信《明清时期的官箴书与中国行政文化》一文,载《清史研究》1999 年 1 期。

〔51〕《南赣乡约》,《王阳明全集》,第 599 页。

〔52〕《南赣乡约》,《王阳明全集》,第 600 页。

〔53〕《了凡四训》,《民间劝善书》,上海古籍出版社,1995 年。

〔54〕《与何商隐》,《杨园先生文集》,《重订杨园张先生全集》,同治十年江苏书局刊本。

〔55〕《居士传》卷四五,《续藏经》乙编,第 22 册。

〔56〕《人谱》,《刘子全书》,清道光刊本。

第十二章　中心城市的建设与区域差异的凸显

　　城市是文明社会的一大标志。中国在三千年前的商代早期已经出现了用封闭的夯土墙与壕沟围合、内部建筑有功能与空间之差别的大型聚落,这应是城市的雏形与最初的形态。随着中华文明历史进程的展开,国家控制地域的扩大,城市兴建的进程伴随着国家行政管辖能力的提高而不断加速。同时城市形态分化、功能扩展、层级也逐渐划分。如果将中国古代城市作并不十分严格的区分,首先应当考虑都城和地方行政建制城市的区别,它们在规划设计、运转模式、管理层面等诸多方面都存在着非常显著的差异。

　　古代中国社会的都城,是国家所有的城市中,与最高统治者皇帝的日常起居生活、国家礼制和中央机构的配置与运转最密切相关的城市。因而,都城中不仅拥有大片供皇帝生活娱乐的宫殿和园林,还有一整套皇帝率领文武百官专用的进行国家正祀的祭祀场所,更集中了与国家机器运转密切相关的全部中央官署,以及适应君臣群僚需要而设立的服务性专司机构。都城在国家礼制、管理与象征性上必须对地方城市起到表率与示范作用,因此,都城必须能够成为一个王朝的首善之区。

　　由于中央委派官吏到地方实行层级式的管理,因而地方城市的建制规模也呈现出层级的特征。一方面,中央政府的各个部门通过层层下达的方式控制广阔的疆域,地方城市中必然配置所有与上情下达的要求相适应的官司衙署;另一方面,正如都城是整个国家政治、军事、经济、文化等方面的中心一样,各级地方行政建置的治所也必然成为地区的核心,从而使地方城市在城市规划和管理上既要表现出效法都城的示范模式,又不能逾制。同时,由于所在地区自然条件的差异,地方城市又呈现出不同的区域特色。

　　中国古代著名的都城与众多的地方城市,作为中华文明的重要载体,值得重视。当中国历史走到封建社会的晚期,明、清王朝的首都——北京,成为中国都城建设的集大成之作,与地方城市特别是沿海港口城市凸显出极大的差异,从多方面展现了中华文明的辉煌。

第一节　明清两朝首都的规划与管理

"天人合一"理念的物化过程　传统与实用的结合　四合院　空间分割与管理机构　都城的日常运转　商业区　户籍与治安

在中国古代的城市规划理念中,有两种主要的指导思想:其一,因地制宜,物尽其用;其二,整齐划一,以体现礼制上的象征性。明、清的北京,作为中国王朝体制下最后的一个都城,在规划设计上既体现出理想化都城模式的最高水平,又顺应地理环境的制约,有效地实现城市生活的运转。

北京建城的历史可以追溯到西周分封时期的蓟城,而第一次作为国家的都城则始于金中都的建设。公元 1215 年,蒙古骑兵南下攻占了金中都城,1267 年,元世祖忽必烈从蒙古草原移都燕京,以便挥兵南下,统一中国。由于金中都城依托的莲花池水源不足,他放弃了金中都旧城,改在东北郊外另建新城,命名"大都"。元大都的规划奠定了明清北京城和今日北京旧城区北部的轮廓与街道布局。

元大都城放弃原来蓟城的莲花池水源,改用高梁河为城市水源,开通惠河引水向南流入运河;环绕以琼华岛为中心的湖泊,进行全城总体规划。首先在湖泊东北的高地确定全城平面布局的几何中心:中心台(今鼓楼),划定城市的南北中轴线,沿着中轴线兴建皇城"大内";皇城后(北)面的湖泊"积水潭"是沿运河北来的漕船停泊处,沿岸的斜街与钟鼓楼一带发展成最繁华的商业市场。元大都城的平面设计体现了"面南而王"的礼制传统,再现了《周礼·考工记》"匠人营国,方九里,旁三门,左祖右社,面朝后市"这种理念化的帝王之都设计原则。元朝又将大都西北的白浮泉水引入瓮山泊(即今昆明湖的前身),与积水潭相通。由积水潭向东经过坝河、通惠河与南北大运河相连。这

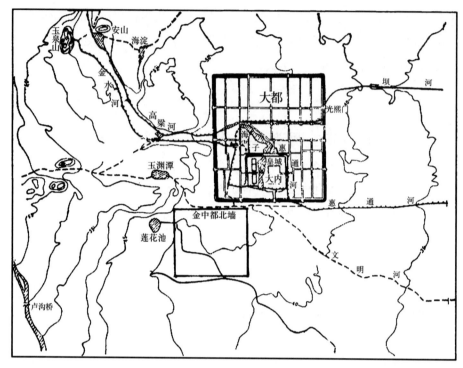

图 12-1 金中都、元大都与河流水系图

样,不仅大都城内有了充沛的水源,也使南方的物资源源不断地从水路运至首都,更好地满足了城市的需要(图 12-1)。

元大都共有 11 座城门,这 11 座城门的数目配置及命名皆取自《周易》"乾坤"之文[1],是我国古代道家天人观念在城市建设上的突出反映。各城门内建宽阔笔直的大街,作为城市的主要街道。大街之间设计安排东西向平行的横巷,蒙古语称:胡同。元大都城市主街宽 25 米、胡同宽 6—7 米,胡同间距 79 米,胡同间可以建筑的实际距离为 70 米,刚好适合建造三进的四合院住宅。四合院住房多排列在胡同的南北两侧,这样可以更多地获得光照,以适应北方的居住环境。

元大都城是大一统帝国的政治象征与中国传统文化中儒、释、道三教合一思想在国都规划设计上的集中体现。同时大都城的设计者考虑到城址选择在有河、湖分布的地方,建城前先测量地形,铺设排水沟渠系统,再根据街道布局兼顾中国北方建筑避寒采光的习惯而规划房屋的朝向,又体现了中国人务实

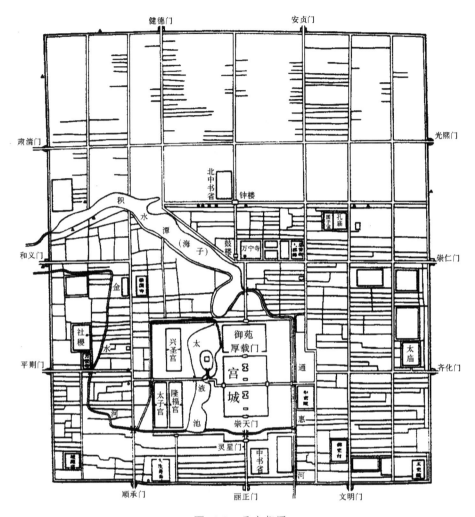

图 12-2　元大都图

的精神与娴熟的造城技艺(图 12-2)。

　　明初定都南京,改元大都为北平府,将北城墙南缩 5 里,放弃了较空旷的北部城区,又将南城墙南移 2 里。朱棣发动靖难之役后,永乐元年(1403)改北平为北京,永乐四年(1406)起兴建北京宫殿,历时 14 年完工,并迁都。明朝废弃了元朝的大内宫殿,在元代延春阁旧址筑万岁山(今景山)以表压胜前朝之意,从而突出了城市几何中心的视觉冲击。因北京北城墙内缩使得南城墙与元大内南墙之间的空间过窄,为让出较多空地以便安排新宫址,又废弃元大都南城墙,将新建北京南城墙相应南移 2 里而建,仍保留三门之制。明朝新宫位置也向南移而建。外朝建三大殿:皇极(清改称太和)、中极(清改称中和)、建极(清改称保和)殿;内廷建三大宫:乾清宫、交泰殿、坤宁宫;外围筑南北长961 米、东西宽 753 米城墙,又称紫禁城。紫禁城有内、外金水河流贯;南北大门为午门和神武门,均面阔九间,进深五间,符合帝王的"九五之尊";东、西华门与其内的文华殿、武英殿,象征"左辅右弼"。皇城南面承天门(天安门)前的南北直街称作天街,与东西横街(长安街)形成"T"字形宫廷广场,向南至大明门之间的两侧为千步廊,系仿照唐长安城、宋东京开封城的旧制。紫禁城的西面营建西苑,囊括了北海、中海、南海三个湖泊;四围筑以黄瓦红墙,形成皇城。明宣德七年(1432)皇城墙东、南、北三面均向外展,将玉河(原通惠河)包在皇城东墙内,扩大了紫禁城与皇城之间的距离;在宫城南面安排"左祖右社",即太庙和社稷坛的位置。明北京紫禁城和皇城的设计都是模仿明中都和南京的规制而建。

北京皇城北门(地安门)外重建钟、鼓楼,从元代钟、鼓楼街东移至中心阁的位置,南北相对而立。方向与紫禁城宫殿的轴线一致,作为全城中轴线的起点。永乐十八年(1420)为尊古制祭天于南郊,在正阳门南建礼制中心;东为天坛,西为山川坛(后称先农坛),分列中轴线向南延伸的两侧。嘉靖年间,按照天体运行"朝日夕月"的规律,又在北京城郊的东、西、北三方各建造日坛(东)、月坛(西)和地坛(北)。此五坛均为国家祭祀之所。

明朝京城中央官署的建造,起于明宣宗宣德年间,几乎全部照搬南京皇城官署的布局制度,在承天门(天安门)前"T"字形宫廷广场外两侧起建,以适应大朝会和祭祀的需要。明朝在皇城前安排中央官署的做法与唐、宋时代京城布局的礼制一脉相承,但是有个特殊的变更,即位于广场东侧属于中央官署的六部惟缺刑部。究其原因,在于明太祖朱元璋设立了锦衣亲军都指挥使司(锦衣卫),专责皇室警卫,以后又赋予其兼管巡察缉捕刑狱之权,独立于五军都督府之外,权势不受三法司节制。锦衣卫在南京时就与五军都督府同置皇城中轴线洪武门以西,而将三法司移至皇城外的玄武湖岸边。所以,明英宗正统七年(1442)北京亦如南京之制,也将三法司(刑部、都察院、大理寺)建在远离皇城的宣武门内街西,以后那里留下了"旧刑部街"之名。

明北京城初建时的城郭轮廓是方形，符合前朝历代都城的传统形制，这个方形的城郭形态一直保持了 130 余年。但是，由于实际的地理状况不可能是均质的，北京城自元大都时期起就受到地形与河湖水系的制约，是在理想的范式与现实中调和的产物。明北京城的西北角由于受到高粱河、积水潭水面的影响，使这里的城墙被约束成东北—西南的斜向，而不能成为直角，并非人为地附和所谓"风水"理论。

明朝由于不断受到来自北方游牧民族南下侵扰的威胁，嘉靖三十二年（1553），加筑外城。那时的正阳门、崇文门、宣武门外已经民物繁阜，又是国家祭祀之所在，因此，外城之筑先作南面。"上命正阳外门名永定，崇文外门为左安，宣武外门名右安，大通桥门名广渠，彰义街门名广宁。"[2] 从城门的命名上我们不难看出，北京外城的修筑重在防御和祈愿安宁。可是终明之世，其财力也一直未能支持完成其他三面的外城。所以自明朝嘉靖年间起，北京便形成了颇具特色的"凸"字形城墙轮廓[3]。由于外城街道未像内城那样事先经过统一的规划，与内城整齐的街区相比，形制颇有差异。

明北京城的中轴线向南延伸，长达 8 公里，成为北京城最明显的标志。中轴线的确定，使城市布局更为稳定，从形象上强化了"面南而王"，唯我独尊的帝王意识。更具象征意义的是，皇宫坐落在中轴线上，众多中央衙署分列在中轴线两侧，专制皇权对城市乃至国家的控制以这样一种集中的带有象征性的方式表达到极致（图 12-3）。

清代北京城的轮廓及街道规划并未发生太大改动，只是在原有基础上改建或改换名称。清朝废弃锦衣卫与五军都督府，天安门广场西侧所空出之地，一部分改建民居，另一部分则安置了从旧刑部街搬迁过来的三法司：大理寺、刑部、都察院。清朝着力对北京西郊的风景园林区进行了开发，三山五园依次建成，使北京的西郊出现了城市中心以外的另一处王朝政治活动的中心。

不难看出，在 800 年的历史进程中，尤其是作为中国王朝晚期的都城，北京的营造是"天人合一"理念的物化过程。居中的宫殿皇城，排列紧凑的中央官署，占有相当大空间的"六海"湖泊园林，不仅城市布局融合了几千年来形成的中华传统文化的都城礼制观念，而且从视觉空间上也表达了中国人所独有的审美情调。

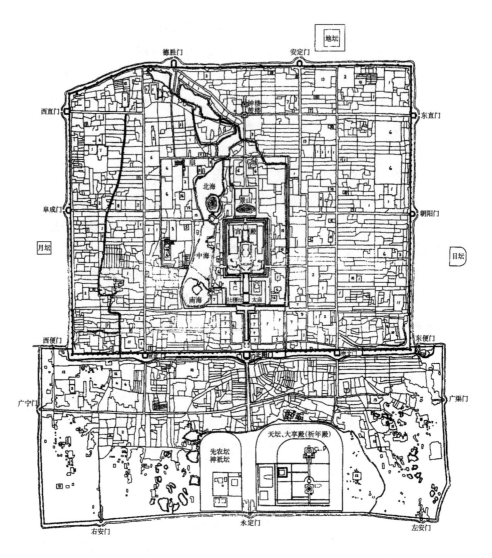

1、亲王府　　2、佛寺　　3、道观　　4、清真寺　　5、天主教堂　　6、仓库　　7、衙署

8、历代帝王庙　　9、满洲堂子　　10、官手工业局及作坊　　11、贡院　　12、八旗营房

13、文庙、学校　　14 皇史宬(档案库)　　15、马圈　16、牛圈　17、训象所　18、义地、养育堂

图 12-3　明清京师城图

北京的四合院是明、清时期北方平原地区城市住宅最典型的代表,它的形成肇基于明、清两代颁布的住宅等级制度。遍及全北京的四合院民居,衬托着

皇家宫阙的轩昂,有如城市结构的细胞,给人留下不同寻常的深刻印象。四合院是北京人传统的住宅,形式上以东南西北建房,合围出一个院子。院子的外墙除大门外,没有其他通道与胡同相连,组成一个安全、宁静、封闭的私家天地。标准的四合院按照南北纵轴线对称地布置房屋和院落,大门开在东南角,它产生于传统的中国相宅说中的方位法则,巽卦位象征吉祥,有利财运。大门在朴素中透着门第的森严,门内迎面矗立影壁,使外人不能窥视宅内的隐私。入门转西进二门,至前院。南侧的一排门窗向北开,称为倒座房,也称"下房",常用作客房、书塾,堆放杂物或听事(男仆)的住所。前院正北设第三道门,常常修饰成华丽的垂花门,门内仍然矗立一座影壁或木制屏风,挡住来人的视线,使外人感到深邃莫测,而主人则从容不迫。进垂花门始入正院,院北的正房高大敞亮,通风好,冬暖夏凉,最适宜居住,是长辈的居室,也是家庭成员们集中活动的地方,俗称"上房"。正房前出廊,后墙不开门窗,东西有耳房。院子东西各建厢房,是晚辈的住处,也是前出廊,后身不开门窗,既安全又可以避免上、下午日光的照晒。整个院子用回廊联系,不畏雨雪,颇便往来,构成全部宅院的核心部分。正房一侧的耳房开有过道或穿堂门以达后院,后院的北边建后罩房,安置女眷、女佣或用作储藏室,所谓"深闺藏秀"。也有富户将正院上房设计为主人的书房或会客的地方,而把卧室移到后院的北房里,左右再建东、西厢房,这样就组成了两进或三进的四合院。厨房常设在东厢房一侧,厕所则配置在对面的角落,所谓"东厨西厕"。还有一些官僚大户,家室财产多,房子不够用,则在主四合院落的两侧修建跨院、别院,依然按照标准的四合院式样,在南北轴线上对称地配置房屋;更有在住宅院落内营造花园者。这些主院、跨院、别院或花园之间,通常都筑墙来限隔,又有随时能够启闭的门来连通,以适应中国传统家族中的分房,又维持着分房不分家的传统习惯。

北京四合院的设计反映了强烈的封建家族宗法礼教的思想,长幼有序,主次有别。家庭成员每天都可以在庭院里相见,那个四方院子顶上的天空,永远只属于这个家族自己。四合院的建筑设计充分照顾到环境与气候的影响,高大的院墙挡住了街道上的喧嚣,庭院内栽种的花木带来了无限的生机,构成一个安静舒适的居住环境。它那背北面南的房屋设计原则,垂直轴线上对称配置的传统,大门方位选择上的精心思考,无一不是黄河流域早期原始聚落居住

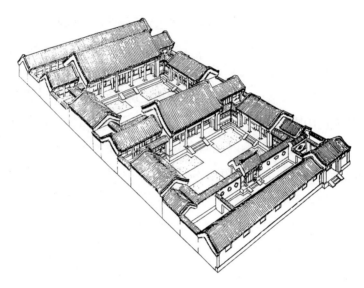

图 12-4　北京典型四合院图

结构的世代传承。北京的四合院蕴涵着丰厚的文化内涵,显现出一个完整的家庭既声气相通,又保持着相对隐私性的特点(图12-4)。帝都北京正是用民居四合院有限的建筑高度与灰色情调,衬托出皇室宫闱红墙黄瓦的雄伟、高贵与尊严。

顺治元年,清朝定都北京。北京的都城管理制度伴随着满洲贵族的入关,与满洲贵族的八旗军事制度密切联系在一起。同时,吸收汉人的统治经验对于任何一个入主中原的少数民族来说都是必然遵循的法则。在清朝前期的管理中,北京城被人为地划分成旗人居住的内城(北城)和汉人居住的外城(南城)。这种民族隔离政策使同一座城市中出现满族制度和汉族制度的纠缠,以及两种管理系统的重叠。这种分隔的局面,直到道光后期满、汉居住界限逐渐消失后才有所改观。光绪末年实行新政后,清政府在管理方式上又进行了调整,近代化的城市管理机制才开始在北京出现。

都城的管理与一般城市管理最大的不同,在于都城在地方行政管理系统之上还受到来自中央管理机构的直接指挥。清代北京的管理,除去顺天府和宛平、大兴两县衙之外,工部、兵部等中央官署也兼有部分城市管理职能,生活在都城中的皇帝也会时常过问这座城市的管理情况,从而使都城的管理机构异常多样。

顺天府,府衙在地安门外鼓楼东边的交道口,沿用元代大都路总管府的旧署,掌京府之政令。凡宣化和人,劝农问俗,均贡赋,节征徭,谨祭祀,阅实户口,纠治豪强,隐恤穷困,疏理狱讼等民事,尽由顺天府府尹掌管。府丞及其他属官兼领学校,分理粮储、马政、军匠、薪炭、河渠、堤涂之事,另有推官理刑名,监察属吏[4]。大兴县、宛平县为顺天府两附郭县,以中轴线为界,西为宛平县属,东为大兴县属。大兴、宛平二县衙虽位于城内,所管辖的地域却是北京城郊外。

另外,在京中央官署也兼理部分城市职能。工部下设营缮司,主要负责北京城垣、衙署、仓厂等建筑的营建维修工作,虞衡司主要负责窑冶、山泽采捕之事,都水司主要负责河道、沟渠、水利、桥梁、道路等公共工程,屯田司掌管陵寝修缮并负责开采西山的煤矿。兵部下设车驾司,掌驿传、厩牧之事;此外会同馆、太仆寺等机构也负责北京的驿传和马政。从职能分工上讲,以顺天府统大兴、宛平二县,主管北京城市民政、经济、文教、卫生、治安诸多方面的事情,工部、兵部则只是在建筑营造修缮、河渠水利、马政驿传等具体的城市建设工程和运转环节上给予协助。

都城由于容纳了以皇帝为首的众多消费人群而区别于乡村和普通城市。其日常生活围绕着物质的流动而展开,每天每个人方方面面的需要组合在一起构成了城市运转的基本机制。城市管理所涉及的市政、民政、文教、卫生、工商、治安诸多方面彼此结合,共同维持了北京城内众多消费人口的日常生产和生活。

水是城市生活的根本。无论是元代以前引用的莲花池水系,还是元代以后逐渐开发利用的高粱河水系、西郊玉泉山水系,丰沛的水源对于北京城的存在都是首要的因素。清代北京城的水系沿用了元明两代内外城的沟渠排水系统,并修建了自西山经昆明湖引水入城的石槽工程,使北京的皇城宫苑用水与漕粮运河的供水获得了稳定的水源保证。在饮用水方面,除去皇帝的用水由专人负责每日进出西直门从西山运往皇宫以外,北京城居民主要依赖的仍然是井水。清代北京城的排水系统在元明两代城市沟渠的基础上日趋完善,城内大街和主要的胡同侧旁都有排水明渠或暗沟,组成北京城市污水排放系统。

这些沟渠将城市中的污水、废水逐级收集,通过城墙下的水关排放到环绕城市的护城河中。为了保证排水通畅,每年农历二月至三月要按照惯例开沟,清理淤泥,疏浚河道。

道路交通方面,清代北京的内城在各城门内形成笔直宽阔的大街,胡同多为东西方向排列,间或有南北向的小街贯通数条胡同,形成纵横交叉的道路网。外城的街道是在未筑城之前自然形成,缺乏规划,以趋向正阳、崇文、宣武三门的斜街为主,虽然与内城相比显得比较零乱,却反映出东(广渠门)、西(广安门)的两个方向是进京的主干道路。此外,清代着力于西郊的开发,并为此而兴修了两条专用道。一条是出西直门向北经高梁桥至海淀的御道,顺着这条石板路可以到达圆明园;还有一条是出阜成门向西,经八里庄、模式口通往西山采煤区的道路,也是石板路。西山的煤炭沿此路源源不断地运抵京城,为整个城市提供燃料。

民国以前的北京城内道路以土路为主,清康熙二年(1663),先后设置督理街道衙门御史、街道厅、五城司等机构掌道路沟渎,"修治以时",规定"凡石道、土道皆令平坦坚固,毋许堆积秽土。有洼下者,随时填筑。大街中间量培土埂,厚数寸,宽数尺。轻车从土埂上走,重车从两旁行走"。并定时用水泼洒街道,以免起尘[5]。

明清两代的北京城,逐渐形成了几个商业集中的地段。它们大多分布在城内大街的交叉路口,如地安门外大街、东四牌楼、西四牌楼、棋盘街等。而城中寺庙定期举办的庙会则成为城市商业活动的又一种市场形式,清代以东城隆福寺、西城护国寺、南城的土地庙和花儿市号称"四大庙市"[6]。由于清朝内外城的分治以及前三门道路的日趋重要,外城为众多的各地商人和汉族居民居住,商业买卖越来越繁盛,形成前门外商业区(图12-5)。此外,因为乾隆时期修《四库全书》之需,馆臣到书肆访书,刺激了宣武门外琉璃厂文化街的繁荣。由于大慈仁报国寺庙会的衰落,庙会上的书肆陆续转移到了琉璃厂,书业的兴旺,吸引了众多文人、官员到琉璃厂买书。乾隆三十八年(1773),朝廷集中大批学者编修《四库全书》,参与修书者多集中在宣南,致使这里的书肆空前繁荣,同时带动了相关文化用品行业的发展。

崇文门外花市市场街则因京城税关的存在而发展。自明代起,一改元朝

图 12-5　清乾隆年间宫廷画家徐扬绘《御制生春图》

在大都城内遍设税务之法,于北京城外东南设崇文门宣课分司监收商税,清代改为崇文门监督署,位于崇文门外街东[7]。长期以来,受南方人流、货物入京城总是从广渠、广宁门入城的影响,形成在崇文门外纳税为便的惯例,导致了外地货商进京首先会选择花市地区作为理想的物流集散地。宣南、崇外地区繁忙的行商坐贾,也造成了商业会馆和同乡会馆在外城的大批出现和集中修建,在建筑上与内城的四合院构成形似而实异的风格。

在商业贸易之外,城市中另一种与人们的生活相关的建筑——仓库是很少被人们注意的城市职能建筑。明朝因北城墙南移,漕运与旱路进京仍由两厢,故重要的仓库多配置在东、西两城的东南部和西北部。草料场配置在北京城西北部,应与草料来自西北有关。由于清朝政府完满解决了与蒙古王公贵族的关系,不再需要对蒙古地区用兵,北京城郊也不再有蒙古骑兵的骚扰。城西不必配置仓场,城外可以建仓。另一方面,清朝粮食物资进京漕路基本固定在城东的通州卸运。也许是为了在城内安置众多王府的目的,清朝将原分布在北京西城的原明代草料场、火药厂、铳炮厂、仓库尽数裁撤东移,将重要的仓库全部安排在东城靠近城墙的明朝海运仓、旧太仓等仓库旧址。东城某些不靠近城墙的仓厂,如台基厂也废弃不用。同时在东城墙外东直门至东便门之间新建万安仓和太平仓,以解决城内仓库不足的问题。

在一个充斥着木构建筑的古代城市中,火灾是最危险的灾害。清代北京城的火灾防控是和军事制度密切结合的。清政府规定,凡城内步军旗营等见某处失火,即报知相近旗分,采用就近的原则由该地的旗营救火;如果皇城之内失火,则"每翼令二旗救护"。如果遇到旗界及接壤之地不慎失火,则临界两边的旗营都要以"值班官兵之半往救,其余官兵仍留该班处备用"[8]。这种依据八旗防区划分而进行的分工方式应该说是最有效的,它可以保证足够的兵士就近在第一时间赶到火灾现场。

北京内外城满汉分住的政策导致了清代北京城市居民户籍的不同管理。内城为京师八旗按旗分区聚居,外城为没有旗籍的居民分散居住,另散有几处旗营。内城的满洲、蒙古、汉军八旗的居住区同样存在着圈层结构,即满洲八旗居住在最接近紫禁城的内圈,蒙古八旗环绕其外,汉军八旗在最外圈。这种自内而外按旗分区而居的分布形式,有利于清代北京内城的户籍统计和管理。清代规定"八旗无分长幼男女,皆注籍于旗"。旗下置参领若干,参领下置佐领若干。佐领即为八旗户籍管理的基本统计单位。内城八旗的人口统计就是按照这种自下而上的模式进行。皇室户口的管理隶属于宗人府,采用宗室组织和八旗户籍两种方式,以宗室佐领和觉罗佐领为单位并入整个的八旗户籍体系。对于外城的居民,清朝沿用明代五城坊保甲户籍制的管理办法,将外城分成东西南北中五城区,每城有坊,各坊下设司坊官,分领坊内民事。坊下置牌,牌下有编户,从而形成北京外城的城、坊、牌层级户籍管理和户口统计系统。

京城的治安由多层官署负责。其中提督九门巡捕三(五)营步军统领和五城察院的巡城御史负总责,顺天府尹配合协调,掌管着城市的安全保障。清代北京的治安管理分为皇城和皇城以外两大部分,而皇城以外的部分又依据内外分治的原则而区别对待。据《大清会典事例》的记载,"紫禁城内系镶黄、正黄、正白三旗轮流直班,……其紫禁城外围,系正红、镶红、镶白、正蓝、镶蓝五旗轮流直班"[9]。即由上三旗满洲人在大内中进行往来的巡逻,下五旗满洲人则负责皇城以内其余部分的治安。皇城外的京师内城由八旗步军按驻守区位分汛、分栅栏进行防守稽查,夜巡报更。皇城内设分汛90,列栅栏116,内城分汛共计625,列栅栏1199。每汛设置步军12名,每栅栏设置步军3名。栅栏和城门一样,夜间关闭白昼开启,用以控制居民的活动时间。京师外城治安由巡城御史和兵马司指挥负责,统领京师绿营马步兵巡捕五营进行治安巡逻。

1900年"庚子之乱"以后,清廷设立"善后协巡总局"(后改内外城工巡局)以处理外国军队占领之后的京师治安问题。光绪三十一年(1905),清政府设立巡警部,原内外城工巡局改为"内外城巡警总厅",直接隶属于巡警部管辖,管理京师内外城一切警务。次年民政部成立,巡警总厅改隶民政部。北京城市警察制度经过近一个世纪的发展逐渐成熟,警察机关逐步设立,伴随而来的是警察分局、派出所从最初的警务区划,最终发展成为以后城市内独立的"区"和"街道办事处"等行政管理单元,这是北京城市制度向近代化迈进的步伐。

北京作为国家都城的城市建设,首先是为了适应皇帝总理朝政和生活起居;其次要便利王朝中央机构的运转,以及与皇权的沟通;再次则需要有维持城市住民生活的公共设施。京城的城市建设不单与统治集团的政权运作有相当密切的关系,而且还要表达文化的理念、时代的精神,因此很强调城市的规划设计与象征性。北京城作为中华文明的表象,无论是俯视的平面布局,还是立体的天际线,都十分讲究秩序的理念(图12-6)。北京城内的建筑物:宫殿、王府、寺庙、民宅,无论它们的功能有多么不同,占地面积有多么悬殊,用料和色彩有多么大的差异,有一点却是出乎意料的一致,那就是都采用了一致的四合院落的组合形式,共同建构出北京那整齐划一而又不失绚丽,在象征帝王的

图 12-6 北京城东南角楼

威严与凝重中,又渗透着民众活力的城市意象。在这均质与异质的对比之中,使我们真切地体会到中华文明的传承和变革。

第二节 沿海城市的发展与辐射作用

海禁与开埠 从卫所到都市 沿海城市的辐射作用

自古以来中国就有着漫长的海岸线和宽广的海域,在现今中国的版图内,有 1.8 万余公里的海岸线,1.4 万余公里的岛岸线,沿海岛屿多达 6500 多个,四大海域的海洋国土达 300 余万平方公里,相当于陆地国土面积的三分之一。

在漫长的海岸线上,分布着众多的条件优越的港口。中国沿海港口的优越性主要表现为:港口数量比较多,分布范围跨越暖温带、北亚热带、中亚热带、南亚热带和热带5个类型气候带,自然环境适合不同地区的发展需要;大部分港湾终年不冻,水深条件基本满足海运的需求;港口类型丰富,有河口型、内海湾型、外海湾型、狭湾型和海岸岛港型等,河口型和海岸型港口数量各占一半,其中,河口型港口从古代以来,始终对中国经济社会的发展起着十分重要的作用,而海岸型港口所起的作用更为显著。

历史上,我国也曾经发展出较为先进的造船技术和航海技术,但是客观地说,我国却从未在海洋上发展出一个新的世界来。在一个以农为本的国度里,沿海的广大领土除了具有鱼盐之利外,在农业发展中并不具备任何优势,甚至因为地势低平沮洳、水土盐碱过高而具有某种程度的劣势。因此,历代中央政府对沿海地域的重视程度不高,缺乏实行行政管理和发展经济的热情。最具体的表现就是在明清以前,沿海地域缺少有影响力的城市,尤其是依托港口发展起来的城市,只有极少数因为朝贡体制的需要,在政策的特意庇护下而发展起来的特例。

明代是沿海城市发展史上的一个关键时期,这并非明朝对海洋和沿海形势的认识较前朝有什么大的突破,而是形势使然。正如明朝开国皇帝朱元璋表述他对开启海禁的态度所言:

> 尽力求利,商贾之所为;开边启衅,帝王之深诚。今珍奇异产,中国岂无。朕悉闭绝之,恐此途一开,小人规利,劳民伤财,为害甚大。[10]

这种关闭海疆的态度也成为明朝以后历代皇帝的"祖宗之法"。明朝的这种政策取向是有其充分理由的:有明一代,来自海上的威胁与骚扰比前朝历代都要严重得多。早在洪武二年(1369)便有"倭寇"之乱,从嘉靖时期起,沿海奸商勾引倭寇与红夷酿成边患,沿海地带屡遭袭扰,前后达百年之久,给朝廷和百姓都带来了极大的不安。因此,明朝政府采取了关闭海疆的措施。但在客观上,明朝政府的这一政策,却造成了沿海城市生长发育的滥觞。

明廷封闭海疆的具体措施有二。其一是继续严格实行"朝贡"制度,把与海外国家的交往控制在官方许可的范围内。明初本在太仓黄渡(今上海市嘉定区黄渡镇)置市舶司,后改置浙江(宁波)、福建(泉州,后移置福州)、广东(广州)3个市舶司,规定宁波通日本,泉州通琉球,广州通占城、暹罗、西洋诸国。政策上的倾斜无疑会给通商的城市带来更多的发展机会,而且事实上宁波、福州和广州在明代都成了繁华的沿海港口城市。明朝封闭海疆的第二个措施是在沿海设置了众多的卫所,以抵御来自海上的威胁。这些明代卫所,使沿海许多地方首次出现了具有城市意义的聚落,使沿海城镇的数量增加。其中的许多卫所占据了相当好的地理位置,譬如适于建设港口的地方,卫所的构筑原本是为了避免敌方获得锚地而登陆,却为以后的城市发展奠定了良好的建港基础。虽然这些卫所的职能最初只是单纯的军事堡垒,但是随着海疆的安定,卫所城池的职能逐渐多样化,最终在中国沿海造就出一批具有相当影响力的城市。明代的卫所和此前已经发展起来的省会、府治和县治城市一起,构成中国沿海的区域中心。

清朝前期的海疆政策摇摆于禁与开之间。康熙年间,为了打击郑氏势力,收复台湾,颁布了迁海令,完全禁绝沿海贸易,致使沿海呈现萧条之状。统一台湾以后,清朝取消禁海令,宣布开江苏的松江、浙江的宁波、福建的泉州、广东的广州为对外贸易口岸,并设立江、浙、闽、粤四海关。海禁的取消,使东南沿海的海外贸易空前繁荣,来往于占城、暹罗、真腊、满剌加、淳泥、吕宋、日本、苏禄、琉球诸国的商舶不断。但与此同时,清政府又加强对海外贸易的限制。其主要措施:一是出洋贸易必须呈报地方官,登记姓名,取保具结,发给执照,将船身烙号刊名,令守口官弁查验方准其出入贸易。随后又把保甲制推行到海上,施行商保制度。二是限定焰硝、硫黄、军器、粮食等物资出洋。三是限定出海船的载重量不得超过500石,并限定出海船只的桅杆高度,建立造船登记制度。由于海疆屡生事端,清廷又封锁了海疆,乾隆二十二年(1757),清政府决定取消其他贸易口岸,只允许广东一口通商。海疆的封锁,使沿海城市的发展受到很大的抑制,沿海城镇空疏。尽管广州得到了政策上的偏向,但海外贸易整体水平的降低,也拖住了广州城市前进的脚步。

19世纪中叶鸦片战争以后的开埠是我国沿海城市发展的一个关节点。西方列强出于经济利益和海上掠夺的考虑,强求一些中国港口城市实行对外开

图 12-7 五口通商后的上海

埠,并在这些城市建立租界区,从而使开埠城市最先接触到西方的城市建设理念。西方的市政管理、经济模式和文化形态的传入,使开埠城市最先脱出中国传统政治城市的模式,率先迈向近代化。沿海城市发展起来之后,其影响力不断向内陆腹地辐射,带动更多的中国城市走向了近代化(图 12-7)。

1841 年 8 月 29 日,清政府与英国签订了《南京条约》,宣布开放五个通商口岸。1843 年 7 月 27 日广州开埠,1843 年 11 月 1 日厦门开埠,1843 年 11 月 17 日上海开埠,1844 年 1 月 1 日宁波开埠,1844 年 7 月 3 日福州开埠。这是中国海疆和主权被打破的第一步,同时它也是中国沿海城市迈向近代化的第一步,中国沿海城市从此画出了一条与以往的内陆城市大相径庭的发展轨迹。

此后从 19 世纪 50 年代起,中国又依照不平等条约对外开放了营口、汕头、天津、汉口、重庆等沿海和内地沿江的城市为通商口岸。到辛亥革命前夕,全国被陆续开辟为通商口岸或商埠的城市已达 107 处,其中分布在沿海地带的,有上海、杭州、宁波、温州、福州、厦门、广州、青岛、天津等 23 处。被迫开埠可以视为这些城市近代化的起始点,因为对外经济联系的建立和租界的开辟,直接与此有关。

沿海被迫开埠的城市由于对外经济联系建立比较早,城市近代化的程度相对较快,在整个近代史进程中,在经济上、文化上都处于中国近代化的先行地位。从产业的角度看,不少华商开创的企业都首先诞生于沿海开埠城市就是一个明证。其中纺纱、轧花、织麻、服装、造纸、印刷、罐头食品、机器制造、制革、电灯业最先落脚在上海、广州、厦门。这些企业的产生,标志着中国近代工业的萌生和发展,而孕育这些企业的沿海开埠城市无疑也担当起经济发展的先行者角色。

中国近代文化史上许多"第一"也都是在沿海开埠城市里创造的。诸如第一份中文杂志是 1833 年传教士在广州创办的《东西洋考每月统记传》,第一份科学杂志是 1876 年在上海创刊的《格致汇编》;第一所女子学校是 1844 年传教士在宁波创办的宁波女塾,第一所师范学校是 1896 年在上海创办的南洋公学师范院;1843 年在上海创办的墨海书馆是中国大陆第一家新式出版社,1844 年宁波也出现了专门印制圣经的华花圣经书房,并从美国人手中掌握了电刻字模技术;1872 年在上海徐家汇建立了第一所近代天文台,大批传播近代科学技术与思想的书籍在上海广泛印刷。

沿海城市在经济、文化上的发展,对内地城市产生了强烈的辐射影响。这种影响涉及经济、社会、文化、科技乃至生活习俗等各个方面,学者们将其归纳为三个层面:

一、产销和融通。这是沿海城市对内地经济辐射最基本的形式。沿海城市不仅把进口货内销,而且以本地生产的国货运销内地;同时又吸纳内地的土货出口,或将农副产品运回沿海城市加工。由于资金的融通,密切了沿海城市与内地的经济联系。

二、接纳和传导。这个层面主要是沿海城市对内地文化、科技和生活习俗发生的影响,其中相当部分体现在技术、设备等物质方面。沿海城市之所以具有这种功能,是由于当时中国同世界先进国家在科技设备等方面有着相当大的差距,沿海城市处于中外物资、文化交流的交会点,往往得风气之先,自然能够担负起吸纳、消化外来先进技术,并将之传递到广大内地的责任。从广州一口通商时"广货"向上海及沿海各地销售,到后来上海的国货产品与技术、文化向内地传导都是这种功能的体现。

三、示范和辐射。这个层面主要表现在沿海城市在产业转换、经济机制、政治制度、市政建设、社会生活等多方面对内地的导向。沿海城市由于近代化程度较高,特别是像上海这样的大都市无论在产业转换上,还是政治、经济制度或社会生活上都领先于内地。一种新事物往往是上海等沿海城市率先起步,内地紧随其后,所以,沿海城市起着先导的作用。这种制度层面的示范和导向作用,是沿海城市对内地高层次的辐射形式[11]。

第三节 沿海城市发展的区域差异

东北地区沿海港口城市的起落:营口与大连 华北地区沿海城市的代表: 天津、青岛和烟台 东南沿海的河口型港口城市:杭州、宁波、福州、泉州、漳 州、厦门 上海与广州的比较

纵观中外各国,凡是在热能动力没有真正用于航海舰船之前的沿海港口, 无一不是在大陆沿海迎受潮汐的河流河口附近形成河口型港口城市。19 世纪 末以前的中国沿海港口城市也都在大河的口岸,由传统型政治城市与外港组 成。这种选址条件使河口型港口城市具有三个方面的优势:其一,临近海口, 便于发展海上运输和贸易;其二,依靠风帆为动力的船舶凭借潮汐进出,相对 安全可靠;其三,依托向内地延伸的河流,能够扩大物资源流和市场,成为港口 城市经济发展的腹地。但是河口型港口城市也有不可避免的不利因素,那就 是河流的淤塞与航程的短长,都会影响沿海城市能否发挥其中心城市的辐射 作用。

营口兴起于咸丰十一年(1861)。根据《天津条约》,辽东半岛的牛庄被定 为东北开埠城市,但是由于辽河航道的淤塞和偏离,促使英国政府照会清廷, 要求改换营口为通商口岸,习惯上仍以牛庄为名。营口之名,始见于清道光十 年(1830),由没狗营所改。同治五年(1866),因其位置之重要而设营口海防 厅。于此建城的原因在于“营口乃东三省咽喉之地,兼通高丽、珲春等处”[12]。 营口属于河口城市,位居江海之冲,为辽河全流域的物质吐纳之口,拥有广大 的腹地,该流域的物产和商品均要通过此地,因此营口才得以存在和发展。而 辽河下游河道的淤塞善徙也始终是影响营口发展的因素之一。

从咸丰十一年(1861)至光绪二十四年(1898),凡三十多年的时间里,辽 河的帆船贸易极盛,辽河已成为沟通东北及东部蒙古地区最重要的经济大动 脉。由营口入辽河的船只,“水大时,小汽船可通至辽阳,帆船上溯八百里达昌图之通江子,满载黄豆、豆油、豆饼输出营口"。故而"内地用品的供给全赖帆船为之输,将抑营口在全国海港中所占的地位,营口一方面既与东三省内地联系密切,另一方面又与国内其他各大商港有轮船为之联络,而且我国汽船、帆船之货载大半以营口为终点,所以能够蒸蒸日上,执东北商务之牛耳者"[13]。营口翘然而成东三省最重要的商埠。

大连的崛起与营口的衰落几乎是同时同步的。大连属于海湾型港口,由于没有河流汇入,故大连地区的海湾无淤塞之患。1880年,北洋海军驻守旅顺,加强了大连地区的防务建设,使这一地区迅即成为北洋海军的重要基地。1898年沙俄强租旅大,在大连湾畔的清泥洼开辟新港口及市区,1902年港口建成的同时营建了贯穿东北的中东铁路和直通旅顺的铁路。1905年日俄战争结束后,日本接管了沙俄在南满的一切权利,宣布大连为"自由港",接纳世界各国船只。由于大连港码头设计合理,装卸方便,再加之南满铁路直伸到黑龙江南部和吉林、辽宁两省的腹地,因此,大量出口的大豆、木材、药材和东北土特产均可运到大连出港。1910年以后,日本以南满铁路为中心,与京奉、四洮、安奉铁路联运,纵横相贯,货物如流,商贾云集,货物一日之间皆可运至大连。南满铁路运货,速度快且运价廉,比内河航运速度提高了5倍以上。铁路联运以后,河流航运之利锐减,作为"日本南满铁路株式会社"的出海口,大连港压倒了历来是东北主要吞吐港的营口港,成为东北第一大港。以1913年为例,大连港海外商品进口总额已接近四倍于营口[14]。东北地区的出口农产品也由过去的辽河—营口水路运输逐渐转移到南满铁路—大连的陆路运输,整个南满地区的进出口贸易已被"满铁"所操纵。

日本对东北地区的殖民掠夺人为地加速了营口的衰落。日本人为了达到"经营满洲商务以大连为中心"的政策,奖励中外商人货物进入大连港转运,东北各地出口货物,尽为大连所有,致使辽河航运与营口港出口遭到更沉重的打击。此外,1906年日本在建造辽河新民段巨流河桥时,有意将桥的高度压低,以限制大型运输船只的通过,更给辽河运输造成了不利的影响。

当然,导致营口港衰落的因素也有辽河本身的问题。清末,西辽河上游的蒙古各盟旗放荒招垦,许多草原被耕种,造成了水土流失,淤浅河道,不利于辽河的航运。从营口入海的河流只剩下浑河和太子河的汇流水,水量不大。当地人称其"八分向西,两分向南"[15]。失去辽河的支持,营口的吸引范围大大缩小,其衰落已呈必然之势。

　　天津起源于金朝设置的直沽寨。元朝灭金以后,营建新都,至元九年(1272)改名为元大都(今北京)。当时,由江南到大都的交通运输线无论是贯通南北的大运河,还是沿海路北上至渤海湾,然后经海河入运河,都必须经过直沽。直沽寨以其优越的地理位置,成为距离首都最近的漕船转运枢纽和漕粮储备基地。但是,天津真正以建制城市的面貌出现在中国历史上,那是在明朝永乐年间的事了。燕王朱棣发动"靖难之役",从直沽济渡而南,以其地为海运商舶往来之冲,宜设军卫,于永乐二年(1404)在直沽筑城,始置天津卫[16]。

　　明代中叶以后,天津的城市经济有了较快的发展,究其原因,主要是因为大运河的全线畅通。自明代天顺(1457—1464)以后,运河成为沟通南北物资的重要商路,漕船也成了变相的商队。商贩百货云集,"粮艘商舶,鱼贯而进,殆无虚日","河间、保定,商贾多出其途"[17],从而造成了天津"通舟楫之利,聚天下之粟,致天下之货,以利京师"的地位[18]。日益增多的城居人口促进了商业活动,天津很快成长为北方新兴的商业城市。

　　开埠以前的天津,始终是作为首都北京的辅助城市而存在和发展的。尽管天津有着优越的自然区位,但是如果没有北京的防卫需要和转运漕粮之需,天津河海要津的地理优势也无法得到充分发挥。正是由于军队的屯集和漕、盐的发达,才刺激了天津的商业繁荣。清代,天津的海盐得到大规模的开发,长芦盐区被列为全国的十大产盐区之一,盐商也成了天津最大的商人。地方豪富和金融业的前身——山西票号在天津落户,标志着天津城市经济有了进一步的发展。但是直到开埠以前,天津始终没有出现过大规模的近代制造业,再加上华北地区农业生产落后,商品经济不发达,这些都限制了天津商业的进一步发展。当时,天津的商品经济不但附属于北京,而且附属于整个封建经济范畴之内。

　　1860年第二次鸦片战争之后,天津被迫开埠,这在天津城市发展史上具有转折性的意义。从这时起,天津成功地摆脱了作为北京附庸的处境,奠定了自己作为华北最大的海港和工商业城市的地位,成为华北地区的中心城市。天津开埠后,沟通了华北传统市场与国际市场的联系。由于天津港是蒙古地区,直隶、山西两省以及河南、山东北部的天然出入口,开埠后,各种外来商品越来越多地经过天津输往华北各地。其中工业品逐年增多。除少部分销售于直隶外,山西的太原、太谷、平阳、蒲州、潞安、汾州、大同、朔平,陕西的西安、同州、兴安,河南的彰德、怀庆、卫辉,山东的济南、临清、东昌等府县的中级或初级市场,都有从天津转运去的进口商品。与此同时,中国北方特有的农副土特产品,也因为出口贸易的需求,而不断得到开发。随着进出口贸易的发展,天津城市的工商业也逐渐繁盛起来。

天津是河口型的港口城市。城市地处九河下尾的水网地带,"受群川之委流"[19],环城皆水,水上运输便利,流经天津的大运河更是南北交通的干线。海河的水运交通使天津在华北地区有着广阔的经济腹地,又有通往南洋和北洋航线的出海口,"轮蹄辐辏,舳舻扬帆,往来交错,尽昼夜而无止,天庾之挽运,蒸民之懋迁,道取诸此"[20]。天津实际上已成为华北地区水陆交通的枢纽。开埠以前,天津已有了一个比较优越的航运系统,尤其是天津的西部和南部地区水网交错,夏秋时节运船可以把货物运送到天津周邻及山东、河南等地区。开埠前的天津近海运输仅限于国内南北之间粮食、木材、土特产等商品的交流,与海外各国基本没有直接联系,港口没有发挥出应有的地理优势。开埠后,首先,天津成为北方最早开放的港口城市,外海远洋运输把天津商品市场与世界市场联系起来,使天津成为世界市场体系中的区域性商品转运中心。其次,天津与腹地之间的内河航运发展到 5 条航线,主要航道有 1251 公里,连接华北约 22.5 万平方公里的区域。因此,在天津开埠之初,海关税务司评估这一状况时说:"在中国,除去上海或许还有广州,没有任何一个口岸像天津这样有着同内地如此良好的水路交通。"[21]水路与陆路相结合,使天津在近代交通体系形成之前,就拥有了一个相当广阔的经济腹地:不仅囊括京津地区,而且往北包括张家口、蒙古,向南深入到河南省北部,往西则覆盖山西省各府县,甚至陕西关中一带[22]。到 20 世纪初,天津的经济腹地,几乎囊括了黄河以北的半个中国。在旧有的商贸流通体制基础上,形成了新的商贸流通机制,天津城市的经济辐射能力得到极大的加强。西方的机器商品,通过天津可以进入冀、晋、鲁、豫、奉、吉、黑、陕、甘、蒙、新等省区;而各经济腹地的农副土特产品,也都经由天津出口或加工后输往海外。19 世纪末以来,华北地区矿山的开采、铁路的开通、民族工业的兴起，以及金融业的繁荣，都赋予了天津多功能中心城市的身份。天津也就在这一身份获得的过程中，逐渐摆脱了对北京的依附地位，并进而取代北京，一变而成为华北地区最大的商业经济中心。

青岛和烟台是与天津经济腹地相重合的港口。作为港口，它们的微观地理条件都要优于天津，天津是易于淤积的河港，青岛和烟台都是非常优良的海湾型港口，但青岛和烟台的宏观地理区位却都不及天津，在19世纪中叶以前，由于运输条件的制约，它们的腹地都非常狭小，所以在城市发展上都不及天津。

烟台，扼据渤海湾的咽喉，居于我国北洋航线的适中位置。烟台港建港条件优越，基岩岸线长，前沿一般水深4—10米，最深处16米，岸线曲折，岬湾相间，又有芝罘岛、崆峒岛、扁担岛构成天然屏障。湾内波平浪静，泥沙淤积少，水域宽广。尤其芝罘东湾，水深域广，可停泊万吨级轮船，为不冻、不淤、无雾的天然良港。

烟台开埠后，西方列强先后在此设立领事馆，修筑大平湾码头、东西防波堤和北码头，在烟台山上立航标，并设置海关。在1872—1877年间，烟台对外贸易有了较大的发展，从这里出口的重要土特产有粮食、花生、水果、蚕丝等农副产品和花边、台布等手工艺品，进口货物有轻工业产品、洋油、化学药品等。自19世纪下半叶到20世纪初，烟台港是山东唯一的商港，也是渤海和黄海沿岸重要的商业中心。19世纪90年代民族工业开始兴起，张裕葡萄酿酒公司于1882年建成近代化的葡萄酒厂，尔后面粉厂、罐头厂等相继建立，使烟台成为我国轻工业发轫地之一。

青岛港位于胶州湾内的东岸。这里是山东半岛的南沿，正当我国北洋航线的中心，建港自然条件十分优越。胶州湾口窄内宽，东西宽15海里，南北长18海里，面积446平方公里，为伸入内陆的半封闭性海湾，天然深水航道水深在10—15米左右。青岛港既无泥沙淤积，冬季一般也不结冰，有良好的屏蔽条件，是一个风平浪静的天然良港。

1901年德国人在青岛建成小港码头，并开始修建胶济铁路。1904年胶济铁路竣工通车，同时也建成了青岛火车站和四方机车车辆厂。1906年，四个码头相继建成，实现了商港军港兼顾的计划。在城市建设上，德国人占据了青岛城市东南沿海环境最优美的地区,结合地形地貌,建造欧式建筑,形成了"红瓦、绿树、黄墙、碧海、蓝天"的城市风貌。当胶济铁路通车和大港码头建成以后,青岛的商业贸易量急剧增长,人口也从 1902 年的 15593 人增加到 1913 年的 53312 人。

浙江是一个以丘陵山地为主,平原较少的省份。本省海岸线长而曲折,沿海岛屿众多。省内河流素称八大水系,多发源于西部或西南部山区,东流入海,其中以钱塘江最长,干流全长达 410 公里,流域面积 42000 多平方公里。其他河流,源短流急,水位变化较大,具有显著的山溪性特点。在古代传统农业经济时代,浙江通航河流的流域都比较小,很不利于城市经济职能的发展。所以,尽管浙江省每条河流的河口都发展出城市,但是却无法使之变得庞大而富庶,更难发展出有跨流域腹地和影响的大城市来,只有杭州是一个特例。

杭州虽然同样受到地理条件的制约,但是由于政治方面与区域经济条件的支持,杭州成为全省地区具有绝对影响力的大城市。杭州的发展来源于以下几个方面的支持:第一,杭州地处富庶的杭嘉湖平原,集约经营程度很高的农业为杭州城市的发展奠定了坚实的基础,足以让杭州比周边城市甚至全国其他的城市都具有更好的发展条件。而且杭州位于浙江省最大的河流钱塘江口,其经济腹地相对于省内其他河口城市更为广阔。第二,杭州一直具有非常明显的政治优势。汉唐以来,曾多次成为地方割据政权的首都,在南宋时期还成为国都。政治优势催化城市的发育成长,杭州在全国城市体系中占据了很高的位置。第三,虽然浙江是个多山省份,但杭州却拥有相对宽阔的平原与优越的交通区位。最重要的交通线就是运河,包括大运河和浙东运河,前者使它和长江三角洲、华北平原等地区紧密联系起来,后者则使它把杭嘉湖平原和宁绍平原囊括为自己最可靠的经济腹地。尤其是在前近代,海洋并不被当成是一个出口时,一切联系都具有一种趋向陆地的向心性时,这种腹地的占有显然更具合理性。

可是明清以降,尤其是 19 世纪中叶以后,随着上海和宁波的崛起,它们不同程度地切割了杭州的经济腹地,杭州在中国城市体系中的地位也逐步下降,最终变成上海有钱人休闲的"后院"。

宁波城因港市而兴,它从建城之始就是一个河口型港口城市。宁波港位于甬江、余姚江、奉化江三江汇合处，东临大海，港口的兴衰对宁波城市能否发展具有决定性的作用。其外港镇海和北仑，有舟山群岛作屏蔽，港阔水深，风平浪静，长年不冻，是孙中山"建国大纲"里理想的"东方大港"。

从唐宋到明代，宁波是我国通向日本、朝鲜等国船舶的重要始发地。从日本、朝鲜派来的遣唐使、遣宋使、遣明使等，在数百年间也大多从宁波登岸。明代，宁波已成为全国三大市舶司之一；清代设海关，这里又成为全国四大海关之一。作为第一批通商口岸，宁波在开埠的同时就走上了近代化之路。宁波近代化过程中最引人注目的特色是其商业的近代化。宁波的商业近代化分为三个阶段。第一个阶段是新式商业的萌生阶段。鸦片战争结束以后，宁波产生了各种与传统行业不同的新式商业，从棉毛、呢绒扩展到西药、西服、橡胶、五金、玻璃等各个部门，至19、20世纪之交，宁波城内新式商业门类至少已达80余种。第二个阶段是在第二次鸦片战争与甲午战争之间，此时的一个显著特征是商品的流通渠道发生变化。宁波港与新加坡、马六甲等地的贸易成为其港口吞吐的重要方面，与世界市场接轨的趋势明显增强。第三个阶段是甲午战争以后，其突出的表征是外国的商业机构显著增加，出现中外商业并存的趋势。自美商旗昌洋行于19世纪60年代在宁波首建洋行后，各国纷纷在宁波设立洋行，除进行轮船业务外，这些洋行还把经营范围扩展到报关、保险、烟草、石油、日用品等各个领域。与此同时，华商的商业业务也在发展，除商店大批增加，门类进一步拓宽外，与外商及洋行的关系也进一步密切。

宁波商业近代化的一个最直接的成果是宁波商人的活跃。宁波人具有经商的传统，明清时期宁波商人的活动范围就相当广泛，足迹踏遍山东、辽东、闽广、湖广、四川、北京及塞外。国外贸易路线以通日本和南洋的航路为主。经受过近代商业的熏陶之后，宁波商人的活力更增加了，当时曾有"无宁不成商"的说法，"宁波帮"商人更对上海的商业发展有着举足轻重的影响。

尽管宁波在开埠以前有过长足的发展，但它狭窄的腹地以及过于靠近上海与杭州的地理位置使它的发展始终受到很大的限制。随着上海作为中心城市地位的日益突出，各种工商业的机构、资金和人力都逐渐从宁波移往上海，宁波最终成了上海的一个附属港。

福建是海洋大省，其海岸线绵延曲折，长达3323.6千米，居中国第三位。

蜿蜒的海岸形成众多的港湾,全省有大小自然港湾120多个,其密度居全国之首,而且多天然深水良港,拥有得天独厚的港口资源。福建与浙江有着类似的地理环境,流程短促的河流难以提供广阔的腹地。这种配置方式也决定了福建省不能形成类似于上海、广州、天津那样的大城市,最终只能形成以一条主要河流流域作为腹地的多个小区域中心城市。

福建沿海港口城市发展的一个特征是区域港口城市发展的持续性和港口城市中心地位的交替转移。福建沿海中心城市经历了从北向南转移的过程:福州——泉州——漳州——厦门。这种港市的兴衰与更替,显示了福建区域社会经济周期性变化的特征。

福州是我国历史最为悠久的沿海港口城市之一,早在秦汉时期,作为闽中郡治和闽越王都,它已经成为一个区域性的政治、经济和军事中心,发挥着中心城市和重要的对外贸易港口的作用。虽然明朝初年依旧规定琉球朝贡的到发港为泉州,但是,永乐元年(1403)复置市舶司时,因琉球船来华直驶福州远比到泉州便利,并可入闽江北上,所以,市舶司迁往福州,福州因朝贡贸易而成为当时最有活力的港口之一。

清朝,福州港市在开放海禁之后,主要是与国内沿海各港口之间互通往来,而与国外直接的航海贸易则较少,不过仍然保持着一定的活力。清中叶,福州与国内南北各港的贸易输出以茶、笋、菰为大宗,福杉、建纸由福州港运销山东和东北;输入则有东北的大豆、江浙的棉花、绸布等。运销海外的商品中,以茶叶销路最广。

五口通商以后,西方商人纷纷来到福州口岸,收购农副产品。以茶业经济为例,福州自1854年茶市开辟以来,出口贸易发展很快。福建所产茶叶,一向是重要的输出品,福州开埠以前,武夷山红茶已经在国际上享有一定的盛誉,但因清廷实行海禁,武夷山茶不能沿闽江从福州出口,而必须陆运到广州出口。太平天国运动切断了武夷茶至广州和上海的通道,武夷茶叶只有沿闽江而下到福州出口,福州由是遂成驰名世界之茶叶集散地。从1866年至1886年,福州茶叶输出不仅年年上升,而且始终占全国茶叶输出总量的三分之一以上,居全国茶叶输出的首位。

泉州作为地名,隋朝指闽北的福州,唐中叶随着对外到发中心港转移到闽南,泉州之名也从闽北带到闽南。泉州在宋元之际甚至一度取代广州而成为东方第一大港。明初洪武三年在泉州设市舶司,却以"禁通番"为主旨,失去主动招徕贸易之职能;加之晋江流程短而不便,泉州的对外海港地位也随之大大削弱。

明代虽然泉州官营航海衰落,但民间商人走私贸易兴盛,港市的中心由后渚转向安海,并呈现出更加分散的状况。围头湾内诸港因私商航海兴盛而迅速崛起,以安海港最为突出。安海(即安平)港距郡治偏远,官府控制力相对薄弱,便于私商与外商贸贩,于是与月港同为17世纪间商人"泛海通番"活动的中心基地与姊妹港。

明末清初,泉州安海港在郑芝龙、郑成功海商集团经营下,成为中国东南海外交通贸易的中心港市,航海、商贸的发达,促进了安平镇的繁荣,"城外市镇繁华,贸易丛集,不亚于省城"[23]。清初,安海毁于战火和"迁界"。泉州的航道淤塞,港埭溃决,泊岸塌陷,码头圮废,其影响力也越来越小。在沿海港口城市纷纷迈向近代化的过程中,泉州又未能赶上最先的步伐,它作为福建的一个区域中心的地位也最终失去了。

泉州没落后,漳州成为闽南的发展核心,海澄月港尤为重要。明代虽厉行海禁,但民间私自出海贸易仍很活跃,月港远离省会,地僻一隅,"正座官司,威令不到",故其私商航海海运十分频繁。"闽人通番,皆自漳州月港出洋"。人烟辐辏,商贾咸聚,"成弘之际,称小苏杭"。每年从此出航之船舶,多可达百余艘,少亦不下60—70艘。正德年间,广州港暂时被关闭,中外商船"皆往漳州府海面地方,私自驻扎",月港已超过广州、福州,成为中国最繁荣的外贸港口。据《东西洋考》等书记载,当时与月港有贸易往来的国家和地区达四十多个,并以吕宋为中转站与欧美各国进行间接贸易,于是月港发展成为闽南一大都会[24]。

万历年间,月港由盛转衰。原因有三:一是税监的横征暴敛,使商船不肯进港;二是万历三十二年(1604)以后,荷兰殖民者占澎湖,入厦门,犯圭屿,以致"洋贩不通,海运梗塞"[25]。沿海居民望风而逃,月港海市更加萧条。三是因月港为内河港,港道曲折,港地水浅,不宜大船驻泊装卸,17世纪以后航海业不断进步,船舶也越造越大,也给月港的发展带来障碍。

清朝,月港从"小苏杭"一落为萧条的小港,而厦门却从明末清初的荒岛腾跃而成为闽南的港市中心。厦门港位于闽南九龙江入海处的海岛上,港区水深达 20 米,为天然良港。明洪武二十年(1387),设中左千户所,漳州月港出海商舶由此挂帆开驾:"中左所,一名厦门,……从前贾舶盘验于此,验毕移驻曾家澳,候风开驾。"〔26〕随着月港海外贸易的日益兴盛,厦门港也日渐得到发展。

正德十一年(1516),葡萄牙商船首次来到厦门,泊于浯屿,并在厦门设立公行。嘉靖二十六年(1547),西班牙商船也来到厦门,并开辟出厦门与日本长崎之间的直达航线。厦门从一个军事要塞转变为一个商贸口岸,并逐渐取代日趋衰落的漳州月港。明末清初,郑成功以厦门为抗清基地,采取"通洋裕国,以商养兵"的政策,大力招集各国海商来厦门贸易,同时派出大型船队前往东南亚地区及日本等国,开辟厦门—东南亚—日本之间的三角航线,使厦门港不仅成为国内外航运贸易的中转港,而且成为东南沿海的贸易中心。

清朝收复厦门、金门后,康熙二十二年(1683)取消海禁并在厦门设立闽海关正口,不久又重申海禁,直到雍正五年(1727)再次解禁,复定厦门港为福建出洋正口,使厦门港成为福建对外贸易的唯一港口,从而获得新的发展机遇。

以厦门为中心的沿海航运网主要有三条:(1)由厦门向北航行,连接宁波、乍浦、上海、天津和锦州等沿海口岸,其商船称"北艚"。(2)由厦门向南航行,连接潮州、汕头、广州等沿海口岸,其商船称"南艚"。(3)由厦门渡过海峡至台湾的鹿耳门等地,其商船称"横洋船"。以厦门为起点的远洋航运,当时也有三条:(1)从厦门经七洲洋、外罗山、玳瑁州、鸭州、昆仑山,入安南南部,由此分道,一路赴柬埔寨、暹罗,另一路经马来半岛等地,至柔佛国、噶喇巴和马辰等地。(2)从厦门过澎湖列岛,南下吕宋岛,从吕宋分往利仔发、苏禄、婆罗洲、爪哇、苏门答腊等地。(3)从厦门经普陀山放洋东航,往日本长崎等地〔27〕。

厦门开埠以后,在贸易与移民两大因素的刺激下,国内贸易在总体趋势上一直保持着发展的势头,在一定程度上带动了厦门城市商业、交通运输业、金融业和近代工业。海外移民对近代厦门的发展有更为重大的影响。他们为厦门带来了资金、技术和市场,甚至连城市建设风格也深深地打上了海外移民的痕迹。厦门的崛起,使它在 19 世纪末成为和福州同等重要的东南沿海近代化的港口城市。

近代中国历史上,沿海港口中最先向海外敞开大门的是广州,而城市发生最大变化的莫过于上海的迅速崛起,与之相应的是广州地位的下降,所以有必要对这两座沿海城市地位的交替做些比较。

明、清时期上海只是一个普通的小县,但 1842 年开埠之后,它以惊人的速度发展,只用了短短的二十余年,到 1865 年上海已经稳固地确立了海外贸易和国内贸易的首要地位。从长江沿岸港口的开埠到 1937 年中日两国全面战争爆发时为止,上海对外贸易额始终占有全国对外贸易总额的将近半数。时人评论云:"对外贸易的心脏就是上海,而其他口岸不过是血管罢了。"[28] 到 20 世纪 20 年代初,上海已经集金融中心、贸易中心、工业和加工业中心于一体,跃居中国首位都市了。

而清朝中叶以前,广州既是岭南地区的政治、文化中心,又是远东最著名的贸易口岸。它曾长期保持着中国最大的贸易口岸地位,特别是乾隆二十二年(1757)取消其他贸易口岸,只允许广东一口通商,广州成为中国唯一允许进行海外贸易的城市,可谓"独领风骚"。鸦片战争前的广州,手工业、商业、服务业、航运业、金融业等方面都已有相当水平,成为一个功能齐全的综合性城市(彩图 17)。当时,广州人口已近百万,是中国最大最繁华的城市。但是,鸦片战争以后,广州的外贸地位却节节下跌。19 世纪 50 年代中叶,广州外贸额开始落后于上海,20 世纪初落后于天津,以后还一度落在汉口、大连、青岛等口岸城市之后,从中国最大的通商口岸沦为二流的港口,失去了它长期保持的中国对外贸易中心的地位。不仅如此,由于香港的崛起,它连华南的外贸中心地位也丧失了。

沪穗两地经济贸易地位互换的原因何在?

广州自身的经济腹地其实是比较小的,它最直接的腹地是珠江三角洲,扩大一点就是整个岭南。岭南是一个相对封闭的地理单元,因此广州实际上和邻近地理单元的湖南、湖北、四川、贵州的交通都颇为不便。既没有通航条件优良的河流连接,陆路交通则要翻山越岭。只有当上述地区没有别的出口时,它们才会成为广州的经济腹地。而一旦上海开埠,长江流域各省的物产都会更为方便地顺长江而下,转变为上海的经济腹地和产品市场。

即使在原本有限的岭南地区,广州也还有不少强劲的竞争对手来分割它的腹地,分流它的贸易。譬如,香港不仅有优良的港口条件,而且还因为特殊的政治原因,使它取代广州成为华南地区最大的贸易港。此外还有汕头、潮州等城市。汕头位于广东省东部,扼韩、榕、练三江出海口,地处我国东南沿海黄金海岸中段,与我国沿海和东南亚各地联系方便。在岭南沿海各港中,汕头的经济腹地相对广阔,能够通过内河网,与整个粤东地区保持密切联系,成为这一地区物资的集散地和华人移民海外的出发地,同时也是赣南和闽西南相邻地区的出海口。

1858 年《中英天津条约》规定开潮州为通商口岸,但因潮州距海 40 多公里,海轮无法直达,且潮州人民紧闭城门以反对洋人。而此时的汕头已是一个商舶云集的港口,地理条件比潮州更优越,于是 1861 年改以汕头代替潮州为对外通商口岸。汕头开埠后,外轮往来不断增加,潮汕平原出产的土特产,通过汕头港输往香港、东南亚和我国北方沿海各地;又从东南亚运回大米,从北方各港运来干果杂货,贸易日益繁荣。20 世纪初由于潮汕铁路通车,汕头至广州、漳州和附近各县的公路相继修筑,沟通了区内外的经济联系,使汕头经济得到了迅速的增长,外贸日趋活跃。到 1936 年时,汕头港口的吞吐量仅次于上海和广州,跃居全国第三大港。

由于香港、汕头港口的兴起,使广州经济腹地缩小、贸易量减少,最终导致了广州地位的下降。与广州相比,上海在这些方面显然要优越得多。

上海位于太平洋西岸的中部,是我国进入太平洋地区最重要的门户。从我国沿海航线看,上海正处在我国沿海南北洋航路的中间,位置适中。上海位于我国最长的河流——长江的出海口,富饶的长江流域为它提供了广阔的经济腹地。上海的经济腹地可分为四个层次:第一层是城市周围的长江三角洲;第二层是稍远一些的长江下游苏、浙、皖三省;第三层是整个长江流域;第四层则囊括了全部中国。所以,美国学者罗兹·墨菲形象地描述上海的地理条件说:"上海城市,从地形学上讲,位于那从西面和北面向它汇合的华东低地和整个长江流域的焦点。长江及其支流,把中国物产丰饶的核心地带百川注入的水源收容下来,最后都倾泻到黄浦江口。"[29]

19 世纪 50—60 年代中期形成的近代东南沿海城市交通网络,主体是以上海为轴心的凤翼式沿海航运体系。以长江为轴线,南侧一翼为南洋航线,连通浙、闽、粤、桂和安南诸港;北侧一翼为北洋航线,连接苏、鲁、直隶、盛京、朝鲜、日本。同时,上海又是越洋至欧美大洲的航运枢纽[30]。

长江航道和上述沿海航线形成一个 T 字形框架,对上海的发展具有极为重大的意义。首先,包括长江流域在内的华中地区出口贸易口岸,从广州转移到上海。此前,华中物资的出口只能通过两条水陆联运通往广州:一条沿湘江上溯,越骑田岭,再经历近百里的陆上搬运,才能进入北江;另一条沿赣江上溯,翻越梅岭,经北江的支流浈水南下。广州通过上述两条路线,从华中获取生丝、茶叶等贸易货物。但是,上海的开放,使华中地区的物资得以便利地经由长江天然航道,直抵上海出口。

良好的交通网络使上海在清朝末叶构建起一张庞大的贸易网络。约有40 多个港口与上海有着密切的物资交往,内地与上海的商贸往来,带动了沿海或沿长江流域地区的港埠,它们成为上海对内贸易的重要纽带,其中长江中游的汉口、华北的天津、东北的营口、华南的广州成为上海埠际贸易的四大支柱。通过这些港埠的牵系,又形成各自的级差市场,构成了一个以上海为总汇的遍及大半个中国的国内商品流动网络,这是近代中国最主要的一个内贸网络。

正是中国沿海港口城市发展中的不同层次和地理环境的差异,使这些沿海港口作为区域中心城市,凭借着各个地区的优势,在中国王朝晚期的几百年中,逐步造成了沿海区域之间政治、经济与文化的差异,也凸显出沿海与中部、西部内陆之间在中华文明发展历程上的阶梯式差距。

注 释

〔1〕 《日下旧闻考》卷三〇《宫室》,北京古籍出版社,1981 年,第 431 页。参见侯仁之主编:《北京城市历史地理》,北京燕山出版社,2000 年,第 101—103 页。

〔2〕 《明世宗实录》四〇三,嘉靖三十二年十月辛丑。

〔3〕 从 1903 年德国印制的 1:17500 北京城图上显示了一道起自元大都城光熙门,与东城墙相距 2 里,基本平行的南北向土墙残迹,可能是明朝未完工的外城东墙遗迹。

〔4〕 《明史》卷七四《职官》三,中华书局点校本,第 1816 页。

〔5〕 吴廷燮等:《北京市志稿·建置志》卷一《道路》,北京燕山出版社,1998 年,第 144 页。

〔6〕 转引自《北京城市历史地理》第七章《城市商业与市场分布》，北京燕山出版社，2000年，第239页。

〔7〕《日下旧闻考》卷六三《官署》引《大清一统志》，北京古籍出版社，2001年，第1031页。

〔8〕 吴廷燮等：《北京市志稿·民政志》卷一〇《警察》二，北京燕山出版社，1998年，第414页。

〔9〕《清会典事例》卷一一五〇，中华书局，1991年，第12册，第447页。

〔10〕《明太祖实录》卷一四四，洪武十五年四月辛巳。

〔11〕 转引自张仲礼：《东南沿海城市与中国近代化》，上海人民出版社，1996年，第18—20页。

〔12〕《营口杂志》，收于《小方壶斋舆地丛钞》第九帙。

〔13〕《东三省经济实况揽要》，转引自张大伟：《铁路建造对清末东北城市的冲击》，载《历史地理》第十八辑，2002年，第50—61页。

〔14〕 同上。

〔15〕 同上。

〔16〕《大明一统志》卷二天津卫，(明)李贤等撰，黄永年校，三秦出版社，1990年，第40页。

〔17〕《松窗梦语》卷四，中华书局，1985年。

〔18〕《天津县志》卷二一《艺文》，乾隆四年(1739)刻本。

〔19〕《读史方舆纪要》卷一三静海县小直沽，中华书局，2005年，第565页。

〔20〕《续天津县志》卷二《形胜疆域》，同治九年(1870)刻本。

〔21〕 转引自张思：《十九世纪末天津的洋纱洋布贸易》，《天津史志》1987年4期，第23页。

〔22〕 铁路建成以前，天津洋布的销售范围和路线能比较直观地勾勒出天津经济腹地的范围。参见罗澍伟主编：《近代天津城市史》，中国社会科学出版社，1993年，第174页。

〔23〕 江日升：《台湾外纪》卷四、卷八，收入《郑成功收复台湾史料选编》(内部发行)，福建人民出版社，1962年，第26—27页。

〔24〕 转引自唐晓：《略论明代月港的海外贸易》，福建省历史学会厦门分会等编《月港研究论文集》，1983年。

〔25〕《澎湖平夷功次残稿》，见《郑成功收复台湾史料选编》(内部发行)，福建人民出版社，1962年，第16—17页。

〔26〕《东西洋考》卷九,中华书局,1981 年。

〔27〕 转引自张仲礼:《东南沿海城市与中国近代化》,上海人民出版社,1996 年,第 176 页。

〔28〕《北华捷报》1869 年 6 月 2 日,转引自罗兹·墨菲(Rhoads Murphey)《上海——现代中国的钥匙》,上海人民出版社,1986 年,第 156 页。

〔29〕 同上书,第 56 页。

〔30〕 见(清)同治三年(1864)湖北官书局刊印本《南北洋全图》,其中《南洋全图》《北洋全图》详细绘出以长江为分界的航路及口岸。

第十三章　变革图强:近代文明的催生

　　鸦片战争的爆发是划时代的事件,自此中国社会开始步入近代。中国的社会状况较前有了很大的改变,在社会性质上,中国开始进入半殖民地半封建的社会;在阶级结构上,中国社会的基本阶级由此前的农民与地主两大阶级演化为农民阶级与地主阶级,工人阶级与资产阶级四大基本阶级;中国社会的主要矛盾也由鸦片战争前的封建地主与农民的矛盾逐步演变成战后的外国资本帝国主义与中华民族的矛盾和封建主义与人民大众的矛盾。与之相应,中华传统的古典文明在 19 世纪中叶也遇到了空前挑战,那就是遭遇到了西方近代文明的全面冲击。此前,中华文明代有变迁,但主要的还是中华文明内部的整合,即便是受异域文明的影响,也主要是东方文明(如印度的佛教、阿拉伯的伊斯兰教、唐朝时期的景教也不过是属于基督教异端的东方教会)。近代以降的情况就完全不同了。地理大发现之后,人类文明的区域性联系变为更密切的全球性交往,资本主义的发展和工业革命的进行又使西方文明形成一种霸权优势在世界范围内扩张。在中西两大文明的交冲对撞之下,一方面,中华传统文明发生嬗变,其中的某些部分出现了变异和式微,中华文明中更多地容纳吸取了其他文明体系、特别是西方文明体系的内容,中华文明更紧密地与世界其他文明体系相融合相同步;另一方面,中华传统文明的某些成分仍然在生生不息地固守着、传承着,中华文明仍然有自己民族的特色。其间,中华文明在变法图强的历史大背景下发生了转型,从古代文明迈向近代文明。

第一节　师夷、制器、自强

鸦片战争的惨败　"器不如人"　近代机器工业的出现　兵工文化起步的特殊现象　近代民用工业与民族资本主义的初步发展　传统社会的解构与"商界"的鼎兴　新自由职业社群　都市人消费结构和习惯的变迁　近代城市化的浪潮　甲午战败的深刻影响

1840 年 6 月 21 日,英国东方远征军抵达广州珠江口外,鸦片战争爆发。初至中国的英军,人数不到 7000,后陆续增兵,到战争结束时,约 2 万人。清朝军队方面,前后共动员 10 万兵力迎敌,与英军兵力之比,占较大优势。但战争的结局,却完全出乎当时国人的意料[1]。在整场战争中,英国侵略军横冲直撞,攻城陷地。清王朝尽管从全国各地调集精兵良将,动用了可能动用的武器装备,却几乎未能打过一次大的胜仗,没能守住一个重要阵地。英军在战争中死亡人数不到 500 人,其中绝大部分还不是在同中国军队的作战中战死,而是在占领中国期间因水土不服等原因而病死(据亲自参加占领舟山的英国海军上尉奥塞隆尼的统计,仅从 1840 年 7 月 13 日到 12 月 31 日,只在浙江舟山一地,英军的病死人数就有 448 人[2])。但清军方面却死亡惨重,直接战死的人数就达两万,至于人民生命财产的损失更是无法计算。战争的结局为什么对中国那样的严酷? 中国人战败的最主要原因何在?

时人比较一致的结论是"器不如人"。战时先后担任直隶和两广总督负责与英方交涉的琦善曾对英军舰船进行过调查:"现到英吉利夷船,式样长圆共分三种。其至大者……舱中分设三层,逐层有炮百余位(当时清军水师战船配炮一般在 10 门之内),……其每层前后又各设有大炮,约重七八千斤。炮位之下设有石磨盘,中具机轴,只须转移磨盘,炮即随其所向。其次则中分二层,吃水较浅,炮亦不少。又其次据称名为火焰船,……其后梢两旁内外俱有风轮,中设火池,上有风斗。火乘风起,烟气上熏,轮盘即激水自转,无风无潮,顺水逆水,皆能飞渡(此指当时新发明不久的使用蒸汽机为动力的舰船)。"[3]这是舰船的情况,武器弹药方面,英军的优势更明显。1841 年 1 月 7 日,在广州虎门口外爆发了大角、沙角之役,首次亲见英军炮火威力的广东大员被极大震慑,特别是英军使用的开花弹更给清朝官兵造成很大的恐怖感,"该夷现在所用飞炮子内藏放火药,所至炸裂焚烧,不独为我军所无,亦该夷兵械中向所未见。经此次猖獗之后,我师势必益形气馁"[4]。

差距是显而易见的。故而,鸦片战后,时代先觉者们提出的挽救国势的第一方略就是"师夷长技以制夷"。所谓"长技"者,主要是指技术和器物。那时的国人并不认为中国的精神文化典章制度有何欠缺。所欠缺的只在技术领域。"该夷人除炮火以外,一无长技"[5],师夷、制器以自强,这便是中国官绅对西方文明的早期认识。

到了第二次鸦片战争,随着英法联军攻占北京,咸丰帝出逃,圆明园被烧。奇耻大辱之中的无助和无奈,更加剧了朝野间对"技不如人"的深切体认。太平天国运动方兴时,湘军与太平军激战于安徽安庆,湘军中地位仅次于曾国藩的第二号人物胡林翼前往视师,策马登制高点龙山观察,"喜曰:'此处俯视安庆,如在釜底,贼虽强,不足平也。'既复驰至江滨,忽见二洋船鼓轮西上,迅如奔马,疾如飘风。文忠(胡林翼)变色,不语,勒马回营,中途呕血,几至坠马。文忠前已得疾,至是益笃。不数月,薨于军中。盖粤贼必灭,文忠已有成算。及见洋人之势方炽,则膏肓之症,着手为难,虽欲不忧而不得也"[6]。对占据大半个中国的太平军不以为忧,而对区区两艘洋轮却深以为患,归结点是被其技术上的"迅如奔马,疾如飘风"所震撼。这并不是他个人的观感,1861 年,曾国藩在日记中写道:"四更成眠,五更复醒。念纵横中原,无以御之,为之忧悸。"[7]李鸿章也说:"洋务最难着手,终无办法,惟望速平贼氛(太平天国),讲求洋器。"[8]到 19 世纪 60 年代,在中华文明原有体系中注入西方的物质文明(洋器)渐成某些当权人物的共识。曾国藩把购买外洋船炮看作是挽救时局的"第一要务"。李鸿章也认为:"西人专恃其枪炮轮船之精利,故能横行于中土,中国向用弓矛小枪小炮,故不敌于彼等,是以受制于西人。"[9]在这些开明者的推动下,被视为中国历史上第一次近代化运动的洋务运动由是发轫。

以"自强"为要旨的洋务运动,首先是从军事起步的。自 19 世纪 60 年代后,陆续出现了中国最早装备西式武器采用西法教练的陆军——湘军、淮军;

图 13-1　江南机器制造总局

出现了中国最早的近代海军——北洋、南洋水师；出现了中国最早的近代兵工厂——安庆军械所、天津机器局、山东机器局；出现了中国最早的近代舰船制造厂——福州船政局、江南制造局(图 13-1)；出现了中国最早的近代军校——求是堂艺局、天津武备学堂；出现了中国最早的侧重用于军事的近代通信设施——津沪电报线、天津电报总局。其中一些军工企业建立之初便起点较高，具相当规模。如江南制造局，1867 年(同治六年)迁上海高昌庙新址，占地 70 余亩，分有熟铁厂、气炉厂、机器厂、木工厂、铸铜铁厂、洋枪楼、煤栈、轮船厂等分厂，并在陈家巷设立火箭分厂；其后又陆续兴建气锤厂、枪厂、炮厂、炮弹厂、水雷厂、炼钢厂、栗色火药厂、无烟火药厂；又在龙华镇设黑药厂、枪子厂；在松江建火药库等。产品更新的速度也颇快。"同治四年创办之初，厂中机器均未全备。先就原有机器推广，造成大小机器三十余座，用以铸造枪炮炸弹。六年始造轮船。十三年仿制黑色火药。光绪四年仿造九磅子、四十磅子前膛快炮。五年更造前膛四十八磅、八十磅各种开花实心弹。七年造筒式一百磅药，碰电熟铁浮雷及生铁沉雷。十年造林明敦中针枪。十一年停造轮船，专修理南北洋各省兵轮船只。十六年仿造全钢新式快炮。十七年改造快利新枪,试炼钢料,又造各种新式后膛快炮,及五十二吨、四十七吨大炮。十九年仿制栗色火药。……二十一年试造无烟火药。二十四年造七密里九口径新毛瑟枪。"[10]

对西方文明的引进效法,不是从其他方面,而是从兵工文化肇始。中国的近代化运动很大程度上是由军事所牵动,近代化的改革也多从军事改革开始,这几乎成了整个中国近代化历程中带有规律性的现象。军事改革往往要比其他方面的改革快一拍(19世纪60年代洋务派即已开始从事军事工业,而民用工业的创办迟至70年代后;晚清"新政"亦如此,"新政"其他方面改革从1901年后才铺开,而"新军"的改建从1895年就开始),其他方面的改革又每每由军事改革所引发(近代军事工业需要大机器生产体系,由此引发民用工业的创建;办军队需要钱,由此引发财政改革和近代银行体系的建立;练兵需先练将,由此引发近代军事教育的创办;办新式军队需要学习西方,由此引发制度和思想层面的变化;等等)。但中国的近代化由军事所牵动也有相当的负面作用,当转型社会过渡到现代社会时,军事部门的作用便递减,而军事体制中那种与生俱来的层次化、制式化、纪律化、统一化又恰恰具有某种反现代的品性,这不能不对中国的近代化进程产生影响[11]。

这种现象的发生,固然与当时清政府面临太平军和外国侵略者双重军事打击的急迫时局有关,也受当局者传统思维的局限所致。他们多受当时盛行的"经世致用"学说的影响,见识上表现出某种实用、功利、短视的色彩。

19世纪60—90年代中期的洋务运动侧重于物质文明的建设,所取得的成果虽然说不上蔚为大观,倒也历历可述。

近代大机器工业是一成龙配套的体系,军用工业不可能长久地孤立发展,势必会带动出其他的相关产业。制造舰船枪炮需要机器,制造机器需要钢铁,冶炼钢铁需要煤铁矿,煤铁矿开采后需要运输,制造业、钢铁业、采矿业、运输业、动力业互成流程,诸环节缺一不可。李鸿章等便发现:"洋机器于耕织、印刷、陶埴诸器皆能制造,有裨民生日用,原不专为军火而设。"于是,"自同治十三年海防议起,鸿章即历陈煤铁矿必须开挖,电线铁路必应仿设,各海口必应添设洋学格致书馆,以造就人才"[12]。除军用工业外,民用工矿业的兴办提上日程,洋务期间创办的此类企业中具规模的有:上海轮船招商局、台湾基隆煤矿、直隶开平煤矿、上海机器织布局、兰州织呢局等,初步构建了中国大机器工业体系的基石;中国民间开始涉足机器工业,出现了上海发昌机器厂、广东继昌隆缲丝厂等,中国的民族资本主义工业因此发生。

中国的近代运输体系也伴随着铁路的兴修开始搭建,然起步很是蹒跚,1873 年,英国兰逊—瑞碧公司以祝贺同治皇帝婚礼为名,提出送一条"婚礼铁路"给清朝,被拒绝。三年后,英国怡和洋行在上海自行修了江湾至吴淞口的铁路,长 30 里,被国人看作是"异物",两江总督

图 13-2　李鸿章视察唐胥铁路旧照

沈葆桢只得以 28.5 万两白银购回后拆毁。但近代文明发展的势头毕竟难以阻遏,1878 年,李鸿章创办唐山开平煤矿,为便于运输,修筑小铁路,担心引起民愤,最初用马车做牵引动力,继改用小机关车;直到 1886 年才扩筑路轨,轨距 4 尺 8 寸半,成为中国铁路轨道的定例,并使用机车牵引(图 13-2)。到甲午战前,中国已铺设了由天津经大沽、滦州并延伸到关外的铁路,全长 705 里。

印刷业的进步也颇引人瞩目,印刷术曾是中国古代的四大发明之一,但至近代已落伍。1798 年,捷克发明家塞尼费尔德发明了石印术,在鸦片战前已传入广州,而影响较大的是由《申报》馆主英国商人美查(E. Major)在华办的点石斋石印局(图 13-3)。美查于 1884 年 5 月在上海创办《点石斋画报》,在其后的

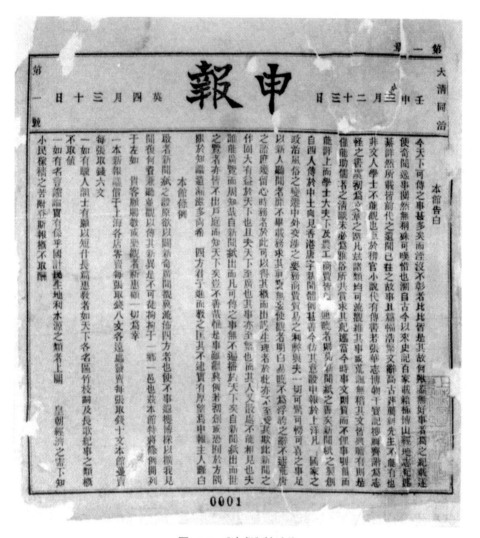

图 13-3　《申报》创刊号

20 年间风靡中国。由中国民族资本家徐润创办的近代中国最大的石印企业——同文书局则在不长的时间里将《二十四史》《图书集成》和《全唐诗》等数万种鸿篇巨帙秘籍珍本批量石印出来。西洋石印较中式木刻优点很多，1883 年，黄式权在《淞南梦影录》中写道："西国石板，磨平如镜，以电镜映象之法，摄字迹于石上，然后傅以胶水，刷以油墨，千百万书不难竟日而成就，细如牛毛，明如犀角。"而几乎与石印技术同时出现的中文铅印术更与现当代的中国印刷术直接相联系。印刷术的改善特别明显地兼具了物质文明与精神文明同时进步的双重效用，石印和铅印术的采用，使书籍报刊的快速批量印制成为可能，且大大降低了印刷费用，为文化书籍的普及化、平民化创造了更优越的条件。姚公鹤的《上海闲话》记载："闻点石斋石印第一获利之书为《康熙字典》，第一批印四万部，不数月而售罄。第二批印六万部，适某科举子北上会试，道出沪上，每名率购备五六部以作自用及赠友之需，故又不数月而罄。"在商人赚取物质财富的同时，我们还看到了文化的下移和空前的传播。

洋务期间，中国还设办了新式官办学堂，此类学堂开始于 1862 年洋务派创办的北京同文馆，初设时抱负宏伟，试图"掌通五大洲之学，以佐朝廷一声教"，实际上只是"招集士子学习推算及泰西文字语言，而雇西人教习"[13]，只能算是初级外语学校。到甲午战前，洋务派办的外语、军事、实业等类学堂不下 30 所。此间还派遣了第一批留美、留欧的学生（图 13-4），翻译了第一批科技书籍。

图 13-4　首批赴美留学的幼童

在大机器工业的作用下,中国社会传统的阶级、阶层结构出现裂变。除了传统社会的农民、地主等阶级外,洋务时期出现了第一批在本国企业中做工的产业工人。中国最早的近代企业家也开始出现,部分士绅投入近代企业及与此相关的各类近代文教机构,有了所谓的"新商绅"阶层,它不简单是士农工商这传统四维社会的重组,因其与近代工业相联系,而具有成为一个与封建体制有本质差异的全新阶级的取向。在晚清重商主义的氛围下,"商"的社会地位迅速提高,"国势之强弱,人种之盛衰,实惟商业左右之,生死之"〔14〕。经商也成为时兴行当。科场上大器晚成的张謇,曾经历了 5 次落第才中举,又经 4 次失败才取进士。但是,当他 1894 年历经艰辛终于获得甲午科状元,步入科场顶点,为其后的仕途开辟了康庄大道时,却突然抛弃了来之不易的宦途,毅然决然地迈进了实业界。有人曾对清末汉口居民的从业状况做过统计,在总计99833 个居民中,"商界"的居然占了 30990 位,再加上经营"小贸"的人员 9464人,经商者占了几近半数〔15〕。

洋务运动时还诞生了制造业、交通业、金融业、邮政业、出版业等一系列近代职业,近代知识分子群势不可挡地崛起,报人、编辑、西医、技术专家、科学家,还有新式学堂的教员等构成的新自由职业社群与国家的关系,已经完全不同于传统士大夫与朝廷的关系,形成中国最早的一批近代型的文化人。他们的生活来路也较前有了重大区别,其中稿费制度的形成就是典型例证。1878年 3 月 7 日,上海《申报》馆启示:"如远近诸君子,有已成未刊之著作,拟将问世,本馆愿出价购稿,代为排印。"1884 年 6 月 4 日《点石斋画报》的征稿启事更标示出价码:如有画作"惟妙惟肖,足以列入画报者,每幅酬笔资洋两元"。稿酬制不仅为近代媒体业提供了可靠优良和源源不断的信息来路,而且为一个或多个新的职业群体(记者、编辑、自由撰稿人、近代型的作家和画家等)的形成与稳定提供了现实基础。

社会生活特别是城市生活也呈现出新的面貌。农业社会那种"日出而作,日入而息"自由散漫的无规律生活方式,被工业社会的快节奏规律化制式化的作息方式所逐步取代,都市人开始习惯于上下班制,星期日和固定节假休息制。

近代市政建设开始起步。1867 年,"上海水龙公所"成立,是为中国的第

图 13-5　19 世纪下半期北京街头的煤气照明灯

一支城市专业消防队;1881 年,英国人在上海开办了自来水公司,都市人不可须臾缺离的饮用水变得更为洁净方便;1886 年,上海开始铺设地下水管,改变了街区污水横流的状况。1882 年,上海街市出现了中国最早的 15 盏弧光电灯,创办人为西方人德里。"创议之初,华人闻者以为奇事,一时谣诼纷传,谓为将遭电击,人心汹汹,不可抑制……后以试办无害,其禁乃开。"[16] 在近代科技文明光照的辉映下,步入近代的文明人在街市华灯下享受着丰富多彩的夜生活(图 13-5)。这年夏天,电话(时以英文译音称"德律风")也在沪滨展示,《淞南梦影录》对此有浓墨重彩的描摹:"上海之有德律风,始于壬午季夏。其法,沿途竖立木杆,上系铅线二条,与电报无异,惟其中机括则迥不相同,传递之法,不用字母拼装,只须向线端传语。"

中国人的消费结构也有了重要变化。开埠以后,价廉、物美、耐用的舶来品以不容阻挡的势头侵夺着传统土货的固有市场。1850 年,上海的洋货进口总值为 390.8 万元,1860 年就达到 3667.9 万元,剧增 9 倍多[17]。天津 1865 年进口洋货总值为 7724571 海关两,5 年后增长到 11935176 海关两。如果说,这主要还是口岸的情况的话,那么,19 世纪 70 年代以后,洋货以更大的规模更快的速度向中国全境蔓延,若以 1871—1873 年的进口值为 100% ,1891—1893 年即增加到 206.6%[18]。1899 年,日本近代中国学的重要开创人内藤湖南到中国北方游历,在北京往张家口途中的南口小镇所见:"南口旅店竟然有西洋式浴盆,以稚拙笔法写道 Bathroom,并具备西洋便器,可知一路外国游客之多,亦足知英国人之感化,不可小看。"[19]洋货的大批量进入一方面造成传统产业的衰落和劳动力的重新配置。"洋布、洋线、洋花边、洋袜、洋巾入中国,而女红失业;煤油、洋烛、洋电灯入中国,而东南数省之柏树皆弃为不材;洋铁、洋针、洋钉入中国,而业冶者多无事投闲。此其大者,尚有小者,不胜枚举。……华人生计,皆为所夺矣。"另一方面,城市居民对消费品的挑选余地有了空前扩大。"及内地市镇城乡,衣土布者十之二三,衣洋布者十之七八。"[20]趋新、求异、逐洋成为时尚,洋货成为人们追逐的对象。服装是人类生活文明变迁的一项具体而微又极其外在极易察辨的指标特征,中国传统的宽袍阔袖的衣着日渐被更合身,特别是更适宜工厂劳作的服饰所替代。在城市人中,"西服""西饰"的影响更为明显,天津卫的"洋人之侍僮马夫辈,率多短衫窄袴,头戴小草帽,口衔烟卷,时辰表练,特挂胸前,顾影自怜,唯恐不肖"[21]。上海滩的时髦派,"女界所不可少的东西:尖头高底上等皮鞋一双,紫貂手筒一个,金刚钻或宝石金扣针二三只,百绒绳或皮围巾一条,金丝边新式眼镜一幅,弯形牙梳一只,丝巾一方。再说男子不可少的东西:西装、大衣、西帽、革履、手杖外加花球一个,夹鼻眼镜一副,洋泾话几句"[22]。此等人的穿戴配饰主要不是来自左近城乡,而是来自大洋彼岸的欧洲美洲,他们已具"世界公民"的形象。消费生活逐步打破了封建等级制的约束,而表现出个性化、大众化和西洋化的特征,尤其是崇洋成为近代消费的重要基调[23]。

与工业化相伴而行的是城市化,中国出现了第一次近代城市化的浪潮。中国的城市化水平有了决定性发展,城市更多的由以政治统治中心为主的各自独立,缺少联系的传统模型向以经济贸易为主的网络联结的近代模型嬗变,城市生活方式也更多地由单一、封闭、慢节奏的农业社会形态向多元、开放、快节奏的工业社会形态转化。城市前所未有的在经济上取得了对愈来愈多的农村地区的支配地位,开始出现所谓"铜山东崩,洛钟西应"的经济现象,就是农村听命于城市,小城镇听命于大城市,大城市听命于通商大埠,通商大埠又听

图 13-6 大北电报公司发报间

命于世界各大商场的状况,中国与世界经济一体化的浪潮初动。并逐步形成了长江下游、珠江三角洲和华北地区三大市镇密集区,特别是以上海为中心的长江下游城市带的崛起。1843 年开埠前,上海县的人口只有 50 万,其中的 30 万还是远郊人口,真正县城和近郊人口仅 20 万,充其量是一个中等规模的城镇,非但不能与南京(1852 年为 90 万人口)、杭州(鸦片战争前夕为 60 万人口)相比,即便与苏州(鸦片战争前夕为 50 万人口)相比也等而下之。但是,到了 1862 年,上海仅市区的人口就已达到 300 万。一跃成为当时中国乃至世界上的特大都市[24]。(图 13-6)上海等城市的跳跃性发展也更多地体现出外向型经贸的拉动和城市自身工贸、金融、交通运输等急剧发展的效用,并由此带来市场的统一化、生产的社会化、移民的归属化、管理的科学化乃至城镇居民生活方式和价值观念的根本位移。1893 年,中国除台湾和东北以外的地区已拥有市镇中心 1779 个,城市人口达 23513000 人,城市人口占人口总数的 6%[25]。总之,经过三十几年的"同光新政",中国的国力有了大幅提升。

但中国近代化的过程在 1894 年爆发的甲午中日战争中遭到了挫折。这是一场对原有的东亚国际格局造成根本改观的大战事,它对中国、日本、朝鲜后来的历史造成了某种逆转意义的影响。与中国近代史上的大多数对外战争(如两次鸦片战争、八国联军战争等)不太一样,甲午战争,从物的层面来说,中国是有能力与日本抗衡的。交战前夕,中日两国的力量对比,在国土面积、人口数量、军队数量和国民生产总值方面,中国都占绝对优势。就是直接交战的海军也可以说是各逞其强,尽管从 1886 年慈禧就已策划移海军军费修颐和园,"以昆明(湖)易渤海,万寿山换滦阳(指处在滦水中游的承德避暑山庄)也"[26]。以至于 1888 年后,北洋海军"未添一船"[27]。但即便如此,在中日交战前夕,中方仍拥有大小军舰 78 艘,鱼雷艇 24 艘,总吨位 8 万余吨;日方拥有大小军舰 32 艘,鱼雷艇 37 艘,还有用商船改造的军舰 4 艘,总吨位 7.2 万多吨。相比起来,中国若干军舰的吨位大,铁甲厚;日本少量军舰的航速略快,炮的射程略远。陆军方面,中国军队的装备也不见得差,当时增援朝鲜等地的北洋陆军装备有毛瑟枪和克虏伯炮,比日军使用的村田枪和青铜炮的性能优越。但由于方略失当、指挥失误以及清朝统治集团的腐败等一些更深层的原因,中国战败了。

甲午战败宣告了北洋海军的全军覆没和湘、淮军的一蹶不振,宣告了洋务运动的终止。甲午战争也标示着洋务运动只注意器物层面改革路数的失败,只是想单纯地模拟"西技""西器"来"制夷"是远远不够的。因此,严复在战后写的《原强》中有一小结:"海禁大开以还,所兴发者亦不少矣:译署一也,同文馆二也,船政三也,出洋肄业四也,轮船招商五也,制造六也,海军七也,海署八也,洋操九也,学堂十也,出使十一也,矿物十二也,电邮十三也,拉杂数之,盖不止一二十事。此中大半皆西洋以富以强之基,而自吾人行之,则淮橘为枳,若存若亡,不能实收其效"。"淮橘为枳"说的是缺乏那样一种社会大环境,这也是甲午战败的更深层的社会原因,中国不仅仅是"器不如人",很大程度上还有"人不如人",在封建传统的桎梏下,人们的精神受到压抑,人们的才智难以充分发挥,人们的素质难有迅速提高,而这绝非只靠技术改革所能解决。中国的近代化改革因此而向更宽广更激进的方向转进(彩图 18)。

第二节　西学、启蒙、救亡

　　西学的冲击　睁眼看世界的先驱　基督教与太平天国　中体西用的洋务观　救亡与启蒙的双重使命　饱学之士与无知之人的转瞬变幻　戊戌思潮　近代型文教事业的源头　文化传播的新载体　学科谱系的重新排定

　　鸦片战后，西学全面东渐。这一过程是缓慢的，又是持续和深刻的。西学的渗透先从通商口岸开始，逐渐波及沿海地区，又进入到内地的某些大城镇。西学首先在某些思想敏锐的人群中产生反应，这些人身份各异，却大都有文化人的背景，正所谓"士子学西学以求胜人"[28]。士子们所措意的自然首先在思想文化的领域。西学的流播在近代中国经历了由浅入深、由点及面的过程。

　　鸦片战时和战后的一段时间，士子对西方的认识停留在一些混沌的表象中。一方面是率先睁眼看世界的先驱者自我本体认识的局限。林则徐的《四洲志》、魏源的《海国图志》，徐继畬的《瀛环志略》、姚莹的《康輶纪行》等，尽管作为最早的一批由国人自撰的介绍西方状况的著作显得弥足珍贵，但它们在介绍西方时仍然是相当初步、肤浅和零碎的，甚至有不少错误。因对外部世界的了解毕竟太有限，这些著述只得不约而同地采取主要是摘引的办法来构建自己的体例，魏源把这种方法称为"以西洋人谭西洋"，"斯纯乎以夷人谭夷地也"[29]，功夫主要用在翻译和编排上。徐继畬说得更直白："泰西诸国疆域、形势、沿革、物产、时事，皆取之泰西人杂书。"[30]摘引的对象也只是当时国人所能接触到的极少的几部西人著作，如《四洲志》主要取材于英国人慕瑞（H. Murry）的《世界地理大全》的片断节译；而《海国图志》除此外，参考的也无外乎是英国伦敦会（London Missionary Society）传教士马礼逊（R. Morrison）的《外国史略》[31]，美国美部会（American Board of Commissioners for Foreign Missions）传教士裨治文（E. C. Brigman）的《美理哥合省国志略》等书；而《瀛环志略》所用的地图则全部摹自美国传教士雅裨理（D. Abeel）的世界地图册（图13-7）。这些人多为教会中人，不是专业人士，对科学的理解难以准确、系统、深入，并受到

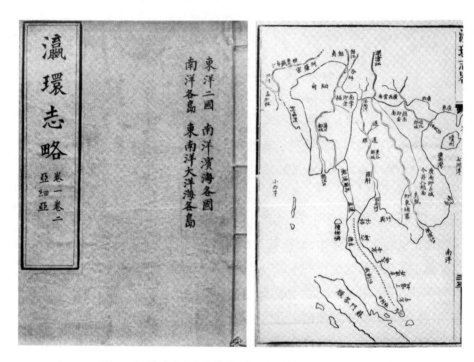

图 13-7 徐继畬《瀛寰志略》书影,清道光二十八年刊行

宗教的束缚。而上述睁眼看世界的先驱者们又是再度转译,缺漏谬误自然难免。

另一方面,即便是这些大打折扣的作品,在鸦片战争后的相当一段时间里,其社会影响力也是很有限的。时人对西方的了解,普遍停留在若干趣闻、野史、好奇者言和天方夜谭的层面。譬如,当时清朝中人对"英夷"情事最为关切的方面便是"女主"习俗。书成于道光十二年的《英吉利记》称:"英吉利人,……婚嫁听女自择,女主贳财,夫无妻媵,在国王以下莫不重女而轻男。"[32]江苏文人陈逢衡的《英吉利纪略》和安徽廪生汪文泰的《红毛番英吉利考略》是当时有数的介绍英国情况的著作,也都特别讲说"现今国王系女主","赘所属邻国之二王子为婿"[33]。1840 年 8 月间,英军首至天津白河口,直隶总督琦善派人探得英国"国王已物故四年,并无子嗣,仅存一女,年未及笄,即为今之国王",以女主为王已是不成体统。"又询以此人何不适人,据称向来该国女子许嫁,均系自行选择,兹亦任其自主。"居然自行选择对象,愈发让琦善等觉得形同禽兽:"是故蛮夷之国,犬羊之性,初未知礼仪廉耻,又安知君臣上下。且系年轻弱女,尚待择配,则国非其国,意本不在保兹疆土。"[34]《南京条约》签订当天,钦差大臣耆英向朝廷奏报约款各条,又专门把"英夷重女轻男,夫制于妇"一节提出[35]。时任江苏布政使的李星沅看到南京条约的第一反应也居然是对"夷妇与大皇帝并书"签名的不解[36]。战后,广东巡抚黄恩彤曾细密地将中英双方的优劣条件作比较,分析英国人的不利条件之一是"夫制于妇"[37]。广州出现的一份名曰《全粤义士义民公檄》的传单也提到:"乃独有英吉利国,其主忽女而忽男,其人若禽而若兽,凶残之性,甚于虎狼。"[38]鸦片战争为首次中西方的大规模碰撞,朝野间对由此引出的诸多创深巨痛的问题视若无睹,却不约而同地对英国女王发生浓厚"兴趣",这除了能满足某种猎艳和好奇心态外,还与潜藏的女主干政其势不久的传统心理有关。当时的中国人多把这当作是女人乱政、牝鸡司晨等中国传统理念所不齿的表征,恰好印证了"夷人行同禽兽"这一"人禽之辨"的圣人命题的正确。

战败后总结教训,对比中西,自是良方。但由于目光的狭窄,这种总结得出的结论却透露出愚昧,视野所及仍脱不出传统文化的积淀圈子。

西方文化在中国社会引起较大反响是从"西教"开始的。19世纪50年代前后,"西教"首先在一些处在社会下层的文人和民众中发生效力,进而掀动一场社会风暴——太平天国运动。在中华文明史上,类似于太平天国那样深受西方宗教影响而引发的如此大规模的民众运动的史例,几乎是仅见。洪秀全(1814—1864),自认被"天父"上帝认作"真命天子",封为"太平天王大道君王全"。除了洪秀全外,另一领导人杨秀清则在道光二十八年(1848)三月初三日取得"代天父传言"的资格,他以上帝名义发出的第一道指令是:"高老山山令遵正,十字有一笔祈祈","高老"即指上帝,"山山"组合起来是"出"字,"十字有一笔"为"千"字,合解作"上帝出令千祈遵正",透露出上帝君临一切的霸气。再一领导人萧朝贵也于同年九月九日获得"代天兄传言"资格,成为耶稣的化身再现。这批被陆续请到人间的基督世界的领袖们将"拜上帝教"定为国教,推崇上帝为独一真神,实行严格的无偶像崇拜的一神教。信奉上帝无处不在的圣典和人人在上帝面前均享有原罪的平等观,遵守安息日和各项宗教仪式,甚而实行国家、军队、全民的宗教化。1851年年初,"拜上帝会"——这支西方宗教与中国农民相结合的奇异队伍发动"金田起义",建号"太平天国"。

太平军以宗教作为聚合会众、鼓舞士气的精神原动力,其将士被清军俘获后,"加之刑拷,毫不知所惊惧及哀求免死情,仗其天父天兄邪谬之说,至死不移"[39]。使得初期的太平军似狂飙铁流,所向披靡。1853 年 3 月 19 日,50 万太平军攻占南京,改称"天京"。洪秀全这样一个连秀才都考不上的落魄书生,借助一些他自己也不能完全领会的西方宗教,在社会矛盾激化的中国土壤上,夤缘乘势,建立起了一个与清政府截然相对的新政权。

洪秀全揭橥拜上帝教的大旗之后,就开始毁灭道观、寺庙、龙王庙、孔庙等等,就连孔孟圣贤书,也是"抛之不及以火烧,烧之不及以水浇。读者斩,收者斩,买者卖者一同斩"[40]。基督教本是一种具有强烈排他性的文化体系,对中国以儒学为主体的传统文化构成直接冲突,这是洪秀全采取文化查禁政策的重要出发点。1853 年定都南京等礼仪繁盛之地后,洪秀全禁儒毁佛灭道查俗的态度愈发激烈,规定只有太平天国编撰和"旨准颁行"的"真道书"才能在世上流通,"当今真道书者三,无它也,《旧遗诏圣书》(《圣经旧约》),《新遗诏圣书》(《圣经新约》),《真天命诏书》(又称《真约》,为洪秀全等太平天国领导人的著作[41]) 也"。其他所有的书都在查禁之列。这种严厉的思想统制政策的根源就是基督教排斥异端的一神教思想。洪秀全和他的战友与腐败的清政权相抗,曾一度号召起广大民众的参与,表现出某种历史的进步性。他以基督教为武器,表现出国门初启时国人对西学的一般认知水平,也是中国人向西方寻求真理的一种努力。但洪秀全所采取的某些政策,特别是对中国传统文化的排斥,脱离了时代和群众,成为导致他走向失败的一个重要文化因素。

太平天国失败后,"中体西用"观渐成国人应对西学的主体见识。太平天国后期领导人洪仁玕曾设计了一份未能实施的学习西方的蓝图——《资政新篇》(图 13-8)。其历史遗命却由其对手曾国藩、李鸿章等洋务派所承继。曾国藩和他的同僚们并没有完全照搬《资政新篇》学习西方的方案,而是有所区别。洋务派们对"西教""西政"并不感兴趣,他们对西洋文明引介的兴奋点多停留在"西器""西技"的层面,其文化观表述就是"中体西用"(类似的表述还有"中本西辅""中道西器""中道西艺""中本西末"等等)。中体西用论者坚持认为:清朝的政制、官方意识形态和中国的传统文化都是良美至善的,西方文明对中国的优势无外乎只是坚船利炮与声光化电。将"体用"观予以理论化表述的张之洞，曾严格限定了"中体"与"西用"的界限，所谓"五伦之要，百行之原，相传数千年更无异义，圣人所以为圣人，中国所以为中国，实在于此"。这属于"体"的范畴，无须向西方求教。而"学校、地理、度支、赋税、武备、律例、劝工、通商……算、绘、矿、医、声、光、电、化"等属于"用"的范畴，可以向西方学习。简言之，就是"中学为内学，西学为外学，中学治身心，西学应世

图 13-8　洪仁玕《资政新篇》书影

事"。如此一来，便能"既免迂陋无用之讥，亦杜离经叛道之弊"[42]。作为 19 世纪后半期的一种官方或准官方的主流意识形态和政治文化观，"中体西用"所要回应的实际上是一个莫大的时代课题：就是如何处理传统与近代，中学与西学的关系。这是明清之际耶稣会士来华以后，特别是鸦片战争以后，又特别是洋务运动开始以后不断困扰中国人的一个大问题。庚子义和团事变后，"中体西用"观逐渐式微。但其所提出的问题并未完全解决，或是固守传统，或是全盘西化，或是亦中亦西，或是西学中源，各种理论，林林总总，无外乎还是从中西体用观这棵根茎上滋生出来的各时代的变种而已。

甲午战败宣告了洋务运动的终结，也揭示了"中体西用"观的缺陷。取而代之的是戊戌思潮，这是一种面对西学更加开放的社会思潮。甲午战争，"蕞尔小国"日本打败了堂堂大清朝，惨痛教训之一就是日本能果决地实行"脱亚入欧"，使国势骤强。走日本人的路，更大程度地吸纳西学，不仅在"用"的层面上学习西方，还要在"体"的层面效法西方。甲午战后的几年是中国思想界的一个很重要的转折期，从这时开始，中国才比较正规地迈进到自觉理智地向外国学习的历史进程。国人对西学的领悟也从感性的"力"的浅层次，深入到理性的"智"的层次，表现出对近代文化精神——近代人文主义和启蒙精神的

觉悟,并进而引起了西方思想文化和中国传统思想文化的第一次大融合——维新思想由此产生。挽救国家的危亡必须从唤醒国人的觉悟开始,启蒙与救亡成为一代戊戌人的双重历史使命。

维新思想的最大代表是康有为(1858—1927)。康有为早年习经,又到家乡广东南海白云洞习佛学道,都没有找到思想出路;后来"薄游香港,览西人宫室之瑰丽,道路之整洁,巡捕之严密,乃始知西人治国有法度,不得以古旧之夷狄视之"。中西对比的反差对思想产生轰击,于是"渐收西学书,为讲西学之基矣"[43]。1890年,康有为移居广州云衢书屋,梁启超等来访,据梁氏说"时余以少年科第,且于时流所推重之训诂词章学,颇有所知,辄沾沾自喜。先生(康有为)乃以大海潮音,作狮子吼,取其所挟持之数百年无用旧学更端驳诘,悉举而摧陷廓清之,自辰入见,及戌始退,冷水浇背,当头一棒,一旦尽失其故垒,惘惘然不知所从事"[44]。于是,马上转拜康有为为师。这便是"新学"的力量。应该说,在西潮的冲击下,过去的饱学之士转眼间成了无知之人,也就是所谓知识转瞬失落的身心体验,不独梁启超辈,而是传统士子向新知阶层转变时一两代人所共有的心路历程(图13-9)。

以康有为为领袖的维新派与光绪皇帝为首的"帝党"联手,激愤于甲午战后出现的列强瓜分中国的狂潮,以"保国、保种、保教"为旗帜,在1898年6月11日至9月21日短短的三个月时间里,自上而下地推行了一场全方位的改革。改革是激进的,又是脆弱的。维新派尚是一个处在转变中的未定型的社会派别,康有为的思想便十分庞杂,既有承继传统的一面,如公羊之学、宋明理学、佛教大乘思想,又有得自西学的半生不熟的理论,如社会进化论、三权分立的政体学说、近代民族民主观念等等。理论的不成熟使改革派变法方略的设计极不成熟。在百日维新的103天中,光绪皇帝发布的有关改革的谕旨就有230多道,牵扯方方面面,由于急于求成,大多数变法诏令的出台杂乱无章,缺乏善后,不具可操作性;少数勉力推行的举措又骤然牵动了太多人的切身利益,使得改革的对立面扩大。"戊戌六君子"之一的康广仁在政变发生前就已看出危机所在:"伯兄(康有为)规模太大,志气太锐,包揽太多,同志太孤,举行太大。当此,排者、忌者、挤者、谤者,盈街塞巷,而上又无权,安能有成?"[45]

慈禧及保守派举手之间,便将改革派投入血泊。作为一场政治运动,百日

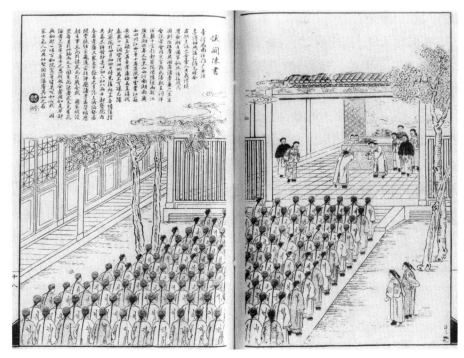

图 13-9　《点石斋画报·公车上书图》，光绪末年上海东亚社石印本

维新短命而败，但作为一场更广阔意义上的社会文化运动，自有其成功之处。
戊戌运动是中国历史上第一次大规模的资产阶级思想启蒙运动，是中国近代
史上第一次思想解放运动，"斯时智慧骤开，如万流沸腾，不可遏抑"[46]。在运
动中，维新志士们以西学为启蒙武器，不仅要求学习西方的坚船利炮，而且要
求学习西方的思想文化。他们以物竞天择的进化论来论说变法的必要和紧
迫；以自由平等天赋人权的启蒙学说来阐释君民关系的新理念；以救亡必须变
法，变法必须学习西方的新思维来论证全面引介西学的重要。这一切在深度
和广度上都是前所未有的，它扭转了此前向西方学习的自发状态和被动局面，
"开出晚清思想界之革命，所关尤重"[47]。从某种意义上讲，维新志士的主要
历史贡献或不在政治方面，而在文化方面，或不在戊戌变法，而在戊戌思潮。
戊戌时期初步奠定的新文化结构体系，也在中华文明由古代转入近代的历程
中发挥了具有决定意义的枢纽作用。甚至可以说，中国传统文明向近代文明
的主体位移是从这时发生的，中国近代文教事业各门类的兴起，几乎都可以在

戊戌时找到源头[48]。

在教育领域,中国近代型的新式学堂最早由西人创办,1834 年,英籍妇女温斯特(Wanstall)在其寓所建"澳门女塾",是中国土地上出现的最早的西式学堂。到 1860 年,基督新教在华办的各类学校不下 50 所,天主教的学校缺乏统计,估计不应少于新教的数目。国人自办新式学堂始于洋务派,但这些学堂一般都规模狭小,为科举正途所歧视,被社会视为另类,多为附属于某一军队或企业的专业训练性质的简易学堂。甲午战前中国的留学生总人数不过 200 人,1896 年时中国的留日学生仅有区区 13 人。与此相对应,当时中国的旧式书院约有 4500 所,就读秀才有 90 万,童生约 200 万。维新运动期间,宣布对科举旧制进行改造,同时建立全国性的新式学校体系。中古与近代教育体制之间的根本差别在于:旧学通向科场,主要是为统治者培养官吏,而新教育体系通向社会,是为整个社会培养人才。于此,新派人士已有很明确的认识:教育"不当仅及于士,而当下达于民;不当仅立于国,而当遍及于乡";"必使四万万之民皆出于学"[49],显示出明晰的全民教育观念。新式教育由此大兴。1896 年 1 月,御使陈其彰首先提出仿照西洋,建立由初等、中学至"上学"(大学)的新学校体制。朝

图 13-10　钦定大学堂章程

廷开始在全国推行由小学、中学至大学的，与国际接轨的近代三级学制[50]。到 1909 年，新式学堂已达 59117 所，在其中就读的学生人数超过 160 万；而 1905 年仅只留学日本一国的学生就超过 8000 人，"以数千年之古国，东亚文明之领袖，曾几何时，乃一变而北面受学，称弟子国。天下之大耻，孰有过于此者乎"[51]。这是一个尴尬的过程，又是一个必要的过程，中国的教育在这消长转换的过程中划出一个时代。戊戌时期的教育还有两件大事值得一书，一是出现了最早的国人自办的女校——经正女学堂，向占人口半数以上的女性打开接受近代教育的大门，象征着中国一代新女性的诞生[52]。二是出现了中国第一所近代国立大学——京师大学堂，"大学堂为各省之表率，万国所瞻仰，规模当极宏远，条理当极详密"[53]，中国的近代高等教育体系由此构建（图 13-10）。

　　近代中国的新闻事业首先是由外国人开创的。1815 年 8 月 5 日，伦敦会士米怜（W. Milne）等在马六甲创办了第一份以中国人为读者对象的中文报刊《察世俗每月统记传》；1822 年 9 月 12 日，天主教会在澳门创刊《蜜蜂华报》，是第一份在中国土地上出现的外文报刊。到 19 世纪 90 年代中期，中国已有 12 份报纸，基本上由外人操办，主要集中在上海等地区，社会影响有限。戊戌时期开创了中国近代报业史兴起的局面。新思想需要新载体，新议论助长新媒介，两者相得益彰。从 1895 年至 1898 年间，出现各类新报刊约 60 种，多由国人自办，并不局限于通商口岸，还扩展到成都、西安、桂林等内地城市。其中影响最大的《时务报》，在 15 个省和日本、东南亚设有分销处 67 所，销量逾万，"为中国有报以来所未有"。"此报名贵已极，读书人无不喜阅"，主要撰稿人梁启超因此声名大噪，"当时务报盛行，启超名重一时，士大夫爱其语言笔札之妙，争礼下之。自通都大邑，下至僻壤穷陬，无不知有新会梁氏者"[54]。演出了中国最早的借助近代传媒而迅速成为新闻人物的先例。当时外人办的《字林西报》曾把戊戌时新闻报业的兴盛作了一个评价，说从此之后，读报开始成为中国人的"习惯"，成为社会生活中一个不可缺少的因素。

　　维新运动还开了国人创办近代型出版机构的新风尚，旧式书坊、书肆大多转型，外人把持中国新型出版业的状况迅速成为历史，中国人在新式舆论出版界开始主导话语权（图 13-11）。两三年间，仅上海一地就有译书公会、大同书局等十几家新式书局设办，其中尤以创办于 1897 年的上海商务印书馆的成

图 13-11　商务印书馆发行所旧照,上海历史博物馆藏

立,标志着中国近代民族出版业步入成熟。"书肆中时务之书汗牛充栋",购阅
新书的人"如蚁附膻"[55]。新书读者群与新式出版机构同时共进,预示着社会
面貌的新变化。

　　以往建立在农业社会基础之上的传统知识谱系,具有笼统性和模糊性的
特点,中国传统的经、史、子、集四部分类法,似乎能网尽天下所有知识。当然,
不独中国这样,中古以前的西方知识也基本上被囊括在哲学甚或神学的范畴

之内。但随着科学发展和知识积累,哲学或神学(在中国很大程度上是经学)已难以包容一切学科的知识,各学科开始分门别类,自成体系。与近代劳动分工的细密化、专门化相匹配,近代的学科谱系也出现了分类化、专业化。这一分科过程首先是从西方开始的。

近代以降,随着国人对科学技术更深入全面的了解,深感中国传统的"门类不分,粗细不辨"的旧学难以包容适应新学的发展。依据西方的知识谱系,重构中国学问,已经势在必行。最早将西方的知识谱系引入中国的仍然是教会。1839 年 11 月 4 日在澳门开办的教会学校——"马礼逊学堂"(Mirrison School),课目中已含中文、英文、体育、算术、几何、生理、地理、化学、代数、机械学等。1873 年,由美国长老会(American Presbyterian Mission)教士狄考文(C. W. Matter)夫妇设办的山东"登州蒙养学堂正斋",开设的课程更包括测绘学、代数备旨、航海法、声、光、电、地石学、化学、动植物学、微积分、天文揭要、富国策、万国通鉴,等等[56]。但这些近代的学科分类,基本上局限在少数教会学校中,与大多数中国学校没有关系。1862 年设办的"京师同文馆"在 1867 年时开设的课程除英、法、俄等外语以外,还有算学、化学、万国公法、医学生理、天文、外国史地等。但同文馆之类的"准新学"在当时的教育体系中仍属少量,居正统地位的还是传统的旧书院和以经学为主体的旧学科。

全局性的改观在戊戌前后发生。1897 年,杭州诂经精舍的主持人俞樾对生徒慨叹:"最近三年中,时局一变,风气大开,人人争言西学。我与各位同学抱着古老的遗经不放,这是前人所说的不通世变的鄙儒。"[57]中世纪晚期信仰体系的理论根基已经开始崩解。这年,浙江巡抚廖寿丰奏请将诂经精舍、学海堂等 6 所旧书院改并为专课中西实学的求是书院,一代经学大师俞樾辞职。局势已经到了变亦变,不变亦要变的地步。1898 年,严复(1854—1921)在北京通艺学堂演说时,具体介绍了西学的两大分类:"公家之用"(即基础知识)和"专门之用"(即专业知识)[58]。同一时期,梁启超在《西学书目表》中的分类更加到位:第一部分为"学部":包括算学、重学、电学、化学、声学、光学、汽学、天学、地学、全体学、动植物学、医学、图学;第二部分为"政部":包括史志、官制、学制、法律、农政、矿政、工政、商政、兵政、船政;第三部分为杂类:包括游记、报章、格致总、西人议论等。这已然是一份较为完备的近代科学知识的分类编排谱系。戊戌后,众多新学书籍目录的编排、新学丛书的编纂和新学堂课程表的制定,也都程度不同而又不约而同地采取了新学科谱系。1902 年,张百熙主持制定《钦定京师大学堂章程》,专列"大学分科门目表":即政治、文学、格致、农业、工艺、商务、医术。过去居于庙堂首尊的经学居然未被单科罗列,只是并列于文学科的 7 个子目之下,即经学、史学、理学、诸子学、掌故学、词章学和外国语言文字学[59]。过去的正统之学日益边缘化,其后经学面临着迅速地被降格(降经为史)和离析的命运,成为历史学和哲学史、文学史等学科的具体研究门类。而过去处在边缘的新学或西学却日渐居于正统。1903 年,清政府推出"癸卯学制",以政令形式规定全国所有学校需实行统一的分级学制和开设统一的课程门类。自此,分科教育和研修体系成为官方制度而正式确立。

文学艺术由传统向近代的转轨也发端于戊戌。甲午战后,维新人士便酝酿"诗界革命",1898 年,黄遵宪首揭"新派诗"的大旗[60],梁启超、夏曾佑、谭嗣同、丘逢甲等都是响应唱和者,他们力图摆脱当时统领诗坛的"同光体"拟古风格的束缚,所作新体诗语言清新通俗,诗文载道纪实,大量使用新词汇,富有时代气息,堪称"五四"新诗歌运动的前驱。

小说方面,通俗小说在文学史上占有特殊地位。从鸦片战争之后到戊戌运动之前的很长一段时间,中国在小说方面实在没有多少值得一提的作品。1897 年,严复、夏曾佑撰文,把小说的功用抬高到"几几出于经史之上"[61],不入庙堂之学的小说被定位为文学殿堂的正尊。新派小说层出迭起,到 1905 年,《官场现形记》,《二十年目睹之怪现状》《老残游记》《孽海花》四大谴责小说先后问世,因"谴责小说"又衍生出"黑幕小说"诸流派;嗣后风行一时的"鸳鸯蝴蝶派"也可从晚清的"言情小说"中找到绪端;"新小说""绣像小说""报载小说"等新流派也在此前后开辟。

与此同时,翻译也极一时之盛。尽管洋务时期的"广方言馆"之类的翻译机构多自夸:"自象纬、舆图、格致、器艺、兵法、医术,罔不收罗毕备,诚为集西学之大观。"但在维新派看来,此前的翻译"无次第,无层次","不合政学纲要",特别是在"哲学理法"等方面不能"达其大本所在"[62]。1893 年,新教教会在华设办的最大的文化机构广学会的译书收入仅 800 元,但短短几年之后,到 1898 年便剧增到 18000 元,到 1911 年,更增加到 225579.84 元,不到 20 年增加了 200 多倍[63]。是时，"翻译书籍出版者，人人争购，市之为空"[64]。严复、马相伯、雷奋、赵必振、马君武都是当时蜚声一时的翻译家。1899 年，林琴南译出小仲马的《巴黎茶花女遗事》，打开外国言情小说在中国的销路，严复有诗"可怜一卷茶花女，断尽支那荡子肠"。林琴南以不通外文而借助他人来翻译外国作品凡 206 种，共 1200 万字，形成与"严译名著"并驾齐驱又独具一格的"林译小说"。

19 世纪末，国人以"西艺"和"西政"来区别称呼西方的自然科技和人文科学（略相仿佛后来的理科与文科）。两大学科中的各门类在戊戌前后也有了转折性变化。在哲学领域，中国对德国古典哲学、逻辑学（时称"名学"）、伦理学和近代方法论的探索，以及对尼采、叔本华、卢梭等的研究均在戊戌前后起步。但这不是最重要的，戊戌学术界出现的引人瞩目的现象是经学与哲学的地位置换。邓实对清朝（实际不止清朝）学术有概括："本朝学术，实以经学为最盛，其余诸学，皆由经学而出。"[65]近代哲学与传统经学所居的那种"学问之上的学问"的地位差相仿佛。但邓实对有清一朝学术的概括失之笼统，若讲戊戌之前的中国学术大致尚可，戊戌之后，则经学的地位已摇摇欲坠，不可能再扮演诸学本源的角色，而成了哲学甚至是哲学史的一个研究分支。1906 年，王国维作《奏定经学科大学文学科大学章程书后》，反对将经学单列一科，却主张开哲学科[66]。经学与哲学的地位已然颠倒（图 13-12）。

在社会学领域，1842 年法国学者孔德完成《实证主义哲学大纲》，首次使用"社会学"（Sociology）一词，其词在中国的早期译名是"群学"，由严复于1895 年的《原强》一文中创造。戊戌前后，"群学"因契合当时的时局而有了迅速传播，俨然成一"显学"。1896—1897 年，严复以《群学肄言》的书名译刊了英国社会学家斯宾塞（H. Spencer）的《社会学研究》（*The Study of Sociology*）的第一、二章；1901—1902 年，严复又将该书各章全部译出，西方社会学的理论得以完整地介绍过来。由于严译西方名著结合中国国情的译述风格，使得社会学传入中国之时，也便是该学科的中国化之日。

在史学领域，1902 年梁启超的《新史学》一文是奠定近代史学的宣言书。维新派极言史学的功用，史学不仅是"学问之最博大、最切要者"，而且是"国民之明镜"和"爱国心之源泉"，并痛诋中国传统的旧史学，煌煌"二十四史非

图 13-12 光绪年间的西学刊物

史也,二十四姓之家谱而已"。因之,梁启超便疾呼史学革命的到来,"史界革命不起,则吾国遂不可救。悠悠万事,惟此为大"[67]。史学已不单是学问,而承载着救国发蒙的使命。章太炎也具体指陈旧史学毛病所在是"中夏之典,贵其记事,而文明史不详","非通于物化,知万物皆出于此,小大无章,则弗能为文明史"[68]。将文明史的研究撰述看作是治史的首要标本,文明史不详,则其余诸史均不能纲举目张,寻出历史的底奥。从此,史界革命风潮迭起,传统史学步入近代轨道,即便是在形式上也有大变化,"其体例颇合近代著史之法"[69]。在新手段和新眼界的发现审视之下,史学(不仅仅是史学)的研究材料和对象也有了极大拓展,一些新材料或本为旧的但被新发现的材料,对史学研究产生了一连串颠覆性效应,其中最引起轰动的当属殷商的甲骨文、汉晋的木简、敦煌千佛洞的文书、清宫大内的明清档案以及中国境内外的古外族遗文等的发现和利用[70]。人们的目光不再局限书本和金石,而扩充到田野地下的文物。稍后一点时间,中国传统的金石学终于演变拓展成为近代考古学,人类对自身历史的了解也从几千年延伸到几十万年乃至百万年。同时,几乎所有自然科学学科的近代体系,也无一例外地是在戊戌前后开始在中国构建起来的。

在生物学领域,1858 年,《植物学》(*Elements of Botany*)出版,该书原本是英国植物学家林德利(John Lindley)的著作,由英国来华教士韦廉臣(Alexander Williamson)、艾约瑟(Joseph Edkins)同中国近代著名科学家李善兰(1811—1882 年)合作节译出版。该书首次向中国人展示了只有在显微镜下才能发现的植物细胞学说,揭示了在近代实验基础上建立起来的有关植物体各器官的生理功能的理论,介绍了地球上不同纬度的植物分布情况,以及近代植物分类学。其中"植物学"(botany)和植物分类单位的"科"(family)等术语便由该书首创[71]。但近代生物学作为一个系统学科的建立,仍是戊戌之后的事(到 1902 年时,介绍到中国来的生物学书籍至少已有 19 种。几乎同时,中国近代植物学的开山人钟观光等,已经在进行该学科的机构创建、授课教学和植物采集调查;而中国第一代具备近代知识的生物学家秉志、钱崇澍、陈焕镛、陈桢、戴芳澜、胡经甫等也陆续出国留学)。

戊戌运动中,所有的学科门类中,要说具有最大社会影响的,便是生物学了,即建立在达尔文进化论基础上的近代生物学,但又不是单纯自然科学意义上的进化论,而是杂糅了斯宾塞社会达尔文主义的进化论。1898 年,严复节译赫胥黎(T. H. Huxley)1893 年出版的《进化与伦理》(*Evolution and Ethics*),并结合中国的时政分析,掺杂进自己的大量发挥,出版了《天演论》。是书将进化论的适用范围推向极限,痛陈物竞天择、弱肉强食是万古不易的天演定律,中国已处在"弱肉"之命运,如再不自强,必将亡国灭种。在当时,《天演论》再好不过地把救亡与启蒙的二重奏有机地合为一调,《天演论》振聋发聩的言说一经刊行,便风行全国。梁启超称对该书"循环往复诵数过,不忍释手"。颇为自傲的康有为读后,"亦谓眼中未见此等人"。该书最直接的作用是,导引人们的目光从传统和古代转向当下和近代,"中国数千年学术之大体,大抵皆取保守主义,以为文明世界在于古时,日趋而日下",进化论传入后,"以为文明世界在于他日,日进而日盛"[72]。由一学科引介导致出社会意识观念的革命性变化,在学术思想史上亦不多见。

梁启超曾给严复的启蒙译作以历史的定位,维新人士"拿'变法维新'做一面大旗,在社会上开始运动,而急先锋就是康有为、梁启超一班人。这班人中国学问是有底子的,外国文却一字不懂。他们不能告诉人'外国学问是什么,应该怎样学法',只会日日大声疾呼,说:'中国旧东西是不行的,外国人许多好处是要学的.'……这一期学问最有价值的出品,要推严复翻译的几部书,算是把 19 世纪主要思潮的一部分介绍进来"[73]。这里所说的"最有价值"的几部书除《天演论》外,还有译自亚当·斯密(A. Smith)的经济学著作《原富》(*An Inquiry into the Nature and Causes of the Wealth of Nations*),译自孟德斯鸠(C. L. S. Montesquieu)的政治学著作《法意》(*L'Esprit des Lois*),译自穆勒(J. S. Mill)的逻辑学著作《名学》(*System of Logic*)等。严复在甲午战后发表的《论世变之亟》《原强》《救亡决论》《辟韩》等一系列文章还极力鼓吹了尊民叛君、尊今叛古的理念。严复堪称是近代中国学习和传播西方资本主义新文化的突出代表。

中国的传统学科数学在 14 世纪以后,发展明显滞后于先进国家。到近代,中国数学已脱离在西方兴起的近代数学主流之外。要发展中国的近代数学,不能因循古代传统,只能另起炉灶。1904 年,中国近代数学教育的拓荒者冯祖荀等赴国外研习。到辛亥前,中国已有秦汾获美国哈佛大学数学天文硕士学位(1909),胡敦复获美国康乃尔大学理学学士学位(1909),后一年,郑之蕃也获同所学校的同样学位。在这些先驱者的耕耘下,中国的近代数学得以开展[74]。

在物理学领域,近代物理学自伽利略、牛顿时代起,经过近 400 年的发展基本成形。但在戊戌前,绝少有中国人知道严格意义上的经典物理学。维新运动使物理学作为一门学科比较广泛地进入了学堂,随之出现了以"奈端"(牛顿)为志趣者。1899 年,由傅兰雅(J. Fryer)口译,王季烈笔录的《通物电光》四卷本由江南制造局出版,向国人系统介绍了 X 射线的原理;此前介绍到中国来的涉及物理学各分科如力学、光学、重学的书籍已有 50 余种。1900 年又出现了第一本系统介绍西方经典物理的《物理学》中译本(从日文转译),"物理学"的字眼从此取代过去范围含混的"格致学"而正式成为中文名词,同时标志着近代物理学在中国的落户;这一年,克尔(J. Kerr)的《无线电报》中译本也出版,表明物理学的新分支在中国的传播。1906 年,《力学课编》出版,该书醒目之处是编译者用中国实例取代原书中的西方事例,并首次横排印刷力学公式。在此前后,中国最早的一批以物理学为专业的留学生出国,他们是:李复几、何育杰、夏元瑮、李耀邦、张贻惠和吴南薰等。1907 年 1 月,李复几的

《关于勒纳的碱金属光谱理论的分光镜实验研究》论文通过答辩,获德国皇家玻恩大学博士学位,是中国第一位物理学博士学位获得者。其后,在国外获物理学位者日渐增多,这些人回国后,除李复几、李耀邦外,都在京师大学堂等学校从事物理学的教学和科研。严济慈先生有评价:"何育杰、夏元瑮是我国最早最好的物理学工作者。"[75]

在化学领域,18 和 19 世纪之交,元素论和原子论的提出奠定了近代化学的基石,19 世纪后半期,西方逐步建立起无机化学、分析化学、有机化学与物理化学四大分支学科,近代化学面貌初备。1867 年京师同文馆已开始教授化学课程;1880 年,上海格致书院以中国科学家徐寿和传教士傅兰雅合作译出的《化学鉴原》等书为教材,讲授化学知识,进行化学演示。徐寿还首次译定了碘、钡、锰等 24 个化学元素名称。戊戌之后,化学作为正规学科在国内的各级学堂得以普遍开展,1904 年,中国近代化学教育的奠基人俞同奎等启程出国,1907 年,中国的化学先驱们在巴黎成立"中国化学会欧洲支会"(中国化学会前身),1910 年,京师大学堂专设化学门,由俞同奎等主讲无机化学和物理化学,成为中国最早的高等化学教育机构。

在医学领域,1543 年,维萨留斯的《人体构造》一书出版,为近代西医学的开山作;随后,哈维发现了血液循环;巴累在外科手术上取得决定性进展;列文虎克发明了显微镜;雷奈克创造了听诊器;巴斯德发现了微生物……近代西医体系得以确立。西医的引进中华,在明清之际通过耶稣会士之手就已开始,其后不绝如缕。但得到国人较普遍地公认,还是在戊戌前后。1897 年,梁启超在《时务报》上发表《医学善会序》提出:"凡世界文明之极轨,惟有医学……医者,纯乎民事者也,故言保民,必自医学始。"医学已不单纯是一门学科,而变成了文明的极致和保民强种的法门。这种观点因缘附会于当时风行的社会达尔文主义而颇成时代共识。1904 年到日本学习医学的鲁迅就言称:"从译出的历史上,又知道了日本维新是大半发端于西方医学的事实。"[76]戊戌之后特别是日俄战争后,留学日本大兴,当时最为热门的学科有二,军事和医学,都是从救国救民来着眼。

地学研究在中国有古老传统,也是最早与西学沟通的学科。但那还主要是传统意义上的地学,并且主要是在地学两大分支地理学与地质学的前一学科领域中进行。1830年,英国人赖伊尔(C. Lyell)出版了《地质学原理》一书,将地质学提升为一门近代的科学体系。1872年,中国近代早期科学家华蘅芳翻译出版了两本在中国地学领域具有开山性质的书籍:赖伊尔的《地质学纲要》(以《地学浅释》的中译名出版)和美国人丹纳(J. D. Dana)的《矿物手册》。地学近代体系在中国的确立是在戊戌前后。1896年,邹代钧等人在武昌成立了中国最早的地理学研究机构——译印西文地图公会,公会章程称:"天下有志舆地学者,均可入社共相切磋。"[77]继之而起,中国地学会在天津宣告成立,并发刊中国第一份地学专业学术刊物。地学会是一个包容面更大更纯粹的专业学术机构,其会章规定:"本会以联合同志,研究本国地学为宗旨,旁及世界各国,不涉范围以外之事。"[78]1901年,张相文刊出《初等地理教科书》和《中等本国地理教科书》,成为"中国有地理教科书之嚆矢"[79]。之后,多种以近代地理学体系编撰的开山作出版,如屠寄的《中国地理教科书》,张相文的《新撰地文学》,谢洪赉的《瀛环全志》等等。中国的各高等、中等教育机构也普遍开设新式地理学课程,京师大学堂文科的地理学课程即包括:地理学研法、中国今地理、外国今地理、政治地理、商业地理、交涉地理、历史地理、地图学、地文学、海陆交通学、全国土地民物统计学等等。戊戌前后,还出现了将近代科学体系与中国国情相结合的专业地理学,即由先前的"多翻译,少自著"的格局演进到"独树一帜,一切例证,悉以中国之事实为本"的新阶段[80]。中国近代地理学体系可谓基本构建。

　　地质学体系的构建略晚一些,但中国近代第一代地学家章鸿钊、丁文江、翁文灏、竺可桢等也都在戊戌后负笈出国求学。1911年,分别从东京帝国大学获地学学士学位的章鸿钊和从英国格拉斯哥大学获地质学与动物学双文凭的丁文江参加了清政府组织的"游学毕业考试",获"格致科进士",并在京师大学堂等处开讲地质学。这一切表明,戊戌后不仅出现了自然和社会科学各学科门类的大面积"移植",且引出了中国固有学科门类的改造和重构,并进入到对中国文化进行自觉反思的所谓"道在反求"的境界[81];更重要的是,它使"西学"开始有机地系统地融进"中学"之中,创造出了不中不西,亦中亦西的近代"新学",中西学术被初步整合在一个新的学术框架中。

　　文化的平民化、社会化的工作也在此时展开,突出表现在白话文和电影两个门类。近代汉字改革从戊戌前后启动,新派人士痛感文字为中国的"致弱之基",为使文化普及,只有先使文字"甚便于农工妇雏"[82]。1892 年,卢憨章的《一目了然初阶》率先提出了汉字的拼音化问题,试图以其创作的 55 个"切音为字",实现"凡字无师能自读","不数月,通国家家户户,男女老少,无不识字,成为自古以来一大文明国矣"。继起,1895—1897 年的两年多时间里,就有5 个各不相同的切音字方案(吴敬恒的"豆芽字母",蔡锡勇的"传音快字",沈学的"盛世元音",力捷三的"闽腔快字",王炳耀的"拼音字谱")相继问世。王照在此同时还创造了普通话的拼音字母,王氏方案,得到官府提倡,在北京、天津、山西、东北等地推广。劳乃宣又对王氏字母进行简化改造。中国近代文字改革运动由此开端[83]。

1897 年,中国出现了最早的两份白话报。1898 年春,江苏无锡人裘廷梁于上海《苏报》发表《论白话为维新之本》的文章,第一次响亮提出"崇白话而废文言"的口号,随即创办中国近代影响较大的白话报——《无锡白话报》(后改名《中国官音白话报》)。嗣后,出现了一阵不大不小的白话报热,林獬先后创办《杭州白话报》和《中国白话报》,陈独秀在家乡创办《安徽俗话报》,各地还有《宁波白话报》《演义白话报》《启蒙通俗报》《苏州白话报》《智群白话报》《白话》等。到 1911 年,出版的白话报至少在 130 种以上。而《大公报》从1905 年 8 月 21 日起便以"敝帚千珍"的名目定期出版白话附张,免费随报附送[84]。在语言改革方面,梁启超是主张最力者,他除亲自为《时务报》第四期刊载的沈学的"盛世元音"作序,指出变革社会步入近代文明当"以变通文字为先";还身体力行地创造了一种半文半白语言浅近的"报章体",该文体不受古语章法的限制,"务为平易畅达,时杂以俚语、韵语及外来语法,纵笔所至不检束。学者竞效之,号'新文体'……其文条理明晰,笔锋常带感情,对于读者,别有一种魔力焉"[85]。在思想除旧布新的同时,也开始了古代文体向近代文体的新陈代谢。

1895 年 12 月 28 日,法国青年卢米埃尔(Louis Lumiere)在巴黎卡普辛路的印度沙龙内,正式放映了《墙》《婴孩喝汤》和《水浇园丁》等世界上最早的影片,标志着电影时代的到来。仅仅过了 8 个月,也就是 1896 年 8 月 11 日,这门全新的大众艺术便在中国落户,所谓"西洋影戏"在上海徐园的"又一村"与观众见面[86]。1897 年 7 月,美国电影放映商雍松在上海的天华茶园、奇园、同庆茶园等处放映电影。天华茶园的广告称:"此戏纯用机器运动,灵活如生,且戏目繁多,使观者如入山阴道上,有应接不暇之势。""戏目繁多"一句并非虚词,广告单中开列的影片节目便有:《俄国皇帝游历法京巴里府(巴黎)》《罗依弗拉地方长蛇跳舞》《马铎尼铎(马德里)名都街市》《西班牙跳舞》《骑马大道》《拖里露比地方人民睡眠》《以剑术赌输赢》《骡马困难之状》《西方野蛮刑人》《和兰(荷兰)大女子笑柄》《印度人执棍跳舞》等等。电影从一诞生便是作为一门普及性大众性的艺术而出现,中国的早期电影放映也反映了这一特点,其票价低至一角,市民们争相观看"西洋景"[87]。变化万千的电影画面给中国观众以震撼和愉悦,1897 年 9 月 5 日,上海《游戏报》第七十四号载文《观美国影戏记》,对由物质文明和精神文明结合发展而出的电影由衷赞叹:"观毕,因叹曰:天地之间,千变万化,如蜃楼海市,与过影何以异? 自电法既创,开古今未有之奇,泄造物无穷之秘。如影戏者,数万里在咫尺,不必求缩地之方,千百状而纷呈,何殊乎铸鼎之像,乍隐乍现,人生真梦幻泡影耳,皆可作如是观。"

鸦片战后,西方"新文明之势力,方挟风鼓浪,蔽天而来,叩吾关而窥吾室,以吾数千年之旧文明当之,乃如败叶之遇疾风,无往而不败衄"[88]。两种文明之战的结果是中国传统的精神文明在戊戌前后有了大改观,传统文明的诸多样式或是式微或是演进,东西方文明前所未有地糅合,西洋文明的大规模引入,使得中华古文明出现了结构性变迁——外延扩大,内容增多,蕴义演进,中华近代文明的整体格局开始架构成形。

第三节　制度、立宪、共和

宪政体系引进的不同步　再造新军　由解协饷制到近代财政体制的初建　废科举的时代意义　从"诸法合体"到司法独立　近代官僚制度的建构　辛亥革命与共和国

如果说,洋务运动侧重于物质文明的构建;戊戌运动侧重于精神文明的构建;那么,立宪运动和辛亥革命所侧重的便是制度文明的构建。

国人对西方近代政体的早期理解主要在三个方面:国会制度,宪法体系,责任内阁,统而言之,就是宪政思想。一个有意思的现象是,中国近代对西方宪政思想的引介并不是一揽子进行的,而是在内容上有先后,在时间上不同步。

最早在中国得以传播的是国会思想。前揭 19 世纪 40 年代林则徐主编的《四洲志》和魏源的《海国图志》最早着墨于西方的议会制度。其中对法国众议院的翻译是"占马阿富衙门"(Chamber of dcputies),未作具体解释。对英国国会的介绍要明晰得多,"国中有大事,王及官民俱至巴厘满衙门(Parliament 议会音译)会议,及行大事……虽国王裁夺,亦必由巴厘满议允。国王行事有失,将承行之人交巴厘满议罪"。对美国国会的介绍最为详细:"设立衮额里士衙门(Congress 议院音译)一所,司国中法令之事,分列二等,一曰西业(Senate 参院音译),一曰里勃里先好司(House of Representatives 众院音译)。"两院议员的产生办法是:"在西业执事者,曰西那多(Senator 参议员音译),每部落公举二人承充,六年更代";"在里勃理先好司执事者,曰特底甫(Representative 众议员音译),由各部落核计四万七千七百人中公举一人承充,二年更易。"凡经济贸易、赋税征收、法律词讼、军国重事等等,都必须由两院"议允施行"[89]。稍后,徐继畲的著作更详细地介绍了英国的上院(爵房)和下院(乡绅房):"爵房者,有爵位贵人及西教师处之;乡绅房者,由庶民推择有才识、学术者处之。国有大事,王谕相,相告爵房,聚众公议,参与条例,决其可否,复转告乡绅,必乡绅大众允诺而后行,否则寝其事勿论。其民间有利病欲兴除者,先陈说于乡绅房,乡绅酌核,上之爵房,爵房酌议,可行则上之相而闻于王,否则报罢。……大约刑赏、征伐、条例诸事,由爵者主议;增减税课、筹办帑饷,则全由乡绅主议。"[90]

到 19 世纪 80 年代,议会思想得到更广泛地传播。1884 年,除了朝野一般性的鼓吹之外,甚至出现了官员向朝廷的直接上折建言。这年,编修崔国因向朝廷奏上请设议院的附片;能量更大的是淮军大将两广总督张树声在其遗折中也提出了设议院的建议,并在朝廷引发了一场争论[91]。

有意思的是,议会宪法这些在西方政治制度中合而为一的事体,在中国却有了离析。与议会思想率先传入形成某种反差的是,宪法思想的传入却略晚。国人对宪政思想的理解首先从议会制度起步,而不识宪法,大概是因为议院为具象,较易认识,而宪法较抽象,认识较难;更因为宪法较之议会对君权具有一种根本大法的约束,更强调"主权在民""法律面前人人平等""宪法至上""制宪""违宪"等内容的法律化、制度化、神圣化,在专制政体板结的时代尤难传播。据考,在1895年之前,还绝少有人提出宪法问题。被认为在中国最早提出该问题的是早期启蒙思想家郑观应,他在1895年所作的《与陈次亮部郎书》中把"开国会,定宪法"作为救国的主要方略提出[92]。同一时期提出的《治安五策》的最末一项也是"定宪法"。在其诗中还反复鼓吹:"议院固宜设,宪法亦须编";"宪法不行专制严,官吏权重民太贱,妄谈国政罪重科,上下隔阂人心涣"[93]。

　　自后崛起的维新派对上述思想更加发扬光大。1898年1月,康有为上光绪帝第五书,其中明确提出"自兹国事付国会议行","采择万国律例,定宪法公私之分"(图13-13)。君主立宪的思想于此初步成形。1901年6月,出使日本大臣李盛铎入奏:"查各国变化,无不首重宪纲,以为立国基础。惟国体、政体有所谓君主、民主之分,但其变迁沿革,百折千回,必归依于立宪而后底定。"他吁请朝廷"参考各国宪法","勒为定章……垂为万世法守"[94]。20世纪初叶,宪政思想风行鼓荡,就连此时出版的某些专业教科书也附带连笔予以鼓吹,1902年出版的《世界地理》一书写道:"今世界所行之政体有二:君主政治与民主政治是也。君主政治,乃君主在上统治一国。其中亦分为两种:即专制君主制及立宪君主制也。民主政治,则以国民所选举之代议士,办理国政,其

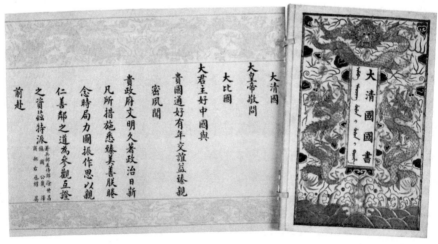

图13-13　清廷派五大臣出使比利时考察政治的国书(局部),中国第一历史档案馆藏

行政部之长,称曰大总统。"而同年出版的吴启孙翻译的《世界地理学》一书,不仅介绍了立法、行政、司法三权分立学说,还专门介绍了日本的责任内阁制:"行政部,内阁总理大臣为首,其下外务、内务、大藏、陆军、海军、司法、文部、农商务、递信凡九省,皆有大臣。"[95]略晚一些的时论,对此谈得更明确:"所谓责任内阁者,此责任二字,非对于君主而言,对于议会而言也。"[96]议会制度、宪法体制、责任内阁这西方宪政思想三大内容,在这时已全面传入中国,并发生着日益广泛的社会影响。时人已逐渐深刻地体认到:在器物和思想文明改造的同时,还必须进行制度文明的改建,"欲图自强,必先变法;欲变法,必先改革政体。为政之计,惟有举行立宪,方可救亡"[97]。晚清的近代化改革从器物、思想的层面向制度层面推进,各种近代的制度化建设开始全面推行。

军事制度　大而言之,清代军事因革经历了三个阶段,即咸丰以前的八旗、绿营;咸、同年间的湘军、淮军;甲午特别是庚子年后推广的新军。而以后一阶段为中国近代军事制度的初步定型期。1901年,清政府将新军体制推向全国。(图13-14)同年下令停止武科举,裁汰旧军,绿营裁七留三,防军裁三留七。1902年,下令以北洋新军为样板,划一新军营制。此前清军营制十分混乱,小部分仍沿用八旗、绿营营制;大部分则采取湘、淮军营制,以"营"为基本单位,每营500人,各营之间为平行关系。这种军事编制方式在

图13-14　身着新式军装的清军军官,选自《清末陆军校阅图》

国内战争中镇压平民还适用,但由于单位太小,在对付大规模的对外战争中则不合用。于是,将新军营制与世界近代军队通行编制接轨,分设军(不常设)、镇(师)、协(旅)、标(团)、营、队(连)、排、棚(班)。以"镇"为平时常备军的最高单位,下设 2 个步兵协,1 个马队标,1 个炮队标,1 个工程营,1 个辎重营,1支军乐队,每镇定编 12512 员。1903 年,在中央设"练兵处",作为编练全国新军的最高机构,从形式上结束了一段时间内新军编练权分属以直隶总督为首的各省督抚的状况。1904 年,颁行"陆军常备学堂办法",规定军校分为小学堂、中学堂、兵官学堂、大学堂四级,各省设讲武堂,弁目(班长)以上的士官都要经过各级军校培训,军人的知识结构因此发生明显变化。至清亡,中国已有各类军事学堂 80 多所,基本形成一个初具规模的近代军事教育体系。其中最具影响力的是"保定军校系统",它是北洋军系的教育基地,除开办有参谋、测绘、陆军师范等专业学堂,还有专事对旧军官进行再深造的"北洋行营将弁学堂";其中最声名显赫的是"北洋速成武备学堂",即为后来"保定军校"的前身,成为黄埔军校之前中国近代军事将领最重要的培养摇篮,直到 20 世纪 20年代的北伐战争时期,"革命军中的中坚将校还多半是'保定军校'同学"[98]。

随着《陆军学术游学章程》的颁布,到国外学习军事也呈一时之盛。晚清仅赴日本学军的留学生就不下千人,各省督抚又争相延揽归国学生,其著者有湖广总督张之洞邀吴禄贞,东三省总督赵尔巽邀蒋方震,云贵总督李经羲邀蔡锷等。军人的待遇和社会形象都有了极大的改善。过去,清廷一向以文统武,同品级的文官与武官,如总督与提督,在上奏的权限、朝廷的重视和一般百姓的观感上都大不相同。而新军品级崇高,甚至比文官更受重视,一位新军排长为正七品,与文官知县同级。这除了纠正重文轻武的习俗偏见外,还有尚武强国的时代寓意。这些政策在相当程度上改变了过去"好铁不打钉,好人不当兵"的俗见,大批优秀青年投笔从军,甚而出现"进身之阶,军功捷于科举,则是武人之重,其重极也"的过头现象[99]。更加上在中国近代频发的战争环境中,军人渐居国家正途的中心,军队也由社会边缘集团转入国家的中心位置。

当国治者对新式武器和新兵种的兴趣也前所未有地增强。1903 年,重于空气的飞行器问世,1909 年,由飞机制造专家冯如任总机械师的广东机器制造公司开办,是中国第一家飞机制造企业,两年后改名为广东飞行器公司。

1910 年,中国第一篇航空论文《研究飞机报告》在《东方杂志》上发表;在军咨府大臣载涛的支持下,北京南苑飞机修造厂试制了中国最早的飞机,试飞未能成功,又购"法曼式"双翼机一架作为仿制。1911 年,李缄庵等自美国携"寇缔式"飞机回国,成为中国空军的最早部分。1910 年,清政府正式设立与陆军部平行的海军部。近代三大军种在中国或已成军,或成雏形。

财政制度 清朝的财政体制,从顺治朝初立,到雍正朝完备,形成一整套戒律森严以解协饷为核心的制度。所谓解饷,就是地方对中央的财政上缴;所谓协饷,就是富省在中央的指令下对穷省的财政调拨。但 19 世纪 40 年代以降,此种静态的固定化的财政体系已不能适应急剧变动的时局,造成僵化的收入体系与动态的支出体系之间日益增大的脱节。首先是鸦片战争等一系列对外战争的开销及战后的条约赔款,成为清朝财政前所未有的额外开支;继之更有太平天国起义的发生,太平军占领区恰好是清朝财税最重要的来源地,使得解协饷制度被全盘打乱。大规模的战争使国库竭蹶,雍正年间,中央库存一般有六七千万两银的盈余,到了咸丰三年六月十二日(1853 年 7 月 17 日),户部正项待支银的结存只有 22.7 万余两,国家度支"从未见窘迫情形竟有至于今日者"[100]。为免除国家的财政崩溃,无非开源节流两个招数,于是,一系列新财源相继确立。其中的大项有:厘金,渐次成为除地丁外的第二大税收[101];关税,成为第三大税源[102];还有外债、公债以及官办洋务企业的盈利和早期国家银行(户部银行、大清银行等)的收入。其中除厘金外的各项收入已颇具近代税源的形态,"此在吾国经济史上,不能不谓为一大转变关键"[103]。在近代型税源逐步确立与增长的同时,近代化的财政体制改革也开始进行。新政期间,清政府力图以法令形式统一全国财政,建立新式财政机构,培养近代型的财政人才和理财专家,颁行《清理财政章程》,对中央与地方财政进行调查清理,划分国税和地税。逐步改过去财政的黑暗操作为透明操作,改过去财政的政府决定为代议机构参与决定,在中国历史上首次进行国家预算与决算的编订。这些都标志着中国相沿已久的封建财政体制开始逐渐向近代财政体制转化。

法律制度 中国的封建法制体系,从先秦到晚清,最终形成《大清律例》,在世界各国的中世纪法系中,它是比较完善的一种。但入近代后,旧法系不能适应新时代的种种问题也日渐显露,各种新法律观念被提出讨论。诸如:个人与社会的利益应该如何划分(哪些是所谓不可侵犯的基本人权,哪些是应由社会共有并受其控制的利益)？由谁来划分(谁拥有立法权)？用何方式(法律还是行政命令)？法之外还有什么社会规范(礼、意向、道德)？社会规范和法的关系如何(两者如何协调,如发生冲突,何者更具权威)？罪与非罪的界限(动机、意向、行动)？个人和社会受到侵害如何补救(刑事惩罚、民事赔偿、道义谴责)？罪行由谁认定(法律还是皇帝与官员)？司法程序(搜集罪证、拘押嫌疑、是否公审、辩护人制度)？罪与刑的关系(乱世与治世量刑是否有区别,死刑的价值何在)？刑的目的(报复、教育、吓阻)？刑与人道的关系(酷刑、死刑的评价)？司法机构与行政、立法机构间的关系(独立、兼理、从属)？对司法机关的监控(上诉、抗诉、司法机构自动复核、冤狱赔偿、行政救济)？等等。中西方法系多有歧异。一般说来,中国古代法系较为重视集体社会的和谐安宁,有一种泛集体主义的特征,进而强调家族亲属的互保连坐;而西方近代法系更关注个人的价值,强调人道,反对株连。中国古代法系更重视道德的因素,所以成文法的规定比较灵活含蓄,着重判例,人为因素较重;而西方近代法系更重视法制的因素,罪与非罪的认定清晰,成文法更趋细密完备,制度因素比人为因素更重要。以今天的后见之明来看,两种法系虽有时代(中世纪与近代)的差距,却各有优劣。但在近代,由于中国国家地位的下降,中国法律被西方人认为不人道和野蛮落后,简单说来,就是不民主。那时的国人对这一点也颇具认同感,认为中国旧法系最要害的鄙陋正在不民主、不独立。具体表现在,司法立法和刑法方面:西方奉行司法独立(三权分立),罪在法定(法无明文不为罪),罪及己身(不株连),法权平等(不搞议亲、议贵和刑不上大夫),法不溯及既往,无罪推定,公民不受非法逮捕和处罚;民商法方面:西方强调私有财产神圣不可侵犯,民事权利平等,契约自由;诉讼程序和刑罚制度方面:西方突出严格的步骤和次序,建立审判监督机制和辩护制度,保障民事诉讼当事人意愿自由处分,禁止逼供和残酷刑罚。随着民主思想的传播,人们对中国封建法系的非议也愈来愈强烈。

1904 年,清廷成立"法律修订馆",以沈家本、伍廷芳主持,着手新法系的编制。新政的法制改革主要进行了三方面的工作。其一,初步确立司法独立的原则。清末各项改革均有突破传统的一面,也有继承传统的一面。只有司法独立却是自古所无,并与传统有严重冲突。此前,中国政刑不分,地方知县、督抚，中央刑部、大理寺、都察院都享有审判权。1906 年，中央体制改革，确立三权分立原则，把原来掌管审判的刑部改为专门负责司法行政的法部。把原来掌管复核的大理寺改名大理院，作为全国最高审判机关，并负责解释法令。1907 年，又在东三省、直隶、江苏创设审判厅。中国司法行政分立从此开始。1910 年，朝廷重申，审判机构"独立执法"，任何行政官员"不准违法干涉"。同时颁布"法院编制法"等，规定全国审判机关分为初级、地方、高等审判厅和大理院四级，各级审判机关配置独立检查机关（初级、地方、高等、总检查厅），还规定了公审、陪审、预审、回避、起诉、执刑等项制度。其二，删改旧法，制定新法。20 世纪以前，清朝的成文法典只有一部以刑法为主要内容的《大清律例》，律后附例（律例合编是中国封建法典的传统），其中律的部分自 1727 年后便没有再修订，律不载的依例解决。按照规定，例必须 5 年一小修，10 年一大修，但从 1870 年以后却再未修订。新政的修律方针是修改旧律与制定新律同时并举，于是在清末就产生了两部刑法。一为《现行刑律》，根据《大清律例》删改而成，1910 年 5 月 15 日颁布。这是一部新旧并用具有过渡性质的法典，它删改了一些不合时宜的旧条文，如酷刑、禁止同姓为婚和良贱为婚等，同时也增加了一些应因时势的新罪名，如破坏铁路和电讯罪等。二为《大清新刑律》，1911 年 1 月朝廷批准，预定 1913 年实行，是中国第一部具近代性质的法律，它取消了某些法律特权（未能全部取消，此间还完成了《宗室觉罗诉讼章程》等，皇室仍享有若干特权），采取了罪行法定主义，规定了罪与非罪，遂与未遂，诉讼和执刑时效等界限，还有近代刑法中通行的缓刑和假释制度等。这部法典提出的许多概念名称至今仍在沿用。其三，改革传统法律结构。自古以来，中国实行"诸法合体"，无刑法、民法的区别，民法与商法，实体法与程序法不分。法制改革首先将商法独立出来，1903 年开始制定各项"商律"，陆续出台《奖励公司章程》《公司律》《破产律》等。其次，将诉讼法单列，1906 年完成中国第一部独立的诉讼法典《刑事民事诉讼法》。最后，将民法独立，1911 年完成《大清民律草案》，虽未及颁行，但对后来的影响自在。

教育制度　最突出的大事便是废科举。各项制度变革中，以教育制度的变革呼声发起最早。封建教育制度的基本功能有日趋缩小的趋向，特别是从隋代兴科举制后，学校教育成为科考的附属，各级官学私学几无例外地成为科考训练所。明代八股制大兴后,学校的教育内容更趋单一。清朝立国后,废八股改科举的呼声不绝于耳,从 1663 年起,曾几度废八股,但旋废旋复。直到 1902 年后,局面才有决定性改变,这年清廷宣布废除八股,改试策论,科举制仍未停。清廷原打算新旧学制并存,但两者间抵牾甚多,在一般人眼中,科举还是正途,新学仍属旁门。1903 年,督抚袁世凯、张之洞痛切陈词:对新学制度的阻碍"莫甚于科举……科举一日不废,即学校一日不能大兴;学校不能大兴,将士子永远无实在之学问,国家永远无救时之人才,中国永远不能进于富强,即永远不能争衡于各国"〔104〕。科举制度的废除与否,已不单是教育的事情,而与国家命运密切相连。1904 年,在河南举行了中国历史上最后一次会试,情形热烈:"今岁会试,借闱汴中,远省之人,往往跋涉数千里,冒露数十日而得达,而人数依然钜万,不闻稍减。甚而大学某生,弃其游学之额而求博第之荣。"显见,科举不废,新学难兴。1905 年 9 月 2 日,清廷终于下定决心,停罢科举,这是一纸划时代的诏书:"方今时局多艰,储才为急。朝廷以近日科举每习空文,屡降明诏,饬令各省督抚,广设学堂,将俾全国之人,咸趋实学,以备任使,用意至为深厚。前因管学大臣等奏议,已准将乡、会试中额三科递减。兹据该督(袁世凯)等奏称:科举不停,民间相率观望,欲推广学堂,必先停科举等语,所陈不为无见。著即自丙午科(1906)为始,所有乡、会试一律停止。"〔105〕科举制的废除是中国教育史上具有革命性质的改革,它结束了在中国延续了一千多年的科举制度,而最终判定新教育制度在中国的胜利(图 13-15)。1920 年,黄炎培先生有总体评价:"觉最近五十年来教育变动,其价值实驾三千年全史之上。"〔106〕

行政制度 鸦片战后,清朝行政体制的变动,首先是在与外人密切接触部分发生。1850 年代,中国初步确立了近代的海关制度,惜主要由外人操纵,即所谓的"洋关"。1860 年代,清朝建立了"总理衙门",《清会典》对该机构的职掌范围确定是:"掌各国盟约,昭布朝廷德信,凡水陆出入之赋,舟车互市之制,书币聘赉之宜,中外疆域之限,文译传达之事,民教交涉之端。"中国官僚机构的近代化从涉外机构起步,个中缘由耐人寻味(图 13-16)。新政官制改革也以外交机构为起点,1901 年 7 月 24 日,清廷宣布设立外务部取代总理衙门,与世界外交通行机构接轨。此后,政治体制改革全面铺开。1903 年,清中央增设

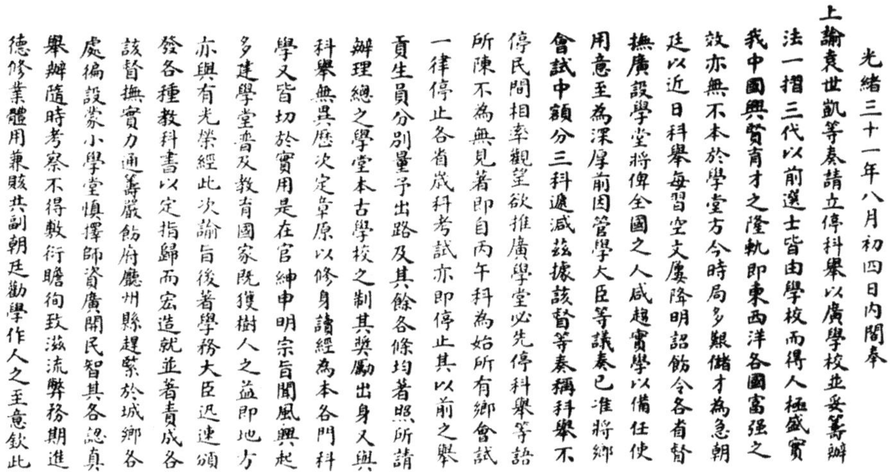

光緒三十一年八月初四日内閣奉
上諭袁世凱等奏請立停科舉以廣學校並妥籌辦
法一摺三代以前選士皆由學校而得人極盛實
我中國興賢育才之隆軌即東西洋各國富强之
效亦無不本於學堂方今時局多艱儲才為急朝
廷以近日科舉每習空文屢降明詔飭令各省督
撫廣設學堂將俾全國之人咸趨實學以備任使
用意至為深厚前因管學大臣等議奏已准將鄉
會試中額分三科遞減茲據該督等奏稱科舉不
停民間相率觀望欲推廣學堂必先停科舉等語
所陳不為無見著即自丙午科為始所有鄉會試
一律停止各省歲科考試亦即停止其以前之舉
貢生員分別量予出路及其餘各條均著照所請
辦理總之學堂本古學校之制其獎勵出身又與
科舉無異歷次定章原以修身讀經為本各門科
學又皆切於實用是在官紳申明宗旨聞風興起
多建學堂普及教育國家既獲樹人之益即地方
亦與有光榮經此次諭旨後著學務大臣迅速頒
發各種教科書以定指歸而宏造就並著責成各
該督撫實力通籌嚴飭府廳州縣趕緊於城鄉各
處徧設蒙小學堂慎擇師資廣開民智其各認真
舉辦隨時考察不得敷衍瞻徇致滋流弊務期進
德修業體用兼賅共副朝廷勸學作人之至意欽此

图 13-15　废除科举谕旨(局部)

图 13-16　总理各国事务衙门旧照

“商部”,中国传统观念中商为四维社会之末,商部的专设映射出时代的演进。1905 年,清廷成立学部,作为管理全国教育的最高行政机构,从此教育行政从

礼部中独立出来。1911年,礼部改为"典礼院",专管礼制祭祀。学部和礼部
地位的升降,典型地说明了传统向近代社会过渡时教育功能的扩张和礼制的
衰落。而巡警部、邮传部等的设立,则反映出政治体制中新的专业部门地位的
上升。

　　1911年,清朝的行政制度有了大变动,颁行内阁官制,内阁设总理大臣、协
理大臣及外务、民政、度支、学务、陆军、海军、司法、农工商、邮传、理藩等10个
部,为近代行政体系的全面建立奠定了根基。有学者认为:"民国肇建,官制官
规,时有改变,其实大体亦循清季官制,第变大臣之名为总理、总长、变内阁为
国务院耳。"〔107〕

　　清朝的地方体制改革从东北地区入手,东北为清王朝的发祥地,1668年被
列为禁区,行政上自成体制,有别于清朝的地方行政系统,以"盛京将军"为最
高军政长官。但随着东北移垦社会的扩大,行政禁令已难以围堵经济的扩张。
1734年东北的耕地只是2622722亩,1749年东北的总人口不过406500人,到
1907年,东北的人口增长到14457087人,耕地则增长到109839014亩,人地增
长量都翻出几十倍。更紧要的是,1904年为争夺中国东北的控制权,爆发了日
俄战争,日俄两国侵吞中国东北的野心昭然若揭。所以,要尽快将东北在行政
体制上与内地划一,使其成为中国不容分割的部分。1907年4月,清廷下诏东
北改制,正式设奉天、吉林、黑龙江三省,使中国的行省数目达到22个,改盛京
将军为东三省总督,奉天、吉林、黑龙江设巡抚,纳入行省系统,从制度上彻底
解除清初开始的封禁局面,代表了中国本部地方行政制度的扩大,也进一步表
明东北边疆在政治、社会、文化上与中原地区的不可分。

　　清朝政治体制改革中另一引人瞩目的现象是,地方自治的初行。1905年,
上海的地方绅商自行设立了"上海城厢内外总工程局",吁请某种程度的地方
自治;1906年,天津由地方当局和绅商联合成立了"天津自治局";到1908年,
各地成立的地方自治性机构有100多个。为把地方自治纳入操控轨道,1909
年1月,清政府颁布《城镇乡地方自治章程》,随即形成了一阵地方自治的小热
潮,到1911年,各地成立的城自治公所一千余个,府、州、县的自治机构也大部
分成立。

　　清廷推行地方自治的目的是调节国家与社会、中央与地方、皇权与绅权的

关系，地方和绅商却想由此扩大社会与政治的参与权，部分"减杀君权"和"官权"，它已含有近代地方自治制度的某些蕴义。清末体制改革中最具"时代意义"的当推代议机构的新立。1908 年 7 月 22 日，朝廷公布《各省咨议局章程》和《咨议局议员选举章程》。1909 年 10 月，除新疆缓办外，全国 21 个行省的代议机构——咨议局全部成立。1910 年 10 月，中央代议机构——资政院成立。在此前后，县级代议机构——议事会也陆续成立。这些机构具有中央、省、县三级议会代行机构的职能，在皇权官权之外另立一个政治重心。在这些机构中供职的"议员"也明确地具有了"近代政治家"的身份。

毋庸赘言，清政府实行"新政"的目的是要维护旧的生产关系和上层建筑，但"新政"实行的结果是催生出新的生产力并促成了经济基础的衍变，两者方凿圆枘，结果是新因素愈多，非但不能维护旧肌体，反而对它起了消解作用，客观效果与清政府的主观愿望完全相反。经济改革本想克服王朝的财政危机，结果导致资本主义工商业的发展和资产阶级力量的壮大。在此经济和阶级基础上产生了孙中山等为首的革命派、以康有为等为首的海外宪政派、以张謇等为首的国内立宪派，他们愈趋活跃，最终三者合流，掀起覆清浪潮。军事改革本想培植武装力量保卫王朝，镇压革命，结果却给革命党提供了兵源。教育改革本想为王朝培养人才，结果却阻断了旧式知识分子的出路，迫其转向一个不同于传统士类的新知社群。而资产阶级及其政治代表，新军，新式知识分子，这三个"新政"造就或壮大的产物，恰恰成为王朝灭亡最主要的掘墓人。但无论如何，清朝的新政立宪改革为中国各项近代文明制度的初建或走向确定了基础。

在这当中，孙中山（1866—1925）是中国近代政治文明最重要的标志——共和制度的重要催生人。孙中山毕生对中华文明的进步予以特别关怀，他认为中国"由古代之文明变为近世的文明"是历史必然，而要实现近世文明的转变，必须"取法于人"，顺应世界历史的潮流。"我们中国先是误于说我中国四千年来的文明很好，不肯改革，于今也都晓得不能用，定要取法于人。若此时不取法他现世最文明的，还取法他那文明过渡时代以前的吗？我们决不要随天演的变更，定要为人事的变更，其进步方速。"他主张在中华文明的进程中，不能听天由命或循序渐进，而要依靠国人的努力，实现文明的跨越性进步。他在中华政治文明的建设中,便以此为宗旨[108]。

1895 年 2 月,孙中山以"驱逐鞑虏,恢复中华,创立合众政府"作为兴中会誓词,其中的"创立合众政府"一句,把美国式的共和制度作为奋斗目标,显示出了全新的时代意义。略后,孙中山便把他所领导的这场革命,与以往的革命之间划了一道时代的界线:"前代革命如有明及太平天国,只以驱逐光复自任,此外无所转移。我等今日与前代殊,于驱逐鞑虏、恢复中华之外,国体民生尚当与民变革,虽纬经万端,要其一贯之精神则为自由、平等、博爱。故前代为英雄革命,今日为国民革命。"[109]以往的革命只是帝位的转替易手,是家天下性质的"英雄革命",而共和革命则着眼于国民全体,是真正意义上的国民革命。诚然,19 世纪末的孙中山还不能说是坚定的共和制度主张者。刘成禺《先总理旧德录》称:孙中山曾言:"予少年主张,谓汉人作皇帝,亦可拥戴,以倒外族满清为主体。杨衢云与余大闹,几至用武,谓非民国不可。衢云死矣,衢云死矣,予承其志,誓成民国,帝制自为,予必讨之。"陈少白也说:"孙先生学医,后坚决排满,于共和制度尚有出入,与衢云交,既莫逆,衢云则非造成民国不可。一日议论有出入,衢云持先生辫,盛气欲殴之。予在旁,分开两人。"直到 1900年惠州起义时,孙中山还在给清朝官员刘学询的信中说:"主政一人,或称总统,或称帝王,弟决奉足下当之,故称谓由足下裁决。"[110]可见,杨衢云等人对共和制度在中国的确立亦有鼎立之功,这是孙中山及其战友们的集体贡献。

此后,孙中山等从理论和实践上对共和制有了全面发挥。在 1903 年成立的檀香山中华革命军和 1904 年的《致公党新章》中,孙中山都把"创立民国"作为团体誓词[111]。这里,"合众政府"的提法逐步被更具有中国特色,更易被中国民众所接受的"民国"的提法所替代,但其精髓未变,依然是建立"民治"和"平等"的"国民国家",以资产阶级共和制来取代封建君主制。1905 年,中国历史上第一个具有全国政党性质的组织——同盟会成立,在其宣言方略中,更把"建立民国"作为"今日革命之经纶"和"将来治国之大本",并具体阐释:"今者由平民革命以建国民政府,凡为国民皆平等以有参政权。大总统由国民公举。议会以国民公举之议员构成之,制定中华民国宪法,人人共守。敢有帝制自为者,天下共击之!"[112]自此以往,"敢有帝制自为者,天下共击之"的思想,被愈来愈多的中国人所接受。革命已超出千百年来仅只是要求改朝换代的旧范式和颠覆满清光复汉种的狭窄民族主义的旧绪统[113]，而是要求制度的根本性改进。是时，孙中山还将其思想体系概括为民族、民权、民生的三民主义，其中民国共和的内容最具时代意义和社会效应。而在共和体制的构架中，孙中山又将西方的三权分立学说与中国的传统制度文明中的优良精髓相结合，创造性地提出了"五权分立"的学说："考选制和纠察制本是我中国固有的两大优良制度……我期望在我们的共和政治中复活这些优良制度，分立五权，创立各国至今所未有的政治学说，创建破天荒的政体。"就是"在

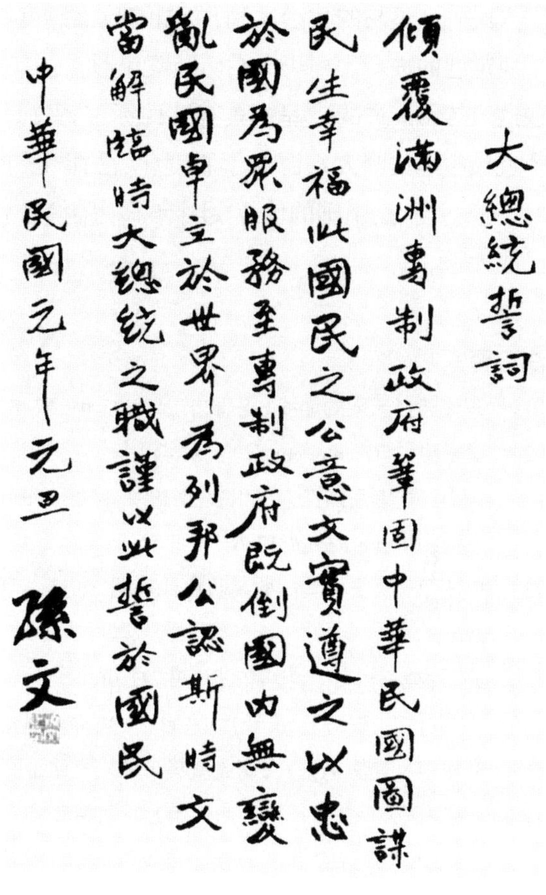

图 13-17　孙中山就职时宣读的《大总统誓词》

中国实施的共和政治，是除立法、司法、行政三权外还有考选权和纠察权的五权分立的共和政治"[114]。（图 13-17）

　　终于在 1911 年，中国出现了政治制度转换的大革命——辛亥革命。1912 年 1 月 1 日，中华民国宣告成立，孙中山在就任民国第一任临时大总统的宣言书中宣告："国家之本，在于人民。合汉、满、蒙、回、藏诸地为一国，即合汉、满、蒙、回、藏诸族为一人。是曰民族之统一。"[115]

　　辛亥革命的爆发不仅宣告了统治中国 260 多年的清王朝的结束，而且宣告了在中国延续了 2000 多年的封建君主专制制度的根本倾覆，宪法、国会、民国这些近代制度文明的产物第一次出现在中国的土地上。嗣后，共和成为中

国人民确认不易的政治体制,中国的政治制度在向近代文明制度的转变上有了决定性的进步。中华文明历经蒙昧形态、古典形态而至近代形态,辛亥革命在这一传承演进的过程中具有某种标志意义。近代政治文明的确立,说明整个近代中华文明大系已有了制度化、法律化的保障,已成为神圣不可侵犯的"正统"。至此,中国的传统文明有了脱胎换骨的更替,近代文明在中国的确立已成大势。

注　释

〔1〕 茅海建:《天朝的崩溃》,三联书店,1995 年,第 48、56 页。

〔2〕 奥塞隆尼(Ouchterlony J.):《对华战争记》,中国第一历史档案馆编:《鸦片战争在舟山史料选编》,浙江人民出版社,1992 年,第 558 页。另参 Public Record Office, *British Foreign Office Record*,17/61。

〔3〕 中国第一历史档案馆编:《鸦片战争档案史料》第二册,天津古籍出版社,1992 年,第290 页。

〔4〕《鸦片战争档案史料》第二册,第 771 页。

〔5〕 中国近代史资料丛刊《鸦片战争》(一),神州国光社,1954 年,第 122 页。

〔6〕 薛福成:《庸庵笔记》,《庸庵全集十种》,光绪十四年刻本。

〔7〕《曾文正公手书日记》,同治元年七月初四日。

〔8〕《上曾相》,同治二年四月初四日,《李文忠公全书》(朋僚函稿)卷三,金陵光绪乙巳年刊本。

〔9〕《筹办夷务始末》(同治朝)卷五,故宫博物院 1930 年影印本。

〔10〕《江南制造局记》,中国近代史资料丛刊《洋务运动》(四),上海人民出版社,1961 年,第 124 页。

〔11〕 参赵中孚:《近代中国军事因革与现代化运动》,台湾《近代史研究所集刊》第 12 期。

〔12〕《置办铁厂机器折》,《李文忠公全书》(奏稿)。《光绪三年复郭筠仙星使书》,《李文忠公全书》(朋僚函稿)卷一七。

〔13〕 王之春:《清朝柔远记》同治六年春三月,中华书局,1989 年,第 314 页。

〔14〕《抵制美约余论》,《东方杂志》第三年,第 2 期。

〔15〕《汉口小志·户口》,第 3 页。

〔16〕 徐珂辑:《清稗类钞》第 12 册,中华书局,1986 年,第 6038 页。

〔17〕 张仲礼:《近代上海城市研究》,上海人民出版社,1990 年,第 108—114 页。

〔18〕　严中平主编：《中国近代经济史统计资料选辑》，科学出版社，1955 年，第 72 页。

〔19〕　内藤湖南、青木正二：《两个日本汉学家的中国纪行》，光明日报出版社，1999 年中译本，第 84 页。

〔20〕　郑观应：《盛世危言》卷七，纺织，图书集成局，1896 年刊本。

〔21〕　张焘：《津门杂记》卷下，天津古籍出版社，1986 年，第 137 页。

〔22〕　《西装叹》，《申报》，1912 年 4 月 22 日。

〔23〕　谯珊：《近代城市消费生活变迁的原因及其特点》，载《中华文化论坛》2001 年 2 期。

〔24〕　《北华捷报》，1862 年 2 月 21 日，1863 年 3 月 12 日。

〔25〕　施坚雅（G. William Skinner）主编：《中华帝国晚期的城市》，中华书局，2000 年中译本，第 264 页。

〔26〕　《翁同龢日记》第四册，中华书局，1992 年，第 2060 页。

〔27〕　《检阅海军竣事折》，《李文忠公全书》（奏稿）卷七八。

〔28〕　刘大鹏：《退想斋日记》，山西人民出版社，1990 年，第 102 页。

〔29〕　魏源：《海国图志》（上），岳麓书社，1998 年校注本，第 1，286 页。

〔30〕　徐继畬：《瀛环志略》（凡例），（台湾）近代中国史料丛刊续编本。

〔31〕　魏源自己就承认："《海国图志》六十卷，何所据？ 一据前两广总督林尚书所译西夷之《四州志》，再据历代史志及明以来岛志及近日夷图夷语，钩稽贯串。"《海国图志·原叙》。

〔32〕　萧令裕：《英吉利记》，中国近代史资料丛刊《鸦片战争》（一），第 20 页。

〔33〕　胡秋原编：《近代中国对西方及列强认识资料汇编》第一辑，（台北）近代史研究所，1984 年，第 860—862 页。

〔34〕　《鸦片战争档案史料》第二册，第 393 页。

〔35〕　《鸦片战争档案史料》第六册，第 158—159 页。

〔36〕　《李星沅日记》上册，中华书局，1987 年，第 428 页。

〔37〕　黄恩彤：《抚夷论》，中国近代史资料丛刊《鸦片战争》（五），第 435 页。

〔38〕　佐佐木正哉：《鸦片战争の研究》（资料篇），（东京）近代中国研究会，1964 年，第 303 页。

〔39〕　Public Record Office, British Foreign Office Record, 931/1265.

〔40〕　马寿龄：《金陵癸甲新乐府》，中国近代史资料丛刊《太平天国》（四），神州国光社，1952 年，第 735 页。

〔41〕　《真约》由两方面的书籍构成，一是记载天父、天兄圣旨及下凡活动的典籍，现知有 7 种 8 部，即《天条书》《天命诏旨书》《天父上帝言题皇诏》《天父诗》《天父圣旨》《天

兄圣旨》和《天父下凡诏书》(包括前后相接的两部);二是记载洪秀全升天受命下凡作主及其早期行迹的典籍,现在知道的有两部:《王长次兄亲目亲耳共证福音书》《太平天日》。合起来是 9 种 10 部。

〔42〕 张之洞:《劝学篇》,见《张之洞全集》第十二册,河北人民出版社,1998 年,第 9715、9740、9767 页。

〔43〕 康有为:《康南海自编年谱》,中国近代史资料丛刊《戊戌变法》(四),上海人民出版社,2000 年,第 115 页。

〔44〕 丁文江、赵丰田:《梁启超年谱长编》,上海人民出版社,1983 年,第 23 页。

〔45〕 张元济编辑:《戊戌六君子遗集》第 6 册,(上海)商务印书馆,1917 年。

〔46〕 无涯生:《论政变为中国不亡之关系》,《清议报》第二十七册,光绪二十五年八月十一日。

〔47〕 梁启超:《中国近三百年学术史》,(上海)中华书局,1936 年,第 193 页。

〔48〕 参吴廷嘉:《戊戌思潮纵横论》,中国人民大学出版社,1988 年。

〔49〕 中国近代史资料丛刊《戊戌变法》(二),第 220 页。

〔50〕 朱寿朋编撰:《光绪朝东华录》第 4 册,中华书局,1958 年,总 4093 页。

〔51〕 胡适:《非留学篇》,周质平编:《胡适早年文存》,台北远流公司,1995 年,第 353 页。

〔52〕 《上海创设中国女学堂记》,《万国公报》第 125 卷。

〔53〕 北京大学与中国第一历史档案馆编:《京师大学堂档案选编》,北京大学出版社,2001 年,第 26 页。

〔54〕 胡思敬:《戊戌履霜录》,南昌退庐民国二年刻本。

〔55〕 《论考试之弊》,《申报》,1897 年 9 月 5 日。

〔56〕 参郭卫东:《中土基督》,云南人民出版社,2001 年,第 209、216 页。

〔57〕 转引自刘大年:《评近代经学》,载北京大学和故宫博物院合编:《明清论丛》第 1 辑,紫禁城出版社 1999 年,第 35 页。

〔58〕 《严复集》第 1 册,中华书局,1986 年,第 94、95 页。

〔59〕 《京师大学堂档案选编》,第 150 页。

〔60〕 黄遵宪:《酬曾重伯编修》,《人境庐诗草》卷八,上海古典文学出版社,1957 年。

〔61〕 阿英:《晚清文学丛钞·小说戏曲研究卷》,中华书局,1960 年,第 12 页。

〔62〕 叶瀚:《论译书之弊》,转引自柳诒徵:《中国文化史》下卷,东方出版中心,1988 年,第 796—797 页。

〔63〕 《文史资料选辑》第 43 辑,文史资料出版社,1964 年,第 5 页。

〔64〕 中国近代史资料丛刊:《戊戌变法》(三),第 156 页。

〔65〕 邓实:《国学今论》,《国粹学报》,第一年第五期。

〔66〕 《王国维学术经典集》下册,江西人民出版社,1997 年,第 154—161 页。

〔67〕 梁启超:《饮冰室合集·文集》之九,中华书局,1989 年。

〔68〕 《章太炎全集》第 3 册,上海人民出版社,1986 年,第 313 页。

〔69〕 刘禺生:《世载堂杂忆》,中华书局,1960 年,第 43 页。

〔70〕 参王国维:《最近二三十年中国新发见之学问》,《静安文集续编》。

〔71〕 汪子春:《我国传播近代植物学知识的第一部译著》,载《自然科学史研究》1984 年 1 期。

〔72〕 梁启超:《与严幼陵先生书》《南海康先生传》,分见《饮冰室合集·文集》之一、之六。

〔73〕 梁启超:《五十年中国进化概论》,《饮冰室合集》。

〔74〕 中国科学技术协会编:《中国科学技术专家传略》数学卷一,前言,河北教育出版社,1996 年。

〔75〕 戴念祖:《物理学在近代中国的历程》,载《中国科技史料》1982 年 4 期。

〔76〕 《呐喊》自序,《鲁迅全集》第 1 卷,人民文学出版社,1973 年,第 270 页。

〔77〕 张静庐:《中国近代出版史料》(二编),群联出版社,1954 年,第 76 页。

〔78〕 《中国地学会简章》,《地学杂志》第一年第一号。

〔79〕 参郭双林:《西潮激荡下的晚清地理学》,北京大学出版社,2000 年,第 132 页。

〔80〕 陈学熙:《中国地理学家派》,《地学杂志》第二年第十七号。

〔81〕 冯桂芬:《校邠庐抗议·制洋器议》,中国近代史资料丛刊《戊戌变法》(一),第 30 页。

〔82〕 王炳耀:《拼音字谱》"序",文字改革出版社,1956 年。

〔83〕 汪林茂:《戊戌兴西学活动与文化结构的更新》,见《戊戌维新与近代中国的改革》,社会科学文献出版社,2000 年,第 128 页。

〔84〕 参曹德仁:《清末白话文运动》,载《历史知识》1984 年 6 期;另参《辛亥革命时期期刊介绍》(五),人民出版社 1987 年,第 493—538 页;李孝悌:《清末的下层社会启蒙》,河北教育出版社,2001 年,第 18 页。

〔85〕 《饮冰室合集·专集》之三十四。

〔86〕 《申报》(附张),1896 年 8 月 10—14 日。

〔87〕 《申报》(附张),1897 年 7 月 27 日。

〔88〕 《胡适早年文存》,第 353 页。

〔89〕 魏源:《海国图志》卷六〇。

〔90〕 徐继畬:《瀛环志略》卷七,上海书店,2001 年点校本,第 235 页。

〔91〕 孔祥吉:《清廷关于设立议院的最早争论》,《光明日报》,1988 年 8 月 24 日。

〔92〕 郑观应:《盛世危言后编》卷四,民国九年铅印本。

〔93〕 转引自侯宜杰:《关于首倡君主立宪者之我见》,《文史哲》1989 年 5 期。

〔94〕 《追录李木斋星使条陈变法折》,《时报》,1905 年 11 月 28 日。

〔95〕 转引自郭双林:《西潮激荡下的晚清地理学》,第 215—217 页。

〔96〕 《论国会不与内阁并立之弊》,《时报》,1908 年 3 月 9 日。

〔97〕 岑春煊 1904 年奏折,《岑督春煊奏议》,北京大学图书馆藏抄本。

〔98〕 《李宗仁回忆录》上册,南宁中国人民政治协商会议广西壮族自治区委员会文史资料研究委员会,1980 年,第 339 页。

〔99〕 陈登原:《国史旧闻》第三分册,中华书局,1980 年,第 662 页。

〔100〕 中国人民银行参事室史料组编:《中国近代货币史资料》第 1 辑上册,中华书局,1964 年,第 176 页。

〔101〕 参罗玉东:《中国厘金史》,商务印书馆,1936 年。

〔102〕 莱特(Stanley F. Wright):《中国关税沿革史》,商务印书馆,1963 年中译本,第 151—152 页;江恒源编:《中国关税史料》第四编,海关税收,上海人文编辑所,1931 年,第 49 页。

〔103〕 黄浚:《花随人圣庵摭忆》,上海古籍出版社,1983 年影印本,第 367—368 页。

〔104〕 《光绪朝东华录》第 5 册,总 4998—4999 页。

〔105〕 《德宗景皇帝实录》卷五四八,光绪三十一年甲辰,“谕内阁”,台湾华文书局,1964 年影印本。

〔106〕 黄炎培:《清季各省兴学史》,载《人文月刊》1 卷 7 期。

〔107〕 柳诒徵:《中国文化史》下卷,第 836 页。

〔108〕 《孙中山全集》第 1 卷,中华书局,1981 年,第 278、281—282 页。

〔109〕 同上书,第 296 页。

〔110〕 转见章开沅、林增平主编:《辛亥革命史》上册,人民出版社,1980 年,第 95 页。

〔111〕 《警钟日报》,1904 年 4 月 26 日。冯自由《华侨革命开国史》,商务印书馆,1946 年,第 59 页。

〔112〕 《孙中山全集》第 1 卷,第 297 页。

〔113〕 1905 年是孙中山民族思想转折的重要年份,此前他的“革命排满”说不免有褊狭之见,直到 1904 年时孙中山还说“当满洲人之未入支那,不过黑龙江畔之野蛮游牧,常寇支那北方平和边境”。中国民族运动的任务就是要“将满洲鞑子从我们的国

土上驱逐出去"(《孙中山全集》第 1 卷,第 244、255 页)。但到 1905 年,孙中山的民族思想有了大的转变,在当年同盟会的定名争论时,他坚决反对将团体名称定为"对满同盟会",而坚持定为"中国同盟会"。1906 年,孙中山对"革命排满"说作了更完善的修订与说明:"惟是兄弟曾经听见人说,民族革命是要尽灭满洲民族,这话大错。""我们并不是恨满洲人,是恨害汉人的满洲人。假如我们实行革命的时候,那满洲人不来阻害我们,决无寻仇之理。"(《孙中山全集》第 1 卷,第 325 页)将反对革命的若干满洲统治者与满族人民区别开来,是孙中山对中国境内各民族一律平等的近代民族理念的重要贡献,也是对当时革命党内部盛极一时的不分青红皂白全面排满的狭隘民族观的有力纠正。

〔114〕《孙中山全集》第 1 卷,第 319—320 页。另按:吸取古今精髓,兼收中西优长,结合国情并与时俱进地加以时代创新是孙中山在文明建设中的重要思路,他称他的学说是"内审中国之情势,外察世界之潮流,兼收众长,益以新创"的结果(《孙中山全集》第 7 卷,第 1 页),其中"有因袭吾国固有之思想者,有规复欧洲之学说事迹者,有吾所独见而创获者"(《孙中山全集》第 7 卷,第 60 页)。

〔115〕《孙中山全集》第 2 卷,第 2 页。

彩图目录

彩图1　清徐扬绘《姑苏繁华图卷》(局部),辽宁省博物馆藏

彩图2　清人图绘传统店铺

彩图3　东林书院依庸堂

彩图4　湖北蕲春李时珍与其父李月池墓

彩图5　清宫廷画家绘努尔哈赤像

彩图6　清八旗军旗

彩图7　西藏拉萨布达拉宫壁画　五世达赖喇嘛觐见顺治帝图

彩图8　明北京城主要中央机构分布图

彩图9　藏医《脉络图》唐卡,西藏罗布林卡藏

彩图10　南怀仁特为康熙帝制作的演示性仪器浑天仪,故宫博物院藏

彩图11　清乾隆年制外销景泰蓝瓷瓶,法国巴黎吉美博物馆藏

彩图12　清宫廷画家绘　雍正帝祭先农坛图(局部),故宫博物院藏

彩图13　明万历至清康熙刻本《嘉兴藏》

彩图14　天津杨柳青年画《士农工商》

彩图15　清宫廷画家绘　雍正帝临雍讲学图(局部),故宫博物院藏

彩图16　清喻兰绘《侍女清娱图册·阅书》

彩图17　清中期制广州十三行牙雕插屏,故宫博物院藏

彩图18　清末苏州年画　上海火车站

插图目录

图 0-1　清康熙帝册封五世班禅谕旨，西藏自治区档案馆藏

图 0-2　梅兰芳、言慧珠表演京剧《牡丹亭》剧照

图 0-3　清雍正四年内府铜活字印本《钦定古今图书集成》，故宫博物院藏

图 0-4　线刻插图，图上从左到右分别为利玛窦、汤若望、南怀仁像，图下为徐
　　　　光启及其孙女，法国吉美博物馆藏

图 0-5　直隶高等工业学堂上课场景旧照

图 1-1　《清世祖章皇帝实录·督垦荒地劝惩则例》

图 1-2　清焦秉贞绘、朱圭刻《耕织图》版画

图 1-3　清董棨绘《太平欢乐图册·织布图》，故宫博物院藏

图 1-4　清陈枚等绘《清明上河图卷·水运商贸》

图 1-5　清董棨绘《太平欢乐图册·收购棉纱图》，故宫博物院藏

图 1-6　银元宝

图 1-7　山西"蔚泰厚记"钱庄合约

图 1-8　清咸丰三年户部五十两银票

图 2-1　明胡广等奉敕撰《诗传大全》书影，永乐年间经厂刻本

图 2-2　上海图书馆藏王阳明手迹

图 2-3　苏州颜佩韦等五人墓

图 2-4　黄宗羲《明夷待访录》书影，光绪五年五桂楼刊本

图 2-5　清人绘顾炎武画像

图 2-6　方以智《通雅》书影

图 2-7　清人绘颜元画像

图 3-1　徐霞客手迹

图 3-2　清嘉庆年间制算盘,故宫博物院藏

图 3-3　明万历十五年金陵胡承龙刊本《本草纲目》书影

图 3-4　徐光启《农政全书》书影

图 3-5　清人绘阮元画像

图 3-6　花机图(载明崇祯十年刊本《天工开物》)

图 3-7　宣德海水纹炉

图 3-8　铜胎掐丝珐琅缠枝莲玉壶春瓶

图 3-9　《天工开物》煤矿排毒气图

图 4-1　康熙读书图

图 4-2　盟长乘马牌

图 4-3　乾隆御制土尔扈特全部归顺碑,立于今河北承德普陀宗乘庙

图 4-4　拉萨大昭寺掣签用的金奔巴瓶,西藏拉萨罗布林卡藏

图 5-1　用老满文写成的设立六部原始档案,现藏台湾历史语言研究所

图 5-2　道光年间军机处值房内景

图 5-3　明代监察御史王抒的腰牌

图 5-4　清顺治时以明万历年间赋役额数为准编制的《河南赋役全书》书影

图 5-5　清《康熙南巡图》所绘南北大运河漕运情景

图 5-6　康熙年间曾任河道总督的靳辅所撰《治河方略》书影

图 5-7　明朱橚编《救荒本草》书影,嘉靖四年刻本

图 6-1　《康熙字典》,清张玉书、陈廷敬等编,康熙五十年内府刻本,故宫博物
　　　　院藏

图 6-2　文渊阁本《四库全书》,现藏台北故宫博物院

图 6-3　惠栋《古文尚书考》,乾隆五十七年读经楼刊本

图 6-4　阮元行书轴

图 6-5　王念孙《广雅疏证》,清嘉庆年间王氏家刻本

图 6-6　钱大昕隶书七言联,故宫博物院藏

图 6-7　乾隆四十九年内府朱格稿本《大清一统志》,故宫博物院藏

图 6-8　清康熙内府蒙文抄本《蒙古源流》书影,故宫博物院藏

图 6-9　《钦定满洲源流考》书影

图 6-10　乾隆六十年武英殿刻本《五体清文鉴》,故宫博物院藏

图 7-1　利玛窦像

图 7-2　利玛窦墓碑

图 7-3　《坤舆万国全图》,利玛窦绘制,明万历三十年刊行

图 7-4　明人绘徐光启画像

图 7-5　西方传教士绘油画《汤若望与顺治帝》,德国慕尼黑博物馆藏

图 7-6　几何多面体模型,康熙年清宫造办处制,故宫博物院藏

图 7-7　康熙帝西洋版画像

图 7-8　明崇祯年间钦天监刻本《崇祯历书》书影

图 8-1　清朝皇帝祭天朝服

图 8-2　清代皇帝亲耕藉田仪式图

图 8-3　清紫禁城坤宁宫内皇族祭祀萨满的神堂

图 8-4　明清时期的天坛圜丘

图 8-5　拉萨哲蚌寺雪顿节举行的展佛仪式

图 8-6　拉萨布达拉宫

图 8-7　山西水陆画中的道士形象

图 8-8　陕西西安大清真寺

图 8-9　清人绘《众仙图》

图 8-10　山西解州关帝庙春秋楼

图 8-11　清代民间年画财神

图 9-1　明万历世德堂刊《西游记》插图

图 9-2　明崇祯刊本《新刻绣像批评金瓶梅》插图

图 9-3　清人绘《聊斋志异》图"讨孤救母"

图 9-4　明人演戏图

图 9-5　浙江绍兴市现存徐渭的青藤书屋

图 9-6　《水浒叶子》,明陈洪绶画,崇祯年间刊本

图 9-7　朱耷《荷花水鸟图》轴

图 9-8　《芥子园画传》,清康熙四十年沈心友刊彩色套印本

图 9-9　明成化斗彩缠枝莲纹高足杯

图 9-10　《脂砚斋重评石头记》书影，北京大学图书馆藏

图 9-11　清光绪刊本《红楼梦图咏》

图 10-1　浙江诸暨边氏祠堂内景

图 10-2　浙江江山市档案馆藏《清漾毛氏族谱》

图 10-3　清焦秉贞绘《仕女图册》，故宫博物院藏

图 10-4　苏州拙政园内景

图 10-5　扬州瘦西湖

图 10-6　清人绘《巨富盐商聚会图》

图 10-7　清陈枚等绘《清明上河图卷·观戏场景》，台北故宫博物院藏

图 10-8　明唐寅《事茗图卷》局部

图 10-9　明文徵明《真赏斋图卷》

图 10-10　清咸丰戊午年摹本《乙丑同年雅集图》局部，故宫博物院藏

图 11-1　北京国子监牌坊

图 11-2　《康熙帝南巡图卷·江南贡院》

图 11-3　龙冈书院的王文成公祠

图 11-4　清乾隆五年重建的东林书院石牌坊

图 11-5　晚清公立性质的寺庙义塾

图 11-6　晚清私塾上课情景

图 11-7　明焦竑《养正图解》书影，清光绪二十一年武英殿刊本

图 11-8　《御制人臣儆心录》，清顺治帝御定，大学士王永吉撰，顺治十二年内
　　　　府刻本，故宫博物院藏

图 12-1　金中都、元大都与河流水系图

图 12-2　元大都图

图 12-3　明清京师城图

图 12-4　北京典型四合院图

图 12-5　清乾隆年间宫廷画家徐扬绘《御制生春图》

图 12-6　北京城东南角楼

图 12-7　五口通商后的上海

图 13-1　江南机器制造总局

图 13-2　李鸿章视察唐胥铁路旧照

图 13-3　《申报》创刊号

图 13-4　首批赴美留学的幼童

图 13-5　19 世纪下半期北京街头的煤气照明灯

图 13-6　大北电报公司发报间

图 13-7　徐继畬《瀛寰志略》书影,清道光二十八年刊行

图 13-8　洪仁玕《资政新篇》书影

图 13-9　《点石斋画报·公车上书图》,光绪末年上海东亚社石印本

图 13-10　钦定大学堂章程

图 13-11　商务印书馆发行所旧照,上海历史博物馆藏

图 13-12　光绪年间的西学刊物

图 13-13　清廷派五大臣出使比利时考察政治的国书(局部),中国第一历史档案馆藏

图 13-14　身着新式军装的清军军官,选自《清末陆军校阅图》

图 13-15　废除科举谕旨(局部)

图 13-16　总理各国事务衙门旧照

图 13-17　孙中山就职时宣读的《大总统誓词》

后　　记

　　中华文明源远流长,博大精深,历经劫难而绵延不断,在世界文明史上占有重要的地位。随着中国的国际地位日益提高,中外文化交流日益频繁,以及经济全球化背景下文化多元与自主的呼声日益强烈,中华文明及其发展的历史受到国内外学界日益密切的关注。读者期待着具有当代意识和前瞻性的、多学科交叉综合的学术成果问世。有鉴于此,北京大学国学研究院于1999年6月向学校提出,发挥北大人文学科的综合优势,编写一部具有综合创新意义的学术著作《中华文明史》的计划,立即得到校领导的重视和支持,列入北大"创建世界一流大学规划"学科建设的重点资助项目。同时,这个研究项目吸引了校内许多教授的参与,遂于1999年年底正式启动了《中华文明史》的编写工作。

　　本书有别于普及读物,既不是各方面文化知识的简单罗列和介绍,也不是对中华文明发展历程的一般性叙述。我们在吸取现有研究成果的基础上,力求在理论、观点、方法等方面有所突破,尤致力于多学科的综合研究,在系统论述中华文明发展历程的同时,展示各个时期文明的丰富多彩的面貌,着重阐述各个时期文明的亮点、特点及其形成的原因,并尽可能揭示文明的发展规律。

　　本书是众多学者合作研究的成果。北大国学研究院院长袁行霈教授提出总体设计和编写要点,主持课题研究,主编第三卷,并对全书统稿,逐章逐节地进行文字的加工润饰。著名教授严文明、张传玺、楼宇烈分别担任第一、二、四卷主编;李零、王邦维、邓小南、刘勇强教授分别担任第一、二、三、四卷副主编。各卷的主编、副主编除统改本卷书稿外,还承担了一些章节的撰写工作。北大国学研究院副院长吴同瑞教授参与全书各编内容的讨论研究,并负责组织、协调工作。各卷的主编、副主编和吴同瑞教授共九人组成编委会,统筹全书的编写工作。另有多位教授、副教授先后参与课题研究,承担撰稿任务。在编写工作的全过程中,我们始终尊重编写者的学术个性和创见,同时也尊重主编和副主编的统改权,二者兼顾,以保证全书的学术水平。这五年来,我们利用每一个寒暑假和许多节假日,召开了数十次大小讨论会,对全书的总体方案、编写要点、工作计划、编写体例、章节安排、全书提纲、初稿、二稿进行了认真研讨。与会学者以实事求是的科学态度,对工作高度负责的精神,各抒己见,畅所欲言,相互辩难,集思广益。每次讨论会都开成多学科交融互补的学术交流与研讨会,与会者都感到增长了知识,开阔了视野。大家由衷地表示,参加编写《中华文明史》是一次愉快的工作经历和难得的学习机会。编委会除召开研讨会外,平时还用各种方式交流信息,及时总结经验,我们所编写的多期工作简报起到了很好的作用。五年的实践使我们体会到,要顺利地完成一项重大科研项目,必须具备两个基本条件:一是要有高水平的学术队伍和善于团结同志以形成合力的学术带头人;二是要有符合科研工作规律的强有力的组织工作。多学科的交叉研究是今后学术发展的一个重要的方向,《中华文明史》的编写对北大人文学科的发展所起的作用,将越来越明晰地显现出来。

本书撰稿人具体分工如下:

袁行霈(北大中文系教授)	总绪论
	第三卷绪论、第十一章
严文明(北大考古文博学院教授)	第一卷绪论、第四章第四节,选编第一卷插图
赵　辉(北大考古文博学院教授)	第一卷第一章
刘　绪(北大考古文博学院教授)	第一卷第二章、第六章第一节
张传玺(北大历史系教授)	第一卷第三章第一、二、四节,第二卷绪论、第一章、第三章
高崇文(北大考古文博学院教授)	第一卷第三章第三节、第六章第二、三、四节
孙　华(北大考古文博学院教授)	第一卷第四章第一、二、三节
赵化成(北大考古文博学院教授)	第一卷第五章第二卷第九章第一、二、三、五节

沈　培(原北大中文系副教授)　　第一卷第七章第一、二节

张　猛(原北大中文系副教授)　　第一卷第七章第三节

王　博(北大哲学系教授)　　　　第一卷第八章、第九章第一、二、三、
　　　　　　　　　　　　　　　　四、七节

李　零(北大中文系教授)　　　　第一卷第九章第五、六节

傅　刚(北大中文系教授)　　　　第一卷第十章第一、二节
　　　　　　　　　　　　　　　　第二卷第八章

刘玉才(北大中文系教授)　　　　第一卷第十章第三、四节
　　　　　　　　　　　　　　　　第四卷第十章,选编第二、四卷插图

阎步克(北大历史系教授)　　　　第二卷第二章、第四章第五节

陈苏镇(北大历史系教授)　　　　第二卷第四章第一、二、三、四节

章启群(北大哲学系教授)　　　　第二卷第五章

王邦维(北大东方学系教授)　　　第二卷第六章

岳庆平(北大历史系教授)　　　　第二卷第七章、第十一章

张　辛(北大考古文博学院教授)　第二卷第九章第四、七节

张　帆(北大历史系教授)　　　　第二卷第十章
　　　　　　　　　　　　　　　　第三卷第八章、第九章、第十章
　　　　　　　　　　　　　　　　第四卷第三章、第四章、第六章第
　　　　　　　　　　　　　　　　四节

王小甫(北大历史系教授)　　　　第三卷第一章、第三章、第七章第一
　　　　　　　　　　　　　　　　节史学部分

齐东方(北大考古文博学院教授)　第二卷第九章第六节
　　　　　　　　　　　　　　　　第三卷第二章第一、二节
　　　　　　　　　　　　　　　　第十三章第一、二节,选编第三卷
　　　　　　　　　　　　　　　　插图

陈少峰(北大哲学系教授)　　　　第三卷第二章第三节、第七章第一
　　　　　　　　　　　　　　　　节经学部分、第二、三节

邓小南(北大历史系教授)　　　　第三卷第四章、第五章、第十三章第
　　　　　　　　　　　　　　　　三节

张学智(北大哲学系教授)	第三卷第六章第一节
李四龙(北大哲学系教授)	第三卷第六章第二节
王锦民(北大哲学系副教授)	第三卷第六章第三节
	第四卷第二章、第八章、第十一章
孟二冬(北大中文系教授)	第三卷第十二章
楼宇烈(北大哲学系教授)	第四卷绪论
郭润涛(北大历史系教授)	第四卷第一章、第五章
刘勇强(北大中文系教授)	第四卷第六章第一、二、三节、
	第九章
孙尚扬(北大哲学系教授)	第四卷第七章
李孝聪(北大历史系教授)	第四卷第十二章
郭卫东(北大历史系教授)	第四卷第十三章
吴同瑞(北大国学研究院教授)	后　　记

本书的编写得到了各方面的关心和支持。北京大学的上届和本届主要领导人都很重视这项工作,特别是前任常务副校长迟惠生教授始终给予关注,还审阅过部分初稿,提出了具体而中肯的修改意见。前任主管北大文科工作的副校长何芳川教授对方案策划、队伍组织、经费资助给予了多方面的支持。北大社会科学部部长程郁缀教授多次参与讨论,提出了许多宝贵意见。北大党委宣传部部长赵为民教授参加了最初的方案设计。北大国学研究院秘书何淑云教授、耿琴副教授为课题组做了大量的后勤服务工作。烟台大学人文学院江林昌教授提供过第一卷第三章的部分初稿。北大考古文博学院博士后流动站李星明博士协助选编了全书的插图。北京市社科联和北京大学出版社的领导慷慨地给予经费资助。本书的部分插图由江西21世纪出版社无偿提供。本书的责任编辑为出版此书付出了辛勤的劳动。我们谨在此一并致以衷心的感谢。

前面提到,我们追求的目标是一部多学科有机结合的、具有较高学术性的中华文明史。然而,本课题的参加者分别来自文学、史学、哲学、考古学等学科,对各自的研究领域比较熟悉,但未必习惯从更宏观的文明史的角度来观照自己所熟悉的领域。要写出一部既不同于文学史、历史、哲学史、考古学史,而从各个学科看来又有一定深度的文明史专著,是有很大难度的。我们从一开始就认识到这是要努力突破的难关,并且在这方面做了许多努力,但结果未必尽如人意。此外,作为集体科研项目,撰稿人多达 36 位,虽经反复讨论和主编统稿,各卷、各章之间仍难免存在不够均衡和统一的缺点。凡此种种,我们都惴惴不安,深恐辜负大家的期望,恳请各位专家和广大读者批评指正。